한국 현대 시조 시인론

정경은

올해는 시조문학의 발전에 전념하여 '시조로서의 시'를 이끌어 내었던 월하 이태극 탄생 100년이 되는 해이다.
이후 현대문학의 영역에서 꾸준하게 시조를 써온 시조시인들을 하나로 묶는다.
푸른 여름, 논에 넘실거리는 물이 아래 논을 적시듯
한국의 형식과 정신이 담긴 시조가 시간과 공간을 넘어 흘러갈 것을 기대해본다.

도서출판 월인

머리말

현대인에게 시조란 어떤 의미가 있는 것일까. 현대시를 전공하였기 때문에 시조와는 거리가 멀었다. 그러나 시조전문 계간지 〈시조문학〉의 특집시인란을 10년간 담당하면서 각 시인의 시조를 읽고 시세계를 분석하는 동안 시조에 대한 관심이 생겨났다. 시조문학은 월하 이태극 선생과 조종현 선생이 1960년 6월 첫 창간한 후 현재까지 이어지고 있는 가장 오래된 시조전문 잡지이다. 자유시는 자수와 행 배열에서 자유롭지만 시조는 행 배열과 자수에 제한이 있다. 시인들의 영혼은 비교적 자유롭기 때문에 꽉 짜인 틀 안에 맞추기란 어려울 것이다. 그럼에도 많은 시인들이 시조에 정신을 담는 작업을 하고 있으며, 시조를 통해서 한국의 전통을 지키고 있다.

오늘날 사람들은 시조를 과거의 것으로만 여기고 별 관심 없어 보인다. 그러나 'yahoo'에 외국인이 운영하는 시조동호회 사이트인 'sijoform'에는 영어로 창작된 시조가 날마다 올라오고 있는데 의미 있는 일이라 하겠다. 'sijoform' 이외의 시조 사이트도 있지만 일본 하이쿠의 하위 장르로 설정되어 있으며, 회원들은 시조와 하이쿠를 구별하지 못하고 시조를 한국의 하이쿠쯤으로 알고 있다. 우리가 시조에 더 많은 관심을 기울인다면 세계에 한국의 전통문학이 제대로 소개될 것이다.

이 책은 2005년도에 간행된 시조평론집『많은 물소리』다음 작업이며, 2005년부터 2012년 겨울호까지 〈시조문학〉에 실린 특집 시인을 다시 정리한 것이다. 1년에 4명의 시인을 선정해서 그들의 시집을 분석하고 시세계를 살피는 것은 쉬운 일이 아니었지만 꾸준하게 한 길을 걸었던 것은 〈시조문학〉이 있었기에 가능한 일이었다. 시조를 알게 하신 월하 이태극 선생님, 이숭원 선생님 그리고 주간 김준 선생님께 감사드린다.

목차

목차

삼라만상과 그 餘流

– 김락기론[1)]

1. 들어가며

김락기 시인의 호는 산강이다. 본인의 해설에 의하면 산강은 산언덕이나 산기슭 또는 산과 강, 즉 자연산천을 좋아하여 불려지게 된 저자의 필명(혹은 아호)이라고 한다. 그의 시조의 많은 부분이 자연에 대한 단상과, 국내 국외 여행에 관한 글로 채워져 있는 것은 어쩌면 당연한 것인지도 모른다.

김락기 시인은 법대를 졸업하였다. 법률, 법에 율조라는 음악성과 관련된 단어 '律'이 붙은 이유는, 법은 음악이고 예술이기 때문이라고 한다. 법전을 어떻게 해석하는가에 따라 한 인간의 죄와 벌이 달라진다고 한다. 율조를 기본으로 하고 있다는 것에서 법률과 시조는 닮아 있다. 시도 사물과 사상을 어떻게 해석하느냐에 따라서 달라진다. 김락기 시인의 전공 역시 시조인생의 초석을 마련한 것은 아닐까 추측해 본다.

---

1) 제4회 세계문학상 시조부문 대상, 시조문학 창간 50주년기념 작품상, 제9회 문학세계문학상 시부문 대상, 시집 『바다는 외로울 때 섬을 낳는다』, 『고착의 자유이동』, 시조집 『삼라만상』, 『독수리는 큰 나래를 쉬이 펴지 않는다』 등.

김락기 시인은 자화상을 그리기도 한다. 연필로 세밀하게 묘사된 자화상을 본다. 첫 번째 시집의 자화상은 등산용 모자를 쓰고 고개를 수그린 옆모습이다. 자화상을 그릴 때는 가장 본인다운 표정과 자태를 선택하였을 것이다. 시인이 자기답다고 생각하는 것은 뒷모습이거나, 고개를 돌려 어느 한 곳을 바라보고 있는 모양새이다. 자화상의 여백에는 다음과 같은 글이 적혀져 있다.

> 제 스스로 자기를 자기답게 그린다면 숨어있던 본 모습이
> 얼씨구나 뛰쳐나와 시조창 한 소절인들 낭랑하게 뽑잖으리
>
> —「자화상의 창(唱)」

드러내지 않고 숨어있던 본 모습이 즐겁게 얼씨구나 뛰어나오려면 자기를 자기답게 그려야 한다는 사실이 전제되어야 한다. 그래야 시조창 한 소절이 낭랑하게 뽑아진다. 인간 속에는 시인이 숨어 있고 이것을 발견해 낸 사람은 시인이 된다.

두 번째 시집의 자화상 역시 여행할 때 주로 쓰는 챙모자를 쓰고 비스듬히 한 곳을 바라보고 있다. 이 자화상의 시선도 앞을 향해 있지 않다. 그의 자화상이 그의 속 모습을 닮았을 것이라 추측되는데, 머쓱한 듯 시선을 다른 데 두고 있는 옆모습에서 그가 말하고 있는 '여류(餘流)'의 사유방식이 엿보인다. 그림 밑에는 다음과 같은 글이 있다.

> 겉모습이 닮았다고 자기라 한다면야
> 참 흡사한 가면들을 모두 저라 여길 테니
> 속모습 쏙 닮은 절 만날 날은 영 없을까
>
> —「자화상의 꿈」

김락기 시인의 시조를 읽어가면서 쉽게 다음 구절 혹은 다음 시로

나아가지 못했다. 시인은 현대인들이 쓰지 않는 단어들을 가끔 쓴다. 그런데 그것이 여간 해독하기 힘들다. 몇 번이나 다시 읽고 아는 단어도 확인하고 사전을 찾아보지만, 한 단어가 거의 대부분 뜻이 여러 개라서 그 중에 무엇을 이르는지 도무지 알 수 없었다. 곤란해서 시인에게 메일을 보내기도 하여 간신히 해독하였다. 그러나 한 번 당황하고 나니 난독증에 걸린 것 마냥 한 단어 한 단어에 걸려 넘어져 전체 시조가 무엇을 이르는지 더욱 어려워졌다. 문제는 그 후부터이다. 해석에 힘이 들어가 경직되니 더 이해할 수 없게 되는, 어려운 시읽기였다. 받아쓰기 또는 낱말 맞추기에서 겨우 평균 점수나 유지하고 있다는 생각이 들었다. 이에서 시인의 언어생활을 짐작해 볼 수 있었다. 바위를 깨고 파서 원석을 발견하면 이를 갈고 닦아 보석으로 세공하듯, 시인도 하나의 단어를 찾아내어 음미하고 닦아서 시조의 한 부분에 보석처럼 박아 넣고는 반짝이게 한다.

박제된 새, 울지 않음. "브리태니커 백과 사전"

머잖은 날
포털 사이트에
그렇게 검색될 듯

"휘붉게 타는 낙조(落照)"인들 지는 자란 뜻의 고어

—「미래의 낱말 풀이」

어떤 새에 대한 설명인지 모르지만 브리태니커 사전에는 '박제된 새, 울지 않음'이라고 감정이 없이 건조하게 정의되어 있다. 그러면 미래에는 저 아름다운 '휘붉게 타는 낙조'라도 인간적 감성이 사라진 '지는 자', 즉 단지 '지는 것'으로 풀이되지 않을까 우려한다. 현재 사용하지 않고 사유하지 않아 고어나 사어가 되어 버리면 감정이 배제되고, 감동이 없는 문자로 남게 될 것이다. 그렇기 때문에 새로운 단어를 얻게 해준 시인께 감사드리며, 해독의 어려움에도 불구하고 나아가기로 한다.

2. 餘流의 자세

김락기 시인의 시적 특성 중 하나는 餘流의 자세이다. 餘流란, 세상 온각 사물의 형상, 여러 갈래의 사회 사조나 사회 운동에서 주되는 사조 외의 하찮은 갈래이다. 주류에서 벗어난 것, 이원론적인 사고에 들지 못하는 나머지 것들에 대한 가치를 인정하는 것이다.

김락기 시인은 두 권의 시조집을 냈다. 『삼라만상』이라는 제목으로 첫 번째 시집을 발간했는데, 두 번째 시조집인 『독수리는 큰 나래를 쉬이 펴지 않는다』에도 '삼라만상 시리즈 2'라는 부제가 붙어 있다. 김락기 시인이 두 번이나 언급한 삼라만상이란 '우주에 있는 온갖 사물과 현상'이다. 우주뿐 아니라 두 번째 시집을 내면서는 '단기 4343년 한여름 백두산 천지를 배알하며, 산강 김락기가 감히 둘째를 차안(此岸)에 내놓다'라고 말한다. 차안이란 '나고 죽고 하는 고통이 있는 이 세상'이다. 삼라만상과 차안은 우주와 지구, 피안과 이생, 정신과 물질 모두를 아우른다. 즉 그는 옆을 비스듬히 보고 있으면서 눈에 들어오는 모든 물질과 반물질, 삼라만상과 그 여류에 촉수를 뻗는다.

다음 시의 제목은 '삼라만상 그 여류'이며 그의 이러한 사상을 잘 보여준다. 특히 제목이 '서시'이기 때문에 더욱 그렇다.

하찮은 미립잔들 구슬퍼서 아니 울까
가이없는 우주라도 기뻐 들썩 들썩할까
생각을 하면 할수록 꼬리를 무는 아, 번뇌여

번뇌 싹을 베 버리자 그때마다 다시 피니
에라 만수 알게 뭐람 베다 말다 힘겨울 적
삼라한 그 목록 속에 이름 한줄 못 올릴까

혹여 다시 의단들을 단박에 확 부술쏘냐
차라리 텅 놓아라 놓고 그만 잊었거라
그대로 있는 이 또한 만상 중의 하나려니

—「삼라만상 그 여류(餘流)—서시」

미립자는 원자나 원자핵 따위의 물질을 이루는 아주 작은 구성원이다. 미립자기 구슬퍼서 울고, 크고 광대하고 끝이 없는 우주도 기뻐서 들썩인다. 모든 것은 나름대로의 번뇌가 있다. 시인의 번뇌도 꼬리를 물고 이어져 싹을 베어 내도 다시 피어오른다. 그러다 에라 만수 하고 내려놓는다. 우주에 이름 하나를 올리지 못하겠는가. '의단'이란 마음 속에 늘 풀리지 않고 있는 의심, 의심스러운 실마리이다. 이 모든 우주에 대한 의심을 한 번에 해결할 수 있겠는가. 차라리 에라 만수 하고 내려놓았듯이 그만 잊어버려도 좋을 일이다. 해결하려 하지 말고 그대로 있는 것도 방법 중의 하나이리라. 그대로 두는 것 구태여 변명하거나 될 일을 하지 못하게 막거나 하지 않고 그대로 두면 모든 것은 스스로 풀리고 해결된다. 그러나 세상 사람들은 주동이 되고 주인이 되고 해결사가 되길 원한다. 이는 시인의 삶과 시조에 대한 가장 확실한 자세로 보인다. 감정적인 면에서 삼라만상의 여류, 즉 내려놓음 역시 삼라만상의 하나라는 것이다.

다음 시는 왼쪽이거나 오른쪽, 남자나 여자, 흑과 백, 빛과 어둠이 아닌 '중간'에 대한 느긋함을 보이며 가시적인 세계의 '물질'과 그의 여류인 '반물질'에 대해 이야기 한다.

우린 각자 반 짝으로 살아오지 않았는가
너와 나 서로간에 이 한세상 아무라도
두 손을 맞잡을 때야 온 짝으로 사는 것

주변을 둘러보라 허기진 슬픔들이
잃어버린 아픔들과 반 짝으로 떠다니지
마음을 자꾸 비워야 빈틈으로 들앉으리

양성으로 태어난 게 어찌하여 죄악인가
남성 여성 반 짝들이 온 짝을 정 모르다니
사방지 통한의 눈물은 육백 년을 흘렀네

보이는 모습들을 전부인 양 착각하여
요리조리 빠져나가 모면하고 안주한들
반물질 바로 반대편에서 보완함을 왜 모를까

—「반 짝」

위 시의 제목은 '반 짝'이다. 너와 나 손을 맞잡아야 온 짝이 된다. 온 짝이 아니기 때문에 허기는 사라지지 않는다. 마음을 비워 빈틈이 생겨야 다른 한 짝이 들어 설 수 있는데, 마음을 비우지 않기 때문에 들어설 공간이 없다. 양성은 한 인간이 두 개의 성을 가지고 있다는 의미와, 인간은 여성과 남성으로 구분된다는 의미도 있다. '죄악'이라는 단어와, 위의 모습은 여자인데 아래는 남자인 '사방지'라는 단어로 미루어 보면 아마도 한 인간 안의 두 性일 듯도 싶다. 현대인들이 중간의 성을 인정하지 않고, 여성과 남성만을 가르는 현실에 대한 비판일 수도 있고, 남성적 여성, 여성적 남성, 아니면 트랜스 젠더들에 대한 세간의 시선에 대한 비판일 수도 있다.

시인은 보이는 모습들이 전부는 아니라고 말한다. 반물질 반대편에서 서로 보완해야 한다. 반물질이란 기존의 물질과 같지만 다르다. 내가 거울을 보면 내가 '물질'이 되고 거울에 보이는 나의 모습(상)이 '반물질'이 된다. 이 역시 삼라만상의 여류이다. 137억 년 전 대폭발과 함께 우주가 한 점에서 탄생했던 당시에는 소립자들만의 세상이었는데, 우주가 팽창하면서 소립자들 간의 상호작용으로 결합을 통해 물질을 만들기 시작했다고 한다. 당시에는 물질과 반물질이 똑같이 존재했다가 그 균형이 깨지면서 갑자기 반물질이 어디론가 모두 사라져 현재는 물질만이 존재하는 세상이 됐으며, 어느 순간 반물질들은 사라지고 물질만 남게 됨으로써 인간과 같은 생명이 탄생했다고 하는 이론에 근거하면 삼라만상의 여류인 것이다.

이러한 사상을 지속으로 보이고 있는 김락기 시인에게는 어둠을 밝히는 것이 불빛만은 아니다.

> 어둠을 밝히는 것은 불빛만이 다 아니다.
> 밤눈이 내린 길은 까막눈도 환해진다.
> 실눈에 비껴 날리면 수유라도 젤 부시다.
>
> —「밤눈(夜雪)」 중에서

수유(須臾)란 '잠시'라는 의미이다. 실눈을 뜨고 비껴 날리는 눈을 보면 잠시라도 제일 눈부시다. 어둠을 밝히는 것은 불만이 아니다. 눈도 어둠을 밝히고 까막눈도 환해진다. '밝음 = 불'이라는 공식 밖에 있는 자연의 해법이다.

김락기 시인에게 군중이란 어떤 의미일까. 그의 인간에 대한 자세를 볼 수 있는 것이 다음의 시이다. 시인은 현대인이 목울대를 높여 외치는 '군중 속의 고독'을 말하지 않는다.

군중 속에 묻힐 때가 그지없이 편안탄다

모르는 이 몰라 좋고 아는 이도 모른 척해

미상불
홀로 거닐 때
편한 거와 다르잖네

—「러시아워」

'편안탄다'의 '탄다'는 남의 말을 인용할 때 쓰는 수사이다. 누군가 시인에게 '군중에 묻힐 때가 그지없이 편안하다'고 말했다. 그 이유는 모르는 이를 알고자 하지 않아 좋고, 아는 이도 모른 척 할 수 있기 때문이다. 이 시조 역시 김락기 시인의 삶과 시조에 대한 자세, 애써 확실하게 잡은 듯이 살지 말고 군중 속에 놔둔다는 삶의 방식을 보여준다. 시인은 이 말을 듣고 본인도 한 번 시도해보고는, '미상불'하며 무릎을 친다. 군중 속에 묻히니 홀로 거니는 것과 다르지 않다는 현상을 수긍한다. 대중 사회에서 '군중 속의 고독'이라는 추상에 끝없이 함몰되지 않고, 대중 속의 한적함을 짐짓 즐기는 느긋함이다.

이는 김락기 시인의 사랑 방식에서도 드러난다. 그의 사랑은 애간장이 타는 감정이기도 하지만 아무것도 아닌 척 무던해야 하는 사랑이다. 사연을 말하지 않아도 아슴하고 아련한, 가슴에 묻고 가는, 애써 끝장 혹은 결과를 내지 않아도 되는 사랑이다.

갑자기 하루해가 낯설어질 즈음에는
사랑 따위 뭐 그런 류 한두 번쯤 겪었던 게
뇌파에 점멸되면서 자릿자릿 쑤셔오고

어릴 때든 커서였든 길거나 짧든 간에
부드러이 혹 격렬히 포옹했던 자취란 게
무단히 잘 뵈지 않는 잔주름과 같거니와

공연히 사랑이라 부르지 않더라도
아무에나 말 못하고 묻어둔 게 없으랴만
애간장 다 탈지언정 짐짓 무던해야 하는

사연을 지닌 이의 마음이야 아슴하지
해질녘 이내처럼 뵐듯 말듯 서리다가
저승새 속울음 타고 돌아가는 날까지

—「가슴에 묻고 가는 사랑」

가슴에 묻고 가는 사랑은 드러내지 않는 사랑이다. 그러한 사랑은 익숙하던 세상이 갑자기 낯설게 느껴지면서 떠오른다. 갑자기 낯설어지는 증상과 함께 오는 것, 사랑 '따위'라고 말하는 것은 사랑에 대해 현대 말로 하면 '쿨cool'한 대처 방식이다. 뇌파에 깜박거리면서 쑤셔오는 통증 같은 것, 그동안 오고 지나갔던 수많은 사랑은 부드럽기도 혹은 격렬하기도 했다. 사랑의 자취는 아무런 이유 없이 잘 보이지 않는 '잔주름' 같은 것이다. 김락기 시인은 죽음이나 죽을 때까지라고 하지 않고 '저승새'라는 은유를 사용한다. 다른 시에서도 그는 늙음을 '저승 영장'(「새벽산에 올랐더니」)을 받았다고 비유하기도 한다. 구태여 명확을 추구하지 않는 시인의 시적 표현 방법을 다시 발견한다. 사랑이라 부르지 않아도 말도 못하고 묻어 두어야 했던, 죽을 때까지 말하지 않아도 되는 사랑이다. 명백한 결과야 없어도 좋을 시인의 사랑이다. 이것이 사랑의 여류이다.

3. 토해내는 시조, 燒紙 같은 명품

시를 써서 발표한다는 것은 어떠한 의미를 가지고 있을까. 혼자서 쓰고 혼자 감상하고 서랍에 넣어두면 될 것을 시인들은 지면에 발표하거나 책으로 묶어낸다. 시인은 시조집을 내면서 부끄러워한다.

> 일부러 남기지 말자고
> 그게 무슨 대수냐며 시니컬하게 웃기만 하다가
> 결국 속 바끄러움을 토하고야 말면서
>
> —「글머리를 열며」(시조집 『삼라만상』)

평상시에 시인은 지인들 앞에서 일부러 작품을 남기지 않겠다고 말했는가 보다. 발표하든 책으로 내든 그것이 무슨 큰일이냐고 냉소적인 반응을 보였다. 그러나 시인은 시조를 문자화한다. 바끄러움이란 '남을 대할 면목이 없다'는 의미이다. 일찍이 말한 바 있으므로 발표하는 것에 대한 쑥스러움, 머쓱하기도 하고 그런 것이 있을 것이다. 그러나 바끄러워하면서도 시조집을 내는 이유가 어디에 있을까. 바끄러움 앞에 붙은 '속'이라는 단어에 신경이 쓰인다. 시조란 속의 바끄러움을 '토해'내는 것이다. 그러면 시집이란 무엇일까. '임금님 귀는 당나귀 귀'라고 말해야만 속이 시원한 것, 그것이 문자화된 시조이다.

다음 시조에서 김락기 시인은 시인과 정원사를 같은 류로 본다. 시란 '꿈의 꽃'을 피우는 것이기 때문이다. 시조의 명품, 창작에 관한 시조를 보자.

> 1
>
> 나만이 둘도 없는 꿈의 꽃을 피우기보다
> 그때그때 최선을 다할 뿐인 맘이라야

내노라 뜨다 사라진 뭇 원정(園丁)과는 다를 수

2

새 씨앗을 만들려면 흙 속 깊이 발을 담되
그 분야의 주류들과 수인사할 연은 트고
죽어라 파다가 보면 의외의 수 나올 수도

3

자나 깨나 오직 한 길 미친 듯이 가고 가서
막다른골 닿았어도 꽃 한 송이 못 피울 때
하늘이 스스로 도와 바로 옆에 피워줄지

4

기대 말아, 당대 널리 대원정(大園丁)이 되는 것을
영예로움도 언젠가는 소지(燒紙)처럼 타버리니
먼 훗날 어느 손길이 명품으로 다시 뽑든

—「명품 창작론」

둘도 없는 꿈은 남과 다른 나만의 훌륭한 작품을 만들어내겠다는 욕심이다. 내노라하는 훌륭한 사람도 있었지만, 잠시 뜨다 사라진 다른 원정과 김락기 시인이 다른 것은 그때그때 최선을 다하는 마음의 자세가 있기 때문이다. 세상 사람들은 새로운 씨앗을 만들려면 흙 속에 깊이 발을 담는 것처럼 주류인사들과 수인사도 하면서 연을 만들고, 죽어라 파고, 미친 듯이 가고 가서도 꽃 한 송이 못 피울 때, 즉 많이 읽히고 유명해지는 시 한편 쓰지 못할 때, 막다른 골, 무언가 될 듯한데 되지 않은 것, 뛰어넘을 수 없는 그 무엇 앞에 펜을 놓고 싶을 때, 하늘이 스스로 도와 바로 옆에 시의 꽃을 피워줄지도 모르는 일이지 않겠느냐고 말한다. 그러나 시인은 "기대 말라"고 딱 잘라서 이야기한다. 대원정도 영예로움도 소지처럼 타버리는 것이라 한다. 원정이 되는 것이 중요한 것이 아니다. 남이 피우지 못한 꽃을 피웠다고 착각하고 있는 것은 신에게 소원을 빌기 위하여 흰 종이를 태우는 일에 불과하다. 명품이란 후대에 시간이 흘러 누군가가 인정해 주는 것, 오랜 시간에 걸쳐 읽히는 것이 명품이다. 이는 당장 결과를 내려고 하는 시류에 대한 비판이다.

김락기 시인에게 시조란 속의 것을 토해내는 것이기 때문에 깨달음의 시가 많으며, 유명한 시인이 되고 잘 읽히는 시를 창작하고자 하는 시인이 되기보다는 그때그때 최선을 다하는 시인이 되고자 하기 때문에 삼라만상과 그 여류를 다양한 시선으로 본다.

4. 도처에 득도하는 소리

김락기 시인은 동물이나 곤충이나 자연에는 인간을 넘어서는 깨우침, 득도가 있다고 본다. 시인은 동물도감에서 보았던지 아니면 실제로 보았던지 호랑거미가 '거꾸로' 서있는 것에 주목한다.

> 칼 절벽 / 걸린 암자가 / 그리 오래 꼿꼿하듯
>
> —「호랑거미의 참선법」 중에서

호랑거미는 나뭇가지 사이나 풀숲 또는 처마 밑에 수직으로 대형 그물을 치고 가운데에 X자 꼴의 흰색 띠를 만든 뒤 그 교차점에 거꾸로 매달려 지낸다고 한다. 거꾸로 매달려 있는 호랑거미를 보고, 굳이 힘겹게 매달려 있는 자세를 참선하는 것으로 본다. 까마득한 절벽 위에 세워진 절의 난간에 거미줄이 펼쳐져 있다. '하필' 난간에 거꾸로 서서 빛 그물을 치는가. 그곳은 먹잇감도 적기 때문이다. 그래서 내공으로

나마 포획하려고 생각했을까. 거미줄에 암자가 걸렸을까. 절벽에 암자가 걸려있을까. 고민하는 것도 참선이 있기 때문에 가능한 것이다.

춘설, 봄이 오겠지 하고 방심하고 있다가 문을 열었을 때 밤새 소리도 없이 눈은 내려 온 산이 온통 하얗다. 다음 시조에서도 눈이 내려 고된 삶을 도닥거려 보듬고, 설해목은 도를 깨우치고, 정은 덤터기로 쌓는다.

> 찬 하늘이 내려앉아 쉬 합방한 산마루에
> 꽃눈보라 자욱하니 지척 길이 만 리런가
> 설해목 입춘 턱 넘어 꺾여오는 듣도 소리

—「늦눈 내리는 풍경」 중에서

입춘 넘어 오는 늦은 눈은 '나비 떼'이며 '꽃눈보라'와 같다. 겨우내 볼 수 없었던 나비, 볼 수 없었던 꽃의 미래적 현현이다. 겨우내 그렇게나 간절히 꾸었던 춘몽이 막 알을 깨고 나온다. 이제 봄이 올 것이다. 눈 피해를 입은 나무의 때늦은 득도하는 소리가 들린다. 두두둑하는 소리에서 울려나는 깨우치는 소리, 인간을 깨우치는 소리, 모든 것이 도이다.

시인은 월출산을 오른다. 투명하고 맑은 달빛에 또 하나의 까닭이 '툭'하고 깨친다.

> 꿈 그리던 달 뜨는 산 예 바로 놓였구려
> 해 돋는 산들이야 어디 아니 없으랴만
> 한사코 교교한 달빛 그 까닭을 툭 깨쳤네
> (중략)
> 천당과 지옥을 두루 한달음에 다 비추네

—「월출산—신령스런 바위 마을, 영암(靈巖)」

달은 '한사코' 죽기로 기를 쓰고 맑고 깨끗해진다. 자연의 깨침은 천당과 지옥을 두루 그리고 한 달음에 비춘다. 깨우친 달빛은 현실적 초현실적 공간을 넘고 시간을 초월하여 삼라만상과 그 여류를 비춘다.

보시하는 삶이란 베푸는 삶이다. 인간이 인간을 위해 온전히 베풀며 산다면 좋겠지만 무조건적, 아가페적인 베풂은 쉽지 않다. 완전한 베풂이란 꿈일지도 모른다. 그러나 자연은 보상이 없어도 끝없이 베풀고 베푼다. 비가 와야 할 때 비를 베풀고, 눈이 와야 할 때 눈을 내린다. 추워야 할 때 더워야 할 때 정직하게 베푼다.

> 우리들 모두네가 남들을 품고 살 듯
> 남들도 하나같이 우리들을 품고 산다.
> 그 누가 알든 모르든 겹겹으로 껴안고서
>
> 남의 아픔, 허물 자국 무심결에 보더라도
> 먼저 내게 자리잡은 그림자라 생각한다.
> 연리지 이음새처럼 시계 밖의 지음이여
>
> 기쁨이 클수록에 한 허리씩 수그려서
> 곁에 우는 외로움을 지고 이고 함께 간다.
> 오만상 다 새겨내는 서 푼 눈 속 세각가(細刻家)여

—「눈부처의 보시」

타인을 품는 것, 아픔을 품는 것 그리고 그것이 나의 그림자라고 여겨주는 것, 기쁠수록 남의 슬픔과 외로움을 알고 더 낮아지면 따뜻해진다. 시의 화자는 '무심결에' 본다. 남의 눈에 불을 켜고 허물을 찾아내려 하지 않는다. 찾아내서 무엇하겠는가. 그러다가 우연히 허물을 보게 되면 그것이 '내 허물의 그림자일지라'라고 생각한다. 그러면 세

상은 살 만한 곳이 된다.

연리지란 '뿌리가 다른 나뭇가지가 서로 엉켜 마치 한 나무처럼 자라는 현상'이라고 한다. 시계 밖의 '지음'이라니. '마음이 서로 통하는 친한 벗을 비유적으로 이르는 말' 혹은 '음악의 곡조를 잘 앎' 어느 쪽일까. 시인의 흉내를 내며 모르는 척 넘어가 보자. 눈부처는 오만상을 다 새겨내는 서 푼 눈 속의 세각가이다. 가치 없다고 말하는 것들을 세밀한 필치로 그려내는 시인의 마음이 '서 푼'이라는 단어에 담겨있다.

속리산이라는 명칭은 신라 선덕여왕 5년에 진표(眞表)라는 사람이 이곳에 이르자, 밭 갈던 소들이 모두 무릎을 꿇었다고 한다. 이를 본 농부들이 짐승도 저러한데 하물며 사람들이야 오죽하겠느냐며 속세를 버리고 진표를 따라 입산수도하였는데, 여기에서 속리라는 이름이 유래되었다고 한다. 그런데 김락기 시인은 정설보다 산의 이름을 다른 데서 가져온다.

> 속세가 여읜 산을 산은 그를 여의잖고
> 속세에서 멀수록에 산은 더 산다워져
> 눈 밝은 석불이 되어 세속 훤히 밝히네
>
> —「속리산—산비이속속리산」

위의 시조에 대해 시인은 최치원의 시 '山非離俗俗離山 道非遠人人遠道'에서 원용했다고 밝힌다. 그 뜻은 '산이 세속을 멀리 하는 것이 아니라 세속이 산을 멀리한다. 도가 사람을 떠나는 것이 아니라 사람이 도를 떠나는 것이다'라는 의미이다. 속세는 산을 죽이고 멀리 떠나보낸다. 속세는 산을 깎고 허물을 개발하여, 도시를 세우고 학교를 세우고 아파트를 세우고 병원을 세운다. 그리고는 인간에게 긴요한 것이라고 자위한다. 그래서 산의 죽음은 속세이다. 그러나 산은 속세를 버리지 않고 밀어내지 않는다. 가만히 오는 것을 막지 않고 가는 것

역시 말리지 않는 시인과 같은 산이다. 속세에서 먼 산은 밀려났다고 분노하지 않고 '더' 산다워진다. 산은 눈이 밝아진 석불이 되어 세속을 훤히 밝힌다. 어두움에 빛을 주고 진리를 퍼트린다. 결국 세속은 산이 있으므로 밝아진다.

인간만 장례식을 하는 것이 아니라 동물들도 장례의식이 있다. 참돌고래의 장례식이라는 동영상을 본 적이 있었다. 동영상을 보며 많은 생각을 하였다. 죽어가는 동료에게 숨을 쉬게 하기 위하여 받혀 주고 그러기를 한 시간 남짓 결국 동료가 삶을 이기지 못하고 물속으로 들어간다. 죽어가는 순간까지 같이 했던 다섯 마리의 참 돌고래들, 저 미물이 무엇을 알까. 슬픔을 알까. 본능일까. 인간은 잔인하여 찍으면서도 웃고 있었다. 도대체 무엇을 보기나 한 것일까. 김락기 시인에게 돌고래들의 영결식은 '아름다움의 극치'이며, '서럽도록 장중'하다.

아름다움의 극치랄까 서럽도록 장중함이
염습하듯 숨넘어가는 동료를 보듬길 거듭
마지막 흐느끼는 만가 파도마저 잠재운다.

서너너덧 수십 마리 수백씩 떼를 지어
뜨거운 애상일랑 예나 제나 간직한 채
격랑의 바다일수록 더 쟁이고 삭힌다

주검은 저 심연으로 가라앉고도 한동안을
그 물 위를 맴돌면서 영면을 비는 모습
기뻐라, 돌아간 갈 곳 장자(莊子)가 절로 춤춘다.

—「해양장(海洋葬)—참돌고래의 영결식」

바다는 그렇게 많은 바다 동물들을 쟁이고 삭힐 것이다. 한 동안을 떠나지 않고 맴도는 돌고래를 보며 아주 쉽게 잊는 인간을 생각했다. 김락기 시인의 모든 삶이 삼라만상과 그 여류로부터 오고 이를 바탕으로 깨닫고 득도한다. 삼라만상은 인간과 같고 그들도 스스로의 깨달음에 도달한다. 그러나 서울의 인간, 이 땅의 인간은 득도에 이르기가 여간 힘든 것이 아니다.

왜 사람들은 서울을 벗어나려 하는 것일까. 특히 문학을 하는 사람들은 서울에 대한 애증이 깊다. 서울이 가지고 있는 반 정서, 반 자연, 반 문학적인 특성 때문일 것이다. 벗어나려 하여도 벗어 날 수 없는 것은 서울에 우리들의 삶이 있기 때문이다. 그래서 시인들은 삶을 벗어버리길 원한다. 그러나 벗어나지 못하는 것은 삶과 가족에 대한 의무 때문이다. 서울은 카프카의 '성'과 같다. 중심에 들어가려고 애쓰지만 결코 중심에는 들어가지 못하는 주변의 삶, 바꾸어 말하면 자연이라는 중심에, 시라는 중심에 들어서고자 하나 들어갈 수 없게 붙드는 것이 서울의 삶이다.

서울을 벗으려고 벗으려고 할 때마다
징그럽게 달라붙는 타성의 잔해들이
훌훌 다 벗어버리고 가얄 길을 막고 섰네

—「탈 서울의 꿈」

서울을 벗는다는 것이 쉽지 않다. '벗으려고 벗으려고'와 같은 두 번의 반복은 시인이 탈 서울을 여러 번 시도했음을 알 수 있다. 서울을 벗는 것은 이루어지지 않는 꿈이다. 옷처럼 벗어버리고자 하나 벗지 못한다. 타성은 떼어내고 싶어도 거머리마냥 징그럽게 달라붙는다. 그런데 시의 화자가 벗을 수 없는 것을 타성의 잔해들은 벗는다. 벌거벗음에 대한 두려움이 수반된다. 그리고는 가야 할 길을 막고 선다.

김락기 시인은 인간들을 보면서 곤충은 생각하기도 한다.

살날이 / 한 없는데 / 거칠 것이 뭬 있으랴
술내마저 / 향기로워 / 마시고 또 퍼마시더니
달 강에 / 태백이 빠지듯 / 하루 못 돼 영 빠졌네

—「이 땅의 날파리」

'살날이 한이 없다' 이건 어느 종(種)에게도 허락되지 않은 시간이다. 날파리, 하루살이는 하루밖에 살지 않으므로 내일이라는 말을 모른다. 살날이 한이 없다고 착각하면서 산다. 그것이 지식의 전부이다. 그렇게 알고 있으므로 그 밖의 내일은 알지 못한다. 향기로운 술에 취해 마시고 또 마신다. 그러다가 술을 좋아했던 이태백이 강에 비친 달을 잡으려다 강에 빠졌듯이 하루도 지나기 전에 빠져 죽어버린다. 서울뿐 아니라 많은 인간들이 이렇게 살아간다. 위 시조의 제목은 '이 땅'의 날파리다. 날파리는 어디에도 있는데 한국의 날파리라고 공간을 강조한다. 날파리와 같은 인생, 미래를 알지 못하고 하루하루의 향락에 빠진 도시의 인물들, 서울시민들일까.

5. 나오며

지금가지 김락기 시인의 시를 여러 갈래로 살펴보았다. 그는 자그마한 것이 가진 큰 힘을 가졌다는 것을 볼 줄 안다. 마지막 시조에서 이를 확인해 본다.

실가지 끝에 파르르 이는 잔명(殘命), 잎망울엔
엄청나게 푸른 세월이 기획되고 있는 조짐
음모가 꽤 심상치 않다,
삭풍전야 요 고요가

머나멀리 아득하게만 뵈는 절망, 산릉선은
곁에 두고볼 담채화로 포착되어 가는 느낌
타협도 참 가지가지다,
엄동설한의 조 볕뉘가

—「어떤 작전」

김락기 시인은 계절의 바뀜을 '작전'으로 본다. 갑작스럽게 다음 계절이 오기 때문이다. 추위에 웅크리고 있었는데 봄은 작전처럼 침입해 들어온다. '실가지' '파르르' '잎망울'과 같은 단어들은 작고 연약한 것들이다. 죽음이 얼마 남지 않은 쇠잔한 목숨과 같은, 아직 피지 아니하고 잎눈이 부풀어서 곧 피어날 듯이 잎망울에 '엄청나게' 푸른 세월이 기획되고 있다. 가늘고 연약한 것들에서 엄청나게 푸른 세월, 온 세상을 초록으로 뒤덮는 계절이 온다. 지금은 겨울철이다. 북쪽에서 더한 삭풍이 불어올 징조로 고요한 시간이 긴장을 준다. 절망이 가까이 뚜렷하게 보이면 절망적이지만 아득하게 보이면 희망이 보인다. 아직 산릉선은 담채화로 채색되어 있다. 그러나 어느 날 갑자기 푸른 계절이 올 것 같다. 위 시조에서 '요 고요' '조 볕뉘'의 '요'나 '조' 같은 지시 대명사는 비교적 작은 면적과 단위를 지칭한다. 그렇게나 작은 틈을 통하여 잠시 비치는 볕뉘가 조같이 작은 빛이다. 엄동설한의 조 볕뉘란 가느다란 희망이지만 이것이 큰 폭풍과 같은 계절을 몰고 온다.

아무것도 아닌 것, 연약한 것, 자그마한 것, 삼라만상의 여류가 세상을 덮는다. 이는 김락기 시인이 꾸준히 설파하고 있는 '여류의 정신'일 것이다. 그의 시 역시 많은 사람들의 마음에 푸른 세월을 넓혀 갈 것이라는 기대로 이만 글을 마치고자 한다.

(〈시조문학〉, 2011 겨울호)

세상의 중심을 세우는 남다른 기준

-김명호론[2)]

김명호 시인의 시조를 읽고 있다. 시란 무엇일까 그리고 이 시인에게 시는 무엇일까 하는 생각을 하면서 읽는다. 저마다 생긴 모습이 다르듯이 시인들마다 시의 모습이 다르고 시인들에게 갖는 시의 의미가 다르다. 김명호 시인에게 시란 세상을 향한 타전이라는 생각이 들었다. 시를 매개로 하여 세상과 통하고, 자신과도 통화하는 타전의 방식, 여기에서 세상과 소통하고 싶은 시인의 모습을 본다. 시를 매개로 과거를 끌어내고, 미래를 보기도 하는 그에게 있어서 시조란 바로 끊임없이 무전을 받아주기를 원하는, 고립된 삶 속에서 세상을 향한 모르스부호라는 생각이다.

김명호 시인의 시조는 공간마다 특성이 있다. 그는 여러 공간에 서 있으며, 또 바라본다. '벼랑'과 '산'과 '황학동'을 중심으로 삶과 삶의 무게와 회귀에 대해 이야기하고 있고, '우물가'를 통해서는 세상의 중심에 대해 이야기 한다. 이러한 공간의 변화와 주시를 통해서 우리가 알 수 있는 것은 그의 관심과 시선이 낮은 곳, 소외된 곳에 있음을 알게 된다.

2) 시조집 『우물파기』, 『변죽만 치는 북잡이』, 『묵정밭 이랑을 내어』, 『화산력』, 『솔밭에 얼굴 내민 달』 등.

1. 벼랑 끝, 삶

김명호 시인은 보통 수준의 삶보다 더 아래쪽을 바라본다. 세상의 삶이 마름모꼴이라면 마름모꼴의 제일 밑, 세모꼴이라면 세모의 가장 낮은 곳, 그곳에는 낮은 계층의 사람들이 산다. 이들은 '달동네'에서 산다. 이름은 참 예쁘다. 달동네, 해동네, 꽃동네, 극장이나 카페의 이름으로도 어울릴 듯하다. 그러나 산업화의 초기에 가뭄과 궁핍으로 삶의 터전에서 밀려나 유리하다가 서울의 근방에 모여든 이들이 사는 곳, 중심에는 들어가지도 못하고, 근방에나 머뭇거리다가 밀려들 올라가 산의 꼭대기에 모여 살았던 곳이다. 달과 가장 가까운데 위치한다는 마치 빈민촌 같은 이곳을 사람들은 아름다운 이름 '달동네'라 불렀다. 처음 이 이름을 붙인 이는 그들의 아픔을 알았을까. 알았기에 빛나는 해도 아닌, 해에게 빛을 받아서야 밝아진다는 달 같은 이름을 붙인 것일까.

김명호 시인은 여러 가지 생각으로 달동네를 바라본다. 그가 삶의 중심이라고 보는 것, 아니면 그가 설정한 세상의 중심은 도심지가 아닌 변두리이다.

> 영하의 달동네는 뒤가 천길 벼랑이다
> 바위를 뜯는 이들 손톱이 다 빠져서
> 전화를 걸어보지만 계속 통화중이다
>
> 골목이 일어서면 소갈병이 도진다
> 내일을 방에 둔 채 자물쇠를 걸었는데
> 그만 좀 전화를 받아요 불이 타고 있어요
>
> —「달동네」

위의 시조에서 시인은 암울하고 가난한 달동네 사람들의 심정을 을씨년스런 잿빛의 화폭에 무채색의 풍경화로 그렸다. 시인이 바라보는 달동네의 배경은 추운 겨울이지만, 그 마음 안에 따뜻함을 가지고 가난한 이들의 처지를 안타깝게 바라본다. 달동네는 '영하'의 추운 날씨이다. 심리적인 추위와 함께 체감온도는 더 낮을 것이다. 달동네의 뒤는 위험한 천길 '벼랑'이다. 벼랑 끝에 선 삶들의 모습, 더 이상 갈 데가 없는, 한 발만 내딛으면 저 밑으로 떨어지고 마는 그들의 삶이 천길 벼랑 끝에 몰려있다. 바위를 뜯는 이들의 손톱은 닳아 빠졌다. 살기 위해 벼랑을 오르기 위해 노력을 하지만 손톱만이 빠질 뿐이다. 손톱에서는 피가 흐르지만 부딪히는 것은 차디찬 바위 벼랑뿐이다. 결코 열리지 않는 문 같이, 결코 파 낼 수 없는 돌 같은 벼랑, 전화를 걸어보지만 계속 통화중이다. 통화중이라는 것은 의사소통이 불가능하다는 것이다. 그것이 어디로 거는 전화이든지 간에, 삶과의 화해, 세상과의 화해, 인간들과의 화해 어느 쪽과도 소통이 되지 않는다.

골목이 벽처럼 일어선다. 막다른 골목, 막혀있어서 더 답답해진다. 소갈병(당뇨병)이 도진다. 하루 종일 물을 마셔도 목만 탈 뿐이다. 결코 축여지지 않는 갈증, 그들의 내일은 방에 갇혀있고 '자물쇠'를 걸어놓았다. 내일이 없는 삶, 갇혀있는 미래, 이것이 산동네에 사는 이들의 삶이다. 가장 낮은 사람들은 가장 높은 곳에 산다. 정신이 가장 높은 곳에 있다면 얼마나 좋을까. 그러나 가장 높은 사람들은 산 아래 살며 그들의 정신은 가장 낮은 곳에 있다.

전화를 받으라고 소리라도 치고 싶지만 전화는 걸리지 않는다. 계속 통화중, 그들은 자기들끼리만 이야기한다. 무슨 이야기를 그렇게 길고 장황하게 하는 것일까. 높은 자리에 있는 사람들은 비천한 이들의 이야기를 듣는 것에 자신들의 시간을 허락하지 않는다. 높은 사람들끼리 뜻 모를 암호 같은 어려운 말을 써가며 이야기하고 그들끼리 모든 것을 결정하는 삶, 시인은 그들의 삶을 마치 초현실주의 적인 시각으로 바라본다. 이 같은 시적 구조와 어법을 통해 신분적으로 낮지만 거주공간은 高等高線에 위치한 아이러니를 부조리한 시각으로 바라본다. 부조리함이란 해결할 방법이 없는 운명이나 숙명이다. 소통되지 않는 삶을 넘어서 소통을 바라는 시인의 마음, 마지막 연에서 연결되지 않는 전화에 연결을 시도하는 통화자는 산동네의 사람들일지도, 아니면 이 세상을 향한 시인의 지속적인 타전일지도 모른다.

김명호 시인에게 생존은 절벽이나 늪에서 살아남기이다. 그는 암벽 밑을 바라다본다.

> 천야 만야 암벽 밑은 / 사신들의 아우성
> 도약은 / 붉디 붉은 이야기 / 산화래도
> 바다를 잡을 양이면 / 뛰어야만 합니다
>
> —「가마우지」

그 밑에 가마우지들이 있다. 마치 그들, 아니 우리들 같다. 저 밑에 있는 가마우지들은 우리가 숨기고 싶은 것일지도 모른다. '진작에 생각지 못한, 저 아래 내가 있다'(「곳감」) 미처 발견하지 못한 자신, 아니면 숨기고 싶은 내가 저 밑에 있다. 살면서 지식과 안면과 가면 뒤에 숨기고 있었던, 타산적이고 이기적이고 비굴한 나의 모습들이 저 밑에 파묻혀 있다. 세상은 가파른 산이나 벼랑 같은 것이 천길만길이나 되는 듯 까마득하게 높거나 깊은 모양이다. 그 암벽 밑은 죽음의 신들이 아우성을 치고 있다. 누구나 한 단계 높이 올라가고자 한다. 그러나 어렵다. 절벽에 핀 붉은 꽃은 잡을 수가 없다. 절벽 위로의 수직상승이 어려우면 바다를 향한 수평이동을 시도해본다. 그러나 그것도 나는 새에게는 어려운 뛰어야 얻는 것이다. 쉽게 얻어지는 것은 하나도 없다.

이 세상은 방심하면 '늪'이 된다. '방심이 몸을 풀면 가늠 못할 늪인데'(「곡예사」) 아차하면 순간적으로 빠져들고 헤어 나오기 힘든 늪과 같은 삶, 이러한 삶을 헤쳐 가며 사는 사람들, 왜 그는 삶을 이렇게 보는 것일까. 삶에 대한 두려움은 보통 사람들도 마찬가지로 가지고 있다. 우리는 한 치의 앞도 볼 수 없어 한 발 짝만 내딛으면 저 절벽 밑으로 떨어질 것 같은 심정으로 살아간다. 보통 '시민'은 '시인'이 아니라서 불안을 가지고 살아가며, 시인은 그것을 시로 표현할 뿐이다. 느끼지만 적당한 표현법을 찾지 못하는 시민과, 느낀 것을 적당한 표현법으로 표현하는 시인, 그리고 시인의 시를 읽으면서 공감하는 시민, 시인과 독자의 거리, 이것이 시 쓰기와 시 읽기의 한 기능이 아닐까 생각해 본다.

2. 산, 삶의 무게

산은 올라야하는 목표, 큰 인물과 같은 묵중함으로 상징된다. 그러나 김명호 시인에게 산은 일종의 '짐' 혹은 부담감이다. 시인은 산과 삶에 대해 다음과 같이 말한다.

> 산을 끌고 가기가 힘에 부치는 갑다
> 잠 없는 노인처럼 밤새 고시랑댄다
> 내 등에 짊어진 짐도 하릴 없이 젖는다
>
> —「개울물」

위의 시조에서 개울물은 산골짝을 따라 우르르우르르 내려가는 것이 아니다. 개울물은 산을 끌고 간다. 그러나 산보다 작기에 끌고 가기에 힘이 부친다. 힘든 개울물은 잠이 없는 노인처럼 밤새 고시랑댄다. 시인의 등에 짊어진 짐도 하릴 없이 젖는다. 모두들 자신의 짐을 진다. 개울물에 젖는 것일까. 비에 젖는 것일까. 개울물 소리에 젖는 것일까. 하릴 없이, 일없이 젖는다. 자기보다 큰 짐을 지고 가기에 힘이 든다.

어머니는 일 년 내 힘겨운 보릿고개를 끌고 고개를 넘어 다니며 새우젓을 팔고 다니셨다.

> 일 년 내 / 보릿고개를 // 끌고 넘던 / 울 엄니—새우젓

어머니는 보릿고개를 '끌고' 넘는다. 자식들을 위해서 새우젓보다도 더 짠 눈물과 땀을 흘리며 산을 넘었던 어머니에게는 생존 자체가 산과 같은 무거운 짐이었다. 당시 모든 어머니들의 삶이 그랬다. 남들에게는 풍경화가 되고, 시의 소재가 되지만 어머니에게는 짐이 된다. 그래서 삶은 보이지 않는 '고개'가 되고, 현실적으로 다가오는 막막한 실물경제가 된다. 그렇기에 시인은 다음과 같은 시조에서 산을 사냥의 대상이 되기고 하고 소화되지 못한 공간으로 인식한다.

> 불이 산으로 번져 / 산 사냥을 합니다—산
>
> 설익은 산을 먹다 / 배탈이 낫나 부다—가을바람

가을 산은 단풍으로 화려하다. 사람들은 가을이 되면 산으로들 몰려간다. 아니 타오르는 붉은 산이 사람들을 끌어 모은다. 시인은 단풍이 산을 '사냥'한다고 본다. 거침없이 아래로 내려오는 단풍은 마치 산을 사냥하는 것 같다. 가을바람은 설익은 과일을 먹은 듯, 배탈이 나서 그렇게 차가운지, 시인에게 산은 관습적인 공간이 아니다.

산은 어떤 경우는 '시'가 되기도 한다. 김명호 시인은 시 「어떤 시집」에서 '내가 들고 있는 이것은 산입니다' 라며 어떤 시인의 시를 도저히 넘을 수없는 까마득한 산이라고 겸허하게 말한다. 산 같은 시인의 시, 넘어갈 수 없는 가파른 길과 까마득한 높이기도 하다다.

'남산' 같은 김삿갓의 묘는 얽매임과 화의 덩어리이다. 시인은 천성이 방랑자이다. 묶인 영혼은 시를 쓰기에 적합하지 않다. 자유로운 영혼은 자유로운 삶과 육신을 소망한다. 시인은 시인 김삿갓의 묘를 바라보며 답답한 마음을 가진다.

> 말뚝을 박아 놓고 / 역마살을 묶었다
> 그래도 못 미더워 산 첩첩 둘러치니
> 안으로 쌓이는 화가 / 남산만 하더이다.
>
> —「김삿갓 묘」

김삿갓의 묘는 영월에 있다. 잊혀 가던 묘를 어느 향토 사학자가 찾아내어 복원하였다고 한다. 김삿갓의 정신은 '방랑' 즉, 자유로움에 정체성이 있다. 그는 삿갓하나를 쓰고 지팡이 하나만을 들고 전국 방방곡곡을 방랑하며, 가는 곳마다 이야기와 시를 남겼다. 그의 시가 가지고 있는 해학의 정신과 자연과 세상을 바라보는 방식이 시마다 담겨있다. 김명호 시인의 꿈이 이렇지 않을까 싶다. 아무것에도 얽매이지 않는 삶과 정신이 시인의 소망이 아닐까. 이러한 영혼을 가지고 있었던 김삿갓에게 현대의 묘는 불합리해 보인다. '말뚝'으로 그의 역마살을 묶어 놓을 수 있을까. 사람들은 그것도 못 미더워 첩첩 산 속에다 그의 묘를 만들어 놓았나보다. 김삿갓의 묘를 만든 것은 어떻게 보면 김삿갓의 뜻과는 거리가 먼 지방자치제의 상술일지도 모른다. 그것이 진짜 김삿갓의 묘라면 사람들을 불러 모을 수 있기 때문이다. 유명한 인물들을 서로 자기 고장의 인물이라고 우기는 바람에 그들의 묘가 두 군데나 있다는 소리를 들은 적이 있다. 정신을 이해하지 못하는 인간들에 의해 마치 드라큘라가 말뚝에 박혀 죽었듯이, 그의 영혼은 말뚝이 박힌다. 사진으로 보는 김삿갓의 묘는 그리 크게 보이지 않는다. 그러나 시인은 '남산'만하다고 한다. 김삿갓의 화가 쌓여서 남산만 하다는 시인의 자조적인 해석일 것이다.

3. 황학동과 청학동, 회귀의 공간

김명호 시인은 황학동이나 청학동 같은 전통적인 장소를 주된 공간으로 설정한다.

> 놋화로에 한 보시기 햇빛을 담아놓고
> 거꾸로 가는 시간 입질을 기다리는,
> 나 가끔 황학동에 가서 할아버질 만난다.
>
> 한 점 흐트러짐 없는 꼿꼿한 앉음새로
> 왕골자리 고드랫돌 한 밤을 엮으시며
> 집안의 대소 사안을 다시리던 속앓이
>
> 내일에 내 강물도 꼬리를 접을 때 쯤
> 어쩌면 나는 한 뼘 황학동을 비집고서
> 진 고개 넘어가는 해나 바라보고 있을 터.
>
> —「황학동」

황학동은 골동품도 팔고, 오래된 중고품도 파는 벼룩시장이 서는 동네이다. 이 거리가 재개발로 사라져가고 있다는 기사를 읽은 적이 있다. 위의 시조에 의하면 시인은 황학동 거리에 앉아서 골동품을 파는 할아버지를 가끔 만나러 가는가 보다. 놋화로와 왕골자리는 지금은 흔하지 않은 물건들이다. 물건들이 팔리지 않은 듯 놋화로에는 햇빛만이 한 보시기 담겨져 있다. 빈 공간에는 밀려드는 것들이 있다. '가을이 나간 자리 철새들 밀물인데'(「샘통」) 가을이 지나간 자리에는 철새들이 밀려든다. 철새들이 지나간 자리에는 봄이 밀려들 것이다. 할아버지에게 시간은 거꾸로 흐른다. 과거의 물건과 과거의 인물, 회상으로 자신의 존재감을 형성하고 있는 인물이기 때문이다. 그는 '입질'을 기다린다. 무엇이 낚기기를 바라는 것일까. 물건을 살 사람일까. 혹은 강태공처럼 시간을 낚는 것일까. 할아버지의 외양적인 자세는 흐트러짐이 없이 꼿꼿하게 앉아 있다. 길거리에 앉아 골동품을 팔고 있는 할아버지이지만 그에게서 살아온 날들을 발견한다. 왕골자리를 만들기 위해 고드랫돌(발이나 돗자리 따위를 엮을 때에 날을 감아 매어 늘어뜨리는 조그마한 돌)을 쉼 없이 움직였던 할아버지, 한밤을 새워 엮어서 시장에 내다 팔며 자식들을 키워내었던 그, 만만찮은 삶에 '속앓이'도 하면서 집안의 크고 작은 일들을 처리하였던 가장이었다. 그렇기에 그의 모습은 흐트러짐이 없다.

시인은 자신의 삶을 '강물'이라 생각한다. 강물이 꼬리를 접을 때, 즉 인생의 말미로 들어섰을 때, 그가 설 곳은 왕골자리도 아닌 '한 뼘' 정도의 땅이면 충분하다. 수많은 사람들이 앉아 있다가 갔던 그 땅을 '비집고' 앉아, 할아버지가 놋화로에 햇빛이나 가득 담고 있었듯이, 고개를 넘어가는 해나 '바라보고' 있을지도 모를 일이다. 이제 그도 비가 오면 몸이 욱신거리는 나이가 왔다. '하늘이 울려는지 / 내 몸이 시끄럽다(「유월」)고 한다. 몸이 욱신거리는 것이 '시끄럽게' 들린다. 강물이 자연스럽게 흐르듯이 가뭄이 되면 강의 바닥을 드러내듯이 그의 삶도 자연스럽게 마감될 것이다. 위의 시조는 그때의 삶의 자세를 말하는 것이리라. 김명호 시인도 그렇게 누렇게 바래어가는 왕골자리처럼 낡아 가지만 정신만은 '꼿꼿함'을 가지고 여분의 삶을 누릴 것이라 믿는다. 그의 왕골자리에는 여러 형식과 모양과 전통을 가진 '시조'가 빼곡히 놓여있을 지도 모를 일이다. 그러면 오고 가는 사람들이 그의 앞에 앉아 쉼을 얻고 과거와 미래를 바라 볼 수 있는 여유를 갖게 될 것이다.

'황학동'과 '청학동'은 아직까지도 옛 것이 유지되고 있는 공간이다. 황학동이 물건을 볼 수 있는 물리적인 공간이라면, 청학동은 볼 수 없는 것들로 가득 찬, 즉 정신과 사상을 우지하고 있는 정신적 공간이다.

지리산 골짜기서 새 소문이 들린다
끙끙 앓으면서도 선뜻 못 나선 예(禮)가
몽양당 바위 틈에서 물방울로 솟는다는.

옹달샘 거울에서 비롯한 물줄기가
조금씩 몸을 보태 큰 강을 이루어서
마침내 바다로 나가 중심으로 뜨겠네.

—「청학동」

지리산 골짜기에 있다는 청학동에서 새로운 소문이 들렸다. 청학동은 아직도 '인의예지'를 교육의 기본과 인간 정신의 근간으로 삼으며 현대 청소년들을 교육하고 있는 곳이다. 그렇지만 변해가고 있는 현대, 사라지고 있는 정신에 끙끙 앓으면서도 선뜻 나서지 못하는 예였다. '예'가 사라지고 그 자리를 '무례함'이 자리하게 된 현재, '효'가 사라지고 불효가 가득한 시대, 시인은 어떤 소식을 들었는지 반가운 소식에 펜을 들었나 보다. 몽양당은 청학동의 청소년 예절학교이다. 잊혀졌던 '예'가 몽양당 바위틈에서 '물방울'로 솟는다. 지금은 작은 바위틈에서 솟아나는 하찮은 물방울에 불과하지만 옹달샘이 되고 옹달샘의 물줄기는 '조금씩 몸을 보태어' 큰 강을 이룰 것이다. 몸을 보태다 보면 점차 커지는 물줄기가 된다. 이윽고 강이 되고 바다로 나간다.

청학동에서 무슨 소문을 들었는지는 알 수 없지만. 사람에 대한 배려도 예의도 모든 것이 이렇게 작은 것부터 시작된다. 주목할 만한 것은 시인이 그 모든 것의 시작을 '청학동'에서 보았다는 것이다. 청학동이 가지고 있는 상징성에 주목해 본다. 청학동은 가장 한국적인 것, 가장 한국적인 정신을 보유하며 지키려 애를 쓰는 공간이다. 시인은 강이 되고 바다가 되는 근본을 '한국사상' 혹은 '한국정신'으로 본다. 이것 중의 하나가 시조쓰기가 아닐까 싶다. 몇 개 되지 않는 운율을 지키며 몇 개 되지 않은 글자에 자연과 인간과 사회를 담아내는 한국적인 문학, 시조의 정신을 이어가고 있는 시인이 있으므로 시조는 앞으로도 계속 이어질 것이다. 많은 부분에서 외래종에서 내어준 것들이 오래되었다. 그중에서도 아쉬운 것은 문자와 문학인 듯싶다. 김명호 시인이 뜻 모를 외래어가 넘쳐나는 한국에서 아름다운 한글을 도구로 하여 크나큰 한국문학의 바다를 만들어 가기를 기대해 본다.

김명호 시인은 골목길에도 서있다.

> 바람이 활궁자를 쭉 당겨 펴놓고서
> 가로등을 촘촘 심어 달빛을 몰아낸 뒤
>
> 사랑의
> 달맞이 꽃도
> 속절없이 집니다

—「골목길」

시인은 그 골목길의 끝에 서있다. 움직이지 않고 가만히 주시하며 골목길보다 가로등보다 오래된 달맞이꽃이 너울거리던 그 시절을 불러온다. 활궁 '弓'은 구불구불한 골목길을 보여주는 것 같다. 그러나 시인은 위의 시조에서 이것을 쭉 펴놓았다라고 한다. 왜 직선으로 쭉 뻗어있다고 하지 않고 쭉 당겨 펴놓았다고 할까. 직선은 아닌듯하다.

약간 구불구불한 골목길일까. 구불구불한 골목길은 예전길이다. 가로가 정비되지 않았던 옛날의 길들, 거기에는 연탄재가 쌓여있고 쓰레기가 돌아다니고, 골목골목에서는 개가 짖으며, 아이들은 나와서 팽이나 딱지를 가지고 놀던 곳, 연인들이 헤어지기 싫어 속삭이는 곳, 어머니가 공부하다 늦게 오는 딸을 기다리는 곳, 골목길은 수많은 이야기와 전설을 가지고 있었다. 그러다가 개발이 되면서 쭉쭉 뻗은 길이 된다. 저 모퉁이 너머에 무엇이 있을지 상상하는 즐거움도 없어진다. 신식 가로등은 달빛을 몰아낸다. 가로등이 꺼지면 밝은 달의 조명도를 감지할 수 있다. 가로등이 없으면 세상이 어두워질 것 같은데 그러지 않다. 갑자기 세상이 밝아진다. 강한 불빛에 의해 반사적으로 보이지 않았던 모든 것들이 눈에 들어온다. 그 은은한 빛의 즐거움과 밝음을 시인은 알 것이다. 달빛에 의지하여 걷는 골목길은 무섭기도 하지만 그 아름다움을 시인인 아닌 나는 표현 할 수는 없다. 그래서 시인이 존재하는 것이리라. 달맞이꽃은 달빛을 받고 꽃을 피운다. 몰아낸 달빛에 달맞이꽃은 마치 사랑처럼 속절없이 지는 것일까.

4. 우물, 삶의 중심이란……

김명호 시인의 시조를 읽어가면서 김명호 시인은 말이 없는 사람이겠다 하는 생각이 들었다. 그는 그저 가만히 바라보거나 세상을 향한 무전신호를 보낼 뿐이다. 마지막으로 시인은 우물 옆에 서있다. 두레박을 던져 물을 퍼 올리다가 두레박의 줄을 가만 바라본다. 물을 끊임없이 퍼 올리는 우물이 가진 원형적 상징은 여성의 공간이다. 어느 한 사람에게만 혜택을 주는 것이 아니라, 모두에게 수혜를 주는 어머니 같은 공간이다.

우물은 공동의 공간이다. 많은 사람들이 오고 가는 곳, 소문이 무성한 곳, 빨래를 하거나 음식을 씻는 곳이다.

줄이 닳은 것은 땀에 절은 탓이다
덕분에 한발도 어렵사리 다스리고
태양은 구름 속에서 얼굴을 내밀었다.

한 생에 물을 길어 텃밭을 가꾸시다
이윽고 얹어둔 두레박에 묻은 때가
바람에 흔들릴 때마다 중심을 잡아준다.

—「두레박」

시인은 두레박의 때 묻은 줄에 집중한다. 처음 만들어졌을 때부터 얼마나 많은 사람들이 그 줄을 잡았을 것인가. 하도 오래되어 소금하고는 전혀 상관이 없는 민물을 퍼 올리는 두레박에 그들의 땀에서 베어나는 소금이 끼었다.

심한 가뭄도 덕분에 어렵사리 다스리고 가뭄에 미안한 마음에 제대로 얼굴을 들지 못했던 태양은 그때서야 구름 속에서 얼굴을 내밀 수 있었다. 어머니는 그 물을 길어서 텃밭을 가꾸고 생을 가꾸었다. 아무도 세밀하게 보지 않았던 때, 이것이 '중심'을 잡는 무게 추 내지는 중심점이라는 사실, 때의 무게 때문에 흔드는 바람이 와도 흔들리지 않는다. 세상의 중심을 잡는 것은 이렇게 하찮은 것인지도 모른다.

이렇듯 김명호 시인은 시조를 통해 '손톱 밑의 때만도 못한 놈'이라는 자조적이거나 자학적인 명제에 대해 다시 한 번 생각하게 하였다. 모두가 같이 만들어가고 어느 무엇도 하찮은 것은 없다는, 소중한 시간과 공간과 존재 그리고 사물이라는 것을 깨닫게 해준 시인이 앞으로도 세상의 중심 같은 시를 써내기를 기대하며 이만 글을 마친다.

(〈시조문학〉, 2010 봄호)

남루와 나그네

—김상훈론[3)]

1. 이 생각 저 생각 정말 남루처럼 주렁주렁 기운 생각들에 쫓기면서 오늘도 용케 살고 있습니다.

김상훈 시인은 새 것이 유독 부끄러웠고 남루가 더욱 편하다고 말한다. 헤어진 옷을 부끄러워하지 않고 따뜻하게 생각한다.

> 인생이란 '恨의 덩어리'구나 하는 생각입니다. 저는 어릴 때부터 헌 옷 입기를 좋아했습니다. 인생이란 나서부터 한 겹 두 겹 襤褸로 치장을 하다가 죽을 때 그 때묻은 남루를 모두 벗어 던지고 훌훌히 가는 것이 아니겠습니까? —자서『우륵의 춤』

남루함이란 치장하지 않고 어디에 앉아도 신경쓰이지 않는 오래된 상태를 이른다. 친구 같이 편안하고 자연스럽다. 그러나 더욱 중요한 것은 '더 이상 버릴 것이 없는 상태'가 남루이다. 더 이상 버릴 것이

---

3) 동국대학교 국어국문학과 졸업, 1966 매일신문 신춘문예 시조부분 당선, 시조집『파종원』(1976),『우륵의 춤』(1989) 등.

없이 때문에 모든 것이 소중하다. 겉치레로 가지고 있는 것이 없기 때문이다. 냄비도 하나 수저도 하나 옷도 하나이면 더 이상 무엇을 버리겠는가. 있는 하나의 것들에게 감사하고 소중히 여기게 된다.

> 어제도 헤진 옷을 입듯 / 헤진 사념들을 되새기고
> 오늘도 또한 그 일들을 / 버릇처럼 되풀이 한다.
> 인간사 본시가 남루인 것을 / 이제 와서야 알 것만 같다.
>
> —「남루」

헤진 사념들, 묵은 사념들을 되새긴다. 오래된 상념은 묵혀져 거름이 되어 말하는 순간 자연스럽게 밖으로 흘러나오게 된다. 그래서 시인은 어렵지 않게 인생과 자연과 사회를 이야기한다. 김상훈 시인의 시는 자연스럽다. 인간의 일이 본디 '남루'인 것처럼 시도 '남루'하다. 인간사가 이처럼 남루하다는 것에 이른 시인은 어떤 사람일까. 시와 인간과 사회에 대해 '남루'를 이야기 하는 시인을 따라가 본다.

2. 속거(俗居)에 대한 애착과 속연(俗緣)에 대한 미련이 많은 사람일수록 산거(山居)를 택하는 경우가 있다.

녹수청산은 인간의 자취가 그리 많지 않은, 산세가 깊어 때로는 무거운 고독이 짓누르는 곳이다. 그런데도 시인은 차라리 깊은 산골의 산돼지나 멧새 같은 것들이 될 걸 그랬다고 한다.

> 차라리 綠水靑山에 / 맷돌으로나 살 걸 그랬다.
> 붉은 꽃 푸른 푸새들을 / 마구 밟고 짓이기다가
> 가을산 활활 불탈 때 / 함께나 탈걸 그랬다.
> …(중략)…

차라리 녹수청산에 / 멧새로나 살 걸 그랬다.
잔가지 마른 풀잎들로 / 둥지 하나 얽어놓고
골골이 실카장 쏘다니며 / 노래나 할 걸 그랬다.

—「차라리」 중에서

'차라리'란 차라리 그것이 더 낫지 않았겠는가라는 의미를 전제로 한다. 현재의 상태가 마음에 들지 않는다는 것이다. 가지 않은 길에 대한 아쉬움의 마음도 베어난다. 그래서 '차라리'는 현재의 것이 이루어지지 않은데 대한 2차 선택의 의미를 가진다. 시의 화자가 현재의 상태를 버리고 차라리 되고 싶어 하는 것은 식물이나 무생물이나 사람이 아니라 녹수청산의 금수이다. 금수는 동작성을 가진다. 위 시조의 푸른색과 붉은 색의 강렬한 색채대비는 '함께나 탈 걸 그랬다'에서 절정을 이룬다. 그냥 그렇게 죽어 없어져버릴걸, 산돼지로나 살 걸, 멧새처럼 쏘다니다가 노래나 할 걸과 같은 독백에서 자유인의 모습을 발견한다. 짓밟고 다니고, 쏘다니고 노래나 하는 아무것에도 속박되지 않는 그를 어떠한 제약이나 규율로도 잡을 수 없다.

될 수 있으면 / 처절히 일어나자.
될 수 있으면 / 처절히 쓰러지자.
처절히 일어났다가 / 처절히 쓰러지는 / 피 빛 지순(至純)

—「바람」 중에서

시인은 '될 수 있으면'이라고 말한다. 가능하면 온 힘을 다하여 할 수 있으면 처절하게 일어나고 처절하게 쓰러지자, '일어나자' '쓰러지자'와 같은 청유형어미는 주저하고 있는 이들에게 그렇게 하자고 하는 권유의 의미를 가진다. 자유에는 피의 냄새가 섞여 있다는 김수영의 시 「푸른 하늘을」과 「풀」을 새롭게 읽은 것 같은 위 시조의 바람은 핏빛 지순이다. 처절하다는 것은 몹시 처참하다는 비장한 형용사이다.

> 안개가 길을 막고 / 장대비가 빗장을 질러도 / 고집스레 산으로 왔다.
> 개울물 소리가 / 어찌나 우악스럽던지 / 밤 내 잠을 설쳤다.
>
> —「산거 18—홀로 있는 희열」 중에서

산이 좋아 산에 살고 싶어서 들어왔기 때문에 안개나 장대비는 장애가 되지 않는다. 길을 막고 '빗장'을 질러도 '고집스레' 산으로 간다. 고독한 희열은 산으로 시인을 몰아간다. 그보다 더 우악스러운 개울물 소리에 비하면 그는 아무것도 아닌 것 같아 보인다. 개울물 소리의 우악스러움, 비온 뒤의 산은 더욱 그렇다. 우악스럽다는 그 힘차고 센 자연의 흐름은 산과 물의 근육이다. 소리들이 산처럼 쌓인 산에서는 잠을 설칠 수밖에 없다. 풍경과 물소리와 바람 소리 그러한 것들에 귀를 두고 있으면 잠을 잘 수 없다. 잠을 자지 않는다는 것은 홀로 있는 희열과 어떠한 연관이 있을까.

> 번갯불과 천둥소리에 / 놀래기도 하다가 / 세찬 바람결에 / 휘불리기도 하다가 / 이대로는 어둠에 / 묻힐 수가 없어서 / 마침내 빗속을 / 걷기로 작정한다.
>
> —「비오는 밤」 중에서

번갯불과 천둥소리는 그를 놀래게 하고 휘불리게도 하지만 이대로는 어둠에 묻힐 수가 없어 빗속을 걷기로 작정한다. '이대로는' 이나, '마침내'와 같은 부사는 폭우의 가운데 있고자 하는, 쓸려가지 않는 의지의 집합체이다. 시인은 비를 피하거나 비가 오는 소리를 듣는 것이 아니라 천둥과 번개가 치는 밤에 그 가운데로 나아간다. 바람에 휘둘릴 것을 알지만 '어둠'에 묻힐 수가 없다. '작정'한다는 것은 각오한다는 것이다.

김상훈 시인의 시에 의하면 사람은 본디 외롭다.

> 살아서 외로운 사람 / 죽어서도 외롭단 말인가
> 추봉도 망산(望山)자락에 / 봉분도 없는 무덤하나
> 몇 송이 홀애비 꽃대꽃 / 위안인 듯 피어있다.
>
> —「거제 편편, 살아서 외로운 사람」

외로운 사람은 사나 죽으나 '외롭단 말인가'라는 사유적 의문 종지의 형식은 독자로 하여금 '그럴까?'라는 생각을 하게 한다. 단정도 아니고 완전한 의문도 아닌 그 사이의 서성이는 생각의 형식이다. 무엇인가를 그리워하는 한산섬 추봉도의 망산에 봉분도 없는 무덤이 '하나' 있다. 하나 - 망산 - 홀애비는 모두 외로운 단상들이다. 그러나 이것들이 같이 있으면 '위안'을 준다. 외로운 꽃 '몇 송이'들이 함께 무리지어 피어있다. 홀애비 꽃대는 꽃잎이 없이 꽃술만 핀다고 해서 홀애비 꽃대라고 한다. 봉분도 없는 무덤에 홀애비 꽃대 꽃이 핌으로 위안이 된다.

> 외로우면 산도 운다
> 　　　　강도 운다
> 참 외로운 사람은 그 소리
> 들어 봤을 것이다
>
> 외로우면 하늘도
> 　　　　땅도 다 운다
> 참 외로운 사람은 그 소리

들어봤을 것이다

낙엽이 흩날리면서
가을이 울더니
눈발을 휘날리면서
겨울이 울고 있다

세상이 다 따라 운다

—「외로우면 산도 운다」

외로우면 산도 강도 하늘도 땅도 가을도 겨울도 운다. 삼라만상이 외로우면 우는 소리를 외로운 사람은 들을 수 있다. 시의 화자는 '들어봤을 것이다'라고 한다. 외로운 화자가 먼저 그러한 소리를 들어보았고 '그렇지 않느냐'라고 동의를 구한다. 그러한 사람이 있을 수도 없을 수도 있다. 그러나 화자는 들어보았고 외로운 사람도 그 소리를 들어보았을 것이다. 위의 시에서 '강도 운다'의 앞에는 빈 공간이 있다. '외로우면'이 생략된 빈 공간은 외로움을 시각적으로 보여준다. 그래서 '참' 외로운 사람이 된다. 참 외로우면 세상이 '다' 따라 운다. 외로운 이의 마음과 같이하는 세상의 모든 것들이 같이 울어준다.

풍경이 밤새 잠을 자지 않고 있다. / 바람결에 간간이 딩그렁 울리고 있다.
나도 함께 / 잠을 자지 못하고 있다.

—「산거 2—풍경(風磬)」 중에서

풍경(風磬)은 잠을 자지 않고 바람결에 '간간이' 딩그렁 울린다. 풍경 소리는 규칙이 없이 간간이 바람이 와야만 울린다. 어쩌다 울리는 소리를 듣는다는 것은 풍경소리를 듣고 있는 이가 잠을 자지 않고 있다는 사실을 알게 한다. 시인도 '함께' 잠을 자지 못한다. 시인은 산에 들어와서 살면서 처마 밑에 풍경을 달아 놓았나 보다. 아무도 없는 산속에 적적하고 들려오는 소리도 없어 '사람을 그리워하는' 시의 화자는 바람소리라도 듣기 위해 풍경을 달아 놓는다. 새벽과 아침 사이, 저녁과 아침 사이의 풍경소리가 공간과 시간의 틈을 메워 준다. 공간과 공간, 시간과 시간 사이에 시인이 있어 '함께' 잠들지 못한다. 김상훈 시인은 산속에 홀로 떨어져 있으나 모든 것과 '함께' 한다. 사람을 그리워하고 속세의 인연을 소중히 여기고 보지 않아도 더 선명하게 볼 줄 아는 시인의 시안은 모든 것으로부터의 '거리'에 있지 않을까. 사랑하는 것들을 저만치에 놓고 그로부터 거리를 두고 더욱더 사랑하는 '함께'이지만 또 '홀로'인 상태……

3. 시가 인생이나, 자연의 오의(奧義)를 찾아내기 위한, 내연에 도사리고 있는 생명의 진수를 발굴해내기 위한 작업이 아니겠는가 하는 생각

시는 인생이나 자연의 깊은 뜻을 찾아내며 생명의 진수를 발굴해내는 것이다. '진수'란 뼈 속의 뼈이며 살 속의 살이다. 생명의 가장 중요하고 본질적인 면, 생명 가운데의 생명이란 무엇일까를 고민하는 것이 시이다. 발굴은 땅 속 깊은 곳 혹은 바다 깊은 곳 혹은 무너진 도시 저 아래 묻힌 보물을 찾기 위해 하는 작업이다. 시는 보물을 발굴하듯이 소중하고 가치 있는 것들을 찾아내는 것이다. 그것의 하나가 역설이다.

> 사람이 그리워서 / 토우를 모읍니다.
>
> —「토우」 중에서

시인은 산이 좋아서 산에 들어가서 10년을 살았다는데 사람을 그리워한다. 산 중에 살면서 사람을 그리워하는 것이 아니라. 사람 가운데 살면서 사람을 그리워한다. 사람은 흙에서 나와 흙으로 돌아간다. 사람 본연의 모습에 가장 닮은 흙으로 만들어진 인물상을 모은다. 무엇인가를 모으기를 좋아하는 사람은 그에 대한 생각이 남다르다. 그렇기에 다른 이들이 지나쳐 버리는 것에 애착을 가지고 수집한다. 사랑하기에 거리를 두고 바라보고자 하는 마음의 역설적 사유는 위와 같은 단상에서도 드러난다. 속세에 미련이 없기에 산을 선택한 것이 아니라 속세에 애착과 미련이 많기에 산에 거처를 마련한다.

> 만나지 않아도 / 늘 뜨겁게 만나는 사람 있지
> 보지 않아도 / 늘 또렷이 보이는 사람 있지
> 혼자서 그리는 모습 / 혼자서 느끼는 정회
> 더 절절하고 / 더 선연(鮮然)해서
> 혼자서 살지

—「참 만남」

만나서 확인하지 않아도 항상 뜨겁게 만나는 사람, 보지 않아도 늘 또렷하게 보이는 사람은 누구일까. 시인은 눈에서 멀면 마음이 멀어진다는 진리를 거부한다. 혼자서 느끼는 모습과 정회, 모습은 외면이고 정회는 마음이다. 내면과 외면 모두를 만나게 하는 것은 홀로일 때이다. 혼자서 사는 이유는 만나는 것보다 '더' 절절하고 보는 것보다 생생하게 선연히 느끼기 때문이다.

> 이름 없는 풀일수록 / 꽃을 피워야 한다.
> 이름 없는 풀일수록 / 열매를 맺어야 한다.

—「풀의 사연」 중에서

이름이 없기에 더욱 처절하게 살아야 하는 무명의 인생과 삶들에 대한 생각들이 마음 아프게 다가온다. 장미가 한 가지에서 한 송이 꽃을 맺고 사과나 배가 그리 많은 열매를 맺지 않아도 되는 것은 사람들이 그들을 사랑하고 좋아하기 때문이다. 그러나 소외된 식물들은 보이기 위해 아름다운 꽃을 더욱더 피워야 하고 척박한 곳에 자라나 위기를 느낀 식물들은 서둘러 꽃을 피우고 열매를 맺는다. 스스로를 보호해야 하기 때문이다. 그렇지 않으면 번식하기 어렵다. 박토에서 살아남기 위해 잡초는 그렇게나 생장력이 강하고 많은 씨를 맺는다. 인간도 마찬가지 아닐까. 가진 것이 없기에 더욱 열심히 움직여야 하는 사람들, 재산도 미모도 학력도 없는 이들은 무명초에 비유된다. 그러나 알아주는 시인이 있기에 시나 그림으로, 사진으로 피어난다.

> 슬픔이 너무 커서 / 기가 막히면 / 넋을 놓고 / 히죽대며 / 웃는다더라.
> 통곡도 몸부림도 / 후련찮으면 / 미친 듯이 / 덩실덩실 / 춤춘다더라
>
> ―「우륵의 춤」 중에서

웃음과 슬픔 그리고 통곡과 춤의 거리는 멀다. 그러나 역설적인 웃음은 슬픔이며 슬픔의 역설은 웃음이라는 지점에서는 가깝기도 하다. 통곡하고 몸부림치는 것은 기가 막힌 슬픔의 일차적인 맞닥뜨림인지 모른다. 슬픔의 가장 나중 단계는 기쁨과 통하지 않을까. 그래서 '히죽대며' 웃고 '미친 듯이' 덩실덩실 춤을 춘다. 추상적인 예술 앞에서 그 역설을 이해하는 사람은 흔하지 않지만 그 역설을 자신의 것으로 받아들여 이해하는 시인이 있어 예술가는 행복한지 모르겠다. 통곡의 역설은 덩실거리는 춤이다. 우륵의 춤은 여기에서 비롯되었다. 역사에의 가슴 미어지는 아픔이 우륵의 예술을 낳았다. 우륵을 이해하는 사람은 그의 웃음과 그의 춤이 어디에서 연유되었다는 것을 안다. 그래서 웃지 않고 박수치지 않는다.

피는 꽃은 / 모두 / 지는 꽃으로 운명지워져 있다.

—「낙화」 중에서

꽃은 자신의 지는 운명을 알지 못한다. 사람도 마찬가지이다. 모든 사물은 낡거나 늙거나 하여 죽는 것이 그 끝이다. 그러므로 모든 것은 죽을 운명이다. 피는 꽃과 지는 꽃은 하나인가 둘인가. 처음이 있고 끝이 있다면 둘이다. 시인은 낙화의 공간에서 피는 꽃의 지는 운명을 이야기 한다. 피는 꽃에서 지는 '운명'을 보는 것, 아니면 지는 꽃에서 피는 꽃의 '운명'을 보는 것, 그래서 슬프지 않을 수도 있다. 모든 것이 운명이기 때문이다.

다음 시에서도 봄의 눈부신 햇살과 처음 핀 꽃과 나비를 혼령이라는 죽음과 같이 본다.

누구의 혼령이 / 꽃이 되었기에 / 저리도 밝게 눈부시는가.

봄볕 아래 눈 못뜨게 / 아리히듯 눈부시는가.

누구의 혼령이 / 나비가 되었기에 / 저리도 가볍게 넘노니는가.

—「꽃과 나비」 중에서

봄볕 아래 눈을 못 뜨고 눈이 부셔 아리다. 모든 것이 다 죽은듯 죽음 같은 겨울이 지나면 꽃은 밝게 눈부시고 나비는 가볍게 넘논다. 혼과 나비, 죽음과 꽃과 나비의 넘나듦이 마치 나비의 날개짓 같다. 누구의 혼이기에 '저리도' 눈부시고 가벼운지, '저렇게도'라며 시인은 바라보는 시선에 영탄의 소리를 둔다. 무겁고 두꺼운 회색이나 검은 색의 죽음과 화려한 꽃과 가벼운 나비는 혼령의 꿈이나 바람이 아닐까.

4. 저는 문학을 '사랑'이라고 생각합니다.

연잎에 맺혀있는 / 물방울을 봅니다
구슬보다 영롱한 / 물방울을 봅니다
하늘이 담겨있고 / 해님이 담겨있고 / 연못도 담겨있고 / 연꽃도 담겨있습니다
가장 맑고 밝고 아름답고 눈부십니다 / 바람이 불어 연잎을 흔들까 염려가 됩니다 / 행여나 굴러 떨어질까 / 가슴 아리고 조바심이 됩니다
내 사랑도 연잎에 맺혀있는 물방울입니다

—「내 사랑도」

작은 물방울 속에 하늘과 해와 연못과 연꽃 같은 우주가 담겨 있다. 그것은 '가장' 밝고 맑고 아름답고 눈부시다. 그렇게 소중한 것이기에 바람이 불까봐 행여나 떨어질까 보아서 가슴이 아리고 조바심이 생긴다. 사랑도 연잎에 맺혀 있는 물방울과 같다. 크나큰 세계와 동등한 가치가 있는, 작지만 큰 힘을 가진 그리고 가장 아름다운 것이기에 가슴이 아린다. 바람에 모든 것이 담겨있다면, 물방울에도 모든 것이 담겨 있다. 사랑에도 모든 것이 담겨 있다. 사랑이 시라면 시는 몇 자 안되는 단어와 몇 줄 되지 않는 행과 몇 수 되지 않는 연 속에 인간과 자연과 우주를 담는다. 시인은 한 줄의 시가 태어나기까지 조심스럽게 가다듬는다. 물방울과 사랑과 시는 그 자체로 자연의 시가 된다.

다음 시에서의 바람은 한 곳에 머무르지 않는다. 왔다가 떠나가고 들어와서 울다가 간다.

새벽에 우리를 눈부시게 하는 / 빛으로 왔다가 / 저녁엔 우리를 잠들게 하는 / 어둠으로 떠났다가

가슴 속 깊이 들어와 우는 / 밤 새이다가
수천 갈래 활활 타는 불꽃이다가
하늘 끝 한 송이 구름으로 흐르다가
여린 풀잎에 이슬로 맺혀 사라지다가…….

—「바람」 중에서

바람은 빛이다가, 어둠이다가, 새이다가, 불꽃이다가, 구름이다가, 이슬이다. 바람은 오고 떠난다. 흐르고 사라진다. 새벽에는 우리를 눈부시게 하는 '빛'으로 왔다가 저녁에는 우리를 잠들게 하는 '어둠'으로 떠난다. 가슴 속 깊이 들어와서 우는 '밤새', 수천 갈래 활활 타는 '불꽃', 하늘 끝의 '한 송이 구름', 여린 풀잎에 '이슬'로 맺혀 사라지는 것이다. 보이지 않지만 흔적은 있는 바람은 '가슴 속 수천 갈래 하늘 끝 여린 풀잎' 같은 모든 것들 속에 있다.

하늘과 땅의 관계는 부부와 같다. 시 「하늘 땅 바람 구름」에서는 '하늘과 땅이 금슬이 좋아 / 삼라만상의 조화가 다채롭다'고 한다. 시 「나의 기도」에서는 '나는 언제나 당신의 하늘 되기를 원하면서 / 당신이 나의 땅이 되기를 함께 원합니다'고 하고 '우리 둘의 금슬이 좋아야 / 세상만사가 형통합니다 / 우주만상이 화평합니다'라고 한다. 하늘과 땅의 사이에 자식과 같은 한 마리의 새가 날아다니고 한 포기의 풀이 자라난다.

하늘은 한 마리의 새를 위하여 펼쳐있고 / 들은 한 포기 풀을 위해 널려 있다.

새의 황홀한 비상을 위해 / 노을은 더욱 붉게 타고 / 풀의 끝없는 번무(繁茂)를 위해 / 들은 더욱더 기름지다.

—「새 한 마리를 위하여」 중에서

하늘은 펼쳐있고 들은 널려있다. 새 한 마리를 위하여 하늘이, 한 포기의 풀을 위해 들이 존재한다. 새가 황홀하게 비상하게 하기 위해 노을은 더욱더 붉게 탄다. 들이 기름진 것은 풀이 많이 일어나 퍼지게 하기 위해서이다.

고인 물은 시간이 지나면 마르지만 / 솟는 물은 시간과는 상관이 없다 / 장산 밑에 살면서 / 언제나 장산 계곡에 물이 마르지 / 않음을 신기하게 여겼다

깊은 숲이 없는 돌산에서 / 사시사철 변함없이 물이 흐름은 / 쉬지 않고 솟는 샘물이 있기 때문

사람이 사람을 그리워하는 이치도 / 물과 같은 것이리라.

안에서 쉬지 않고 솟아오르는 사랑이라야 / 내(川)가 되고 강이 되고 바다가 되는 법이리라

—「솟는 샘물」

고인 물과 솟는 물은 '시간'에 따라 차이가 난다. 높고 깊은 숲에 물이 흐르는 것은 당연하지만 돌산에서 끊임없이 물이 솟는다는 것은 신비한 일이다. 시간과는 상관없이 사시사철, 변함없이, 쉬지도 않고 솟는 '샘물'이 있기 때문에 물이 흐른다. 고인 물과 솟는 물은 인간의 사랑에까지 나아간다. 고인 물과 사랑의 상관관계는 작지만 끊임없이 솟아오르는 것에 있다. 사람이 사람을 '그리워하는 이치'도 물과 같다. 안에서 '쉬지 않고 솟아오르는 사랑'이 되고 강이 되고 바다가 되는 '법'이다. 법이란 것은 이미 확정되어 누구도 이에 반론을 제기할 수 없는 것이다. 자연의 법과 인간의 법은 같은 이치를 가진다. 당연한 것이며 그럴 수밖에 없다.

5. 시는 자기 고백이며 자기 회고입니다…… 시는 인생이 그러하듯 끊임없이 자기 검열이며 자기성찰이라고도 하겠으며 자기 위안이며 자기정화, 자기격려라고도 하겠습니다.

시란 '자기' 즉 자신을 떠날 수 없다. 사람과 사랑과 인간 그리고 자신을 사랑하는 이가 시인이다.

> 꽃 보고 고개 숙인다 / 나무 보고 고개 숙인다 / 바위 보고 고개 숙인다 / 두꺼비 보고 고개 숙인다 / 다람쥐 보고 고개 숙인다
> 사람 보고는 / 더 깊이 고개 숙인다.
>
> —「산거 50, 하심(下心)」

꽃 같은 식물이나 바위 같은 무생물 그리고 동물들에게도 고개를 숙여 인사를 한다. 만물의 영장이라고 하는 인간이 사람을 보고는 더 깊이 고개를 숙인다. 시인은 사람을 좋아했었고 세속의 인연도 소중하게 여기는 사람이다. 그가 자연에 고개를 숙이고 인간에게는 더 깊이 고개를 숙이는 것은 자연스러운 일이다. 시인은 산에 거하면서 50번째의 긴 사유 끝에 이러한 말을 하고 있다. 인연과 인간의 소중함은 인간으로부터 한 발짝 물러나서 알게 되는, 당연하지만 그러나 당연하게 여기지 않는 진리를 이야기한다.

시인은 다른 시들에서도 낮춤과 낮음을 이야기 하였었다.

> 나는 한 개 돌이고 싶다
> 가장 밑바닥에 놓이는 / 밑돌이고 싶다
>
> —「돌」 중에서

밑돌이 되고 싶은 낮은 마음, 하심이란 겸손한 마음일까. 시의 화자

는 '한' 개의 돌이 되고 싶다고 한다. 여기에서도 시인은 '혼자서 사는' 이의 마음을 보여준다. 돌은 가운데나 위에 있지 않고 '가장' 밑바닥에 놓이는 '밑돌'이다. 외롭게 홀로 가장 밑바닥에서 큰 것들을 받치고 있거나, 아니면 가장 기초가 되는 돌이다. 밑돌은 흙에 묻히거나 큰 돌의 아래에 있어 쉽게 발견되지 않으며 그 존재가치도 미미하다. 그러나 밑돌이 있어야 위에 대들보가 놓이고 다른 돌이 놓인다. 낮아지고 사물로부터 거리를 두면 집착하지 않는다.

> 먼 길을 가다가 어두워지면 / 등불을 켜들고 간다.
> 등불이 꺼지면 / 촉심을 돋우어 또 켜면 된다.
> 바람 드세어 등불이 자꾸 꺼지면 / 날이 밝기를 기다렸다가 가면 된다.
> ―「산거(山居) 3―밤길 나그네」 중에서

밤 길 나그네는 '먼' 길을 간다. 가다가 어두워지면 등불을 들고 가고, 등불이 꺼지면 촉심을 돋우어 또 켜면 된다. 바람이 드세어 등불이 자꾸 꺼지면, 아쉬워하거나 조급해할 필요가 없다. 날이 밝기를 기다렸다가 다시 가면 되기 때문이다. 이럴 수 있는 까닭은 그가 '남루한' 나그네이기 때문이다. 목표를 정해놓고 정해진 시간에 당도해야할 필요가 없다. 나그네는 시간과 공간의 주인이다. 고로 자신의 주인이 되기도 한다. 시인이 부러워진다. 이 같은 경지에 이르기 위해 산에 사는 것인지 아니면 산에 살다보면 이 같은 이치에 도달하는 것인지, 시인의 호는 민립이다. 김삿갓 같이 서정적이며 매이지 않고 시대를 바로 보는 시조를 기대하며 이만 글을 마친다.

(〈시조문학〉, 2009 여름호)

시 쓰기, 그 고질병

-김영배론[4)]

많은 사람들이 병에 걸려 아파하고 괴로워한다. 그러다가 어떤 이들은 다시 회복 되고, 어떤 이들은 이제는 목소리도 들을 수 없고 만질 수도 없는 곳으로 돌아가기도 한다. 이럴 때 사람들은 무슨 생각을 할까. 아픈 사람이나 그들을 지켜보는 이들 모두 아무것도 필요 없고 오직 숨만 쉬고 있어도 살아만 주었으면 하는 마음뿐일 것이다. 김영배 시인도 시조집 『새 생명의 아침』의 서문에서 암수술을 받고 있을 때에는 이 세상에 돈이나 명예나 그리고 문학 같은 것은 한 낱 쓰레기에 불과하다고 인식되다가 건강이 회복됨에 따라 다시 고질병처럼 되살아난다고, 쓰지 않고는 못 배기는 이 병적인 근성은 무덤까지 지니고 가야 할 것 같다고 적는다. 시인들에게 시 쓰기는 암처럼 위태한 병일지도 모른다. 그래서 시쓰기에 대한 다음과 같은 고통의 시가 만들어진다.

> 한 달을 벼르고도 / 붓 이랑에 바람이 인다 / 그 숱한 생각들이, 엇갈리

---

4) 1931년 생, 호 論江, 충남 논산 출생, 논산고 교장으로 정년퇴임, 시조집 『출항의 아침』(1987), 『산울음 담은 강물』(1993), 『아 나의 산하여』(1996), 『지등하나 걸어놓고』(2000), 『새생명의 아침』(2004), 『굴렁쇠 세월』(2007) 등.

며 / 스러지고 / 뜹뜰한 술 빛 탄식만 / 행간길로 트인다

애써 잡은 사념들을 / 꼬리잡고 매달려도 / 끊긴 오솔길은, 수몰지로 / 묻혀가고 / 산말기 등걸에 앉아 / 묵은 세월을 줍는다

잡풀을 밟고 서면 / 병든 내가 거기 눕고 / 설계도 그려, 손가락 / 빗질하면 / 너울져 흐린 지평에 / 한 이랑이 열린다

—「행간(行間) 길」

위 시에서 시를 쓰는 고통에 비유한 것을 뽑아보면, 글을 쓰기 전에 먼저 바람부터 휑하니 부는 '바람이 이는 붓이랑', 글은 쓰여지지 않고 헛손질만 하게 되는, 바로 이 맛이야 하는 느낌보다는 어쩐지 개운하지 않은 '뜹뜰한 맛', 맑지 않고 탁한 술 빛 탄식, 한 행 한 행 산정을 향하여 오르는 것이 아니라 '마치 수몰되는 지역으로 묻혀가는'듯한 느낌 등등이다. 시 쓰기는 몸과 마음이 다 아픈 작업이다. 애써서 잡은 사념이 무너져 버리는 것 같아도 시인은 실망하지 않는다. 산말기의 이미 몸뚱이가 잘려나간 등걸임에도 뿌리가 깊어 안전하다. 이처럼 시인의 심지는 깊다. 시를 쓰는 것은 땅을 가는 것으로 은유되고 시는 일종의 개간이 된다. 잡풀이 무성한 들에 천형을 앓는 시인은 설계도를 그려 잡풀을 빗질한다. 그러면 비로소 '한' 이랑이 열린다. 넓은 들판이 모두 정돈되는 것이 아니라 간신히 '한' 이랑이 열린다. 하나의 표현법과 하나의 시어를 찾는다는 것은 마치 암 투병을 하는 것과 같다. 잡풀들을 다 뽑아내는 고통과 숱한 고뇌의 밤을 지나야 겨우 한 이랑이 만들어진다. 이후에 흐리던 시야가 맑아지며 지평이 정돈되고 시가 탄생된다.

1. 병 후에 오는 지혜의 즐거움

시인들은 투병의 시간 동안 '빈 손'의 삶과 '채움'의 삶 사이에서 많

은 것들을 깨닫는다.

> 태산만큼 안아다가 채워 봐도 항상 빈 손
> 하 넓은 무한 시공 불모(佛母)의 가슴 한 칸
> 그 안에 날개를 접고 번뇌없이 사는 지혜
>
> —「반야송」 중에서

천주교에는 성모 마리아가 있지만 불교의 '불모'라는 단어는 쉽사리 접해본 적이 없는 것 같다. 인터넷의 도움을 받아보니 불모란 1) 석가모니의 어머니인 마야 부인을 이르는 말. 2) '반야(般若)'를 비유적으로 이르는 말. 불법의 진리에 부합되는 최상의 지혜를 얻은 것은 부처인데, 이러한 부처를 태어나게 하는 것이라는 뜻에서 이르는 말. 3) 불상을 그리는 사람. 이 같은 세 가지로 정의 되는데 이 시에서는 두 번째의 경우로 해석해볼 수 있다. 반야란 만물의 참다운 실상을 깨닫고 불법을 꿰뚫는 지혜로서 온갖 분별과 망상에서 벗어나 존재의 참모습을 앎으로써 성불에 이르게 되는 마음의 작용을 이른다고 한다. 깨달음은 형체가 없어 보이는 혹은 촉각이나 시각적이지 않은 마음의 영역이다. 세상의 만져지는 것들은 태산만큼 안아다가 채워보아도 채워지지 않는다. 남은 것은 빈손일 뿐이다. 결코 채울 수 없는 항아리를 채우기 위해 심신이 말라가는 것이 채우고자 하는 삶의 방식이다. 끝이 없이 무한한 시공이라 생각하는 것도 사실은 불모의 '가슴 한 칸' 정도 밖에 되지 않는다. 그 불모의 가슴 안에 세상의 것들을 안아다 채우느라 지친 날개를 접고, 정신이 혼탁하지 않게 사는 것이 지혜로운 삶이다. 물질은 채워지지 않지만 지혜는 채워지기 때문이다.

병 후에 깨닫게 되는 지혜 중의 하나는 모든 삶이 하루에 한 두 마디 정도 줄어든다는 것이다. 즉 모든 것은 다 각각의 끝을 가지고 있다. 그러면 이제 남아 있는 나날을 사유하게 된다.

하루면 한두 치씩 / 줄어드는 나의 여생 / 한 해가 저물 때면, 금 하나를 / 지워가며 / 돌아갈 나의 허당에 / 눈길 자주 보낸다.

—「허당(虛堂)」 중에서

삶은 하루에 한두 치씩 줄어든다. 한해에 한 금씩 지워진다면 태어났을 때 한 인간에게 주어진 금은 몇 개일까. 그리고 그것이 다 지워질 때는 언제일까. 아마 그 금을 다 지우기도 전에 생을 마친 사람도 있을 것이고 마지막까지 지우고 가는 이도 있을 것이다. 시인의 다른 시조를 보면 아마도 아내가 먼저 돌아가신 듯하고 그 옆에 시인의 허묘를 만들어 놓은 것이 아닐까 하는 생각을 하게 한다. 그래서 여기에서의 허당은 허묘가 아닐까. 내가 언젠가는 저곳에 묻히리라고 미리 만들어 놓은 묘를 보면 살아가는 방식도 남다르지 않을까 하는 생각이 든다. 좀 더 자유롭고, 매임이 없고, 사람으로 인해 고통 받지 않고, 세상일에 괴로워하지 않고, 주어진 삶을 감사히 여기고, 주어진 사람들을 좀 더 돌보지 않을까, 나도 허묘를 가슴 한 편에 만들어 놓아야겠다.

2. 민중에 대한 애정

김영배 시인의 시조에 여성은 그리 많이 형상화되지 않고 어머니에 대한 시조 몇 편 되지 않는다. 그에게 어머니는 한국의 근현대사에서 찢어지게 가난한, 자식들을 키우기 위해 먹고 사는 것에 목숨을 걸었던, 새들이 논에 와서 이삭을 깔까봐 목소리가 다 쉬도록 '훠이 훠이' 새를 쫓았던 보통의 농민이다.

찢어지는 가난 속에 / 한 계절을 사고 팔며 / 서 마지기 논배미에 목숨줄을 매어 놓고 / 새몰이 목이 세시던 / 난장이 꽃, 어머니

—「할미꽃 당신」 중에서

위의 시조에서 어머니는 고된 노역으로 머리가 하얗게 세고, 땅에 붙어 농사를 짓느라 허리 한번 펴보지 못한 난장이 같은 할미꽃이다. 보통의 어머니가 그랬듯이 어머니의 고움은 기억되지 않는다. 나무껍질처럼 쭈글쭈글한 손과, 물기가 다 빠져버린 주름투성이의 어머니이다. 그녀들이 언제 세모시 옥색치마를 입고 봄 처녀 같이 다니셨겠는가. 철없는 자식들이나 봄 구경 하러 쏘다녔다.

점경이라는 구도는 멀리서 바라본 풍경이다. 그러나 망원경으로라도 보는 듯이 시골의 할아버지와 할머니는 아주 크게 보인다. 그들은 밭에서 돌을 고르고 풀을 매고 씨를 심고 수확하느라 손톱과 발톱은 다 닳았다. 그들의 갈라진 발뒤꿈치는 점점 흙을 닮아간다. 이제 곧 흙으로 돌아가야 할 시간이 다가온다.

손발톱이 다 닳도록 / 흙다루며 사는 세월
허리 굽은 할애비에 무릎 시린 할미들은
피붙이 꿈 바라 사는 / 등대지기 농사꾼

—「농가점경」 중에서

오랜동안 허리 한 번 펴지 못하고 살아온 세월에 허리가 굽은 할애비와, 먼 길을 걸어 돌아다니며 쭈그리고 앉아 밭을 매었던 할머니의 무릎은 시리다. 농사꾼은 도자기를 빚는 사람처럼 흙을 다루어 농사를 짓는다. 삶은 예술의 경지이기도 하고 등대지기라는 바닷의 상상력과 결합해서 외로움을 가진 철학적 경지에 이르기도 한다. 그들은 자식과 손자와 손녀들이 잘 되기만을 바라며 서 있다. 망망대해에서 불빛과 같은 존재이다. 그러나 동시에 바다에 홀로 서서 배가 들어오기를 기다리는 외로움도 발견된다. 날마다 밭가에서 기다려도 종내

소식이 깜깜인 아들과 며느리와 손자들에 대한 기다림에 등대가 되었을 지도 모를 일이다. 그래서 그렇게들 아픈 것이 아닐까. 자식들은 아프면 얼굴을 보여주니까……

김영배 시인의 시조에서 형상화된 인물들은 근대화의 과정에서 소외되었던 인물들이다. 그들은 자식들로 기대되는 장밋빛 미래를 바라보며 손가락이 대나무가 되도록 일을 한다.

> 손가락 마디마다 / 대나무가 된다해도 / 장밋빛 꿈을 엮는 집념의 광맥줄은 / 고괭이 찍는 날마다 / 불꽃 튀는 칼바람
>
> —「삶의 현장」 중에서

꿈은 장밋빛처럼 아름답다. 그러나 고괭이가 찍는 불꽃이 날마다 튄다. 삶의 현장은 이렇게 날카롭다. 칼바람 속에 어머니와 아버지가 밭에서 공장에서 해외에서 추위를 견디며 일을 하였다. 그들의 집념의 '광맥줄'은 지금 되돌아보면 아주 큰 금광이었다. 백설공주 이야기에서 일곱 난장이는 금을 캐는 광부들이었던 것 같다. 그러나 백설공주가 제일 먼저 하는 일이 청소 같은 것이었듯이 그들의 삶은 그리 윤택하지 않았다. 금을 캠에도 부자가 될 수 없는 사람들이 부모들이고 그 혜택을 받고 있는 것이 지금의 우리이다. 이제는 제 값을 지불해야할 시기가 되었다.

그래도 부모들은 불평하지 않는다. 그래서 부모이다. 이들은 마치 무명초 같은 인생들이지만, 이름 없는 식물들이 더 아름다운 소리를 낸다. 육신에 영혼을 태워 거친 별에 씨를 흩어 뿌려도 무명초들은 마치 불사조마냥 다시 살아난다.

> 육신에 영혼을 태워 / 거친 별에 흩 뿌리면 / 바람 타고 나는 재 불사조의 날개되어 / 옹이진 자갈 틈 사이 / 피고 지는 새싹들

엉겅퀴 쇠벼름 풀 / 바라귀에 억새풀이 / 눈뜨고도 못보는 맹인으로 태어나서 / 벌 나비 행색 없이도 / 사랑 쌓는 한 살이

낯선 땅 먼먼 산골 / 후미진 산골짝에 / 스스로 짓고 사는 쓰디쓴 귀양살이 / 햇볕도 한시 잠깐씩 / 기웃대다 가는 하루.

—「무명초」 전문

식물이 자라지 못할 것 같은 옹이진 자갈 틈 사이에도 피고 지는 새싹들이 있다. 거친 별 같지만 생명력을 죽일 수는 없다. 엉겅퀴나 쇠벼름 그리고 바라귀나 억새풀 같은, 들을 지나가다가 슬쩍 눈길도 주지 않는, 이름이 있을까 싶기도 한 잡풀이다. 이들은 눈 뜨고도 보지 못하는 맹인 같은 삶을 살아간다. 화려하지 않기 때문에 벌 나비가 날아들 것 같지도 않지만 그럼에도 그들은 사랑을 하고 씨를 번식한다. 이들이 사는 공간은 얼마나 먼먼 산골, 후미진 산골인지, 햇볕도 한시 잠깐씩 기웃대다 간다. 이곳에 산다는 것 자체가 귀양살이 일 것이다. 그러나 그것은 스스로 짓고 사는 귀양살이, 즉 강제적 귀양살이가 아니다. 다른 사람들은 불쌍히 여길지 모르나 자신들의 삶에 의미를 가지고 있기 때문이다. 이들이 땅을 억세게 잡고 있기에 한반도의 그리고 우리 집안의 역사가 이어져 내려온 것이다.

3. 접힌 나라에 대한 갈증

어머니는 대지를 적시는 물과 같아서 그와 같이 있으면 목이 선선해진다. 자식을 향한 사랑이 넉넉하게 땅에 흘러넘친다.

강은 산을 안고 돌며 / 산은 물을 품고 앉아 / 푸른 옷깃 붉은 치마 맑은 물에 헹구면서 / 호서(湖西)들 백리 지평을 / 넉넉하게 적신다

—「대청호반에서」 중에서

강은 산을 '안고' 돌고, 산은 물을 '품고' 앉는다. 산의 푸른 나무와 붉은 흙은 마치 푸른 저고리와 붉은 치마의 여성 같다. 충청도 청원에 있는 대청호는 충청도 지역의 너른 지평을 '넉넉하게' 적신다. 물을 먹고 식물들이 자라고 동물들이 자라고 인간이 살아간다. 물이 많으면 목이 마르지 않는 법인데 시인은 삼면이 다 바다인데도 목을 축이지 못하는 아이러니로 통일을 이야기한다.

> 삼면이 바다인데 이 갈증을 못 축이나 / 먼 하늘 기러기 떼 북향하여 나는 날은 / 반세기 접고 살아온 / 그 하늘이 그리워
>
> —「애향탑 노랫말 위에」 중에서

애향탑은 한반도의 곳곳에 있고 시인의 고향인 충청도 대청호의 주변에도 있다. 대개의 경우 고향을 사랑하자는 의미이지만 시인은 이 애향탑을 보며 통일을 노래한다. 통일과 갈증의 상관관계는 좋은 비유이다. 그만큼 통일에 대한 염원이 크게 느껴진다. 시인의 갈증은 '구름은 지평 위에 열 두 번씩 변용하며 / 산이 되고 바다가 되고 꽃잎으로 물들어도 / 가뭄에 긴 발걸음 / 목이 타는 이 들녘'「8월 들녘」과 같은 시에서 구름은 지평선 위에서 모양이 가지각색으로 변하여 산 모양을 만들기도 하고 바다가 되기도 하고 석양 무렵에 꽃처럼 물들기도 하지만 목을 축여주는 비는 되지 못한다. 8월 긴 가뭄에 지쳐 힘들게 걷는 들녘이나 삼면이 바다임에도 적시지 못하는 분단의 국토는 같다. 오십년이 넘는 세월을 남과 북이 종이접기 마냥 반쪽으로 접어진채로 살아왔다. 언제쯤이나 지도를 한 장으로 쭈욱 펼 때가 올 것인가.

하늘도 각각의 영공이 있지만 기러기는 자유롭게 북과 남을 오간다. 그러나 사람은 가지 못하는 곳이 있다. 갈 수 없기 때문에 더욱 그리운 것이 사람의 마음이다. 땅이 그리운 것이 아니라 '하늘'이 그리운

것은 북쪽을 하늘로 인식할 만큼 심리적 거리가 아주 멀기 때문이다.

> 내 귀는 밤바다의 이명(耳鳴)으로 부서지며 / 상여소리 휘청대는 / 어머니의 장송곡이 / 맴도는 베개 머리에 / 메아리로 번진다.
>
> ―「상봉의 여울목」 중에서

남과 북이 혹은 그리운 사람끼리 만나는 상봉의 여울목에는 이러한 기회를 보지 못하고 돌아가신 어머니의 장송곡이 메아리친다. 상여소리가 이명처럼 울리고 베개머리에 눈물이 번지듯 메아리가 번진다. 김영배 시인의 묘사적 특이성은 '조각나는 징소리가 소나기로 쏟아진다'「굿판」 와 같은 표현에서도 두드러지는데, 징소리의 크고 시끄러운 소리를 효과적으로 표현하기 위해 조각이나 소나기와 같은 시각적 방법으로 표현한다. 북쪽 사람들에 대한 안쓰러움이 각별하고 북방에 대한 정서가 어머니와 같다. 그는 논산 출생이며 평생을 충청도에서 보낸 듯한데 어머니의 고향이 북쪽이었을까 하는 추측을 해본다. 다음 시조는 탈북자를 그린 한편의 영화 〈크로싱〉을 보는 듯하다.

> 강건너 갈대밭엔 / 서성이는 사냥꾼들
> 총칼 빛에 떠는 강물, 숨소리도 / 죽인 밤을
> 운명의 외줄을 타고 / 숨죽이고 기는 짐승
> 별러온 세월만큼 / 해와 달도 발을 전다
> 휘둘러도 거침새 없는, 초가삼간 / 던져두고
> 칼바람 허기 핥으며 / 강 언덕을 넘었다
> 막힌 문 뚫고 나면 / 자유의 땅 지척인데
> 천만 리 타국 땅을, 돌고 돌아 / 날아온 길
> 오늘은 네온 불 아래 / 얼싸안고 짓는 눈물.
>
> ―「탈출기」

위의 시조는 탈북자와 감시자를 짐승과 사냥꾼으로 치환하여 보여준다. 강물은 총칼의 빛에 떨고, 바람은 칼바람처럼 매섭다. 총이나 칼과 같은 무기의 이미지들로 탈출과 감시의 서슬 퍼런 상황을 사실감 있게 보여준다. 탈북자는 숨소리를 죽이고 아슬아슬하게 운명의 '외줄'에 자신을 맡긴다. 이러한 밤에 하늘의 해와 달은 발을 저는 불구의 형상으로 비쳐진다. 온전한 것이 자연의 섭리이지만, 위태로운 순간 그들의 마음에는 자연마저도 온전치 못하다. 북쪽의 사람들은 아무리 휘둘러보아도 거침새도 없는 허술한 삶을 버려두고 허기를 참으며 죽음을 무릅쓰고 국경을 넘는다. 이렇게 힘들게 돌고 돌아오지만 뚫고 나면 '지척'으로 가까운 곳이 자유의 나라이다. 이 길을 얼마나 멀리 가슴 졸이며 돌아왔던가. 네온 불로 상징되는 남한에서 그들은 서로의 안부를 확인하며 얼싸안고 울지만 '네온'의 차가운 푸른색은 탈북자들이 남한에서 겪게 될 험난한 삶을 복선처럼 보여준다. 마치 다음 속편 영화의 실마리를 전편에서 슬며시 보여주듯이……

4. 아름다운 단상들

김영배 시인의 서정적인 시조들은 언어나 묘사가 아름답다.

> 소리 없이 지는 해를 / 달빛으로 떠올리며 / 백일홍 붉은 가지 옥당문에 흔들릴 제 / 눈 삼삼 님의 별궁엔 / 한밤 타는 장명등
>
> —「고궁에서」 중에서

소리 없이 지는 해를 달빛으로 떠올리는 고궁의 석양과 저녁이 아름답게 묘사된다. 고궁의 소리 없는 적막함에는 지나간 역사에 대한 아쉬움과 회한의 정서가 담겨져 있다. 소리 없는 듯하지만 듣지 못하는 것뿐이다. 초여름의 백일홍 가지가 옥당문에 흔들리고 꽃이 가만 움직

이기 시작한다. 그 떨림으로 인해 시의 화자는 궁궐의 옛날로 들어간다. 석등에 불이 켜지고 그리움으로 인도한다. 그리운 사람이 눈에 삼삼하고 별궁에는 '대나무에 바람이 일면 잎새 마다 피는 노래'「퉁소」같이 인간의 삶이 돌기 시작한다.

다음의 시조는 십자로에서 불을 밝히고 서 있는 가로등을 묘사한다.

> 온갖 소리 묻힌 공산 / 망부녀(亡夫女)의 등불인가 / 기다리다 돌이 되어 / 눈서리에 어는 새벽 / 동천이 열리는 소리 / 종소리로 잠든 얼굴
>
> —「십자로의 불침번」 중에서

온갖 소리가 묻혀 아무 소리도 들리지 않는, 사람 소리도 들리지 않는 공산, 지아비를 기다리는 아내의 마음이 망부녀가 되었다. 기다리다 돌이 되어 눈서리에 얼어도 망부녀는 등불을 끄지 않는다. 불빛을 보고 그가 찾아오기를 바라는 마음이 불로 밝혀진다. 따뜻하게 회복시킬 해가 동천을 열고 떠오르면 새벽종소리에 그제야 안심하고 잠든다.

다음 시조는 눈 오는 겨울 바다를 개인적인 아픔과 연관시켜 묘사한다.

> 잿빛 하늘이 그날 밤처럼 / 소리 없이 부서져 내린다
> 꽃잎으로 나부끼며, 가라앉아 / 녹는 눈물(雪水)
> 한마디 옹아리 못하고 / 파랗게 얼었구나
>
> —「입 다문 당신의 바다」 중에서

겨울바다 위의 잿빛 하늘이 '그날' 밤처럼 소리 없이 부서져 내린다. 눈이 오는 것을 하늘이 부서져 내린다고 표현하기 때문에 아마 그리 좋은 기억의 그날은 아니었을 것이다. 하늘이 무너지는 아픔은 사랑

하는 사람과의 사별과 같다. 눈은 아름다운 그 사람처럼 꽃잎처럼 나부끼더니 바다와 만나면 눈물처럼 녹아내린다. 눈과 '눈물'의 이미지는 죽음과 이별을 연상시킨다. 바다는 한마디의 옹아리도 못하고 파랗게 얼어버린다. 아마도 이 아픔 앞에 선 화자의 심정과 같을 것이다. 그렇기 때문에 우리의 바다가 아닌 '당신의 바다'이다. 이제 말을 걸 수도 없는 당신의 바다는 좀처럼 입을 열지 않고 시인은 그 앞에서 막막하여 서있다.

5. 글을 마치며

김영배 시인은 중고등학교 교사를 거쳐 고등학교 교장선생님으로 퇴임하였다. 그의 이력이 시조에는 드러나지 않는다. 훈계나 가르침보다는 감정의 묘사와 깨달음 그리고 사회에 대한 비판적 시선이 있다. 다음과 같은 시조에서 단초를 찾아볼 수 있다.

> 아빠의 선생님이 / 교장으로 오신대서
> 엄마의 손목 잡고 / 인사하러 가던 날은
> 내 머리 쓰다듬으며 / 예뻐하신 교장선생님
> 하얗게 희신 머리 / 얼굴에는 주름살이
> 실눈을 감으시며 / 웃음 짓던 교장선생님
> 오늘은 사십년 만에 / 졸업하고 나가신다.
>
> —「교장선생님의 졸업식」

교장선생님은 일생동안 몇 번의 졸업식을 치루셨을까. 한 40번 정도? 그 중에 개인적인 초등학교, 중학교, 고등학교, 대학교 혹은 대학원의 졸업식을 제외한다면 약 20여 년은 선생님으로서 제자들을 보내는 자리였을 것이다. 그러한 그가 졸업식을 한다고 한다. 교장선생님의 졸업식이라는 인식은 그가 평생을 학생처럼 살았다는 것을 보여준다. 배우고자 하는, 그러나 의식은 젊은 학생, 그렇기 때문에 정년퇴임을 졸업식으로 표현하는 것이리라……

식은 식일 뿐 졸업하고 나서도 그의 삶에 대한 태도는 변하지 않을 것이다. 다음과 같은 시가 이러한 자세를 보여준다.

> 속은 탄탄 여물고도 겉은 아직 거칠어서 / 떠밀려 굴러와선 쌓이어 머문 냇가 / 맑은 물 몸에 바르며 / 생각 없이 살고 싶다.
>
> —「차라리 돌이 되어」 중에서

시인은 속은 탄탄하게 여물고 겉은 아직 거친 사람이 되고 싶다고 한다. 겉이 아직 거칠다는 것은 길들여지지 않은 혹은 때 묻지 않은 학생과 같은 상태이다. 그러나 맑고 오염되지 않은 물을 몸에 바르는 '주체'는 바로 돌이다. 자신의 삶을 항시 맑게 유지하면서 몸은 낮추어 배우고자 하는 자세를 가진 김영배 시인이 앞으로도 맑은 시를 보여줄 것을 기대하며 이만 글을 줄인다.

(〈시조문학〉, 2009 봄호)

은근한 혁명

—김영애론[5)]

1. 새로운 형식의 꾸준한 실험

김영애 시인의 시조에서 발견할 수 있는 특징은 사설시조 같은 산문시조가 한 편도 없다는 것이다. 모든 시조는 3장 6구로 이루어져 있으며 매 수마다 45자 내외, 매장 4음보라는 정형에 충실하다. 더욱 흥미로운 것은 새로운 시조형식을 창조하고 이를 꾸준하게 사용함으로 읽는 독자로 하여금 눈에 익숙하게 만들어 수용하게 한다. 처음 볼 때는 특이한 시형이라고 생각하지만 두 권의 시집을 통해 자주 봄으로써 오래된 형식을 보는 것과 같은 느낌을 준다.

김영애 시인은 두수로 이루어진 시조를 특이하게 배열한다. 아래의 표에서 보면 〈2〉번 항목의 경우로서 시인이 가장 많이 구사하고 있는 형식이며 다음 시조와 같다. 시조 앞의 원 숫자는 해석의 필요에 의해 필자가 적어 넣은 것이다.

---

5) 경북 봉화출생, 허난설헌 문학상 수상, 시조집 『별이 되는 꽃』, 『쪽 빛 하늘 한조각』, 『초승달에 걸린 반지』 등.

① 벗은 채 엎더 있는 빈산으로 보일까 봐
② 가진 것 없으면서 고염나무 털지 않고

③ 추녀 흰
④ 오두막 하나
⑤ 산 떠나지 못한다.

⑥ 잎이 진 겨울 산은 잠든 양 보이지만
⑦ 산새들 톡 토도독 고염을 쫄 때마다

⑧ 산허리
⑨ 조금씩 풀어
⑩ 봄 내음을 날린다.

—「겨울 산 풍경」

위의 시조는 초장(①⑥)과 중장(②⑦)이 한 행 한 행으로 하나의 연을 이루고 있으며, 다음 종장이 3행(③④⑤과 ⑧⑨⑩)으로 1연을 이루고 있는 두 수의 시조이다. 초장과 중장을 하나로 묶고 종장을 분리한 이 형식을 쉽게 2.3.2.3. 형식이라고 명명하고 다음 표의 설명으로 넘어간다.

〈김영애 시인의 시조 형식 분류표〉

구분	시조형식	시조집 『별이 되는 꽃』	시조집 『쪽빛 하늘 한 조각』
1	2.2.3. 형식 (1수의 단시조)	31편	43편 (가장 많음)
2	2.3.2.3. 형식 (2수의 연시조)	35편 (가장 많음)	22편
3	3.3.3. 형식 - 1 (3수의 연시조)	26편	11편

4	3.3.3.3. 형식 (3행 4수의 연시조)	6편	1편
5	3.3.3.3.3. 형식 (3행 5수의 연시조)	3편	1편
6	3.3.형식 (3행 2수의 연시조)		1편
7	3.3.3. 형식 - 2 (3행 1수의 단시조)	1편	12편

위의 표에 의하면 두 수로 이루어진 시조가 없는 것이 아니다. 예로 들면 위의 표 〈2〉번 항목과 같은 다음 시조는 두 수의 시조가 연을 달리하지 않고 고유 형식을 취하고 있다.

새순이 날 때부터 이 순간을 기다린 듯
남긴 것 하나 없이 다 내주고 미소 지며
빈 팔을 들고 선 모습 내 어머니 같아라.

새 봄이 멀지 않다 소리 내어 외는 노래
목 에이는 칼바람을 빈 몸으로 감내하며
속으로 불 지피는 모습 어머니가 보인다.

—「겨울나무」

위 시조를 시인이 실험하고 있는 가장 보편적인 형식인 2.3.2.3 형식, 즉 다음과 같이 나눌 수 있다.

새순이 날 때부터 이 순간을 기다린 듯
남긴 것 하나 없이 다 내주고 미소 지며

빈 팔을

들고 선 모습
내 어머니 같아라.

새 봄이 멀지 않다 소리 내어 외는 노래
목 에이는 칼바람을 빈 몸으로 감내하며

속으로
불 지피는 모습
어머니가 보인다.

시인이 시도하고 있는 위와 같은 형식으로 표현할 수 있지만 시인은 그렇게 하지 않는다. 그 까닭을 알 수는 없지만 시인은 여러 가지 형식을 실험해 보다가 가장 적합한 그릇을 발견했을지도 모른다. 위의 표에서 2.3.2.3.형식 다음으로 많은 시조형식은 〈1〉번 항목의 2.2.3.형식으로서 다음 시조의 형식과 같다.

봄나물 봉지 봉지
안고 돌며 팔아서

영감님 약 사들고
환히 웃는 저 노파

굽은 등
어깨위에서
꽃대 하나 오른다.

—「연(蓮). 3」

위의 시조는 초장이 두 행, 중장이 두 행, 종장이 세 행 총 3연으로 이루어진 한 수의 시조이다. 단시조 형식으로 배열해도 좋을 것을 초장과 중장을 두 행으로 나눈다. 이러한 배열형식은 위에서 아래로 스크롤해 가듯이 보는 효과가 있다. 옆으로 길게 나열하는 것보다는 의미의 단락을 끊어줌으로써 의미 전달이 용이하다. 또한 꽃대 하나 오른다와 같은 수직적인 이미지와도 조응되는 구조이다.

김영애 시인은 시조집의 시조를 배열하는 데 있어서도 특이성을 보인다. 의도하던 의도하지 않았던 간에 2.2.3.형식 다음엔 대부분 2.3.2.3.형식의 시조가 위치한다. 제 1시조집의 경우 2.2.3.형식의 시조 12편이 먼저 있고 13편째는 2.3.2.3.형식의 시조 두 편, 그리고 다시 2.2.3.형식의 시조 한 편, 그 다음이 3.3.3.형식의 시조 12편, 다시 2.3.2.3.형식의 시조 등으로 전개해 나간다. 이 뿐 아니라 연시조의 배열도 일정한 규칙을 가지고 있는데, 위의 표에서 〈3〉번 항목의 3.3.3 형식 3수의 연시조 다음에는 대부분 〈4〉번 항목의 4수의 연시조와 〈5〉번 항목의 5수의 연시조가 오며, 5수의 연시조가 단시조 뒤에 오는 일은 드물다. 그리고 〈4〉번 항목의 3.3.3.3.형식의 연시조 다음엔 〈5〉번 항목의 3.3.3.3.3 형식의 연시조가 배열된다. 이 같은 배열은 시조의 외관상 형식으로 호흡의 완만을 조절하고 있는 듯한 느낌을 준다. 그리고 두 권의 시조집이 가벼운 시조형식으로 시작하여 마무리를 묵직한 5수의 연시조로 마무리 하는데, 시조집의 중간 부분에 「황성옛터」와 「외할머니 꾕과리」 두 편의 5수 시조를 배치하고, 시조집의 가장 뒤에 「청풍 벚꽃 축제」(『별이 되는 꽃』)와 「퇴임소회」(『쪽빛 하늘 한 조각』) 를 배치하여 무게의 안정감을 준다. 즉 시조집을 구성하는 시조의 배열에 있어서도 정형시 형식과 같은 안정감을 보인다.

위의 표에서 〈7〉번 항목의 예는 한 수를 3행 3연으로 배열한 시조이다. 1시조집에는 한 편 뿐이지만, 2시조집에는 12편이 있다.

바람만
놀다가는
인적 끊긴 산골역

떠난 사람
생각에
움츠린 어깨 위로

한 마리
이름모를 새
날개짓이 외롭다.

—「산골역」

위의 시조는 시조 한 수를 초장에 3행, 중장에 3행, 종장에 3행 총 3연으로 배열한다. 이를 다음과 같은 단수의 시조로 구성해도 문제는 없다.

바람만 놀다가는 인적 끊긴 산골역
떠난 사람 생각에 움츠린 어깨 위로
한 마리 이름모를 새 날개짓이 외롭다.

위와 같이 배열하면 어떤 차이가 있을까. 시인은 시골 역의 한적함과 외로움이 시각적으로 드러나는 형식을 취한 것 같다. 김영애 시인은 여러 가지 형식을 실험하고 조율해가면서 시상에 적합한 시조의 배열을 고민한다고 볼 수 있다.

결론적으로 보면, 김영애 시인의 시조에는 한 행 한 행이 시조의 격식을 따르는 정격 시조의 모습을 유지하면서 늘어지는 사설이 없으며,

산문시 하나 없는 정격의 시조가 주를 이룬다. 대신 긴 호흡의 시조는 단시조 형식에 담아 3수에서 5수까지 연장한다. 〈5〉번 항목의 3.3.3.3.3.형식은 5수로 이루어진 연시조이다. 가장 작은 편수인데 시인은 산문시 형식 보다는 정형으로 묶는 편을 택한다. 위의 표에서 2.3.2.3.과 같은 특이한 형식은 처음에는 낯설게 느껴지지만 반복되는 시간을 거치고 나면 익숙하게 되고 안정감을 느끼게 된다. 시조집의 배열 형식 또한 마치 정형시와 같은 느낌이다. 이에서 시인의 시조를 대하는 태도와 그의 인품을 상상하게 된다. 아마도 시인은 말과 삶에 군더더기가 없으며, 새롭게 형식을 창조해나가면서 아무도 모르게 이를 새로운 정형으로 만들어가는, 은근한 혁명을 이루어가는 이가 아닐까 싶다. 이제 내용으로 들어가 보기로 한다.

2. 역동성의 시어들

시조는 다른 장르에 비해 자연에 대한 심상적 특성을 분명하게 한다. 현대시는 실험적이거나 난해하거나 인문학적 지식을 바탕으로 한 방향으로 경도되고 또한 너무 바빠서 자연을 바라볼 틈이 없다. 자연을 노래한 시들은 매력은 없고 무겁지 않다고 생각한다. 이러한 시대에 자연을 노래하는 장르는 시조가 거의 유일하다. 어느 시인의 시조를 살펴보아도 자연, 고향, 산사, 그리고 어머니 등의 소재는 빠지지 않는다. 이러한 소재들을 다룬 현대시는 드물다. 이러한 시대 정형적 율조로 자연을 노래하는 시조가 귀하다.

김영애 시인이 형상화하는 자연은 힘이 있으며 끊임없이 움직이며 이 세상을 주도적으로 끌고 나간다. 봄은 산수유를 앞세우고,(「청명」) 여름은 개구리가 불러낸다.(「입하」) 그리고 산은 '숨소리 높이면서 / 부풀어'(「비온 뒤」) 오른다. 은실 같은 가는 비가 내리고 세상의 키가 한 뼘은 크는 듯하다. 물을 먹고 자라기도 하지만 늘어져 있던 잎들이 물을 머금고 세상을 향하여 손을 뻗기 때문이다. 김영애 시인은 이를 보고 '숨소리 높으면서 부풀어 오른다'고 한다. 비로 인해 더욱 상큼해진 세상을 호흡하며 산이 부풀어 오른다. 복사꽃도 '발 동동 / 어쩔 줄 몰라 / 개울가로'(「복사꽃」) 내닫는다. 하얀 달 아래 복사꽃은 그림보다도 꿈보다도 아련하다. 그것을 환상이라고 하면 조금은 어울릴 것 같은데 이마저도 모자란다. 이태백이 불을 촛불을 켜고 복사꽃 밭에서 놀자 했던 그 마음을 알 것도 같다. 환상속의 복사꽃이 발을 동동 구르며 개울가로 내려간다.

마른 가지 그 누구도 / 눈여기지 않을 적에
햇살 당겨 바람 섞어 / 꽃망울만 봉긋이
얼마나 / 더 배틀다가 / 터뜨릴까 봄 사연.

—「산수유 1」

사람들은 마른가지엔 눈을 두지 않는다. 그 사이에도 산수유는 꽃망울 피울 준비를 했을 터인데 말이다. 그리고는 갑자기 꽃이 피었다고 놀란다. 인간을 놀래키기 위해서 그런 것도 아닌데, 자연의 세밀한 변화에 눈을 돌릴 틈이 없는 추위와 여유 없는 마음 때문일 것이다. 그러는 중에도 햇살을 당기고 바람을 섞어 적극적으로 꽃망울을 피우는 나무가 있다. 계절은 사람이 불러내는 것이 아니라 자연이 앞세우고 데려 온다.

김영애 시인은 나무 위에 눈이 쌓인 풍경을 팔이나 어깨에 쌓인다고 하지 않고 '머리에 이고' 라는 표현을 사용한다.

잔설을 /머리에 이고 / 문을 열고 나선다

—「산수유 2」 중에서

'머리에 얹은' 과 같은 표현은 할머니 머리 위의 하얀 눈, 머리 위에 이고 가는 물 항아리, 모자와 같은 이미지들과 같이 상상된다. 어머니는 '만 가지의 걱정'(「별이 되는 꽃 4, 산수유」)을 가지고 산다. 뜰을 서성이며 비가 오면 짚신장사 아들을, 해가 뜨면 우산 장사 아들을 걱정한다. 아무리 생각을 바꿔 보라고 해도 어머니는 체질상 그렇게 하지 못한다. 그래서 머리에 잔설을 이고 나서는지도 모르겠다. 그렇지만 두 팔의 자유로움으로 어떤 위험으로부터도 즉각적으로 반응할 수 있는 강한 어머니이기도 한다.

하얀 민들레만이 한국 민들레라는 말을 들은 적이 있다. 민들레도 별도 하얀 것이 있는데 그림이나 노래에서는 주로 노란색으로 관습화 되어왔다.

> 밟힐 줄 알면서도 / 길섶에 자리 틀어
>
> ―「별이 되는 꽃 1, 민들레」 중에서

민중가요 중 '민들레처럼'이라는 노래가 있듯이 민중을 상징하는 것은 역동적인 민들레인지도 모른다. 밟히는 것이 왜 역동적인가. 마음의 자세를 말하는 것이다. 밟힐지라도 물러서지 않는다는 적극적인 마음의 자세가 동사적이다. 밟힐 줄 알면서도 길섶에 자리를 튼 민들레이다. 밟히는 것을 싫어한다면 어쩔 것인가. 너무나 흔하기 때문에 귀한 줄을 모른다. 마치 좁은 한국에 너무 많은 인구가 살기 때문에 인간 귀한 줄을 모르듯이, 또한 너무 낮기 때문에 잘 보이지 않는다. 민들레는 가장 낮은 곳에 피어 있어 밟힌다. 김영애 시인은 낮은 마음에 대해서 주로 말한다. 낙엽도, 눈도, 계곡의 물도 낮은 자세 낮은 곳으로 내려간다. 다음 시조에서 거꾸로 매달린 소나무는 낮은 곳으로 가 달을 건진다.

바위에 매달려서 / 거꾸로 사는 솔은
밤마다 달 건지러 / 개울로 내려간다
초승달 / 물에 잠긴 날 / 별도 담아 올린다.

—「절벽」

거꾸로 매달려 사는 소나무를 본 적이 있다. 절벽에 사는 소나무도 절경이지만, 살겠다는 그 의지와 강인함에 감탄하게 된다. 김영애 시인은 거꾸로 매달린 소나무를 보고 달을 건지러 개울로 내려간다고 해석한다. 달그림자에 소나무 그림자가 길어지면 개울로 손을 뻗고 초승달도 별도 건질 수 있을 것이다. 마치 조개를 캐는 사람처럼 소나무가 소쿠리나 망태를 지고 가서 별을 건지고 '담아' 올린다. 김영애 시인의 시조는 빈손의 미학도 있지만, 이처럼 농군의 마음을 보여주는 미학도 보인다. 빈손만 노래하는 것이 아니라, 농사꾼이 결실을 바라며 노력하듯, 승려나 명상하는 사람은 세상을 사유로 건져 올리고 농사꾼은 세상을 결실로 보아야 조화를 이루며 돌아가기 때문이다. 그래서 김영애 시인의 시조는 관조적이지만 않아서 좋다. 세상에 던져진 사람은 성취도 있어야 한다. 비움만을 강조하다 보면 젊은이들마저 세상을 변화시킬 힘을 소멸시켜 버리기 때문이다. 그래서 '법당을 빠져 나와 / 바람 만난 목탁소리'(「산사풍경」)에서 장난꾸러기 동자승처럼, 공부하기 싫어 살짝 나가 친구를 만나는 초등학생처럼 목탁소리는 법당을 빠져나와 친구를 만나듯이 바람을 만난다. 산을 만나거나 동물을 만나는 것이 아닌 '바람'을 만난다. 마음이 맞지 않으면 만나지 않는다. 세상을 등지고 자신을 수양하는 목탁소리가 절에만 머물러 있지 않고 세상을 자유하는 바람을 만나면 새로운 화두가 시작된다.

역동적인 자연을 형상화해온 시인은 감정도 역동적으로 그린다. 그리움은 감정이지만 마치 풀처럼 바람처럼 움직인다.

햇살이 없는 날에 / 싹이 튼 그리움은
바람이 자는 날도 / 흔들림 더 하여서
애당초 / 없었던 종점 / 멈춤 없이 달린다

—「그리움 2」

그리움은 햇살이 없는 날에도 싹이 나고, 바람이 없는 날에도 흔들림이 더한다. 그리고 애당초 종점이 없어 멈춤이 없이 달린다. 그리움이라는 잔잔한 감정을 이처럼 꿈틀거리는 움직이는 대상으로 묘사한다. 다음의 시조는 동사와 역동적인 명사와 형용사의 적절한 사용과 위치가 돋보이는 시조이다.

솟는 힘에 하늘 높이 떡메를 들쳐 올려
흰 구름도 한 점 찍어 떡판 위에 메친다
질끈 머리 끈 한 자락 흔들리고 너울댄다.

물 뿌리고 뒤집으며 날렵히 오가는 손
춤추듯이 나풀거려 곡예하는 나비 같고
구경꾼 메기고 받아 마당 가득 흥이 돈다.

봄 하늘의 구름 조각 섞어서 갓 만든 떡
씹기 전에 돌아나는 인생사 속 깊은 맛
차진 결 인절미 맛난 인연 길게 이르란다.

—「인절미」

이 시조의 특징은 역동적인 언어의 선택에 있다. 3수의 연시조인 위의 시조는 동사의 배분과 위치가 연에 따라 달라진다. 1수는 '솟는', '힘 높이', '들쳐', '올려', '찍어', '메친다', '흔들리고', '너울댄다'와 같은 단어, 2수는 '뿌리고', '뒤집으며', '날렵히', '오가는', '춤', '나풀거리는', '곡예', '나비', '메기고', '받아'와 같은 단어, 3수는 '섞어서', '만든', '씹기', '돌아나는', '이르란다'와 역동적인 단어들이 사용된다. 1수의 단어들은 수직적인 동작과 강한 힘, 2수는 수평적인 동작과 움직임, 3수는 시조의 선경 후정의 방식대로 내면으로 돌아오는 동작들의 배치가 떡을 만드는 과정과 즐거움을 보여준다. 얼마나 높다란 떡메치기였든지 흰 구름도 한 점 찍어 메친다. 이와 같은 역동적인 시어들을 선택하는 것은 시인이다. 맞지 않으면 친구가 될 수 없듯, 시인이 얼마나 역동적인 삶을 살아왔는가를 가늠하게 하는 단어들이다.

3. 시조의 의미

현대 사회에서 한국 전통의 시조가 가진 의미 중의 또 다른 하나는 잊혀 가는 풍경과 정서를 서정적 언어에 담는다는 것이다. 사진은 사실을 보여줄 뿐이고, 드라마는 그 시절을 재구성하여 보여 주지만 모사에 불과하다. 그러나 시조는 사라져 가는 것들을 증언처럼 남기며 원본이 가진 오묘함을 재현한다는데 의미가 있다. 다음 시조는 어린 날의 추억을 잔잔한 웃음으로 보여준다.

> 뜨거운 해를 이고 거랑으로 내닫는데 / 달아나는 시간처럼 고무신이 헐거워
>
> 덜퍼덕 / 소리 날 때마다 / 발가락을 늘였지.
>
> 땟국이 흘러도 잃을까봐 못 신던 신 / 송사리 떼 몸짓에 정신 뺏긴 한나절
>
> 금모래 / 한 겹 깔아서 / 고깃배로 만들었지.
>
> —「고무신」

한 치수 크게 사서 오래 신었던 신발, 항상 덜크럭 거리다가 발에 맞을 때쯤이면 이미 낡아버린 신발들, 놀이감이 없었던 때엔 배도 되고 어항도 되곤 했었던, 이것을 이제 기록하지 않으면 잊어버릴지도 모르겠다.

김영애 시인의 특징 중 또 하나는 농촌의 풍경과 세시풍속을 시조로 형상화한다는 데도 있다.

> 아지랑이 너머로 실눈 뜨고 보던 산천
> 남풍에 실려 오는 봄기운을 맡은 농부
> 우뚝 서 굳은 땅에다 밑그림을 그린다.
>
> —「3월 풍경, 들」 중에서

시인은 농부를 화가와 같은 예술가로 인식한다. 아지랑이가 피어올라 뚜렷하지 않은 세상을 대하고 서 있는 농부는 계절의 원근(遠近)을 뚜렷이 보고자 '실눈'을 뜬다. 중요하지 않은 것은 보지 않아도 좋다. 농군은 계절을 시계나 달력으로 계산하지 않으며, 몸의 감각, 실눈으로 손끝으로 시기를 체득한다. 남풍에 실려 오는 기운으로 지금 자신이 어디에 있어야 하는지 그 시기를 짐작하고 준비한다. 그리고 그 힘이 농부를 우뚝 서게 한다. 겨우내 '굳은' 땅에 밑그림을 그린다. 화가가 스케치를 하고 나서 캔버스를 채워가듯, 이곳저곳을 보며 무엇을 심을까 그려보기도 하지만, 농사로 인해 성장하게 될 자식의 미래와 한국의 미래를 그려보는지도 모를 일이다. 시인도 농부의 마음으로 시의 밑그림을 그리고 씨를 뿌릴 것이다.

김영애 시인은 한국의 24절기를 시조로 형상화한다. 24절기법은 1년을 세는 동양의 셈법으로서, 중국과 우리나라는 12달을 1달에 두 개의 절기로 나누어 12개월 동안 24절를 만든다. 24절기가 되면 마음과 손이 더 바빠진다. 두주마다 새로운 달을 준비해야 하기 때문이다. 미국에서는 두주마다 주급을 받는다고 한다. 한 달 마다 받는 것 보다 더 계획성 있게 살기 때문에 빚을 지지 않는다고 한다. 24절기로 나누면 부지런한 조상들의 겨울도 그리 길지만은 않았을 것이며, 보릿고개도 그리 높지만은 않았을 것이다. 이는 가난한 시대를 살았던 가난한 이들의 살아가는 마음의 방식이었다. 밑그림을 그리고 땅을 깨우고 보릿고개를 지나고 여름이 지나면 풍년이 넘실넘실 다가온다.

> 풍년이 / 논에 댄 물처럼 / 넘실넘실 다가온다
>
> —「소만(小滿)」 중에서

> 아직은 뙤약볕을 온 몸으로 받는 들녘 / 흩어질라 더위 불러 기다리라 하는데
>
> —「입추」 중에서

소만은 태양이 황경 60도를 통과할 때를 말한다. 햇볕이 풍부하고 만물이 점차 생장하여 가득 찬다는 의미가 있다고 한다. 5월 중순 쯤인데, 아직 추수기가 아니지만 시인은 넘실거리는 물을 보며 풍성한 풍년을 먼저 바라본다. 풍년과 물의 연관성, 참 적절하고 좋은 표현이다. 생명의 근원인 물이 '넘실넘실' 거린다. 넘칠 것 같지만 넘치지 않는 모양새이다. 모자라지도 넘치지도 않지만 풍성한 풍년이 다가온다. 입추는 여름의 끝이다. '아직은' 여름의 뙤약볕 찌는듯한 더위에도 '입추'라는 말이 주는 서늘함이 있어 그 빛이 그리 따갑게 느껴지지 않는다. 그리고는 아직 곡식이 더 익어야 하기 때문에 가을의 입구라고 흩어지려 하는 더위를 불러 '기다리라' 한다.

고향엔 농부인 아버지와 할아버지가 있다면 몸져누운 할머니도 있다. 김영애 시인은 조모들을 그리워하는데, 그녀들에 대한 그리움은 소리에서도 묻어난다. '무심히 지나쳐도 되살아난 쇠 음율'(「외할머니 꽹과리」)에 할머니가 생각난다. 음식은 추억으로 먹는다는 말이 있다.

같은 선에서 음악도 추억으로 듣는 것이리라. 시인은 꽹과리 소리가 시끄럽지 않을 것이다.

몸져누워 살아오신 할머니의 세상에는
봄 햇살 여름 땡볕 네모로만 보였지요
저쯤서 손짓해주는 옥수수는 자라는데.

기대어 앉아봐도 할머니의 눈길에는
툇마루 넘어 피는 봉선화만 보였지요
그 뒤로 너울져 피는 노을빛도 가끔은.

―「이불 밑의 옥수수」 중에서

누워있는 할머니의 세상은 그만큼 네모로만 보인다. 옥수수가 자라지만 누워 있기 때문에 볼 수 없고 키 낮은 봉선화만 보인다. 누워서는 가끔 노을이 보이기도 한다. 그래서 소식이 그립고 손주가 그립다. 그리고 시인도 할머니가 그립다. 사람들은 아침에 까치가 울면 좋은 소식이나 그리운 사람이 온다고 점을 쳤다. 거미가 줄을 타고 안방으로 내려오면 할머니가 '손님이 오시려나보다'고 하신 말이 기억난다. 그만큼 손님은 반가운 소식이었다. 그러나 기다리는 소식이나 사람들은 오지 않은 적이 더 많다. 그래서 김영애 시인은 우는 까치더러 '이 아침 네가 운다고 소식 어이 오랴만'(「까치」)이라고 중얼거린다. 황성옛터를 흥얼거리시던 아버지를 생각하면서도 '아버님 무슨 생각을 하늘가에 거셨나요'(「황성옛터」)라고 하면서 그리운 소식을 기다리던 아버지를 추억한다. 할머니도 까치 소리가 나면 아픈 몸을 세우고 사립문을 바라보았을 것이다. 그리고 손주가 오면 이불 밑에 넣어 두었던 옥수수를 주셨다. 옥수수와 할머니의 연상은 다음 시조에서도 촉발된다.

할머니 등긁이는 / 알 없는 강냉자루
세상사 궁금하면 / 가슴대신 등을 긁어
점점이 / 핏빛으로 맺힌 / 등에 피던 할미꽃

―「할미꽃」

먹고 난 옥수숫대를 말려서 등긁개를 하면 아주 거칠다. 이를 가지고 등을 긁으면 시원하기도 하지만 어떤 경우는 피가 나기도 한다. 김영애 시인은 이를 '할미꽃'이라 한다. 할미꽃을 보고 할머니가 생각나는 것은 당연하고 마음이 푸근해진다. 그러나 위 시조의 할미꽃은 마음이 아프다. 할머니는 세상사가 궁금하면 가슴 대신 등을 긁었는데 그것이 상처가 된다. 할머니의 세상사래야 위 시조에서 말한 것처럼 네모진 좁은 세상이었을 것이다. 그 좁은 세상도 할머니에게는 넓다. 그것이 전부이므로 그 세상에는 우리가 생각하는 세계보다도 넓은 우주인 가족과 친척 이웃에 대한 온갖 것들이 꽉 차있다. 그런데도 누워 있기 때문에 알 수 없고 더 궁금하다. 가슴에는 무심결의 생각 속에 손이 움직이고 손은 등을 향하여 긁는다. 전통적인 어법에서 등을 긁는다는 은유는 '시원함'이다. 가려웠지만 손이 닿지 않아 답답한데 누군가가 대신 긁어주면 속이 시원하기 때문이다. 그런데 할머니 등을 긁어줄 부드러운 손은 없다. 대신 거친 옥수수가 피를 나게 한다. 시인은 이것을 할미꽃이라 부른다. 할미꽃을 보고 할머니를 생각하고 할머니를 생각하면 그 등 뒤의 피가 생각났고 손으로 긁어주지 못한 어린 날을 후회했을 지도 모르겠다.

김영애 시인의 시조를 읽다보면 '정말 그러네'라고 생각하면서 자연스레 미소가 지어지는 구절들이 있다. 말장난도 아니면서, 애써 상상력을 발휘했다는 흔적도 보이지 않으면서, 아무렇지도 않은 것처럼 '그냥, 툭' 하고 적어 놓은 것처럼 보이는 다음과 같은 부분이다.

한평생 살아와도 / 빈 손인 것 같은데 // 하필이면 하루 종일 / 빈 상자만 주울까

—「가을 2, 폐휴지 줍는 노인」 중에서

빈손으로 살아온 것 같은데 여직 빈상자만 줍는 폐휴지를 줍는 노인들, '빈손'과 '빈상자'의 대비라서 더욱 적합한 비유로 다가온다. 폐휴지 줍는 노인들은 책이 뭉치로 나오면 그날은 횡재했다고 좋아하신다고 한다. 나의 책장에 쓸모없는 책들이 넘쳐나는데 말이다. 시인은 다른 시조에서 '산다는 건 애초부터 / 뺄셈만 하는 거라 // 한 움큼 잡은 것도 / 안개와 같다는 걸 // 마침표 / 없는 일기장 / 덮을 때야 안다네.'(「인생」)라고 삶이란 애초부터 '뺄셈'이라 한다. 우리에게 주어진 봄이나 여름과 같은 시간이 90이라면 하나하나 빼다가 어느 순간에 갑자기 영(0)이 될 수 있다. 잡았다고 생각하는 것도 안개와 같이 빠져나간다는 것을 '산다는 것은 더하기가 아니라 빼기'라는 삶의 아포리즘을 명료하게 제시해 보인다.

4. 마치며

모든 예술과 마찬가지로 시짓기란 쉽지 않다. 헤집어야 하고 갈고 닦아야 한다. 흩어져 있는 시상을 잘 빗질해야 하는데 그것이 수학공식처럼 명료하게 정리되지 않으며, 헝클어진 것이 더 엉키는 실타래 같다고 시인은 생각한다.

헝클어진 사연이 / 빗질이 되지 않아
풀수록 엉켜드는 / 바구니 속 실타래
무딘 게 / 손끝이 아니라 / 가슴일까 두렵다.

—「마음 2, 시 짓기가 안 되는 날」

풀수록 엉켜든다. 그러면서도 손끝으로 시가 되지 않는 것, 즉 기교보다는 마음이 무디어 질 것을 두려워한다. 시는 손끝이 아니라 마음으로 쓰는 것이라고 말하는 것이다. '빗질'은 가지런히 하는 것인데 정리하는데 무게를 두지 않고 무딘 것에 무게를 둔다. 나와 세상에 대한 감각이 무디어지면 관습적인 시가 되고 만다. 독자의 마음을 한 치도 움직일 수 없다. 시인은 이것을 두려워하는 것이리라. 시인으로서의 마음의 자세를 보여주는 다음 시조를 읽어본다.

> 굳은 땅 얼려주는 / 가랑비 노래 소리
> 진종일 듣고서도 / 시어는 잠 못 깨고
>
> —「비오는날」 중에서

시인은 온 감각에 깨어 있어야 한다. 시인은 맡지 못하는 꽃향기도 맡아야 한다. '눈꽃도 / 마음 얹으면 / 향기 전해 오누나'(「풍경 2, 눈 오는 날」)에서처럼 눈은 냄새가 없고 향기도 없는데 눈꽃을 '꽃'이라고 부른다면 향기가 전해오는데 그 전에 '마음'을 얹어야 한다. 하루 종일 비가 오는 소리를 듣고 만물은 깨어나는데, 시어가 깨이면 좋을 텐데 깨이지 않는다. 그 안타까움이 시라는 꽃망울을 터트리며 향기를 풍기게 될 것이다. 이와 같은 시인의 마음을 보여주는 다른 시조를 본다.

> 이제 갓 소한 지난 / 비탈 진 자투리 땅
> 홀로 선 늙은 농부 / 인사말 궁리 한다
> 야윈채 / 잠에 빠진 땅 / 무슨 말로 깨울까.
>
> —「농심 4, 겨울」

소한은 양력 1월의 초로서 가장 춥다고 하는 대한보다 더 추운 계절이라고 한다. 이 추운 때, 땅이 아직 깨어나지 않았다는 것은 모르는 이가 없다. 그런데 농부는 그 앞에 서 있다. 작은 자투리땅도 개간해야 했던 시간들이 지나간다. 자투리의 땅도 손바닥만한 땅도 얻어야 했던 시대가 있었다. 농사를 짓는 사람들은 많고 땅은 부족하고 아이들은 많고, 언 땅도 깨워야 살아갈 수 있다. 농부는 고민한다. 어떤 인사말을 해야 땅이 깨어날까. 어서 깨어나야 가족을 먹여 살릴 수 있을 텐데 생각하며 언 땅을 깨우는 마음으로 서 있을 농부를 그려본다. 시인의 마음과 농부의 마음은 같아 보인다. 시를 짓는 것도 같은 마음이리라. 무디어지고 단단해진 차게 얼어붙은 땅을 깨워 일구고 씨를 뿌리듯, 시인도 굳은 마음을 달래고 깨우려고 시조의 앞에 서있는 것이다.

김영애 시인의 시조 읽기 막바지에 와 있다. 시인의 인생에 대한 이야기를 들어본다. 스승의 날에 제자로부터 전화가 왔다. 그녀는 전화기 너머에서 선생님에게 '인생은 누구나 다 처음부터 객지예요'(「스승의 날」)라고 말한다. 인생은 고향이 아니라 처음부터 객지이다. 고향이 주는 친근함과 포근함이 없는 모둔 것이 어설픈 남의 땅, 객지인데, 그러면 어머니로부터 분리되어 탄생하는 순간 인생은 객지에 던져진다. 스승은 겸손하게 '길러 논 제자에게서 한 수 배운' 스승의 날이라고 한다. 탄생이 이렇다면 산다는 것이 힘들텐데 김영애 시인의 인생관은 또 이러한 생각에 매몰되지 않는다. 그녀는 '어제와 / 오늘이 합쳐 / 내일 됨을 아느냐.'(「인사동에서 2, 손금 보는 여인」)고 하면서 어제가 있고 오늘이 있어야 내일이 있다, 오늘 하루를 잘 살아야 내일이 있다고 말하면서 마지막이라고 생각되는 순간에도 뜻을 세워야 한다고 말한다.

보름달 밝다 해도 / 금 초승 밟아 온 것

기울다 차오르다 / 만월이 되는 것을
그믐 녘 / 인생이라고 / 세운 뜻이 없으랴.

—「그믐」

보름달이 밝다고 사람들은 부러워하지만 그가 초승달의 과정을 밟아왔다는 것을 생각하는 사람은 드물다. 그래서 시인은 '그믐 녘의 인생이라고 세운 뜻이 없으랴'라고 단정적으로 물으며 어느 인생도 늦지 않았음을 조용히 이야기한다. 이러한 종결 방식이 시조답다는 생각이 들게 한다. 아마도 그녀의 삶이 이러할 것이다. 김영애 시인의 시조 가운데 좀 많이 생각하게 했던 구절을 인용하며 마치고자 한다.

어디쯤 / 나를 세우면 / 이 가을 더 고울까.

—「가을 호수」 중에서

내가 있어야 할 곳, 내가 있음으로 가장 잘 어울리는 곳에 가만히 있는 시인의 모습이다. 모자라지도 넘치지도 않으며 넘실대는, 개척해 가면서도 돋보이지 않는, 자신의 어울리는 자리를 찾아 은근히 서 있는, 빛바랜 졸업사진 속에 가만히 서있는 것 같이 앞으로도 시조의 옆에 미소 지으며 서 있을 시인을 생각하며 이만 글을 마치려 한다.

(〈시조문학〉, 2012 여름호)

선비와 장군
-김영환론[6)]

호산 김영환, 지금 시 원고를 붙잡고 있는 시인의 호는 '湖山'이다. 호산이란 무엇일까. 호수가의 산일까, 산 옆의 호수일까, 호수와 산일까 하는 고민이 들었다. 號란 한 시인의 삶과 문학을 대하는 자세가 응축되어 표현된 것이기 때문에 예로부터 그를 잘 아는 지인들이 지어주기도 하였다. 김영환 시인이 이러한 호를 갖게 된 자세함은 알 수 없지만, 시인의 시를 처음부터 찬찬히 읽어 본 후에 드는 생각은 호수의 발밑에 뿌리를 대고 서 있는 산이 떠올랐다. 푸르고 맑은 호수 옆에 산이 있는 평화롭고 명징한 모습이다. 잔잔한 호수는 선비를, 뿌리가 깊은 산은 장군 같다는 생각을 하였다.

김영환 시인은 교육행정직 공무원으로 30여 년 간을 보내고 시조에 전념하고 있다. 시론 「현대시조가 가야할 길」 「시조 복원운동」 「시조 창작이론 소고」와 같은 글들을 지속적으로 발표하고 있는데서 그가 이론과 평론과 창작을 병행하였다는 것을 알 수 있다. 선비와 장군의 모습은 이런 활동에서도 발견된다. 창작은 선비의 모습을, 거침없는

6) 1935년 충남 계룡 출생, 시조집 『고향길』(1995), 『가을나그네』(2002), 『두마별곡』(2003), 『대전별곡』(2007) 등.

이론의 활동에서는 장군의 모습을 본다. 이제 김영환 시인의 시조를 통해 이를 살펴보고자 한다.

1. 글을 읽는 선비가 잠시 창밖을 쳐다보다

조용함과 잔잔한 생각 속에서 책을 읽던 선비가 글을 읽는 동안 잠시 잊고 있었다는 듯이 창밖으로 시선을 보낸다. 벌써 오월이구나 ……

창밖에 / 남새밭은 / 오이순이 돋아나고
푸른 산 / 머리위로 / 흰 구름 넘나든다
민박촌 / 오월의 아침 / 홰를 치는 닭 울음.

—「산가」

창밖에는 오이순이 돋아나고 있다. 농사철이 시작된 것이다. 남새밭, 요즈음은 시골 노인들의 대화 가운데 '나무새' 라는 말의 귀퉁이에나 남아 있는 단어이다. 시인은 점잖게 '남새밭'이라는 해묵은 용어를 가져온다. 보통은 '채소밭'이라 할 것이다. 남새밭은 채소밭 보다는 규모가 크지 않다. 조상들은 요즈음 같이 대량의 농사가 아니라 자그마한 땅에서 농사를 지었다. 한 식구의 밥반찬이나 할 요량으로 뒷마당에 가꾼 작은 밭이었다. 남새밭에는 욕심 부리지 않는 자족의 삶이 심겨져 있었다. 화자의 시선은 밭에서 산으로 향한다. 봄이 어디까지 올라가고 있을까. 푸른 산의 '머리'위로 흰 구름이 떠돈다. 땅에 발을 딛고도 이상은 하늘을 향하고 있는 시인, 보이지 않던 닭 울음소리가 들린다.

다음 시조의 '정자' '초가' '글소리' '천년' '신도비'와 같은 표현에서도 고풍스런 모습을 볼 수 있다.

천 년을 지킨 정자 / 세월 겨워 떠나가고
앵두꽃 피던 초가 / 서녘 바람 쓸고 갔네
다 가도 / 남는 이 있어 / 텃논 가득 고인 물.
낭랑턴 글소리는 / 허공에 맴을 돌고
고요한 저녁연기 / 어느 한곳 볼 수 없네
신도비 / 솔바람 잣고 / 굽어보는 세간사.

—「옛집에서」

시인은 어느 옛집 마루에 가만 앉아 구석구석을 바라보고 있는 듯하다. 정자는 천년 세월을 지키고 있다가 이제야 세월에 겨워 떠나갔다. 정자는 선비들이 글을 읽으며, 때로는 풍류를 즐기기도 하고, 세상사나 인문학적 주제들을 토론하기도 하던 '학문적' 공간이었다. 더 이상 사람들은 '머리' 위의 것들을 노래하려 하지 않고, 현대는 정자의 기능을 하는 공간도 없어졌다. 정자와 같이 '초가'에도 쓸쓸한 바람이 분다. 초가는 잠자고 먹고 쉬는 외에는 별다른 잉여의 공간이 없는, 최소한으로 자족하는 주거 공간이다. 남새밭과 초가 외에 무엇이 더 필요할 것인가. 정자도 초가도 없어졌지만 남는 이는 있다. 그로 인해 텃논에는 물이 차고 농사는 계속된다. 사람들은 남았지만 낭랑하게 들려오던 글소리는 '허공'에 맴돌아 사라져버리고, 밥을 짓던 저녁연기는 이젠 보이지 않는다. 어디에나 있는 것은 '바람' 뿐, 바람만이 과거와 현재를 계속해서 불고 있다. 신도비란 왕이나 고관의 무덤 앞 또는 무덤으로 가는 길목에 세워 죽은 이의 사적을 기리는 비석이며, 세간사는 한 가정의 역사이다. 신도비와 세간사의 대비, 정자와 초가의 대비, 꼭 신분의 높음과 낮음의 비교가 아니더라도, 부자 · 학자 · 높은 사람이나 가난 · 농부 · 낮은 이의 역사는 다 스러지고 지나가기 마련이다.

시인은 마치 사군자를 치는 선비처럼 지긋한 눈길로 난초를 바라본다.

비단결 파노란 잎 / 햇물은 일렁이고
솟아난 곧은 줄기 / 외론 섬 등대런가
매무새 / 가다듬고 선 / 어진 이의 넋이여!
허구한 아픔 딛고 / 그 먼 길 돌아 와서
시름진 자욱 자욱 / 발아래 묻어 둔 채
우러러 / 설운 가락 익혀 / 꽃 한 송이 피웠나.

—「난 꽃, 중투화」

중투화는 한국의 춘란이다. 시인은 중투화를 설운 가락의 꽃으로 그린다. '외로움' '어진' '아픔' '시름' '설움'으로 형용되는 꽃은 요란하지 않다. 어쩌면 서너 달도 넘게 화려한 꽃을 피워내 향기를 내뿜는 '양란'에게서는 볼 수 없는 모습이다. 동양란은 외로운 섬과 같은, 어진 이의 넋과 같은, 마치 어진 선비와 같은 꽃이다. 이 꽃 한 송이를 피우기 위해서는 아픔을 딛고 일어서야 하며, 지름길이나 쉬운 방식이 아닌 먼 길을 돌아와야 하며, 아프다고 소리 지르기보다는 안으로 시름을 삭혀 묻어야 한다. 여러 송이가 아닌 '한 송이'의 꽃에서 시인은 우주를 발견한다.

겨울 삼동 / 품은 뜻이 / 새봄 타고 돋아나서
꽃피고 / 열음할 때 / 번개천둥 불볕 속을
알알이 / 우주의 분신 / 햇살 고운 목숨 하나.

—「열매」

열매는 겨울 동안 어떤 뜻을 품었을 것인가. 뜻을 품어야 열매를 맺는다. 우리가 쉽게 열매를 본다고 해서 그 열매가 쉽게 맺혀졌다고 생각해서는 안 될 일이다. 번개와 천둥 그리고 뜨거운 불볕 속을 견디었기에 맺혀졌다. 이러한 어려운 과정을 거치고 난 열매는 '우주의 분신', 햇살이 고운 '목숨'으로 승화한다. 열매도 '하나' 이다. 위의 '중투화'와 아래의 '열매'는 시인의 손끝에서 탄생한다. 한 송이의 꽃과 하나의 열매를 그리기 위해 시인은 깊은 뜻을 품고, 불볕 속을 지나 왔다. 이것이 한 개인의 역사이며 시이다.

선비 시인의 고향은 어떤 모습으로 나타나는가 살펴본다. 고향이라는 큰 제목 아래 4개의 단편이 있다.

우거진 풀섶 틈에 옛일이 솟아나고
야위어진 시냇물은 이끼만 무성하다
'꾸르륵' 삼동을 익히는 소리 놀던 고기 숨었지!

—「냇가」

산자락 들판형국 변함이 없으련만
개구리 노래 실려 두렁논 고인물이
때 따라 각박한 농촌 비닐바다 번쩍인다.

—「들판」

농사철 새참 걱정 우물가 주름지고
섶 울로 넘나들며 오가던 이야기들
질그릇 울 섶 넘던 정 구름 따라 떠났다.

—「인정」

흐르는 세월 속에 정 지닌 사람가고
인간사 그러려니 끄덕이며 돌아설 제
상추짐 가득 찬 버스 아낙들만 그때 같네.

—「귀로」

우거진 풀 숲 속으로 옛 일이 옹달샘처럼 솟아난다. 가재라도 잡으러 산 속의 퐁퐁 솟아나는 샘을 찾았을까. 봄이 올수록 시냇물은 점점 줄어들고 좁아진다. 겨울 석 달 동안 굶주린 배 속에서는 요란한 소리가 난다. 어린 날 배가 고파 '꾸르륵'거리는 배를 움켜쥐고, 고기라도 잡으러 강가에 가보면 물은 줄어들고 그나마 놀던 고기조차 숨어버린다. 마지막 느낌표 '!'에는 어린 날 배고픔의 아련한 추억이 담겨져 있다.

두 번째의 '들판'편은 시인의 생태 환경의식을 보여준다. 자연은 예나 지금이나 변함이 없다. 개구리는 여전히 논의 고인 물에서 울지만, 도시화된 인심의 각박함은 '비닐 바다'로 반짝인다. 고속도로를 달려가다 보면 깜짝 놀랄 때가 있다. 분명 산중인데도 햇살이 반짝이는 호수가 갑자기 나타났기 때문이다. 그러나 가만히 보면 그것은 호수가 아니라 땅을 가득 덮고 있는 비닐이다. 비닐들이 흙속에서도 밭 옆 자락에서도 나부낀다. 언젠가는 비닐이 꽁꽁 싸매고 있어서 지구는 숨이 막혀 죽을지도 모른다.

고생을 모르는 이들은 텔레비전에 나와서 아주 즐거운 '새참'에 대해 이야기 하며 농촌의 풍성함과 고향의 맛을 느낀다고 한다. 그러나 시인의 마음에 있는 진짜 농꾼들은 '새참 걱정'을 하는가보다. 새참을 무엇으로 내갈까 하는 아낙들의 근심으로 주름이 진다. 우물가에서는 새참이야기가, 섶 울을 사이에 두고는 이런 저런 이야기들이 오고 갔었다. 울타리가 낮았던 까닭이다. 우물가에 가서 물을 떠가지고 머리에 이고 오다가, 남의 집 마당에 아는 이가 있으면 잠시 서서 마을의 이런 저런 이야기를 하곤 했었다. 지금은 담장도 없을뿐더러 이렇게 이야기를 주고받을 사람도 없다. 서로 얼굴을 보며 이야기하기보다는 표정을 볼 수 없는 전화를 하거나, 아예 어조도 느낄 수 없는 문자로 안부를 전한다. 울을 타고 넘었던 것은 이야기뿐이 아니었다. 이웃 간에 손님이 오시거나 하면 서로의 그릇을 빌려주고 받고 하던 정도 있었다.

많은 시간이 흘러 고향에 간 시인은 옛 모습을 발견하고 안도한다. 정겨웠던 사람들은 저 세상으로 혹은 다른 지역으로 흩어져 갔다. 시인은 아쉬운 마음에 인간사가 그런 것이지 하며 인정한다. 사실, 아는 이가 없는 고향은 서먹할 것이다. 그러한 그의 마음에 눈에 드는 풍경이 있다. 상추 짐이 가득 찬 버스 속에 있는 가진 것이 없는 상추 파는 아낙들이다. 어쩜, 사람들은 변하는 법인데 세월이 흘러도 아낙들은 변하지 않았다. 이러한 작은 일에도 기쁨을 찾아내는 시인, 시인은 좀 외로웠는가 보다.

2. 문밖에 나와 인간을 바라보다

남성 시인들은 형님에 대한 생각이 그리 많지 않은듯, 손위 형에 대한 생각과 추억들은 발견하기 어렵다. 대신 어머니나 누이에 대한 생각이 많은 편이다. 김영환 시인도 어머니와 아내에 관한 시들을 쓰기는 하지만, 선비와 장군이라는 시세계의 특성과도 연관되듯 아버지 같았던 형님에 대한 시조가 보인다.

어버이 혈육 나눠 이승을 앞서 오셔
집안의 경사이요 이웃들도 축복이니
천성이 영특한 인정 어느 누가 아니 일러.

학교 길 넘을 적에 내 책보 대신 메고
추울 땐 어를세라 다스운 손 내 귀 만져
씨름은 짐짓 져 주시던 우리 형님 어진 마음.

등잔 불 밝힌 새벽 눈보라로 옷을 삼고
멍멍이 컹컹 짖어야 힘겨운 가방 내려놨네

새벽잠 설치던 세월 통학열차 오 년간.

남다른 인정 때문에 인정으로 가시다니
고운 길 버리시고 저승길도 대신 갔네
남 위해 살신성인한 길 극락왕생 하소서.

인간사 사별이란 뜨고 지는 해이련만
이승에 지은 인연 그리도 짧으셨나
못 이룬 임의 큰 뜻을 이 몸이나 이루련만.

—「추모 2, 형님을 그리며」

형님은 마치 아버지나 어머니 같은 존재이다. 영특했던 형님, 시인의 어려움을 대신 해결해 주었던 형님, 학업에도 열중하여 '눈보라로 옷을 삼아' 눈을 맞으면서도 등하교를 하였던 형님, 새벽부터 저녁까지 공부하였던 형님이었지만 인정도 많은 분이셨다. 살신성인의 정신으로 저승길도 대신 갔다는 표현에서, 형님이 어떤 일로 남을 대신하여 돌아가셨다는 것, 자신의 목숨을 버려 대신 남을 구하고 돌아가셨지 않을까 하고 추측해 볼 수 있다. 시인은 사별이란 '뜨고 지는 해'라며 죽음이 뜨고 지는 해와 같이 일상적임을 말하면서, 이생에서 형님과의 짧은 인연을 아쉬워한다. 먼저 간 형님의 뜻을 대신 해서 이루어드리는 것이 형님의 살신성인에 보답하는 것이다.

모두에게 '그대'가 있음으로 이 세상은 살만한 곳이 된다. 시인은 누군가의 그대가 되기도 하고, 어떤 '그대'로 인하여 살아갈 수 있는 힘을 얻는다. 이 세상은 그대와 그대가 어우러져 살아가는 곳이다.

나 그대 / 없으시면 / 저 황야를 어찌 건너
나 그대 / 있으시니 / 이 고운 밤을 넘지

아, 임아 / 언제까지라도 / 함께 넘고 건너시리.

―「그대」

그대가 없으면 이 세상은 황야가 되고, 그대가 있으면 황야의 거친 밤도 '고운' 밤이 된다. 당신과 함께 넘고 건너는 세상은 같이 가야 쉽게 문제를 풀어갈 수 있다. 부정과 불륜이 일상적이 된 현시대에 이렇게 서로를 바라 볼 수 있는 애틋함의 시는 신선해 보인다. 김영환 시인은 다음 아내의 회갑을 축하해주는 시조에서는 40여년 같이해 온 부인에게 '곱다'고 한다.

우리의 첫 만남이 늦가을 우물간데 / 둥근 박 우물에 띄우고 돌아서던 댕기머리 / 그 날에 찾은 연분을 맺어 사십 계단 예순 마루.

여리게 타고난 몸 맑은 살림 이어받아 / 가파른 길 오내리며 편한 마음 몇 날일까 / 외동이 부산한 남편 그 시중 다 들자니……

노부모 봉양하랴 오남매 가르치랴 / 미음식 육 년 공양 밤 마중 십년세월 / 맘 놓고 단장 한 번 못한 몸 그래 더욱 고와라.

천성이 슬기롭고 도량도 넉넉해서 / 동기간 정을 두고 어려움도 고이 삭여 / 세정에 어두운 살림 한 결같이 세웠네.

혜식은 나를 만나 마음고생 그 얼마요 / 꽃다운 젊은 시절 내가 진 빚 너무 크다 / 아내 춘 팔푼이 되어도 내 지은 빚 갚으리.

한세상 가는 길목 이 일 저 일 겪었더니 / 오남매 울안에서 아기들 재롱 보며 / 이제는 당신과 내 땅 훨훨 추며 갑시다.

―「이제는 당신과 내 땅, 아내의 갑년에」

한국 땅에 살아왔던 모든 어머니들의 삶이 이와 같았다. 남편을 위해, 자식을 위해, 늙으신 부모님을 위해, 손자와 손녀들을 위해 자신을 희생했었다. 시인은 주름지고 나이든 아내를 보며 '단장 못한 몸'이 더욱 고와 보인다고 말한다. 아내에 대한 미안함의 마음은 자신을 '빚'과 연관 짓는 데서도 드러난다. 울안에서 자식을 키우고 그 땅에서 손자들을 보았지만 이제는 '당신과 내 땅'에서 춤을 추며 가자고, 마치 파트너에게 정중하게 춤을 권하는 신사처럼 말한다.

어머니는 먼저 고생하심이 떠오르고 이 때문에 아쉬움이 앞선다.

달래장 보글보글 / 애호박 파전부침
어머님 스친 손길 / 어느 아니 그리운가
잔주름 / 켜켜이 안고 / 떠나시던 새벽길.
밟으신 자욱자욱 / 아스라이 아파오네
여름 밤 한낮인 양 / 모시도 삼으시고
이제는 / 어룽진 추억 / 굽이치는 회한만.

—「어머님 생각」

어머니는 '달래장'이나 '애호박 파전 부침'과 같은 음식이 매개가 되어 추억된다. 어머니가 스친 손길은 무엇이든지 그립다. 돌아가신 어머니는 어떻게 추억해도 '회한'만 남는다. 어머니와 매개된 것은 시간도 예사스럽지 않다. 어머니가 돌아가시던 그 새벽만 돌아와도 마음이 아스라이 아파온다. 자식으로서 못해드린 것만 굽이치는 파도처럼 생각난다. 그래서 저 가슴 안쪽에서 처연하게 아파오기도 한다. 어머니는 여름밤까지도 낮인 듯이 모시를 삼으시며 고생하셨다. 어머니의 고생은 자신의 편안한 삶과 연결되기 때문에 자식으로서는 미안한 마음이 든다. 그리고 어머니에 대한 그리움의 눈물로 '어룽진' 추억이 굽이쳐서 홍수진 강물처럼 회한을 밀고 들어온다. 그렇게 어머니는 파도처럼 강물처럼 갑자기 서러움으로 다가와서 또 밀물처럼 쏴하니 나가고 다시 밀려오고 오는 바다와 같다.

3. 산 위에 올라가 세상을 바라보다

김영환 시인은 연고가 충청지역인 까닭도 있지만, 충청지역 역사에 관심을 가지고 그곳을 맑은 눈으로 바라본다. 백제의 장군과 대전이라는 공간을 굵은 선으로 나타난다. 모든 것이 서울과 중앙으로만 향하려는 강박관념의 시대에 이를 무시하고 지방이나 주변부로의 관심을 가진다.

가파른 구룡산을 허위단심 올라서니
천 년 고찰 현암사가 구름결 감고 있다
강심도 되돌리는 지혜 솟아오른 대청호.

소낙비 건너가니 씻은 듯 개인하늘
작열하는 햇살 불러 은빛 물결 반짝이고
산 산에 검푸른 호수 승천하는 흰 구름.

뱃길로 이 백리를 휘돌아 고였나니
청정수 십오억 톤 비단강에 몸을 푸네
뭇 생명 젖줄이 되어 맑고 맑게 흘러라.

—「대청호(大淸湖)」

시의 화자는 가파른 산을 올라서서 아래를 바라본다. 마치 산신령같이 구름을 감고 있는 것만으로도 '고찰'은 역사가 있어 보인다. 충청북도에 있는 인공호수인 대청호를 강줄기도 되돌리는 '지혜'로 본다. 사실 인공호수란 자연의 순리는 아니다. 그렇지만 시인은 이미 되돌릴 수 없으며 또한 시간이 흘러서 자연스럽게 순리의 일부로 정착된 것들에 대해서는 역사적 의미로 해석한다. '소낙비' 역시 강한 힘이며,

승천하는 흰 구름에서는 용이 승천하는 것과 같은 강함을 본다. 십오억 톤이라는 엄청난 양에서도, 구름결을 '감고' '승천' '휘돌아'와 같은 표현에서도 선 굵은 목청과 이미지가 드러난다.

김영환 시인이 형상화한 자연은 시인 이상으로 생각하고 있는 삶에 대한 은유이다.

> 갑옷같이 / 굳은 몸매 / 화살처럼 곧은 의지
> 사나운 / 산비탈도 / 척박한 토양에도
> 의연히 / 올곧게 살며 / 하늘 길로 가는데.
>
> —「굴참나무」

굴참나무는 갑옷과 같은 몸매, 화살과 같은 의지로 그려져 마치 장군을 보고 있는 듯하다. 굴참나무는 초원이나 기름진 평지가 아닌 사나운 산비탈이나 척박한 토양에서 사는 나무이다. 그럼에도 의연함을 가지고 올 곧게 산다. 세상의 회유에도 귀 기울이 않고 자신이 갈 길을 올 곧게 가는 지사 같은 이를 보는 듯하다. 올곧음은 땅에 매이지 않는다. 그는 '하늘' 길을 홀로 간다. 땅에 발을 딛고 있으나 항상 하늘을 바라고 살 일이다.

> 맨살로 바위 안고 늘 여기 서 있는데
>
> 비 오거나, 눈 오거나, 번개 치거나, 바람 불거나, 구름 끼거나, 햇살 들거나,
>
> 힘센 놈이 잡거나, 찢거나, 꺾거나, 밟거나, 산산이 으깨거나 말거나
>
> 돌 틈에 시린 발 담고 그냥 살다 갑니다.
>
> —「노숙목(路宿木)」

노숙자라는 말은 들어보았어도 '노숙목'이라는 말은 처음 본다. 노숙자와 비슷한 형상의 나무를 노숙목이라 하였을까. 노숙목의 '맨살'이 바위를 안았다. 소중한 것을 안듯이 감싸고 있는 나무이지만 맨살이라 발이 시리다. 그렇지만 따뜻한 양말을 구하지 않고 돌 틈에 그냥 살다 간다. 비나 눈이나 번개나 바람이나 구름이나 햇살이나 어떠한 환경에도 거리낌이 없다. 환경뿐이 아니라 길 가던 이들이 잡거나, 찢거나, 꺾어나, 밟거나 해도 상관하지 않는다. 으깨거나 '말거나'는 이미 그가 초연했다는 것이다. 노숙자와 같은 삶을 보게 되는 나무, 노숙자에 대한 어두운 시선을 벗어나, 거리의 나무에 대한 의미 부여로 나아간다. 그들로부터 자유를 본 것은 아닐까……

이제는 통일에 관한 글들은 찾기가 쉽지 않다. 80년대에서 90년대는 모든 운동과 역사의 큰 과제인 듯이, 마치 헤어진 연인이라도 된 듯이 남과 북이 이제는 만나야 한다고들 했었다. 그러나 21세기에 들어서는 북과의 관계도 소원해지고, 통일을 노래하는 글들도, 북에 대한 그리움의 시도 찾아보기 힘들다. 나 이외의 것들에 관심을 가지기에 살림이 더 어려워진 것인지, 북에 대한 관심이 해외의 다른 나라들로 흘러가 버렸든지, 그럼에도 김영환 시인은 이러한 유행을 따르지 않고 굵은 목소리로 마지막까지 통일과 역사를 이야기한다.

> 두리봉 영기 타고 우뚝 솟은 추모비여!
> 의로운 이 사실을 알알이 담고 서서
> 이 고장 청사에 남아 길이길이 빛나리.
>
> 후세의 사람들이여, 귀감으로 삼으시라
> 그리고 오래도록 전승해야 할 것이
> 다시는, 다시는 동족상잔의 뼈아픈 비극 없게 하라.

화해는 관용과 포용 한 핏줄 이어지고
너와 내 더불어 한 가슴이 되어서
충의로 연연한 이 고장 지켜가야 하느니.

―「염 원, 호국용사 추모비」

시인은 강원도 정선의 두리봉에서 두 쪽으로 나뉜 조국을 바라본다. 한 핏줄과 한 가슴을 가지고 있지만 벌써 반세기 넘게 하나가 되지 못한 조국이다. 김영환 시인은 과거에서 배워야 한다고 말한다. 이 아픈 역사는 청사에 길이 남아야 하며, 전승해서 알려야 한다는 것이다. 그리고 궁극적으로 '화해' 와 '관용'만이 핏줄을 하나로 이을 수 있다고 한다. 충의로 자신들의 고장을 지켜나가는 것도 통일을 대비하는 것이다.

백제의 역사에서 의자왕이나 삼천궁녀는 '한'의 정조로 노래되어져 왔다. 이미 패한 장군이었기에 그에 대한 관심이 없었을지는 모르나, 그에 대한 문학 역시 보이지 않는다. 그러나 김영환 시인은 백제의 역사와 백제의 장군에 대해 굵은 선으로 이야기 한다. 다음은 계백장군에 대한 시이다.

노송 숲 넓은 잔디 충의 더욱 푸르르고
오천 군사 복병인 양 탑정호 번뜩인다
승패를 초연한 기상 길이 빛날 백제 영웅.

먼 산 아스라이 오만 군대 진을 친 듯
구국의 깊은 시름 투혼으로 승화셨다
흥망은 역사의 수레 굽이도는 백마강.

장군의 아량 앞에 석방된 화랑 관창

세세로 길이 전할 영웅의 덕성이다

추모객 찾아든 행렬 황산벌에 백의민족.

—「계백장군 묘소 참배」

김영환 시인은 계백장군을 패배한 장군으로 보지 않는다. 계백은 '푸르르고' '번뜩인다'와 같이 표현되어 그의 기백을 강조한다. '승패를 초연한' 계백은 패배를 인식하였지만, 나라를 위해 몸을 바쳤다. 의자왕은 주지육림에 빠져 나라를 돌보지 않았지만 장군은 힘을 다하여 나라를 지켰다. 김유신과의 전투에서 패배할 것이라는 그의 생각은 가족을 모두 죽이고 전쟁으로 나간 데서 알 수 있었다. 그는 신라군의 어린 관창을 살려서 되돌려 보내 주었다. 관창이 다시 와서 붙잡혔을 때 계백은 어린 소년에게서 신라의 힘을 발견한다. 관창의 목을 잘라서 신라의 진영으로 보내는 것이 어떠한 결과를 가져올지 알면서도 관창의 목을 잘라 돌려보낸 계백의 행동에서 패배를 이미 알고 있는 장군의 슬픔이 느껴진다. 신라에 대한 관심이 시작 되고 있는 이 시점에서 백제의 덕장이며 맹장인 계백에 대한 문학화도 이루어져야 할 것이라는 생각이 든다.

갑하산 고운 자락 고요에 잠긴 초원 / 향연이 서린 언덕 호국 영령 잠드셨네 / 삼천리 지축을 딛고 우뚝 솟은 현충탑.

구슬픈 독경 소리 인정은 울어쌓고 / 산울림 조총 소리 가신님의 웅지런가 / 진혼의 나팔 소리에 하늘땅도 서러워라.

청산은 울을 짓고 푸르른 조국하늘 / 낮에는 산새 소리 밤에는 달빛 고여 / 충의는 돌비로 서서 누리시는 영원이여!

꽃다운 젊은 날에 불타는 횃불 되고 / 못 다한 애국충정 성지를 이루셨네 / 드높은 그 날의 함성 맴을 도는 현충원.

—「국립 대전현충원」

국립현충원은 갑하산 자락, 초원과 삼천리 지축의 한가운데 자리하고 있다. 묘지이기 때문에 '구슬픈' 죽음은 마음 아픈 일이고 '독경'으로 표상되는 종교의 안위에도 슬픈 것은 어쩔 수 없다. 그러나 김영환 시인의 특징은 '웅지'나 '불'이라는 단어로 다시 확인된다. 그는 현충원의 과거를 바라보며 이것이 슬픔뿐이 아니고 기려야할 역사의 한 부분이라고 한다. 어떤 이에게 조국의 하늘이 푸를까. 조국을 사랑하는 이들에게는 조국의 하늘이 푸를 것이다. 어렸을 적부터 푸른 하늘을 한국의 자랑으로 배워왔던 우리들에게는 특히 그렇다. 암울하고 흐린 하늘이 아니라 '푸른' 하늘이라는 것은 그가 조국을 밝은 시선으로 보고 있다는 것이고, 자신의 헌신과 죽음으로 말미암아 조국의 내일이 푸를 것이라는 인식의 색채 표현이다. 국립대전 현충원은 나라를 사랑하다가 돌아가신 분들이 안장된 곳이다. 평생을 나라를 위해서 살았음에도 '못다 한 애국충정'이 아쉬운 사람들, 한국전쟁 당시 나라를 위해 싸우다 돌아가신 분들이 묻혀 있다. 그래서 나이가 들어 자연사한 분들보다는 '꽃다운 젊은' 날에 돌아가신 분이 더 많다. 시인이 이들을 '꽃'답다고 표현한 것은 시인이 그들의 젊은 죽음을 안타까워한다는 것이고, 그들의 죽음이 열매가 되어 한국의 정치와 경제가 성장할 수 있었다는 인식이 담겨 있다.

김영환 시인은 모국어로 시를 쓰는 시인의 눈으로 현재 한국사회의 문제점을 본다.

영어 문맹 많은 일본 경제대국 손꼽는데

관청이 앞장서서 우리네 하는 꼴이,

울산 포유 · 잇츠 대전 · 하이 서울 · 킬러풀 대구 · 플라이 인천 · 다이내믹 부산 · 유어파트너 광주 · 프라이드 경북 · 블루시티 거제시 · 허트 오브 코리아 충남이요,

특목고는 에데 쓰고 원어민들 불러들여 뒤죽박죽 하는 꼴이,

허부 · 버블세븐 · 티에푸팀 · 클러스터 · 원스톱 서비스 · 팀 장 · 유 119 · 치안 센터 · 동 주민 센터 · 글러벌 시대 · 혁신 컨설팅 · 119 안전 센터 ……라

손 놓은 한국의 어문정책 문화전쟁을 어찌 할고.

—「문화전쟁, 총성 없는」

시인은 일본과 우리를 먼저 비교한다. 일본은 영어 문맹이 많지만 경제 대국이다. 그들은 영어와는 상관없이 자신의 것들을 지켜가면서도 선진국이 되었다. 그러나 우리는 전 세계에서 단 하나 밖에 없는 아름다운 한글을 가지고 있으면서도 세계화라는 명분 아래 많은 부분을 외래어에 내주고 있다. 시인이 한탄하는 것은 '관청'이 앞장서서 이 일을 한다는 것이다. 그가 공무원이었기 때문에 남다르게 눈에 들어온 것들을 놓치지 않는다. 이 시를 읽기 전까지 각 지방자치 단체의 구호에 대해 생각해본 적이 없었다. 고속도로를 달리다 보면 이해되지 않는 외래종의 언어들이 커다란 표지판에 쓰여 있어서 해독 불가능한 경우가 많았다. 그러고 보니 관공서부터 한글을 사용하지 않고 외국어와 한글을 혼용해서 사용하거나, 아예 외국어 조어로만 사용하는 것은 문제가 있어 보인다. 문화전쟁 가운데 장군처럼 서있는 시인, 아름다움이 넘치는 글들을 버리고 뜻 모를 외국어를 쓰는 데서 문화 사대주의를 말하는 것은 이미 해묵은 비유가 되어 버렸을까……

4. 나오며

김영환 시인의 시조를 읽으면서 한국의 정서는 '한'이라는 사실은 이제 극복되어야 한다는 생각을 했다. 식민지 시대 조선의 얼을 병들

게 만들었던 세력들이 주입했던 왜곡된 정조인지도 모르기 때문이다. 이제 21세기의 초두에 선 한국의 시조도 옷매무시를 가다듬고 선 선비와 같은, 인간과 세상을 기개 있는 장군과 같은 시선으로 바라보는 강한 시조도 쓰여야 한다고 생각한다. 이미 그렇게 하고 있는 김영환 시인의 시조 쓰기에 박수를 보낸다.

(〈시조문학〉, 2009 겨울호)

불의 꽃 같은……

—김해석론[7]

1. 시인의 창

김해석 시인은 '창문'을 통하여 많은 것에 시선을 둔다. 창문은 좁지만 창밖의 세계는 넓기에 많은 것을 볼 수 있다. 시인이 바라보면 우주가 넓듯이 창밖의 세계도 넓어진다. 시인은 창문을 활짝 열어 젖히고 세상을 보고 또 나를 본다. '실백 띄운 유자찻잔 / 창밖에 시선 준다 // 한파에 내 거품도 남았나 / 두루 주변 살펴 본다'(「덧 저고리 걸쳐 입고」) 창밖에 시선을 두면 내 자신에게로 사유는 돌아온다. 시인은 '덧문'을 열고 뜨락에 가득 어린 달빛을 본다.

> 덧문을 열 뜨리니 / 뜨락 가득 어린 달빛
> 티 한점 보이잖는 / 연옥빛 하늘에다
> 한 획 그어 보는 / 잊혀진 이름이여
> 세월은 저만치 가도 / 한결같은 마음자리
>
> —「잊혀진 이름」 중에서

7) 시조집 『달과 느티나무』 등.

덧문은 문밖의 문, 혹은 문안의 문으로 이중의 잠금장치이다. 폐쇄에 가까운 문이지만 시인에게는 이런 것도 거추장스럽다. 문을 활짝 열고 뜨락 가득히 어린 달빛과 티 한 점 보이지 않는 연옥빛 하늘을 본다. 티 없는 거울 같은 하늘은 잊혀진 이름을 비추어 주고, 잊혀짐은 '세월'을 불러온다. 연옥빛 하늘 아래 세월은 저만치 가도 마음은 한결같다. 시인의 마음은 한결 같기에 세월 속을 지나는 삶이란 '그 길은 / 어쩔 수 없는 / 그런 거라 했거늘'(「思友」)에서 말하고 있듯이 어쩔 수 없는 '그런 거'이다. '그런 거'라는 것은 남도의 사투리 '거시기' 만큼이나 많은 뜻을 내포하고 있다. 무엇을 말하는 지 대화하는 두 대상은 느낌으로 안다. 그래서 특별히 설명할 필요도 없다. '思友'란 생각의 벗이다. 김해석 시인은 많은 생각들을 벗처럼 모아들이고 '월창'에 흩지는 낙엽을 보면서 생각의 '올'을 뽑아낸다.

> 귀뚜리 시름 엮어 / 물레질로 지새는 밤 / 생각의 올을 뽑아 / 실 꾸리에 감아본다. / 월창에 / 흩지는 낙엽 / 그림자만 떨어라 낙엽
>
> —「낙엽」

> 가느단 한줄기 바람 / 커텐을 들추인다 / 달은 느티나무에서 / 잎잎이 꿈을 엮네 / 불현듯 밀치는 창문 / 눈부셔라 이 만남. / 황라 너울 휘어감고 / 그대 뜯는 비파소리 / 목마른 땅을 적셔 / 움티우는 고운 은혜 / 선연히 번지는 선율 / 밤여울을 밟는다.
>
> 삼백년 해를 감은 / 전설 같은 긴 세월을 / 같은 뜰에 물을 긷는 / 스치는 인연이여
>
> 천지의 후광을 입는 / 이 영원을 배운다.
>
> —「달과 느티나무」

물레의 실은 귀뚜리의 '시름'이고, 생각의 '올'은 실꾸리가 된다. 시

인의 이미지와 상상력이 실꾸리처럼 끊임없이 풀어져 나오는 것이다. 시인은 창문을 통하여 '느티나무'를 보고 '달'을 보고 '세월'을 보고 '인연'을 보고 궁극적으로는 '영원'을 배운다. 창문 밖의 가느다란 한줄기의 바람이 커텐을 들추고, 달은 느티나무에서 잎잎이 꿈을 엮는다. 불현듯 창문을 밀치면 세계와의 눈부신 만남이 이루어진다. 달빛은 황색 비단너울을 휘어 감고 창문을 통해 '안'으로 스미어 든다. 비파소리는 목마른 땅을 적시고, 은혜와 선율은 밤을 밝는다. '삼백년', '전설', '영원'은 무한대의 아름다운 이름들이다. 창을 통하여 태고에서부터 미래까지 시인의 사유를 확장시킨다. 김해석 시인은 『달과 느티나무』의 후기에서 '이제 저문 창가에서 돋보기를 끼고 앉아 그 고통을 보람으로 승화시켜 자그마한 시조집을 갖을까 하옵니다'고 말한다. 창은 시인이 선 곳보다 더 먼 곳을 비추어준다. 그래서 '回窓' 이라는 표현이 가능하게 된다. 回窓은 '옛 벗들 / 한마당 자리 / 별 싸락도 한자리' 같은 추억의 창이다. 거기에는 친구들이 있고 어린 날이 있고 웃음이 있고 맑은 하늘이 있다. 결국 김해석 시인은 창을 통해 '나'와 '삶'과 '영원'을 만난다. 창가에 선 시인은 이제 창을 넘어 창밖의 세계로 발걸음을 옮긴다.

2. 아름다운 여행

김해석 시인은 '여행'의 시인이다. 많은 편수가 여행시로 엮어져 있다. 시인은 세계 곳곳을 여행하는데 제목만 보아도 「밀라노의 밤」, 「카포리 섬」, 「만리장성」, 「장백폭포」, 「해란강」, 「코로라도 강을 보며」, 「케냐의 밤풍경」, 「아잔타 석굴에서」 등등 그의 발길이 미치지 않은 곳이 없다. 뿐만 아니라 우리나라도 남도에서 북한까지 두루 밟고 다녔음을 알 수 있다.

그 옛날 저 태양도 / 예 와서 드리웠지

―「노르웨이 민속촌에서」 중에서

계절도 깃을 접는 / 정열의 나이아가라

―「나이아가라 폭포」 중에서

시인은 노르웨이에서도 나이아가라에서도 시를 쓴다. 시가 그를 여행하게 하는 것일까. 여행이 그를 시로 이끄는 것일까. 여행이란 무엇인가. 다른 것을 찾기 위하여 집을 떠나는 것이다. 여행은 나를 버리는 마음가짐에서부터 출발한다. 어떤 이는 '여행이란 어디엔가 숨겨져 있을 또 다른 나를 찾아가는 길'이라고 한다. 시인은 강박관념도 조바심도 없이 떠나는 넉넉한 이 여행을 통해서 성숙한다. 이 세상 어느 곳이든 그가 머무르는 곳은 그의 근원지와 연결 된다. 시인은 전 세계를 밟고 다니면서 두고 온 조국을 생각한다. 세계에서 조국을 보고 세계에서 나를 발견한다.

키위의 원산지라 / 우리 산다래 생각난다―「뉴질랜드 여정」 중에서

베틀도 / 우리네 사촌 / 닮은 어휘 숨어있네―「아니누 민속촌의 노래」 중에서

봄베이 바닷물은 / 강화도 물빛이더니―「머나먼 봄베이」 중에서

입술을 적시는 멕시코 물맛 / 동해 물맛 같아라―「칸쿤 해변의 유혹」 중에서

지리산 물소린 듯 무릉도원 산물소리―「張家界 무릉원」 중에서

김해석 시인은 키위를 보면서 우리의 '산다래'를 생각하고, 아니누 민속촌에서는 우리의 '베틀'을 생각하고, 인도 봄베이의 바닷물을 보면서는 '강화도' 물빛을 생각한다. 멕시코의 물맛은 '동해'의 물맛 같고, 장가계 무릉원에서는 '지리산' 물소리를 생각한다. 그의 사유의 근원은 '우리'에서 시작된다. 몸은 밖으로 나가있지만 그의 정신은 끝임

없이 모국을 향하여 거슬러 올라가는 연어 같다. 여행을 즐겨하는 김해석 시인의 시에는 '붐비는 공항처럼 / 술렁이는 세모 거리'(「歲暮」) '공항은 이별의 디딤돌 / 갈림길의 교차로'(「공항에서」)같이 이 공간과 저 공간을 연결해주는 공간인 '공항'의 비유가 남다르게 나타나기도 한다. 시인에게 연말의 술렁이는 거리는 '공항' 같이 보이고, 공항은 이별의 '디딤돌'이 된다. 떠남과 돌아옴, 만남과 헤어짐이라는 상반된 것들이 혼재하는 곳이기에 공항은 형이상적인 공간이다.

시인이 여행을 통하여 발견하게 되는 것은 이승과 저승의 다른 차원과 '영원'이다.

> 기창 밖에 펼쳐진 현란한 구름 궁전
> 노을 빛 곱게 입은 대리석 붉은 기둥
> 선연한 나팔소리 속 기마병의 발굽소리.
>
> 고공을 맴돌다가 가라앉는 마음 자리
> 이승과 저승 사이 삶이란 구름다리
> 아직도 못 씻는 영욕 구름 밭에 재운다
>
> 북극의 넘치는 시정 설레이는 이 뜨거움
> 영원의 빙벽위에 몰아치는 바람 소리
> 이 하늘 오가는 길목 산수화로 수 놓고저

—「기창 밖」

위의 시조는 여행을 하다가 비행기 창밖으로 보는 풍경에서 시작되어 삶으로 돌아온다. 현란한 구름 궁전과 대리석 기둥의 위용은 기마병의 말굽소리를 듣게 한다. 하늘의 세계와 삶이 발을 딛고 있는 지상 사이를 날고 있는 비행기는 시인으로 하여금 이승과 저승의 사이를 생각하게 하고 '삶'과 '영욕'에 대한 사유에 다다르게 한다. 시인은 삶은 애착이며 소유하고자 하는 것이지만, 결국 아무것도 남게 되지 않는다는 것이이기 때문에 비움의 도를 깨닫고 이를 구름 밭에 재워야 한다고 결론짓는다. '얼기설기 잠긴 사연 달무리로 지우며/ 은빛 강물 따라서 바다에 들기까지 / 조약돌 살 닿은 기원 새겨듣고 가겠지'(「생동」) 은빛 강물을 따라서 바다에 들어간 조약돌이 '海石'일까. 여행에서 돌아온 시인은 여유 있고 넉넉해 보인다.

3. 넉넉하게 나아가리라

김해석 시인은 급한 것이 없다. 그녀의 시를 읽고 있으면 삶의 한 구비 한 구비를 넉넉한 마음으로 넘어왔다는 생각이 든다. 이는 읽는 이로 하여금 편안한 마음을 준다. 김해석 시인의 여유는 바쁜 봄도 쉬게 한다. '앞산은 산 빛으로 / 봄을 불러 쉬게 하고'(「장끼」)

> 씨암탉 나래 접고 / 횃대에 올라서듯 / 마무리 지은 매듭 / 별 떨기에 올려놓고 / 느슨히 마음을 풀면 / 한강 철교 불 빛 곱다
>
> —「한강교 바라보며」 중에서

> 3장 5구 삶의 가락 / 가슴에 접어 안고 / 유유히 가는 구름 / 덩달아 홍겨워라 / 저만치 비켜선 자리 / 세월가고 나도 간다
>
> —「3장 6구」 중에서

알을 낳고 여유로운 몸짓일까. 씨암탉이 날개를 접고 횃대에 올라선다. 횃대에 올라서듯이 일을 다 끝내고 '느슨히' 마음을 풀면 한강 철교의 불빛이 곱다. 마음이 급하면 철교의 불빛이 보일 리 없다. 매연과 마른 뼈 같이 녹슨 철교와 그 밑을 흐르는 검은 강이 잠간 비칠

뿐이다. 느슨한 시인의 여유는 삶의 가락과 끈을 맺는다. 3장 6구의 삶의 가락은 '유유히' 가는 구름과 같다. 어느 쪽이 쫓아가는 것도 아닌 세월이 가고 나도 같이 간다. 현대 아파트의 삶은 '방향만 기억하고 행군 하듯 밀려온 곳'(「나무둥지 걸린 얘기」)이기에 더더욱 그렇다. 다음 시들은 그림과 같은 느긋함을 보여준다.

> 삼각산 짙은 그늘 / 서울은 웃 자라고 / 고수부지 어린 태공 / 한강은 그림일레 / 낙조의 꽃 구름 질러 / 비껴 뜨는 새떼들
>
> —「낙조」

> 저어새 무리지어 / 겨울 강을 건너간다 / 어차피 우주에 실린 / 삶의 한 끈 아니던가 / 天体가 마냥 돌거니 / 어이 멈춰 있으리
>
> —「저어새 보며」

삼각산은 서울의 북쪽에 있다. 삼각산은 시민들이 시간을 들이지 않고 부담 없이 등산할 수 있는 산으로서, 한강과 함께 서울을 상징하는 산이다. 산이 수직적이라면 강은 수평적이다. 웃자라는 서울의 수직선과 한강의 수평의 구도는 '그림'처럼 보인다. 서울은 위로만 위로만 웃자라 있다. 웃자라는 것들은 힘이 없다. 땅에 발을 딛고 건강하게 자랐으면 하는 시인의 마음이다. 수직으로 뻗어나가는 서울과 그 밑을 고즈넉이 흐르는 한강 고수부지의 어린 태공, 낙조의 '꽃구름'을 가로 질러 새떼들은 비껴 뜬다. 아련한 이발소 그림을 보듯, 시의 화자는 우리나라에 몇 마리 살지 않는다는 저어새를 보며 생각에 젖어든다. 저어새가 무리를 지어 남쪽으로 겨울 강을 건너간다. 새는 우주에 실린 삶의 한 끈이다. 저어새 뿐 아니라 모든 것은 우주에 실린 삶의 한 끈이다. 이 끈이 우리를 지탱하며 살아가게 한다. 모체의 탯줄을 통해 영양의 공급을 받는 태아마냥 말이다. 하늘의 본체는 마냥 돌

고 멈춰있을 수 없다. 새는 날아야 하고 가야한다. 시인은 아들에 대해서도 '성난 파고 회오리를 / 자장가로 들으면서 // 산처럼 넉넉한 품에 / 천리경을 지니거라'(「포부한 척」) 라며 성난 파도와 회오리를 '자장가'로 듣는 포부를 지니고, 인격이 산처럼 넉넉하기를 바란다. 천리 앞을 볼 수 있다는 망원경은 미래를 볼 수 있는 예지이다. 이러한 예지를 가지면 삶에 대해 느슨하고 너그러울 수밖에 없다. 김해석 시인은 이렇듯 느긋함과 여유로움을 보여주고 있다. 그의 이 같은 여유로운 시선은 어디에서 오는 것일까. 악기를 배우면서 들은 이야기가 있다. '연습을 많이 하면 악보가 만만해진다'는 것이다. 즉, 만만하게 다가서려면 많은 연습이 있어야 한다. 시인의 연습량은 그의 언어에 대한 조율에서 선명하게 드러난다.

4. 언어와의 조우

김해석의 시조는 비유법이 특이하다. 직유나 은유의 대상이 고전적인 소재에 근원해 있다. 먼저 이 같은 비유들을 정리해보면

창공에 피어나는 / 목화 같은 구름바다-「회상」 중에서
멈춰선 / 江心 깊이엔 / 산 다래 물빛 곱다-「산다래」 중에서
어스름이 소리 없이 / 멍석 펴듯 깔려오면-「구름 꽃」 중에서
눈 녹은 시골길은 / 고물 묻힌 인절미 길-「동갑네 1」 중에서
치자빛 동녘 하늘 / 굴렁쇠로 밝아 온다-「늘 난회」 중에서
조각보 섬세한 올의 / 올만 같은 삶이여-「사유의 두루마리」 중에서
겨우내 쌓여 있을 / 겹 비단 햇솜 이불-「시야 밖」 중에서
확 트인 가슴이라 / 구름보료 깔아놓고-「풍경」 중에서
태평양이 무료하여 / 고명으로 올린 섬에-「영원 속의 파도」 중에서
젖은 머리 틀어올 린 / 고려청자 허리곡선-「선녀탕」 중에서

옆에선 듯 속삭이는 / 봉밀 같은 달디단 말-「한약을 달이면서」 중에서

촉촉이 물기 도는 / 찰수수 반죽 들길-「시야 밖」 중에서

하얀 구름은 하얗고 폭신한 '목화' 같고, 산이 비친 물빛은 연두빛 '산다래' 같고, 어둠은 '멍석 펴듯' 소리 없이 깔려오고, 눈 녹은 시골길은 고물을 묻힌 '인절미' 같고, 하늘은 '굴렁쇠'로 밝아온다. 굴렁쇠의 둥근 모습과 해의 둥근 모양이 같아서 일까. 굴렁쇠의 구르는 맑은 쇠 소리, 올림픽 개막식 때 모든 음악이 멈추자 굴렁쇠를 굴리며 운동장을 가로질러 오던 아이의 모습은 '정적'이었다. 삶은 여러 개 쓰고 남은 색색 천 조각들을 이어붙인 것이다. 한 개의 조각으로 만든 것보다 공이 많이 들어간다. 쓸모없는 것들이 모여서 조화를 이루는 것이 조각보이다. 각자의 색으로 자리를 차지하고 있지만 전체적으로 서로의 무늬를 돋보이게 한다. 같이 있어 어울리는 '조각보'의 올 같은 것이 삶이다. 삶에 대해 이보다 아귀가 들어맞는 비유가 있을까. 눈은 '겹 비단 햇솜 이불'이다. 비단 이불은 부드럽고 따뜻하고 겹 비단은 더욱 부드럽고 따뜻할 것이다. 햇솜으로 만든 이불은 또 얼마나 가볍고 부드러울 것인가. 보기에 솜이불 같은, 눈 속으로 들어가면 따뜻할 것 같다. 눈과 겨울밤을 따뜻하게 해주는 '솜이불'의 비유 역시 어울려 보인다. 김해석 시인은 시 「雪日 단상」에서도 '어느새 수묵 빛 몸채에 / 햇솜 의관 두르셨네'라며 눈과 햇솜의 이미지를 반복한다. 그리고 겨울 구름은 '보료' 같다. 보료는 솜이나 짐승의 털로 두껍게 속을 넣고 헝겊으로 싸서 선을 두르고 상침을 놓아 만든 요이다. '겨울은 솔향에 묻혀 / 안으로만 데워지고'(「옛 이야기」) 겨울은 솔향에 묻혀서 안으로 데워진다. 하여, 김해석 시인의 겨울은 춥지 않다. 시인에게 섬은 '고명'처럼 보인다. 음식위에 얹는 고명은 보기에도 좋고 영양가를 고려한 맛을 좋게 하는, 없어서는 안 될 것들을 '고명'이라 한다. 태평양은 무료하여 고명으로 '섬'을 올린다. 누가 섬을 바다의 고명이라 보

는가. 해수욕장에 있는 아름다운 여인들의 허리는 '고려청자' 같다. 고려청자 매력은 곡선의 빈틈없이 매끄러운 균형이다. 여인의 매끄러운 곡선과 고려청자의 비유는 신선해 보인다. 아름답고 따뜻한 말은 '봉밀'처럼 달다. 봉밀은 '꿀'을 이른다. 우리 옛적에 꿀보다 단 것이 어디 있었던가. 촉촉이 물기가 도는 길은 '찰수수'를 반죽해 놓은 듯한 길이다.

시인이 비유하고 있는 원 관념들은 고려청자나 봉밀를 제외하고는 순수 우리 한국말이며 한국적이며 가장 전통적인 것들이다. 시인의 사유의 우물은 한국인의 삶과 자연 가운데서 심을 박고 있다. 김해석 시인은 예스러운 것들로 현재를 해석한다. 한민족의 정체성이 시조를 통하여 흐르고 넘쳐난다.

김해석 시인의 언어선택은 특이하다. 의성과 의태어에 있어서 새로운 신조어들을 만들어내는데 신조어들은 읽기에 무리가 없는 부드러운 유음으로 이루어져 있어 시조의 운율을 부드럽게 만든다.

> 대추나무 여윈가지 / 늦은 잎이 송송하다—「대추나무」 중에서
> 흐르는 나올 나올 / 외로 서서 바라본다—「종이 학」 중에서
> 수은주가 떨어졌다 / 오소소 엄살을 떨다가—「옛이야기」 중에서
> 땅거미 자우룩하면 / 물을 털고 나선다—「황사를 털고」 중에서
> 실버들 야드레히 / 강물을 비질하고—「봄 나들이」 중에서
> 잊은 듯 한 밤을 새고 / 둥싯 뜨고 싶어라—「장백온천」 중에서
> 보호석 받친 지혜 / 소롯이 보존된 원형—「장군총의 위용」 중에서

대추나무의 여윈 늦은 잎은 '송송'하고, 흐르는 '나올나올' 외로 서서 바라보고, 수은주가 떨어지면 '오소소' 엄살을 떨고, 땅거미는 '자우룩'하고, 실버들은 '야드레히' 강물을 비질한다. '둥싯' 뜨고, '소롯이' 보존한다. 이 같은 표현들은 주로 'ㄴ, ㄹ, ㅁ, ㅇ'과 같은 '유음'임을 알 수

있는데 유음은 자음이면서도 모음적 성질을 가지고 있는 공통점으로 인하여 자연류(自然類: natural class), 즉 자연적인 소리에 가깝다. 자연의 소리는 아무도 밟지 않은 길 같은 것들을 표현할 때 가장 적합할 것이다. '설렁한 이른 절길 / 낙엽 위를 밟고 가면 // 간밤에 내린 서리 / 날을 세워 앉아 있고'(「늦 가을 내장산에서」) 시인은 아무도 오가지 않는 이른 새벽의 절 길을 '설렁한' 절 길이라 한다. 간밤에 내린 서리는 날을 세워 앉아있고, 시의 화자는 낙엽 위를 밟고 간다. 늦가을 내장산의 '설렁함', 자연의 모습은 이 같은 자연류의 언어에서 더욱 자연스러워진다.

또한 김해석 시인은 의성·의태어 뿐 아니라 시어의 선택에 있어서도 거듭되는 무늬를 보여 읽어 가는데 즐거움을 준다.

> 실실이 풀어헤쳐 / 드리운 저 실 오라기 -「뜨락에 어린 달빛」 중에서
> 헛헛한 삶의 무게를 / 허물마냥 벗는다 -「둥둥 구름」 중에서
> 촉촉한 포도위에 / 청설모만 넘나드네 -「촉석루의 아침」 중에서
> 끝모를 바다 모서리 / 해초를 헤쳐가며 -「제주도 운」 중에서
> 솔방울 의지로 달고 / 의림지를 지키네 -「의림지의 적송」 중에서
> 금줄 친 / 풀밭 헤치면 / 봇물 터질 우리 보물 -「石舞台 고분」 중에서
> 덧문을 열 뜨리니 / 뜨락 가득 어린 달빛 -「잊혀진 이름」 중에서

'실실이 - 실 오라기'의 '실'의 반복, '헛헛한 - 허물'의 '허'의 반복, '촉촉한 - 청설모'의 'ㅊ'음의 반복, '모를 - 모서리'의 '모'와 'ㄹ'음의의 반복, '해초 - 헤쳐가며'의 'ㅎ'과 'ㅊ'의 반복, '의지 - 의림지'의 '의'와 '지'의 반복, '봇물 - 보물'의 '보'와 '물'의 반복, '열뜨리니 - 뜨락'의 '뜨'의 반복은 언어의 유희처럼 보인다. 이 같은 표현은 수수께끼나 숨은그림찾기처럼 재미있는 표현들이다. 거듭되는 무늬를 보고 있는 듯하며 읽기에 유려하다.

뿐만 아니라 김해석 시인은 남다른 언어의식을 보여준다.

> 은빛으로 여울지며 / 우련 피던 꽃시절을—「초록단상」 중에서
> 그 간절한 젊은 매디 / 능직으로 짜여진 삶—「포물선」 중에서
> 는개비 자욱하면 / 바람도 숨을 멎네—「호롱불」 중에서
> 레스토랑 희래정의 / 반듯한 꾸냥아미—「천진의 밤」 중에서
> 고즈넉한 산등성이 / 송뢰소리 다가오네—「현충일 뻐꾸기소리」 중에서
> 돌아올 재회의 날을 남기고 온 대가람—「해남 대흥사에서」 중에서
> 오동지 깊은 밤을 / 다듬이 율 고르며—「다듬이」 중에서

'우련', '매디', '는개비', '꾸냥아미' 같은 단어들은 현대는 잘 쓰지 않는 고어이다. 매디는 '마디', '는개비'는 '안개보다는 조금 굵고 이슬비보다는 가는 비'이다. '송뢰'는 겨울 솔잎을 스쳐가는 바람이다. '꾸냥'은 중국어로 아가씨라는 뜻이다. 중국집의 점원 아가씨를 부르는 말인가 보다. '오동지'는 음력 오월과 동짓달로서 동짓달에 오는 눈의 양을 보고 이듬해 오월에 비가 올 양을 헤아릴 수 있다는 데서, 상대적으로 이르는 말이다. 시인은 오동지 깊은 밤, 다듬이 율을 고르듯 시어를 고른다. 하여 '6월의 직지사는 / 물소리로 구슬친다'(「직지사 운」) 물소리로 구슬친다는 기막힌 표현에까지 이르게 된다.

시인은 언어에 대해 열정을 가지고 고르며 정련한다. 시조의 아름다움은 이 같은 담금질이 있기에 더욱 빛난다. 언어에 대한 단련의 바탕에는 김해석 시인의 삶에 대한 풀무 같은 열정이 밑불로 자리 잡고 있다.

5. 불의 꽃

김해석 시인은 '불'의 시인이다. 그녀의 시에는 '등불'과 '빛'과 '등대'

와 '별'과 '해'와 '달'과 '풀무불' 같이 빛나는 것들이 보석처럼 시의 구석구석에 박혀있다. '빛 부신 에메랄드 바다 / 영원한 빛 나의 빛'(「카포리 섬」) '영원한 나의 빛' 같이 소중한 것들에 '나의'라는 소유격이 붙는다. 그의 하늘 가에서는 이름 없는 빛도 이름을 얻는다. 시인은

> 내겐 태고의 적막으로 / 별빛처럼 아리는데
> 먼 후일 / 등대로 밝힐 / 여인이길 빌었었다
>
> —「비 오는 날에」 중에서

라며 자신이 '등대'로 밝힐 '여인'이길 빌었다고 한다. 등대가 되기를 바란다는 것은 어두운 세상에 빛이 되기를 바랐다는 것이다. 본디 시인은 어두운 세상의 빛이다. 우리 역사가 어두울수록 시인은 밝게 빛났다. 그래서 시인은 역사의식에서 미끄러지지 않는다.

> 자하문 밖 새 소리는 / 청명의 부싯돌 치고
> 비스듬 門樓가 서서 / 산그림잘 늘인다.
> 벼랑엔 역사의 결이 / 石花로 새겨져서
> 또 다시 모진 세월 / 금이 가는 아픔인가
> 헐어진 성터를 받치고 / 철쭉 붉은 넋이 탄다
>
> —「자하문밖 새소리는」 중에서

서울의 4소문 중에서 유일하게 남아있는 것은 북문인 '자하문'이다. 모진 세월과 금이 가는 아픔, 헐어진 성터가 어디 자하문 한개 뿐이겠는가. 자하문으로 대표되는 우리의 역사이다. 허물어진 성터는 우리를 슬프게 하고 슬픔은 지하수처럼 시 바닥을 흐른다. 캄캄한 밤바다에서 귀향하는 배에게, 안개와 비와 바람에 난파된 배에게 등대는 '생명'의 다른 이름이다. '들창문 늦은 이 밤을 / 홀로 밝힌 호롱불'(「호롱불」)

같이 '등'은 어두운 곳의 홀로된 '빛'이다. 옛 사람들은 초롱에 불을 밝히고 고운 님을 맞이하였다. '밤이면 집안 곳곳 / 기름불 훤히 밝혀 / 놓으시던 부모님'(「반짝이는 혼」)처럼 시인은 딸을 기다리며 불을 밝힌다.

초롱에 불 밝히며 / 고운 님 맞이하듯 …(중략)…
지구촌 / 네 있을 둥지에 / 등을 다는 모정일레

—「딸에게 2」 중에서

김해석 시인에게 해와 달과 별은 '가족'이다. 아버지와 아들은 '별'이며 '해'이고 어머니는 '달'이며 딸은 '별'이다. 결국 '불'은 시인이며 시인의 전부이다.

팔순의 아버님 모습 / 제 가슴엔 큰 별입니다—「제 가슴의 큰 별」 중에서
저 동해 / 둥근 해처럼 / 어버이 뜻 받들고—「가족」 중에서
아들아 / 청운의 뜻을 / 해무리로 감아라—「아들에게」 중에서
어머니 / 단아한 모습 / 아 -그리운 달빛이여—「고향」 중에서

시부모님 가슴 깊이 / 꽃이 되고 별빛되어
네 걸음 / 닿는 곳마다 / 물기어린 그릇되라

—「딸을 시집보내고」 중에서

나이 팔순의 아버지는 시인의 가슴에 반짝이는 '별'이며 자랑이다. '우러러 한 하늘을 / 강 기슭에 풀어보면 // 아버지 / 모시 두루막 / 풀선 자락 선합니다'(「아버지」)라는 시인에게 아버지는 '하늘'이고, 시인은 어버이의 뜻을 '해'처럼 받들고, 아들에게는 청운의 뜻을 '해무리'로 감기를 기원한다. 어머니의 단아한 모습은 '달'이다. 딸에게는 시부모

의 꽃과 별이 되기를 바란다. 불은 '불의 꽃'이다. 시인에게 '별'과 '꽃'은 등가의 가치로 피어난다. '아가야 / 생명수 싣고 / 꽃수레로 오너라'(「딸에게」) '이른 봄 / 먼저 물어다 / 가지마다 등을 켰네'(「목련」) 같이 '꽃'을 '등'으로 본다. 바슐라르는 『촛불의 미학』에서 '산다는 것은 생성하는 것, 순간순간마다 새로운 미래를 획득하면서 진행하는 창조의 과제이다. 따라서 그는 과거조차도 고정된 불변의 실체가 아닌, '하나의 항구적인 이마주', 도달해야 할 하나의 미래로서 보는 것이다. 그리하여 그는 그 자신의 삶을 소재로 하여, 상상력과 언어를 통해 끊임없이 삶을 재구축하는 것이다. 그것은 마치 자기 스스로를 소재로 하면서 빛을 얻기 위해 항상 위를 향해 타고 있는 촛불의 불꽃과 같다'고 하였다. 불의 꽃 같은 시인은 상상력과 언어를 단련하여 삶을 끊임없이 재구축한다.

김해석 시인의 시조에는 '궁전'이라는 단어가 간간히 눈에 띤다. '색구름이 이는 궁궐'(「손녀 1」) '우거진 초록 궁궐'(「초록 단상」) '호수 같은 나의 궁전'(「일상 2」) '구름 궁궐에 앉아'(「구름 궁궐에 앉아」) 구름과 궁궐, 꽃과 궁궐, 자연의 멋들어진 곡선과 모여 있음을 말하기도 하지만 김해석 시인은 자신의 삶도 '궁전'으로 본다. 궁전은 왕후들이 사는 집으로서 꿈의 공간이기도 하였다. 궁궐에는 보물이 있다. 김해석 시인은 『자하문밖 새소리는』의 후기에서 '가슴을 적시는 눈물의 참 맛을…… 진주보다 영롱한 사랑의 참 뜻을 ……. 나 혼자만의 보물로 승화시켜 깊숙이 묻어두고 귓전을 울리는 매미의 절규를 그 둘레에 포개어 둔다'고 한다. 불 속에서 단련된 아름다운 보석은 그의 시이다.

> 내 사랑 풀무질하네 / 활화산의 저력으로 –「사랑은 불씨로 남아」 중에서
>
> 별처럼 태우던 연가 / 다둑여둔 불씨여 –「코로라도 강을 보며」 중에서
>
> 삶이란 / 불가마 속의 / 쇠로 녹는 일이다 –「삶」 중에서

사랑은 활화산의 저력으로 '풀무질'을 한다. 별처럼 태우던 사랑의 노래는 다시 타오르기 위해 다독여둔 '불씨'이며, 삶은 불가마 속의 쇠로 녹는 일이다. 불가마 속에 쇠로 녹는, 모든 불순물은 녹고 타버리고 순수한 쇠만이 남는다. 이 같은 과정을 거쳐서 아름다운 보석 같은 것들이 빛을 낸다. 마지막으로 시인을 가장 잘 보여주는 한 시를 인용하며 마치고자 한다.

내 근身은 불이라던가 / 용광로의 끓는 쇳물
다 태운 잿더미 속 / 죽은 듯이 잠잠해도
검정 숯 / 어쩌지 못하여 / 세월에 또 불 붙이네

—「오솔길 거닐며」 중에서

시인의 몸은 원래 '불'이었다. 용광로의 끓는 쇳물 같은, 다 태운 잿더미 속은 죽은 듯이 잠잠해도 검정 숯은 어쩌지 못해 세월에 또 불을 붙인다. 김해석 시인에게 불과 같은 빛은 그의 '삶'이며 그의 삶은 '빛'이다. '빛'은 '생명'이며 시인의 '마음'이다. 그의 영혼의 반짝이는 빛이다. 태양은 낮의 빛이며 별은 밤의 빛이다. 시인의 반짝임은 시의 빛이다. 어두운 하늘과 마음을 밝히는 빛은 영혼을 밝게 한다. 시인의 삶은 빛의 향기와 불의 열정으로 가득 차있다. 시인의 내재한 '불'은 앞으로도 계속해서 그의 '삶'에 그의 '시'에 타오르는 불을 붙일 것이다.

(〈시조문학〉, 2005 가을호)

해갈을 향한 목마름

–김호영론[8]

김호영 시인은 '갈증'의 시인이다. 그의 시조를 읽어 가다보면 물기 없음, 마실수록 목말라하는 시인을 발견하게 된다. 혹은 소금끼가 만져진다. 김호영 시의 '갈증'의 이미지들은 '목마름'과 '없음' '무너짐'과 '침몰'에 대한 시어들로 나타난다. 이 같은 이미지들은 시인이 시의 가운데 펼쳐놓은 '역사'와 '사회'와 '자연' 그리고 생의 근원인 '자아' 인식에서 발견할 수 있다. 그의 목마름은 어디에서 연유되는 것일까.

시인은 시조집 『대독천의 노래』의 〈시조집을 내면서〉의 한 구절에서 '사물인식의 양면성, 감정과 정서의 세계, 순수 사상과 관념의 형상화 등이 있어야만 한 수의 시조를 탄생시킬 수 있을 것으로 믿고 있다. 내가 시조를 쓰는 것은 자신을 발견하고, 가꾸어 나가며, 또한 내 속에 잠재하고 있는 모든 것을 적나라하게 표출한다고 생각한다. 뿐만 아니라 삶의 가치를 창출하고, 자신을 이 나라 사람으로 영구히 보존하는 것이라고 믿고 있다'고 한다. 시인의 속에 '잠재하고 있는 모든 것을 적나라하게 표출'하는 것이 김호영 시인이 생각하는 시조의 특성이다. 시인의 이 같은 생각을 마음에 접어두고 시조를 읽어가 본다.

8) 본명 김진문, 경남 고성 생, 창신대학 문예창작과 졸업.

1. 목마름, 그 메마른 목청

'목마름에 타는 사람은 / 이승의 마지막 기구에도 / 허공은 말이 없고'(「기우제」) 목마른 사람 김호영 시인의 갈증은 여러 곳에서 발견된다. 생명의 근원인 바다는 간척지가 되어 물기는 마르고, 생명들은 죽어가고, 유년의 기억과 친구들도 사라져간다. 푸르른 바다를 헤엄쳐 다녔던 배는 바닷가에서 존재의식을 상실하고 누워있으며, 삶의 진보성을 보여주는 시간은 '허물어'지고 '침몰'한다.

> 철늦은 철쭉 꽃은 / 갈증에서 짙게 피고
> 능선마다 골마다 / 일렁이는 아지랑이
> 싱그런 푸른 바람은 / 마실수록 목마르다
>
> ―「정상의 연가」 중에서

철쭉꽃을 짙게 피게 하는 것은 그의 '갈증' 때문이다. 싱그러운 푸른 바람이지만 마실수록 '목'이 마른 김호영 시인의 바다는 간척으로 인한 목마른 바다이다. 시인은 '바닷가 탈 벗기어 / 육지로 둔갑하는 날'(「개막이」)이라며 간척지의 땅을 '바닷가'가 '탈'을 벗기어 '육지'로 '둔갑' 한 것으로 본다. '벗긴다'와 '벗는다'는 수동과 피동의 차이이다. 인간에 의해 간척된 시인의 바닷가에는 '잃고' '사그라들고' 또 다시 '잃고'로 이어지는 소멸의 언어들이 습기가 없어진 바닷가에 조개껍질마냥 널려있다.

> 파도는 터전 잃고 / 죽지처져 거품 물고
> 질피 숲 길러 둔 情 / 사그라지는 그림자여
> 사공을 무등 태운 배 / 둥지마저 잃었다.
>
> ―「개막이(干拓)」 중에서

파도는 '터전'을 '잃고' 하늘을 날아야 하는 죽지는 처져 거품을 문다. 질피 숲에 길러둔 둔 정은 사그라지는 그림자처럼 없어지고, 사공을 무등 태운 배는 둥지를 '잃었'다. 배는 이제 바다를 향하여 나아가지 못한다. '파도'와 '숲'과 '배'의 바다는 물기 없는 땅의 밑으로 사라져간다. 인간이 바다를 땅으로 만들었기 때문이다. 어린 시절을 바다에서 보낸 시인이지만 이러한 풍경은 세월이 갈수록 '낯선' 곳이 된다. 항상 보는 것들은 익숙하기 때문에 '낯섦'과는 거리가 멀지만 항상 보는 풍경들의 '낯섦'이라는 표현에서 시인의 아픔이 만져진다.

> 아직도 소금 냄새 / 흰 돛단 조각배가
> 풍경도 세월가면 / 낯설어 가는 갑다
> 파도에 실려간 사람들 / 넝쿨에 피는 이름.
>
> —「바위넝쿨」 중에서

시인에게는 '아직도' 소금냄새가 나고, 흰 돛을 단 조각배가 보이는 듯하지만, 실상의 바닷가에서는 '소금내'도 '배'도 '사람들'도 보이지 않는다. 땅 아래 묻어버린 지 오래이다. 그 위에 피어난 바위 넝쿨이 잃어버린 시간들을 가시적으로 피워내고 있다. 파도에 실려가 버린 '친구'와 어린 시절의 '추억'이 있다. 바위에 꽃으로 피어난다.

> 철둑 갯가 지날 때는 / 출렁이는 기억 하나
> 머리에 소금 꽃 피우며 / 멱을 감던 그날
> 발 끝에 낚아 올리던 / 새꼬막 한 마리
> 오랜 뒷날 다시 찾은 / 갯가를 거닐면
> 새꼬막을 따라간 / 간절한 어깨동무
> 푸른 빛 잃은 철둑개 / 추억도 썩고 있다.
>
> —「철둑 갯가」 중에서

이미 바다는 출정이지 않지만 철둑 옆의 갯가를 지날 때, 기억속의 바다는 어린 시절의 추억으로 '출렁'인다. 머리에 소금꽃이 피도록 아무런 근심 없이 즐겁게만 보내었던 날들, 발끝으로 낚아 올리던 '새꼬막'들, 시간이 흘러 다시 그곳을 찾지만 바다는 없고 '간절히' 어깨동무를 바라지만, 새꼬막을 따라간 친구는 다시는 오지 않는다. 어른이 되고나면 '잃는' 것이 늘어난다. 두려움 없음도 웃음도 친구도 '잃어'간다. '푸른' 빛은 이제 없고, 추억은 '썩어'지고 없다. 오염된 자연은 인간을 '떠나게' 한다.

> 비닐 천을 둘러 쓴 채 / 철 당긴 풋호박은
> 서울로 / 신들려 떠난 / 가시나를 닮았다.
>
> —「분매골」 중에서

사람들이 버린 비닐천들, 지난 가을 걷이를 하고 마저 수거하지 못한 비닐들을 풋호박이 둘러쓰고 있다. 제 철을 알지 못하고 먼저 맺혀진 풋호박을 보며 시인은 '떠나간' 사람들을 떠올린다. 서울을 찾아 떠난 가시내들, 아직 익지도 않아 아무것도 모르면서 꽃만 피워 내는 속없는 꽃들마냥, 미숙한 상태에서 실상도 모르고 서울로 가는 가시내들은 '신들린'듯이 떠나간다. 간척으로 썩어져가는 것은 사람만이 아니다. 자연도 아프다. 갈대는 '임종'을 지키고, 구름은 '눈물'을 찔끔이며 떠나고, 계절을 지고 돌아온 철새는 '통곡'한다.

> 빈지 넘어 짭짤한 / 개 냄새는 가시다
> 임종지킨 갈대는 / 서리맞아 허리 꺾이고
> 머물던 한 자락 구름 / 눈물 찔끔이며 떠났다. …(중략)…
> 계절지고 돌아온 / 철새들은 통곡하고 …(중략)…
> 친구야 얻은 것 다아 / 되돌려주더라도

자투리로 간직한 / 유년의 노래 그립구나
영원히 피지 않는 꿈 / 갈꽃의 혼이여!

—「갈꽃 애가」 중에서

시인은 갈꽃을 보며 '축가'가 아닌 '애가'를 짓는다. 온전한 추억의 조각을 원하는 것도 아닌데, 자투리로 간직한 유년의 노래이지만 그립다. 친구는 돌아오지 않고 갈꽃도 피지 않는다. '영원히' 피지 않을 '꿈'으로 몰아가는 시인의 안타까운 애가는, 반대로 시인이 이 같은 것을 얼마나 그리워하는가를 반증한다. 그리움이 태생인 시인은 '존재'의 없어짐과 소멸에 대해 어색해한다.

산사람 둥지는 옮기면 고쳐 쓰는데
죽은 이 어데 있는지 몰라 궁금증에 쌓여
망설인 붓대 잡고도 먹줄 치지 못하겠네

—「수첩」 중에서

해가 바뀌면 수첩의 주소록을 다시 정리하면서 새로운 사람의 이름을 올리고, 필요 없는 사람의 이름은 빼고 지우고 하는 작업을 한다. 죽은 사람의 이름 앞에서 시인은 잠시 머뭇거린다. 죽은 이는 어디에 있는지 '망설'이기 때문이다. 그리고 이 망설임은 '나'의 존재인식 앞으로도 잠시 스쳐 지나간다. 한 존재를 기억에서, 기록에서 지우는 것, 존재에 대한 망설임, 관계에 대한 모질지 못함이 시인의 본성이다.

사람과 자연이 사그라지면 삶도 폐기된다. 푸르른 바다를 헤엄치며 생존을 끌어올리던 배는 이제 '쇠잔'하여 '사그라들고' 파도를 '피해'와서는 뻘밭에 누워버린다.

쇠잔한 뱃고동 소리 / 꼬리떨며 사그러지고

도전의 파도를 피해 와서 / 질펀한 뻘밭에 누운 지금
젊음의 화려한 대화가 / 잊음의 강을 건넨다.
기관 소리 멎은 가슴 / 잠망경 잃은 시력에
뱃길 따라 엮어 놓은 / 역사책이 된 항해일지

—「폐선」 중에서

젊음의 화려한 대화는 강한 뱃고동소리로 도전의 파도를 헤치고 나가던 날들일 것이다. '잊음의 강'을 건너야 하는 것이 배의 마지막 '인생'이다. 화려했던 시절은 이제 잊어야 한다. 배의 가슴은 '기관'이고 잠망경은 '시력'이다. 그의 역사를 기록하였던 항해일지는 역사 책 마냥 문자 속에 침몰한다. 뻘밭에 누운 폐선의 삶은 인간의 삶과 닮아 있다. 인간의 육체가 쇠잔해가듯 배도 쇠잔해가며, 인간의 삶이 역사로 기록되듯 배의 일지는 역사가 될 것이다.

2. 허상의 자아

갈증인식은 자아에 대한 '허상'의 모습으로도 나타난다. 시인은 실상의 삶을 살지 못하고 '허상'의 춤을 추는 삐에로로 자신을 본다.

실상을 저당잡히고 / 허상의 춤을 춘다 …(중략)… 잡지 못할 허공의 / 중압에 눌리는 가슴
증발해버린 / 파괴되는 피의 아픔
갈증에 마르는 침이 / 소금을 굽고 있다.

—「나는 삐에로」 중에서

'저당 잡혔다'는 것은, 내 것이지만 '대가'를 '지불'하지 않으면 자신의 것으로 주장할 수 없는 상태를 말한다. 시인이 보는 피에로는 '실

상'을 저당 잡히고 허상의 춤을 추는 '나' 자신이다. 피에로는 항상 웃는 얼굴이다. 가면 뒤 표정은 알 수 없다. 울고 있어도 웃는 표정의 피에로는 '본체를 드러낼 수 없'는 모든 자아의 상징이 된다. 피에로 같은 삶을 사는 시인은 잡지 못할 허공의 중압에 가슴이 눌린다. 시인은 허상을 벗어나 '실상'을 잡고자 하지만 만져지는 것은 아무것도 없는 '허공'일 뿐이다. 안타까움에 '피'는 '증발'하고 '파괴'되어 버린다. 마침내 마른 침이 소금을 구울 정도로 강력한 갈증을 느낀다. 습기가 없는 날을 골라 타는 듯한 바닷가에서 이루어지는 소금 굽는 작업에 비유되는 시인의 목마름은, 시인이 얼마나 존재와 삶에 대해 큰 갈증을 느끼고 있는가를 보여준다. 시인의 '갈증'과 '마름'과 '아픔'은 피에로 같은 삶에 순복하지 않고자 하는, '살아있는 정신의 샘'에서 연유된다. 시인의 아픔은 '피에로'임을 수긍하는 것이 아니라, 피에로가 되지 않기 위해 노력하는 것에서 온다.

> 어둠 속 반추하는 / 만취의 발걸음이 / 헝클어놓은 회로는 / 백촉의 등불 밝혀도 / 찾을 수 없는 출구는, / 머릿속 디스켓 하나 / 바이러스 흔적만. …(중략)… / 인맥위에 황금나무 캐는 재주부리는 / 도술로도 풀지 못한 삼차식 수열들을 / 수월히 푸는 천재들 / 높은 의자 기대안고 / …(중략)… / 진리의 심장 가진 물 / 아래로 흐르고
>
> 인간의 간사한 심장의 피는 선 재주를 / 거꾸로 흐르고 하늘로 솟구친다 / 흐름이란 원을 가져 제자리 돌아오는
>
> …(중략)… / 여전히 내 전자 / 두뇌는 정상의 / 길로 빠져나가는 망가진 회로 / 상흔 깊어 수리공의 따뜻한 /사랑도 백수의 구원의 손길도 / 모두 잃은 지상의 천국은
>
> —「酒臭路史」 중에서(백수: 고치가 나비되는 현상)

'헝클어놓은 회로'는 '백촉'의 밝디 밝은 등불을 밝혀도 '출구'를 찾

을 수 없고, 머릿속의 디스켓은 '바이러스'의 흔적만 남아있다. 헝클어진 기억과 생각들, 어딘가 삭제되어버린 기억들 사이에서 안타까워 하지만, 우리의 역사는 인맥의 황금나무를 캐며 위로 올라가는 사람들에 의해 이루어진다. 셈에 약한 시인은 넘어지면 넘어지면 코닿는 거리보다는 좀 더 멀겠다 하는 방식으로 거리를 재며(「가래티」), '사랑은 헤아릴수록 / 어려운 셈'(「신기루」)이라며 셈 자체를 어렵게 여긴다. 그러나 (시인이 보기에) 도술로도 풀지 못하는 그 삼차식 수열들을 인맥으로 수월히 푸는 천재들은 '발 빠른'(「산국화」) 삶을 산다. 이들이 있기에 진리의 심장은 아래로 흐르는 것이다. '전자두뇌'는 디지털 방식이다. 한줄기의 회로가 망가지면 모든 기능이 정지된다. 정상을 향하여 나아가고자 하는 의지가 있지만, 상처의 흔적이 깊기에 수리공의 '사랑'도 구원의 손길도 모두 잃어버린 삶이다. 이 삶을 사는 시인은 스스로의 길을 가지 못하고 '타율'에 쫓겨 간다.

> 오늘도 스스로의 / 길을 가지 못하고
> 타래로 감는 길을 / 이끌려 가야하는,
> 타율에 쫓겨 가는 길 / 인심의 눈길이 차다.
>
> ―「대가 가는 길」 중에서

'스스로' 가고자 하는 의지가 있지만 역사 혹은 사회, 삶은 시인을 자율의 길로 가지 못하게 한다. 타래로 실을 감는 것 같이 일정한 타율의 공식에 의해 왔다 갔다 하는 삶을 시인은 '대가'로 가는 길에서 느낀다. 그러나 '타율'에 의해 쫓겨 가는 길은 '인심'의 눈길이 차다는 것을 아는 길이기도 하다.

또한 시인은 '모암'의 탯줄을 끊고 나온 '돌' 하나이다.

> 모암의 탯줄 끊고 / 튀쳐나온 돌 하나

자만의 갓 쓰고 / 지름길만 가려하네 …(중략)…
과욕의 늪에 빠져 / 뻘이 되는 나를 본다.
하나가 부족한 / 수열의 생리는
얼마나 세월의 물살에 / 깎아야 둥글 수 있을까?

—「한 개의 자갈은」 중에서

원래의 큰 덩어리 바위의 탯줄을 끊고 나온 자갈 같은 나는 '자만의 갓(갓은 높은 사람이 쓰는 모자이다)을 쓰고 빨리 목표에 도달하고자 '지름길'만 가려한다. 과욕에 빠진 나는 뻘에 누워 있는 폐선과도 같은 존재이다. 한 번 빠지면 빠져 나오기가 힘든 욕심은 항상 '하나가 부족' 하다는 생각에서 연유된다. 시인은 모든 것에 자족하며 감사하며 나아가고자 한다. 세월의 '물살'만이 고독하기에 해갈을 희구한다.

3. 잃어버린 역사

시인의 시간과 역사에 관한 인식도 '침몰', '허물어버림'같은 내려앉음의 이미지들이 지배한다.

불태우는 분노로 / 살라버린 역사책 …(중략)… / 속앓이 한 생의 지병 / 역사는 원죄인가? —「역사책」 중에서

옛일 역사책 속에 보쌈으로 끌려가고 / 옛 임은 족보 속에 / 활자로 침몰했다 —「신 귀거래사」 중에서

史草는 잃은 봄인걸 / 기록 없는 이야기 —「주취로사」 중에서

불태우는 분노로 역사는 '살라'져 버린다. 인간의 소망과는 다르게

진행되는 역사는 '분노' '지병' '원죄'가 된다. 귀거래사는 세속과의 이별, 자연에의 귀속, 혈연의 소중함, 인생의 허무에 대한 깨달음을 보따리로 싸준다. 옛일은 역사책 속으로 '보쌈'을 당하듯이 끌려가고 끌려 붙박이가 되어버린 삶들, 체념, 옛 임은 족보 속에 '활자'처럼 침몰한다.

> 하늘이 접은 일인가 / 세월이 허무는 돌담은
> 긴 여음의 산새여 / 잃은 말 이끼로 핀다
>
> —「봉화산」 중에서
>
> 세월이 감은 꾸리 / 올올이 풀어보면
> 올마다 한배인 눈물, / 강이 되고 바다 되어
>
> —「모시올」 중에서

하늘도 세월이 담을 허무는 일을 어찌할 수 없어 접어버린다. 산새는 긴 여음으로 울고 '잃은 말' 만이 이끼로 핀다. '나의 시조쓰기에는 우리의 자연과 지녀온 풍속, 토속신앙(서낭사상) 그리고 역사 등을 소재로 쓰기 때문에 향토시조를 많이 쓰는 편이다'(「시조집을 내면서」)라고 말하는 시인의 세월이 보여주는 '물'은 '한'이 배인 짠 눈물이다.

4. 해갈을 향한 손 뻗음

결국 목마름의 시인은 해갈을 목쉬게 부른다.

> 이맛살 펴지 못한 굳어버린 바위가
> 허물리는 갈증에 타 한밤을 지새우며
> 목쉬게 해갈의 품속 그대를 부른다

얼마를 달려가야 다다를 거리일까
쉼표없는 여정을 흐름 속에 풀어둔 채
한 고개 넘기는 석양이 찬란한 빛 지우네

―「무제의 편지」 중에서

이맛살을 펴지 못하고 '굳어'버린 바위가 허물리는 '갈증'에 타 한밤을 지새우며 '목쉬게' '해갈'을 부른다. 바위에게서 물을 기대하기란 쉽지 않다. 그럼에도 바위는 '해갈'을 꿈꾼다. 얼마를 달려가야 다다를 거리가 되는지 '쉼표'가 없지만 그는 희망을 버리지 않고 습기를 향하여 삶의 촉수를 뻗는다. 갈증의 시인은 도처에서 '습기'를 발견한다. '살다간 여인네들의 / 젖은 정의 목소릴까?'(「토기」) 토기는 이미 불속에서 구워져 물기가 없는 존재이지만 '젖은' 목소리를 품고 있다. '궂었던 소소강의 물결은 달빛에 맑아졌고'(「고성송」) '궂었던' 강은 다시 맑아진다.

개척이 되기 전의 바다는 이랬다. 아니 원래 바다는 이래야 한다.

푸른 빛 물결마다 / 정성들여 가꾸고 있는
갯벌의 조개들을 조수가 / 어루만지고 있었다.
삶이란 다정한 정을 / 서로 서로 호흡하는 것

―「신과의 약속」 중에서

'푸른 빛'의 물결마다 정성들여 갯벌의 '조개'를 '어루만지'고 다정한 '정'을 서로서로 '호흡'하는 것이 삶이다.

논바닥 강바닥이 어깨를 같이 한 때
물길을 자주 바꾼 변덕스런 원망에도
넉넉한 봇물 넘쳐서 풍년은 잦았다

—「대독천」 중에서

논바닥과 강바닥이 어깨를 같이하던 가뭄에도, 홍수 때 물은 혼자 가지 않는다고 한다. 가다가 동무를 불러 같이 가기 때문에 막히면 기다렸다가 같이 다른 길을 뚫고 흐르기에 홍수는 막을 수도 없고 그 물이 길을 바꾸어 논이나 밭으로 흐른다고 해도 어쩔 수가 없다고 한다. 그 변덕스러움에도 봇물이 넘쳐서 풍년은 잦았다.

그래서 '가난'하지만 따뜻하다.

기왓장 버짐 피운 이끼 떼 가난에
쓰러질 듯 버티고 선 기둥마다 흔들려도
선비임 앉았던 마루 어제인 듯 따스하다

—「요수정」 중에서

요수정은 요수 신권 선생이 제자들과 시문을 논하고 풍류를 즐기던 곳이다. 기왓장에 피인 이끼를 보며 가난해서 못 먹고 물기가 없어 봄 얼굴에 피는 버짐을 생각한다. 가난에 쓰러질 듯이 버티고 선 기둥이지만 연연해하지 않는 선비정신은 '건강한 고독'에 이른다. '시가 있는 마음은 나이가 들어도 적적하지 않을 것입니다'(「시조집을 내면서」)라는 시인의 생각이 이를 뒷받침한다.

혼돈의 어둠이 거치던 날부터
키넘는 시린 파도에 살점을 깎이면서
고행의 바위로 앉아 자리 지킴을 하고 있네

수시로 밀려오는 파도는 눈이 멀어
때리는 소리마다 귀청 울려 찢어져도

이대로 앉아 있으리, 대쪽으로 다진 마음

풍상을 잦고 있는 헐벗은 가난에도
육지가 손짓하는 끈끈한 어미 정에
물 넘어 눈길 보내며 自慰하고 있으리

—「독도 1」

혼돈의 어둠이 거치던 태초의 날부터 키가 넘는 시린 파도에 살점을 깎이면서도 바위는 '고행'으로 자리를 지키고 앉아 있다. 파도는 눈이 멀듯이 밀려들고 귀청울리게 때려도 '이대로 앉아 있으리'라며 '대쪽' 같은 마음을 다진다. '헐벗은' 가난에도 육지는 끈끈한 어미와 같이 손짓한다. 시인의 '섬'은 스스로 위로하며 외롭게 자리한다.

숱한 삶의 소리들이 / 모두 물러간 산하
싸늘하게 식어버린 / 어제의 삶들의 사체
외로이 눈보라치는 날에 / 푸르름 홀로 지킨다

—「인동초 1」 중에서

김호영 시인은 우리의 삶 가운데 있는 소리들에 민감하다. 귀에 들리는 소리, 삶의 소리, 새로운 삶이 자라나고 열매를 맺고 하는 소리들이 잦아들고, 가을이 지나면 모두 물러간다. 모든 살아있는 것들은 '온도'를 지니고 있다. 그러나 어제의 삶들은 시체처럼 식어버리지만 인동초는 눈보라 치는 날에도 '푸르름'을 홀로 지킨다. 바위섬이 바다 한가운데서 외로움을 이겨내듯, 하나의 연약한 꽃이 겨울의 한 가운데서 외로움을 이겨낸다. 고독은 소멸되지 않는 건강한 정신에 뿌리를 박고 있다.

역사도 '백년을 넘나들게 하는 / 우리네 발걸음'(「정의 고을」)같이 긍정적인 인식을 보여준다. 여인네의 손에서 짜인 베는 잃어버린 자국의 역사를 엮는 일이고, 자기조각의 흔적에서 '잃은' 소리들을 캐낸다.

> 잃어진 고자국사를 / 얼룩벗겨 엮는데
> 깨어진 편(磁器片)에 / 묻어있는 흔적마다
> 백촉의 눈을 굴리며 / 잃은 소리 캐낸다.
> 어떤 이는 백지에 / 먹으로 짜고 있고
> 손금을 더듬듯이 / 사금파리 맞추다 보면
> 저 먼 곳 들리는 소리 / 한기(旱岐)를 다스림 소리
> 올올이 짜여지는 / 잃은 얘기 들려오고
> 새벽 열은 그날들 / 찬란한 태양 돋은
> 고자국(古自國) 잃은 역사책 / 황금 베로 짜진다
>
> ―「베짜기」 중에서

가만히 자신의 운명을 바라보는 일, 생명선과 운명선과 재물과 방랑벽과 자식복 같은 것들을 조용히 더듬으며 바라보는 것이 손금을 보는 일이다. 사기그릇의 깨어진 조각은 맞추기가 힘이 드는데, 이에서 가문 갈림길 같은 손금을 다스리는 소리를 듣는다. 베를 짜는 소리는 가뭄을 '다스리는 소리'이다. 베를 짠다는 것은 씨와 날을 차례로 직교해야 하는 것이기에, 어느 하나도 건너 뛸 수 없는 인내의 시간을 필요로 한다. 끝이 없을 것 같이 지루하면서도 고독한 반복의 동작이지만, 넓어져가는 면에서 보이지 않는 시간을 본다. 잃어버리고 허물어진 시간과 역사가 '모성' 즉 '물기'머금은 여인의 베짜기에서 회복된다. 짜인 황금의 베는 '서로가 같은 꿈을 단풍으로 꾸'(「인심」)는 세상을 만든다. 노란색과 빨간 색과 갈색 주황색이 어우러져 하나의 '단풍'의 색을 이루어낸다. 서로가 '같은' 단풍이지만 또 각기 '다른' 것이기

도 하다. 그래서 건강한 세상을 만들어 낸다.

갈증이 부정적으로 발현되면 죽음으로 이끌지만, 시인은 '삶'이라는 보편적이면서도 예사롭지 않은 질문에 '삶이란 초록빛 / 넝쿨을 뻗쳐 가는 것'(「인동초 2」) 이라며 '초록빛 넝쿨을 뻗어가는 것'이라 답한다. 이처럼 시인의 갈증이 긍정적으로 나아가면 물을 찾게 하고, 생성의 삶으로 나아가게 하는, 저 밑의 지하수 같은 것이 된다. 시인의 목마름, 그것이 시를 이끌어가고 그의 삶을 인도하는 물길임을 믿으며 이만 글을 마친다.

(〈시조문학〉, 2006 가을호)

오래된 전설과 미래의 전설 사이에서

–노종래론[9]

노종래 시인은 시조집 『일어서는 풀잎 무늬』의 '辨'에서 이렇게 말한다.

> 나의 대패 날 언제쯤 푸르러질까–

대패는 목재의 표면을 매끄럽게 하기 때문에 목수에게 대패 날은 참으로 중요하다. 시인은 대패 날이 무디거나 예리한 것에 대해서 말하기보다는 그 '푸르름'에 관심을 가진다. 대패 날이 푸르러 지려면 갈아서 예리하게 해야 할 것이다. 그러면 푸른 하늘도 얼굴도 비추어지지 않을까. 시조는 시인의 삶과 생각이 투명하게 반영된다.

노종래 시인의 시조를 읽어가면서 윤기 있게 하는 짧은 구절들로 인해 즐거워했다. 시인에 대해서 알 수는 없지만 이력 등을 보았을 때 아마 공무원이 아닐까 하는 추측을 하였다. 평범한 시조 같은데 박혀있는 구절이 시선을 끌고 처음부터 다시 읽게 하는 순서를 반복하였다. 짧은 구절이 시조를 빛나게 하고 있었다. 굳이 직업이나 삶과 연

---

9) 시조집 『일어서는 풀잎 무늬』(2001) 등.

관시키지 않아도 한국의 정황에서 이렇게 보석과 같은 분들이 곳곳에서 빛을 내면 우리의 삶 또한 빛이 나지 않을까 하는 생각을 하면서 시조를 읽었다.

노종래 시인은 한국의 역사와 전통에 관심을 가지고 과거 수 천 년의 전설 뿐 아니라 현대사까지도 전설처럼 만들어 가고 있었다. 그는 현대사의 유적지를 찾아보며 이를 회상하고 아름다운 그림으로 그린다. 새롭게 만들어진 석굴암 대종과, 보수 공사된 미륵사지 석탑에는 과거의 전설과 미래의 전설이 공존하고 있으며, 가깝게는 천안함의 사건도 아우르면서 한국 전쟁과 고향과 어머니와 아버지의 근대사를 전설로 만들어가고 있다.

1. 한국의 유물과 전설에 대한 관심

노종래 시인은 한국 곳곳의 유물들을 방문하고 그 곳의 상황을 묘사하고 거기에서 받은 느낌을 시조로 형상화 한다. 노종래 시인의 발은 바다에서부터 산골짝까지 서두르지 않고 움직인다. 신라 진덕여왕 때 원효대사가 세웠다고 하는 용문사 경내에 수령이 1,100년이 넘는 은행나무가 서 있는데, 절을 세운 다음 중국을 왕래하던 원효대사가 가져다가 심은 것이라는 설과, 신라의 마지막 임금인 경순왕의 아들 마의태자가 나라를 잃은 설움을 안고 금강산으로 가다가 심었다는 설과, 의상대사가 짚고 다니던 지팡이를 꽂고 갔는데 그것이 자랐다는 설이 전해지고 있다. 다양한 설이 존재한다는 것은 그만큼 나무의 수명이 길다는 것이리라. 다음의 시조는 이 용문사의 은행나무를 소재로 하고 있다.

달도 늦게 뜨는 골짝
어린 나를 세워 놓고

봄은 천 번 오고 가도
임은 영영 가고 안와

산새도 못 울고 넘을
재를 마냥 보고 섰다

―「용문사 은행나무」 중에서

너무 높아서 산새도 못 넘고 너무 깊어 달도 늦게 뜨는 골짝에 오래된 은행나무가 서있다. '어린 나를 세워 놓고'라는 구절에서 잠시 멈춘다. 시인이 소년시절에 본 용문사의 은행나무였을까. '골짜기에 어린 나를 세워놓고 봄은 천 번이나 오고 갔지만 임은 오지 않는다'와 같은 구절에서는 기다림의 시간들이 절절하게 느껴진다. 천년 고도란 경주나 런던과 같은 오래 된 수도를 이른다. '하염없이' 또는 '마냥'이라는 부사는 현대 도시인들에게는 쉽게 허락되지 않는 넉넉함이다. 그러나 자연에게는 혜택처럼 주어진다. 천년이 지나도 습관처럼 기다리고 있는, 은행나무의 서있는 모습은 떠나간 임을 기다리는 반쪽의 연인처럼 보인다. 점차 읽어가면서 한 편의 영화를 보는 것 같다. 누군가에 의해 어린 은행나무가 심겨진다. 그를 심은 이는 천 년이 지나도 오지 않는다. 어느 정도까지 세었는지 잊어버릴 정도로 많은 계절을 맞고 보낸 은행나무는 여전히 산 너머만 '마냥' 보고 섰다. 영화를 보는 것 같은 시에서 이 나무가 동양에서 가장 큰 은행나무라는 수식은 빛을 잃는다. 숫자를 좋아하고 최고의 것을 찾는 세상이지만 시인은 셀 수 없는 것들과 만날 수 없는 인연들을 본다.

다음은 경주의 용장사지를 방문하여 쓴 시조이다. 용장사지는 신라 때 대현이 석조장륙상(石造丈六像)의 주변을 돌았더니 불상도 그를 따라서 머리를 돌렸다고 하는 설화가 『삼국유사』에 전하며, 조선 초기 매월당 김시습이 이곳에서 『금오신화』를 집필했다는 기록이 남아 있다. 대현이 가지고 있는 정신의 높이가 불상의 머리를 돌리게 했을 것이다. 이 전설의 중앙에 노종래 시인이 오른다.

> 시누대 숲을 지나 가파른 바위너설
> 내 흡사 짐승처럼 밀고 잡고 올라서면
> 아득히 흘러간 저 켠 그 숨소리 들릴 듯.
>
> —「용장사지(茸長寺趾)」 중에서

시누대는 조릿대, 장죽을 만드는 대로서 원래 '신우대'가 바른 표기라고 하지만 연연해하지 않아도 좋다. 시인의 특권 중 하나가 언어를 만들어 내는 것에도 있기 때문이다. 바위너설은 바위가 삐죽삐죽 내밀어 있는 험한 곳이다. 순수 모국어가 점차 사라져 가고 있다. 사전을 찾아보아서 알게 된 단어이다. 시조 시인들은 사라져가는 한국어를 별처럼 사방에다 박아 놓고 보게 하고 반짝이게 하고 사라지지 않게 한다. 이 절터를 본 적은 없지만 상당히 난이한 위치에 있는 절터인가 보다. 시인이 '짐승처럼' 밀고 잡고 올라선다고 적고 있기 때문이다. 짐승이 바위를 오르듯이, 짐승처럼 거친 숨소리를 내며 헉헉대며 간신히 오른다. 짐승의 숨소리이거나 김시습의 숨소리 이거나 혹은 대현의 숨소리일까. 아니면 불상의 숨소리 일지도 모른다. 숨소리를 흔적으로도 읽는다면 사방에서 정신의 흔적이 발견된다고 해석해도 좋을 것 같다.

다음의 시조에서는 '마음의 눈'이라는 표현에 잠시 멈춘다.

> 나는 새도 떨어뜨릴 품계에 올랐어도
> 조락의 먼 훗날을 내다보는 마음의 눈
> 서리에 잎 고울 나무는 한 그루도 안 심었네.
>
> —「동춘당 고택」 중에서

조선 중기의 송준길은 문신 겸 학자였다. 송시열과 같은 경향의 성리학자였으며, 문장과 글씨에도 뛰어났다고 한다. 높은 품계를 올라도 조락을 내다볼 줄 아는 마음의 눈을 가졌다. 현실계의 눈은 미래를 볼 수 없지만 마음의 눈은 미래와 과거를 볼 수 있다. 서리에 잎이 고울 나무는 '한 그루'도 없다는 단정적 표현에서 동춘당의 고택에는 활엽수가 한그루도 심어져 있지 않았는가 생각해 본다. 조락의 먼 훗날을 예견해서 일까. 아니면 상징계의 눈으로 보는 시인의 미래일지도 모른다.

다음의 시조는 석굴암의 대종에 관한 것이다. 1988년 통일기원의 대종을 만들고 그 대종을 걸기 위한 종각을 건설하였다. 경사진 자연 지세를 이용하여 누하의 기둥 높이가 서로 다르게 설계하였다. 이곳에서 시인은 천년의 유적 옆에 새로이 전설을 만들어가는 대종을 본다.

구릿빛 만 근 무게를 숨 모았다 비워내고
동해도 높다란 벽 굴러 올린 일출 앞에
그 빗살무늬를 타고 날아오르는 푸른 떼새

—「석굴암 대종」

위 시조의 '숨 모았다가 비워낸다'는 절묘한 표현이 아름답다. 노종래 시인은 종소리도 인격체로 보고 종소리를 종의 '호흡'으로 해석한다. 해는 바다에서만 떠오르는 것은 아니다. 우리의 뇌에 저장된 일출의 이미지가 바다에서 떠오르는 것일 뿐이다. 산골에서는 해가 산 위에서 떠오르고, 절벽에서 보면 해는 절벽을 기어오른다. 높다란 벽을 굴러서 올린다는 표현, 어느 절대자가 공을 굴리듯이 해가 벽을 오른다는 표현 역시 아름다운 수사이다. 종소리가 나면 물떼새들이 일제히 날아오르는 장관도 빼놓지 않고 그려 넣는다.

미륵사지는 백제의 절로서 일제강점기, 붕괴가 우려된다고 콘크리트를 발라놓아 훼손이 심하며, 아쉽게도 반쪽 탑의 형태만 남아 있는데 6층까지만 남아 있으며 정확한 층수는 알 수 없다고 한다. 2001년도에 해체·보수작업에 들어갔다. 다음 시조는 미륵사지 석탑의 보수공사를 소재로 하였다.

> 왕조가 무너진 날 돌도 울고 금이 난 걸
> 봄마다 그 뻐꾸기 찾아와 풀빛 입혀주고
> 그 울음 강물을 둘러 하염없이 서 있는 탑
>
> —「그 탑 어떤 탑인데—미륵사지 석탑 보수 공사를 보고」 중에서

노종래 시인은 미륵사지 석탑이 백제 최대의 석탑이거나 탑의 양식사에서 중요한 위치에 있다는 것은 고려하지 않는다. 그는 미륵사지 석탑의 금에 눈길을 준다. 왜 금이 갔을까. 세월의 흔적이라고도 볼 수 있지만 시인은 왕조가 무너진 날 돌이 울어서 금이 간 것으로 본다. 왕조가 깨어지고 돌도 금이 갔지만 이를 자연이 치유한다. 석탑의 상처는 풀빛을 입혀주고 이끼가 둘러지고 강물에 둘러 보호 받는다. 앞의 시조에서 '그' 숨소리라고 하였듯이 시인은 '그' 뻐꾸기와 '그' 울음 이라고 정확하게 한 대상을 지칭한다. 이는 시인만의 표현법이거나 그만이 아는 어떤 사실 일 터이지만 미지칭의 표현보다는 현실적으로 다가온다. 미륵사지 석탑은 천년이라는 오랜 세월을 조급해하지 않고 시간의 흐름에 맡기며 '하염없이' 서 있다. 용문사 은행나무나 석탑도 시간을 견딜 줄 안다.

노종래 시인은 한국 곳곳에 덩굴 칡처럼 감긴 전설에도 관심을 가진다.

> 꼬리 밟힌 흰 실뱀이 기어오른 옥녀봉에

오늘도 왁자지껄한 세상을 거기 내려놓고

가파른 하늘 빛을 잡고 누군가가 매달렸다

—「옥녀봉」

옥녀봉에 관한 전설은 두 가지이다. 옥녀는 외딴집에서 아버지와 단둘이 살았는데 혼기가 되었지만 총각이 없어 시집을 못 가고 있었다. 어느 날 아버지가 딸에게 덤벼들어 범하려 하자 옥녀는 아버지를 피해 옥녀봉 꼭대기에 올라가 절벽에서 떨어져 죽었다. 옥녀가 떨어져 죽은 곳은 아직도 핏자국이 선명해 비가 오는 날은 바위에서 빨간 핏물이 흘러내린다고 하며, 대례를 치르지 못하고 죽은 옥녀를 위해 지금도 사량도에서는 혼례식 때 대례를 치르지 않는다고 한다. 두 번째의 전설은, 옛날 옥황상제의 딸 옥녀가 하늘나라에서 죄를 지어 인간으로 옥녀봉에 내려왔는데 어느 날 지상의 아버지가 딸인 옥녀를 범하려고 달려들었다. 옥녀는 옥림에서 소 울음소리를 내며 올라오면 말을 듣겠다고 하여 옥녀의 아버지는 옥림에서 옷을 벗고 소 울음소리를 내며 기어올라 왔다. 그때 하늘에서 벼락이 떨어져 아버지는 죽고 옥녀는 하늘로 올라갔다고 한다. 앞의 전설이나 뒤의 전설이나 기본적인 골격은 같다. 즉 아버지가 딸을 범하려 했다는 것이다.

꼬리가 밟힌다는 은유는 보통 정체가 탄로나다, 위장하고 있던 어떤 사건이 발각나고 말았다는 의미이다. 아버지가 사실은 짐승 이었을까. 짐승과 같은 인간, 옥녀는 아버지를 '소'와 같이 여기고 흉내내게 한다. 소의 꼬리거나 흰 뱀과 같은 존재, 아버지라고 분노의 감정으로 해석해보기도 한다. 지금도 사회복지사들은 시골의 여자 아이들을 상담하면 대부분 그녀들이 아버지나 오빠의 아이를 가질까봐 전전긍긍한다는 것이다. 근친에 의한 야만적 성적 폭력이 비일비재 하다는 것이다. 왜 이러한 기분 좋지 않은 이야기를 지리멸렬하게 늘어놓는가. 이것은 '왁자지껄'한 세상의 이야기이다. 이제는 내려놓고 반인

륜적 사건이 일어나지 않기를 바라는 마음으로 읽고 싶다. 내려놓으면 손이 자유로워지고 가파른 하늘빛을 잡고 매달릴 수 있다.

다음의 시조는 아우라지에 대한 단상이다.

> 골보다 깊은 애환을 두고 가는 저 강물에
> 그 사연을 물으려고 눈길을 주지 마라
> 무심한 사공이 뽑은 가락대로 흘러가게.
>
> —「아우라지 저 강물은」 중에서

위의 시조 제목 역시 '저' 강물이다. 아우라지 강물이 아니고 저 아우라지 강물의 차이는 정확한 한 의식으로 바라보고 있다는 느낌을 준다. 강물 가운데서도 '애환'에 집중해 본다. 강물은 흐르는 것이 본래의 성질이므로 강물은 골보다 깊은 애환을 '두고'간다. 강물의 '애환'이란 그리고 사연이란 무엇일까. 시인은 자신에게 말하듯이 사연을 물으려고 '눈길'을 주지 말라고 한다. 사랑하는 연인이 아우라지를 사이에 두고 살고 있었고, 싸릿골로 동백을 따러 가기로 약속했지만 밤새 내린 폭우로 강물이 불어 나룻배가 뜰 수 없었다는 아우라지의 '그' 사연을 시인은 알고 있으리라. 왜 묻지 말라고 할까. 아마 아우라지 뱃노래를 부루는 사공의 노래를 무심히 듣고 있었기 때문이리라. 왜 그런 노래를 부르느냐고 묻지를 말아라.

2. 만들어지는 전설

어느 곳의 폭포인지는 모르겠으나 시인은 폭포에서 '장부'의 울분을 생각한다.

> 아무리 백척간두란들 이 보다 더 급할까

하나 밖에 없는 몸을 홀가분히 내려던져
장부가 울분을 토한 기가 뻗친 하얀 대의

—「폭포」

급하게 달려가 홀가분히 내려던지는 폭포의 모습을 장부가 울분을 토해 떨어지는 것으로 형상화한다. 논개가 그렇고 낙화암의 삼천궁녀가 그렇듯이 폭포에 떨어지는 인물들은 주로 여성들이었으며 그녀들은 주로 '한'을 품고 떨어져 내린다. 위의 시조는 순결하게 하얀 '대의'를 품고 떨어져 내린 장부의 울분이다. 하나의 전설이 만들어지는 순간이다.

노종래 시인은 전북 고창의 선운리, 서정주 시인의 고향에서 미당의 어린 시절과 자신의 어린 시절을 교차시키고 한국사의 한 부분을 전설화 시킨다.

칭얼대는 바닷물을 / 밤새껏 귀에 익혀
허름한 그 옛집은 / 들풀 풀어 놓듯 해도
가난을 찬물에 말면 / 사발 속에 달로 떴지.
풍금소리 뚝 끊어진 / 텅-빈 운동장에
물 거슬러 올라오듯 / 어린 날로 되돌아 온
한 덩이 푸른 돌 속에 / 동백꽃이 붉게 탄다.

—「달, 그리고 동백—미당의 고향」

노종래 시인에게 바다는 어린 아이의 빨래이기도 하고 '칭얼'대도 한다. 배우듯이 '익혀' 밤을 새고 바다의 칭얼거림을 들었는가 보다. 노종래 시인은 '사립 옆 지나가도록 / 논물소리 풀어놓고'(「귀농」)와 같은 구절에서는 논물소리를 풀어 놓는다고 묘사한다. 소리는 귀에 익힐 수 있는 것이 되고 물고기 새끼처럼 풀어 놓기도 한다. 고향으로 회귀하는 물고기처럼 미당의 고향에서 허름한 옛집, 찬물에 한 덩어리의 밥을 말아 먹던 시대, 어린 날을 보기도 한다. 그의 발걸음은 초등학교로 향했는가 보다. 풍금소리가 '뚝' 하고 끊어진 텅 빈 운동장, 이제 어떠한 소리도 들리지 않는 유물 같은 학교들, 그는 언제쯤 대패날이 푸르러 질까 하고 독백 했던 것처럼, 시도 갈고 닦아 푸르게 된 것처럼, 세월은 한 '덩이' 푸른 돌덩이에 붉은 동백꽃이 비춰질 정도로 갈고 닦는다. 붉은 동백꽃이 비춰진다.

다음 시조는 한국전쟁과 관련되어 읽힌다.

그날의 흔적이 감긴 / 쉼표처럼 앉은 역들
한들대는 코스모스에 / 철길조차 다 묻히고
차창 밖 손을 내밀면 / 만져지는 가을풍경.

—「풍경이 있는 여행」 중에서

'그날'이라고 지칭되는 날은 아마도 한국전쟁일 듯하다. 전쟁의 흔적이 올가미처럼 감긴 역을 지나친다. '쉼표'와 휴전선의 이미지가 겹쳐지는 것이 입에 맞는 음식을 먹는 것처럼 기분이 좋다. 북과 남의 '휴전'은 잠시 쉬는 쉼표일지도 모른다. 이것이 전설이 되듯 너무 오래 가지 않기를 바랄 뿐이다. 병사와 무기와 피난민을 실어 나르던 철로는 꽃으로 묻힌다.

천년의 봄은 집이나 조각 같은 유물에만 있지 않다. 고향도 어머니도 아버지도 시인에게는 전설이 된다. 노종래 시인에게 아버지는 한국의 가난했던 시절과 겹쳐진다. 지나고 나면 아름답고 그리웁고 전설처럼 아련한 것이 우리들의 어린 날을 알고 있는 부모와의 시간일 것이다.

봄 여름 내 신열을 앓아도 담을 것 별로 없어 / 검다 희다 말 없으신 산

으로나 앉을 침묵

—「천년의 봄—아버지의 초상」 중에서

위 시조의 제목은 '천년의 봄'이다. 아버지의 전설은 수 천 년을 지나도 변하지 않는 부모의 사랑, 앞으로 천년을 이어가도 변하지 않을 사랑일 게다. 아버지는 봄과 여름 내내 농사를 짓지만 광주리에 담기는 것은 별로 없다. 문학적인 인습에서 신열은 마음으로부터 온다. 농사를 지어도 입으로 들어오는 것이 없는 상황, 소득이 없는 것에 대한 마음의 병이었을까. 아버지는 하늘이나 사람에게 핑계대지 않는다. 신열은 '침묵'으로 발산된다. 그러나 세상은 '꽃 진 것도 잎 진 것도 / 네 탓'(「봄 아침은」)이라는, 꽃이 지는 것도 잎이 지는 것도 다 네 탓이라는 유아적인 판단이 넘쳐나고 있다. 〈밥에게 무슨 일이〉라는 서양 영화를 보면 인상 깊은 장면이 있다. 정신과 의사가 밥에게 피해의식을 느끼고 나서부터는 자동차가 펑크가 난 것도 밥의 탓, 차가 고랑에 빠진 것도 밥의 탓이다. 밥은 그 현장에 있지 않은데도 말이다. 자신으로 인해 그 문제가 발생했음을 인정하지 않는다. 많은 사람들이 세상이 잘 돌아가는 것은 자신이 잘났기 때문이고, 세상이 엉망이 되는 것은 남 때문이라고 여긴다. 그러나 농군인 아버지는 말이 없다. 농사를 짓는 이들은 검다 희다 말이 없다. 산이 말이 없듯 묵직하게 앉아 침묵한다. 하늘이 그렇게 하시겠다는 데 우리가 가타부타 할 말이 있겠는가 하고 말이다. 그래서 수해가 나도 가뭄이 들어도 작황이 좋지 않아도 묵묵하다. 아버지의 초상은 천년을 그 자리에 묵묵히 앉아있는 침묵하는 산과 같다.

아버지의 산은 1950년대부터 70년대 말까지 한국 산의 표상인 '민둥산'이기도 한다.

민둥산 봄 고개 같은 / 울 아버지 등줄기에

달려있는 입 하나를 / 대처로 떠나 보내던 날
끝내는 흰 옷고름을 / 눈에 대고 섰던 사랑.

—「눈물 속에 비치는 곳」 중에서

'민둥산'과 '봄 고개'는 부족, 기갈, 목마름 같은 이미지를 가지고 있다. 산이 말라가고 곡식은 없고 아버지의 등도 함께 휜다. 아버지의 마른 등줄기에 어린 입들이 매달려 있다. 물기 없는 메마른 등이지만 어린 자식을 대처로 떠나보낼 때는 눈에 물기가 어린다.

가진 것 없는 어머니는 바다와 함께 형상화된다. 시인은 밤바다를 바라보며 바다가 파랗다거나 까맣다거나 하지 않는다. 바다는 가난한 날들을 몰고 온다.

밤바다는 가난한 집 / 부지런한 그 어머니
때도 없는 아이들 옷 / 밤새 돌에 치대고 치대
날 새면 늘어서 말릴 / 백사장도 새 하얗다

—「밤바다」

바다는 '가난한 집의 부지런한 어머니'이다. 파도가 바위에 부딪히는 형용을 밤새 돌에 치대고 치대며 빨래하는 모습으로 본다. 그 옷은 '때'도 없지만 부지런한 어머니는 밤새 돌에 치대고 치댄다.

가난한 어머니와는 다른 부자 어머니도 있다. 돈 많은 부인은 어린 아이가 길바닥에 나 앉아도 관심이 없다. 그녀는 '동종 속에 잠들 아이 길바닥에 나앉아도 / 동전 한 닢 쥐어 주기를 금기처럼'(「유한마담」) 여긴다. 유한마담에게 자선은 '금기'이다. 금기란 재앙이나 액운과도 관계 되는 단어인데 '자선'을 금기로 보는 듯한다는 시인의 해석은 해학적이다. 자선이 마치 자신의 재산을 축내기라도 하는 듯 몸을 사리는 부자 마님의 생각을 비웃는다.

시인은 고향을 바라보며 미래를 본다. 고향은 먼 훗날에는 유적지가 될지도 모른다. 여기에 순수 한국어도 합세한다. 이제 꽃불이나 알불과 같은 모국어는 전설로나 남을지 모르기 때문이다.

> 온 동네 다 일어나 그 옷고름 푸는 봄은
> 깔끄러운 샛바람에 꽃불 알불 다 지도록
> 한 가뭄 가슴 껏 차오를 물이 푸른 삽질소리
>
> —「풀잎에 관한 명상, 그 洑를 보며」 중에서

'온 동네가 다 일어나 옷고름을 푸는 봄'이라는 표현이 감동적이다. 어미가 자식에게 젖을 먹이기 위해 옷고름을 풀듯이, 추워서 꼭꼭 싸매고 있던 들이 햇빛에 옷고름을 풀듯이, 봄에 풀들이 꽃들이 피어오르는 광경을 직유하는 수법이 좋다. 노종래 시인은 '그' 라는 정관사를 사용하는 경우가 많았다. 위의 시조에서도 어떤 옷고름이 아니라 '그 옷고름'이라고 지칭한다. '옷고름 푸는 봄'과 '그 옷고름을 푸는 봄'의 차이는 어디에 있을까. 지금까지 살펴보았듯이 시인이 무엇인가를 세밀하게 보고 있기 때문이리라. 샛바람은 뱃사람들의 은어로서, 봄바람 '동풍'이다. 겨울바람이 칼 같았기 때문에 봄바람은 상대적으로 훈풍이라고 생각한다. 그러나 노종래 시인은 봄바람이 아직 차다고 느끼는 거 같다. 부드러운 봄바람이 아니라 '깔끄러운' 거친 섬유 같은 샛바람이다. 이 깔끄러운 샛바람에 꼴불 알불이 다진다. 꽃불은 이글이글 타오르는 불이다. 선조들은 아름다운 단어들을 만들어 내었다. 마치 꽃과 같은 불이라니, 알불은 잉걸, 즉 발갛게 피어있는 숯불을 일컫는 말이다. 샛바람에 이 꽃불과 알불이 다 질 때까지 푸른 삽질소리를 내며 푸른 풀이 물을 뽑아내고 있다. 보(洑)는 농경지에 물을 대기 위하여 소규모의 둑을 쌓고 흐르는 냇물을 막아 두는 저수시설이다. 푸른 삽질 소리가 올 해의 푸른 날을 기대하게 한다.

3. 나오며

노종래 시인은 생각이 끝이 없다.

> 생각은 끝없는데 등불은 잦아들고
> 밟고 온 길이 멀면 돌아갈 길도 멀어
> 실비 갠 강나루에는 버들 빛이 파릇하다
>
> ―「두고 온 하늘」 중에서

생각은 끝이 없어서 밤이라도 샐 것 같은데 등불은 점차 잦아든다. 불을 꺼야 할지도 모른다. 밟고 온 길이 멀면 돌아갈 길도 멀다는 것은 당연하지만 새롭게 다가와서는 시조를 빛나게 한다. 제목은 '두고 온 하늘'이다. 어디에 두고 온 것일까. 아니면 어디의 하늘일까. 두고 온 고향 생각 어딘가의 장소에 박혀있는 하늘일지라. 이처럼 그의 생각도 공간도 여기저기로 확장된다. 노종래 시인의 시조를 읽으면서 아주 오랜 시간을 들여 읽은 것 같은 느낌이 드는 것은 그의 시조가 시간으로는 천 년 전부터 미래까지, 공간으로는 여기저기 방방곡곡까지 확장시키기 때문이다. 이를 시의 확장성이라고 할 수 있을 것이다. 한 편의 짧은 시가 독자의 시간과 경험과 공간을 넓게 만들어 가는 것이다.

노종래 시인은 몇 개의 구절로 시조를 빛나게 했다. 하얀 조약돌이 시냇물을 맑게 보이게 하듯이 그의 맑은 시조가 앞으로 올 많은 시조들과 함께 빛나기를 기대하며 이만 글을 마친다.

(〈시조문학〉, 2011 가을호)

진지함과 유쾌함

-박종대론[10)]

박종대 시인은 '대화'의 시인이다. 그는 사물이나 혹은 자신이나 대상과의 대화를 통해 중심에 이르지 못하는 '어긋남'을 알고 '깊이'를 알게 한다. 진지하게 혹은 장난스럽게 대화를 하면서 읽는 이로 하여금 다음 그의 생각들을 기대하게 한다. 박종대 시인의 시를 읽어가면서 느끼는 것은 이 분은 '유쾌한 분'이구나 하는 것이다. 진지하게 이야기를 들으며 모두가 '아 그렇구나' 하며 고개를 끄덕이면, 시인은 웃으며 '이건 장난이야' 하면서 진지함을 한 순간 엎어버린다.

1. 부드러움

박종대 시인의 부드러움과 유쾌함은 '무거움'을 움직이고 녹인다.

> 천년의 추를 놓은들 / 네 함묵을 이길것가
> 한줄기 봄바람엔 / 돌아눕는 저 바위야
> 꺽꺽꺽 / 장끼 한 울음 / 실눈 뜨는 네 가슴

---

10) 1995년 〈시조문학〉 천료로 등단, 시조집 『태산오르기』(1997) 등.

—「바위 앞에서」

천년의 무거운 추로도 바위가 가진 '함묵'을 이길 수 없다. 바위는 입을 다물고 좀체 말을 하지 않는다. 누구나 자신을 드러내고 싶어 하는 세상 가운데 함묵은 자기 '절제'이다. '무거운' 추는 바위를 움직이지 못한다. 그러나 '봄바람'과 '장끼'의 가벼운 울음에는 돌아눕고 실눈을 뜬다. 정작 세상을 움직이는 것은 그리고 사람의 마음을 움직이는 것은 무거움이 아니라 가벼움이다. 그래서 그의 시는 무거워 보이지만 유쾌함을 바닥에 깔고 있다.

회오리 뚝 그치고 / 먹구름도 덧씌었다
초목도 손길 멎고 / 짙푸른 채 꼼짝 않고
고요가 무너져 내릴 듯 / 이 대낮이 두려워

—「대낮」

시인의 '무거움'과 '가벼움'에 대한 생각들을 보게 하는 시이다. '덧'씌우고 '짙'푸르고 '무너져' 내릴 듯한 것들은 '무거움'이다. 무거움은 시인이 가지고 있는 생각들에 대한 두께이다. 회오리가 갑자기 그치고 먹구름이 덧 씌운 날, 대낮에 대한 두려움은 이 무거움에서 연유된다. 초목이 멈춘 것을 시인은 '손길'이 멎었다고 표현한다. 초목은 손길을 멎고 짙푸른 채 꼼짝을 하지 않는다. 시인이 두려워하는 것은 '고요'이다. 적막함…… 그러나 이 '두려워'하며 맺는 말의 뒤에, 언뜻 내비치는 대낮의 두려움을 '즐기고' 있는 시인을 보게 된다. 그에게는 두려움이 없어 보인다. 두려움조차도 그에게는 친구나 혹은 즐거운 놀이처럼 보인다. 다음 시에서는 외로움을 친구처럼 이야기 한다.

멀리 두고 / 그때마다 / 불러다 만났는데

인제는 / 나이탓가 / 무시로 찾아오는 구나

이렇게 / 버릇없으면 / 방문 걸어 잠글란다

—「외로움에게」

박종대 시인은 '외로움'에 대해 살갑게 표현한다. 나이를 느끼기 전에는 '멀리' 두고 '그때'가 어느 때인지는 모르지만 그때마다 불러다 만났지만, 이제 나이 탓인지 외로움은 '무시'로 찾아온다. 시인은 '외로움에게'라며 친구에게 편지를 쓰듯이 친근히 한다. 그러기에 방문 걸어 잠근다고 외로움이 찾아들지 못하는 것은 아니겠지만 시인은 짐짓 모른 체 하며 친구에게 웃으며 하듯 가짜 혹은 공갈 '협박'을 한다. 외로움이란 나와 세상에 대해 깊이 있게 성찰한다는 것이다. 나를 깊이 들여다보는 거울 같은 것이다. 이 외로움과 친구처럼 사귀어온 시인은 많은 사람들이 몸서리쳐 하는 것들, 즉 외로움, 아픔, 고독, 이별, 죽음, 슬픔 같은 것들과도 친구와 오솔길을 걷듯 할 것이다.

2. 묻고 답함

소크라테스는 '삶에는 보편적이고 절대적으로 실재하는 진리나 지식이 존재한다. 그것은 보편적 이성의 활동에 의해 밝힐 수 있다. 또한 그것을 알고만 있지 말고 행해야 된다. 그와 더불어 선악이 무엇인지 모르는 무지에서 비롯되는 것이 그릇된 행위이기 때문에 무지를 자각하면서 덕과 선을 쌓을 수 있고 비로소 행복해 진다'고 한다. 소크라테스는 이를 '대화법'으로 풀어나갔다.

박종대 시인은 소크라테스와 같은 '문답법'을 시에 끌어 들인다. 사물들에게 묻고 답하고, 혼자서 '자문 자답' 한다. 여기에 틀리고 맞고의 답은 없다. '나 자신을 아는 것'이며, '세상에 절대적인 것은 없다'는 생각의 끝에 엉킨 실타래의 머리가 있다.

여보게 / 날 좀 보게 / 임자 일월 몇해신가 …(중략)…
비 바람 아니고도 / 나도 여기 벗인 것을

—「고목에게」 중에서

못 오를 하늘일랑 / 쳐다보지도 말 것이어
나는 내 생긴대로 / 순명하고 살터이니
백자야 / 능청맞구나 / 그 긴 목은 다 어쩔래

—「백자」

부처님 / 여깁니다 / 저 여기 있습니다
저기는 / 아무것도 / 아무것도 없는데요
볼 수도 / 보일 수도 없는 / 이를 어찌하리요

—「법당에서」

'고목'에게 화자는 묻는다. 고목의 주위에서 몰아치는 비바람 뿐 아니라, 지금 옆에 서 있는 시인도 고목의 벗이라고 한다. 그러나 고목은 끝내 말이 없다. 그저 오고 가는 것들에 자리를 베풀어 줄 뿐이다. 시인도 혼자 말을 할 뿐이다. 대답을 바라는 것 같지는 않아 보인다.

'백자'를 보면서 화자는 친구에게 하듯 '농'을 건다. 앞의 두수는 백자의 말이고 뒤의 한 수는 화자의 말이다. 백자는 '못 오를 하늘일랑 쳐다보지도 말 것이어, 나는 내 생긴대로 명에 순종하고 살 것이다'고 하지만 시인은 '너는 참 능청맞구나 그 긴 목은 어쩔래'라며 같이 능청스럽게 답한다. 이 지점에서 시를 읽는 우리는 생각해본다. 백자는 하늘은 쳐다보지도 않을 것이라 한다. 그런데 하늘을 바라기라도 하듯 왜 목은 길어졌을까……. 시인은 '내가 너의 속을 다 알지' 라며 직설적으로 표현하지 않고 백자를 배려해 짐짓 모른 체하며 부드럽게 말한다. 우리도 모른 체하며 다른 시로 넘어간다.

'법당'에 앉아 화자는 앞의 대상과 대화를 한다. 화자는 '저 여기 있다'고 말하나 대상은 '보이지 않는다'고 한다. 볼 수도 보일 수도 없는 안타까움. 모든 것이 그렇다. '앎'이나 '삶'이나 '꿈' 같은 것들, 사람들이 버거워하는 모든 주제들이 그러하리라. 그럼에도 보려고 혹은 보이려고 애쓰는 것, 그것이 시인이며 시의 독자이다.

박종대 시인은 시에는 흔하지 않은 겹 따옴표(" ")를 자주 사용한다.

> "너 이놈 네 죄를 알렸다" 하늘이 날 초달한다
> "아범아 / 무슨 꿈을 이렇게 / 어서 일어나거라"
>
> —「어머니 1—꿈속에도」 중에서

> "사는 게 재밌어요?" / 물어보듯 하는 이웃
> 실없이 / 나도 나에게 / "사는 것이 재밌니?"
>
> —「재미있니?」 중에서

하늘은 '네 죄를 알렸다' 하며 화자를 억누른다. 어머니는 그 억눌림으로부터 화자를 이끌어 내어 따뜻함으로 돌아오게 해준다. 세상의 모든 어머니가 그렇듯이…… 이웃은 '사는 것이 재미있냐'고 묻는다. '실없이' 화자는 자신에게 자문한다. '사는 것이 재밌니' 박종대 시인의 시를 읽어가면 답이 나온다. 박종대 시인에게 삶은 재미있어 보인다. 박종대 시인은 즐겁다. 그래서 '도련님 / 왔다 갔다 하는 건 내가 아니고요 / 누구우게'(「도련님과 고독」)라며 장난을 건다. '누구우게' 하는 어조는 아이들이 친구의 눈을 손을 가리고 하는 어조를 생각나게 한다. 할아버지가 손녀 손자들을 앞에 놓고 귀신 이야기라도 해주듯이 '아무도 / 아무도 없지 않아 / 방금 뭐가 히뜩했어'(「괴물」)라며 귀신 같은 것이라도 왔다 갔는지 뭔가 '히뜩'한 것을 보았다고 장난스럽게 말한다. 아이들은 그 다음의 이야기를 얼마나 마음 졸이며 기다릴 것인가.

달은 지구에게 뭐라 할까. 다음 시조에서 박종대 시인은 달이 지구에게 하는 말을 듣는다.

> 거 무슨 일인가 / 연락이 닿아야지
> 돌기는 도는 지구 / 고개 들고 날 좀 보게
> 월식은 자네가 한거지 / 내 얼굴은 둥글어
>
> —「달빛이 하는 말이」

달이 지구에게 묻는다. '거 무슨 일인가 연락이 닿지 않는가' 지구는 말이 없다. 월식이 지구 때문에 생긴 것임을 알기에 달에게 할 말이 없기 때문이다. 월식이란 지구의 그림자에 가리워져 달의 일부 또는 전부가 어둡게 보이는 것이기에 달의 잘못은 없는 셈이다. 도는 지구 때문이다. 달은 지구의 주위를 돌며 마음이 급하다. 자신이 누명이라도 썼다고 생각하는 듯 지구더러 '월식은 자네가 한 거지' 라며 재차 묻는다. 달은 지구더러 고개를 들라 하지만 지구는 미안한 마음에 고개를 들지 못한다. 마지막으로 달이 말한다. '내 얼굴은 둥글다'고. 시인은 달과 지구의 조용한 항변과 침묵 사이에 서있다. 시인도 별말 하지 않는다.

3. 꿈의 꿈

박종대 시인은 '꿈'과 '현실'의 무겁고 복잡한 사이를 가볍게 풀어나간다. '꿈에서 헤어나니 / 또 다른 꿈속일세'(「청자」) 장자의 '나비 꿈'에 기대면 나는 나비가 꾸는 꿈인지 모른다는 것인데 꿈에서 헤어나 보니 또 다른 꿈속이라는 것은, 꿈에서 깨어난 세상이 현실이라면, 또 다른 꿈속은 현실이라는 수학적 공식이 성립된다. 물론 깨어난 세상이 바로 현실이라는 부정되지 못할 '참'이 있는 경우에 한하지만……이 세상이 다른 꿈속이라는 시인의 바탕을 염두에 두고 그의 꿈에 관한 시조들을 본다. 다음 시조는 춘향전에 바탕을 두고 있다.

> 임자 / 날세 / 내가 왔어 / 장원급제 못한 몸이
> 우르르 버선발로 좇아 나와 안긴 임자
> 그 문득 / 환상을 깬다
> "그 뉘시오 남의 집에"
>
> —「옛집에 돌아오니」

장원급제 하지 못한 이몽룡처럼 '임자 날세 내가 왔어'하는 시의 화자, 춘향처럼 임자가 버선발로 뛰어나와 안기지만 '그 문득' 환상을 깬다. 환상 속에 빠져 있다가 '문득' 환상에서 빠져 현실로 나오는 것처럼. 누가 깨운 것이 아니라 화자 스스로 '깬'다. 한갓 꿈에 불과한 '환상' 가운데 오래 머무를 시간이 없다. 월매가 이몽룡을 박대한 것처럼 이미 임자의 다른 님은 '그 뉘시오 남의 집에'라며 화자에게 호통친다. 이미 옛집은 '남의 집'이다. 나의 '임자'와 나의 '옛집'에 대한 미련을 남기고 이젠 '그'가 주인인 된 '집'을 초라하게 나올 수밖에 없는 것. 그것이 환상에서 깨어난 '현실' 일까. 환상과 같은 편에 선 '꿈'에 대한 시인의 다른 시를 본다.

> 세상에 오매 세상에 별놈이 다 있었네
> 사람이 아니구먼 짐승도 아니구 뭐여
> 우리가 감쪽같이 속았다 이 녀석을 어쩌지
> 혼자 난체 하면서 숯이 검정 나무랐어
> 사랑하는 여러분 하면서 별짓 다하고
> 쥐구멍 찾아간 이 쥐새끼 박살을 내주자구 …(중략)…

예 있다 / 나다 나 나야 / 그게 바로 / 나라구!

—「용꿈」 중에서

왜 시조의 제목이 '용꿈'일까. 위의 시조에서 사람들은 지금 누군가에 대해 화가 나있다. 그는 사람이 아니라 '짐승'같으며, '혼자 난체' 하며, 속과 겉이 '다르'다. '쥐구멍'을 찾는다는 것은 면목이 없어 창피해하는 사람들의 상투어이다. 시의 화자는 어쩔 수 없이 쥐구멍에서 나와 말한다. '그래 여기 나 있다. 맞아 그런 사람이 바로 나'라고 소리를 친다. 느낌표 '!'는 시인의 용솟음치는 마음이다. 다시 '용꿈'으로 돌아가 본다. 용꿈은 다들 길몽이라 한다. 사람들은 용꿈을 꾸면 높은 사람이 된다고 좋아들 한다. 그러나 시의 화자는 '쥐구멍'에라도 들어가고 싶어 한다. 자신을 안다는 것, 그리고 자신은 아직 완성되지 못했음에 이른다. 그래서 '꿈 깨니 / 바닷가 모래 위 / 나는 한척 폐선이야'(「바다사냥」)라며 '너 자신을 알라' 했던 옛날 한 철인의 말을 부표처럼 떠올리게 한다.

꿈은 만져지지 않는다. 그러나 시인은 만져지는 것들에 대해 이야기한다. 그에겐 꿈의 꿈이 현실이기 때문일까. 박종대 시인은 꿈과 현실에 대한 가벼운 그러나 결코 가볍지 않은 이야기를 통해 말하는 사람도 알 수 없을 하나 마나한 '선문답'의 허망한 유희에 빠져 들지 않는다. 그래서 그의 시는 마지막 연에서 갑자기 '이건 장난이야'는 말로 우리를 당황하게 한다.

4. 중심과 깊음

박종대 시인은 중심을 만져보기를, 중심의 맥을 짚어보기를 바란다. 중심과 만져지는 것. '맥'이나 '겉돌기' '변죽'과 '가장자리' '겉모습'과 '속마음' '껍데기' '허깨비' '나'같은 표현들에서 중심이나 만져지는 것들에 대한 그의 생각들을 본다.

비행기는 겁이 나고 / 차도 또 ……. / 그냥 걷자
신발은 괜찮을까 / 고놈도 / 가끔 헛딛지
벗어라 / 신은 벗겨지는데 발이 안 벗겨진다

—「달마의 신발」

달마는 고독하게 벽을 향해 수행하였던 수도승이다. 달마에 대해 이야기 하면서 시인은 비행기는 겁이 나서 못타고, 차도 겁이 나고 그냥 걷자한다. 신발은 괜찮은가 하지만 그것도 가끔은 헛딛어 비틀거리게 한다. 신발도 벗는다. 그러나 발은 벗겨지지 않는다. 신을 벗을 수는 있는데 발이 벗겨지지 않는다. '비행기'—'차'—'신발'—'발'은 시인의 중심을 향한 의지의 깊어감이다.

돛배도 갈매기도 / 겉돌기만 하는 것을 …(중략)…
더 깊숙이 들어가서 / 뛰는 맥을 짚어보고
허어 이런 입질이야 / 척 휘어챘는데
꿈 깨니 / 바닷가 모래 위 / 나는 한척 폐선이야

—「바다사냥」 중에서

돛배도 갈매기도 중심에 이르지 못하고 겉돌기만 한다. 시인은 깊숙이 보다 '더' 깊숙이 들어가서 뛰는 맥을 짚어 보고자 한다. 맥이란 '숨'의 중심이며 삶과 가장 연관된 것이며 가장 중요한 것이다. 화자는 더 깊숙이 들어가 심부에 있는 '맥'에까지 이르고자 하나 '꿈'이다. 입질은 손으로 만져지는 감각이다. '이것이다' 싶어서 낚아챘는데 그것은 '꿈'과 같이 만져지지 않는 허상이 되고 만다. 배는 바닷가 모래 위에 있다. 본디 배란 바다로 나아가 바다 위에 떠서 고기를 잡는 것이 본래의 기능이다. 이 기능을 하지 못하는 '폐선'이야 말로 만져지기는 하지만 본질에 이르지 못하는 어쩌면 꿈보다 더 허무한 '실체'이다

> 산도 물도 해도 달도 / 그 겉모습들 다 말고
> 저 숨결 깊은 속마음 그 얼굴은 어딘가 …(중략)…
> 찾는 게 엉뚱하니 눈을 감고 불러보소
> 눈감은 저 속마음 그 얼굴은 어딘가 …(중략)…
> 자네 없고 나도 없고 / 주객이 안보이니
>
> —「산정에 올라서서」 중에서

'겉모습'과 '속마음' '주'와 '객' 산과 물과 해와 달은 보이는 것들이다. 보이는 것들을 앞에 두고 시인은 '숨결' '깊은' '속마음' 같은 것들을 찾는다. 이런 것들은 눈에는 보이지 않는 것들이다. 보이지 않는 숨결과 속마음의 '얼굴'은 볼 수가 없다. 그래서 눈을 감는다. 그래도 보이지 않는다. 눈을 감으면 눈에 보이는 것들에서 멀어진다. 그것은 현실의 다른 '꿈'이다. 현실에서 볼 수 없는 것들을 다른 현실에서 보기로 한다. 시인은 눈을 감고서라도 보기를 원하지만 볼 수 없음. 이것이 꿈과 꿈의 꿈과 현실의 삼각관계이다. 풀 수 없는 것……

> 내 그림자 잃고 나면 / 내 몸조차 다 잃을라
> 내가 텅 빈 껍데긴데 / 허깨비가 따로 있나
>
> —「내 그림자」 중에서

> 복판이라 때린 것이 / 변죽만을 더듬었네
> 변죽이 복판되는 / 그런 날도 있다지만
> 복판은 / 저승 가서나 / 진짜 한번 / 쳐볼라
>
> —「복판이라 때린 것이」

오르고 / 또 올라도 / 잡히는 것 하나 없어 …(중략)…

오르면 / 오를수록 / 멀어지는 푸른 하늘

—「태산오르기」 중에서

'그림자'와 '몸', '껍데기'와 '허깨비', '복판'과 '변죽'. 변죽은 가장자리이다. 사람들은 변죽이 복판 '되는' 그런 날도 있다 한다. 그러나 결코 변죽은 변죽이고 복판은 복판이지 변죽이 복판이 되지는 않는다. 시인은 이를 알고 있기에 '쳐'본다. 저승에 가서나 복판을 쳐 볼 수 있을까. 오르면 잡혀야 하고 가까워야 한다. 그러나 시인은 올라도 잡히는 것 '하나' 없고, 오를수록 하늘은 멀어지기만 한다고 한다. 사람들은 '태산이 높다 하되 하늘아래 뫼이로다. 오르고 또 오르면 못 오를리 없건 만은 사람이 제 아니 오르고 뫼만 높다 하더라' 한다. 시인은 이렇듯 너무나 '이상적'인 것들을 한 바퀴 돌아서 본다. 부정하는 것도 아니고 그렇다고 전폭적으로 수용하는 것도 아니다. 그는 '싱겁긴 / 나마저 없는데 / 오긴 누가 와 있어'(「나마저 없는데」)라며 자신이 '없음'에서 시작한다. 그리고 '인제사 / 내가 난가 봐 / 이걸 어째 / 덩더꿍'(「迎我탈-하회탈을 보면서」)라며 나간 임이 스스로 들어오고 인제사 자신이 바로 '나'임을 안다. 나를 아는 사람은 자신을 '초달'한다.

5. 소년, 철이 들 때까지

박종대 시인은 무겁지 않은 즐거움과 유쾌함으로 '바위'를 움직인다. 그리고 자신에 대해서는 '엄격'한 기준을 가진다. 스스로 부끄러워하는 마음을 가진 시인은 자신을 뉘우친다.

그렇게 살아온 세월을 / 나도 나를 뉘우쳐—「자괴」 중에서

"너 이놈 네 죄를 알렸다" 하늘이 날 초달한다—「어머니 1-꿈속에도」

중에서

오늘은 무슨 말씀 / 번져오는 뉘우침을―「구름을 그리며」 중에서

하늘이 나를 초달하고, 구름을 보고도 시인은 뉘우친다. '오늘은 무슨 말씀을 할 것인가'라며 겸손히 기다린다. 조용히 기다리는 사람은 기다리는 것을 얻는다.

차멀미 배멀미도 / 허구많이 해봤는데
세상타고 가는데도 / 멀미란게 또 있나봐
이 고비 지나고 나면 / 나도 철 좀 들랑가

―「세상멀미」

사람들은 배를 타거나 차를 타고 가면서 마음과 속이 보대끼며 차멀미와 배멀미를 한다. '멀미'는 시인이 느끼는 세상과 타고 가는 세상으로 인한 멀미는 '균형 잡힘'과 '흔들림이 없음'에 대한 시인의 '중심'을 향한 의지의 표현이다. 그럼에도 근본적인 긴장이 세상멀미를 하게 하는 것이리라. 시인은 철이 든 지점으로부터 이미 많은 길을 걸어온 듯한데, 더 철이 들기를 원한다. 자신이 서 있는 지점에서 뒤를 돌아다보며 완전해졌다고, 완전히 성숙했다고 하지 않는다. '못할 일 없다지만 / 할 일 또한 하나 없네'(「할 일 또한 하나 없네」)라고 한다. 못할 일이 없다. 그 보다도 받아들이기 힘든 사실은 할 일이 또한 없다는 것이다. 철이 들었다고 생각하는 사람은 더 이상 성숙하지 않는다. 자신에 대해 부족함을 느끼는 사람이 성장한다. 이 유쾌한 소년은 철이 들 때까지 성장을 멈추지 않을 것이다. (나는 이미 박종대 시인이 철이 들었다고 생각하지만……)

(〈시조문학〉, 2005 겨울호)

그의 색깔
-백민론[11)]

1. 어머니가 사는 집

우리들 마음속엔 작은 소녀나 소년이 산다. 어릴 적 꿈으로부터 떠나오지 않은 성장하지도 않은 그 아이는 우리의 일생을 색감 있게 만든다. 점차 이 색도 저 색도 아닌 무채색으로 닫쳐져 가는 우리의 삶 가운데 이것들은 빛을 준다. 어느 날 우연히 낯선 곳에서 어린 날 맡았던 음식냄새를 맡는 순간, 처음 가보는 동네에서 어린 날 놀던 놀이를 놀고 있는 아이들을 보는 순간, 아이를 부르는 엄마의 목소리를 듣는 순간 기억들은 색깔을 가지고 즐거운 소곤거림을 가지고 수면으로 떠오른다. '우리들 마음에 빛이 있다면 여름엔 여름엔 파랄 거예요'라는 동요가 있다. 백민 시인의 시를 읽어가는 동안 내내 이 멜로디가 맴돌았다. 백민 시인의 시조에 색이 있다면 그것은 소년 같은 바삭거리는 빛깔이다.

백민의 시조는 어머니에 대한 생각들이 특별하다. 시인의 어린 시

---

11) 전남 장성 출생, 서강대학교 대학원 졸업, 〈시조문학〉에 시조 「호박」이 초회추천, 〈시조문학〉에 시조 '봄비'가 2회 추천완료, 동시조집 『서울나무 까치집』(1991) 등.

절 내내 자녀들을 위해 고생하고 희생했던 어머니에 대한 안타까움들, 성장하면서 함께 엮어내었던 아련한 어머니와의 추억, 돌아가시고 이젠 하늘에 계신 어머니에 대한 그리움과 아쉬움들이 시조로 아름답게 형상화된다.

이른 봄 / 봄빛 물어 / 텃밭에 던진 사랑
감자 심고 / 상추 갈고 / 고추모 옮겨 심어
올 여름 / 보리밥 반찬 / 엮어 내는 어머니

—「텃밭 어머니」 중에서

어머니는 봄부터 감자며 상추며 고추모를 심어 여름의 반찬을 준비하신다. 미리 미리 준비하면서 자식들을 굶기지 않으려는 부지런한 한국의 여느 어머니와 다르지 않다. 봄빛을 '물어' 텃밭에 던진 사랑이라고 시인은 말한다. 추운 겨울이 지나고 따사한 봄이 오면 그 빛이 얼마나 사람을 풍요롭게 하는가. 어머니의 사랑은 이 따스한 봄빛 같다. 어미 닭이 모이를 물어 병아리에게 주듯 포근한 어머니의 사랑이다. 올 여름 보리밥의 반찬을 '엮어'내는 어머니는 삶을 그처럼 엮어 가신다. 봄에는 여름을 가을에는 겨울을 그렇게 시간과 삶의 줄을 탯줄로 삼아 자식들은 성장했다.

덜 깬 잠 / 꼭두새벽 / 새벽밥 짓기 위해
살포시 / 일어나서 / 새록새록 다독이고
물동이 / 머리에 이고 / 건져오는 하현달

—「달 가져온 엄마」

계절의 첫 시작인 봄부터 일하시는 어머니는, 하루의 첫 시작인 새벽부터 일어나서 자녀들을 위한 삶을 준비하신다. 어머니는 고된 삶

가운데서도 잠조차 편히 주무시지 못하신다. 피곤한 다음 날 아직 '덜 깬 잠'인데도 어머니는 '꼭두'새벽에 밥을 짓기 위해 일어나신다. 아이들이 깰까봐 살포시 일어나서 '새록새록' 자는 아이들을 다독이고 물을 뜨러 나가셔서는 하현달과 함께 오신다. 하현달과 새벽은 백민의 시에서 같이 있는 경우가 많다. 하현달은 주로 새벽에 보이는 달인가 보다. 얼마나 일찍 일어나셨는지 물을 긷고 오셔도 해는 떠오르지 않는다. 이처럼 백민시인은 어머니의 일 년의 일들과, 하루의 일과를 일일이 정으로 기억한다.

다음 시는 어머니와의 추억을 안타까운 마음으로 뒤돌아보고 있다. 어머니는 '꽃'과 같이 '달'과 같이 '햇빛'과 같이 시인의 시에서 형상화된다. 이 모든 것이 사람에게는 없어서는 안 될 것이며 사람의 마음을 따뜻하게 하고 포근하게 하고 아름답게 하는 이미지들이다.

> 해마다 / 감꽃 피어 / 뜨락에 걸어 놓고
> 밤늦도록 / 별을 낚아 / 박꽃 보며 살자 했죠 …(중략)…
> 강물도 / 바다에서 / 손잡고 만나는데
> 엄마는 / 저만큼 서서 / 돌아설 줄 몰라라
>
> ―「삶」 중에서

봄에 감꽃이 피면 목걸이를 만들어 뜨락에 걸어놓고 밤이 늦도록 별을 낚으며 박꽃을 보며 어머니와 살 것만 같았다. 별과 같이 꽃 같이 아름다운 생활을 꿈꾸었지만 어머니는 돌아가셨다. 삶도 꽃처럼만 같지도 않았다. 강물도 바다에서 손잡고 만나는데 어머니는 '저만큼' 서서 돌아설 줄을 모른다고 시인은 안타깝게 말한다. 그리운 어머니와 만나고 싶은 시인의 마음은 하늘의 별을 보는 것도 예사롭지 않다.

> 여름 밤 대발 위에 앉아서 / 바라보는 별 하나

초인종 같은 / 저별

하늘나라 / 어머님이 사는 집

단, 한번이라도 / 올라가 보고 싶다

—「여름 밤 별 하나」 중에서

시인은 여름 밤 대발 위에 앉아서 하나의 별을 바라본다. 시인은 하늘의 별을 바라보다가 '초인종' 같은 별이라 생각한다. 어머니에 대한 그리움이 이끌어낸 아름다운 상상력이다. 하늘나라의 어머니가 사는 집의 초인종이 아닐까. '딩동' 하고 벨을 누르면 누군가 그리운 사람이 나올 것만 같다. 초인종을 누르면 어머니가 문을 열고 나오실 것만 같은데…… '단, 한번'만이라도 라는 표현에서 시인의 어머니에 대한 그리움은 크게 물결을 일으킨다. '단' 하고 찍혀져 있는 쉼표 ','에는 어머니에 대한 그리움이 응결되어 찍혀있다. 숨을 고르고서야 할 수 있는 말 '한 번만이라도' 올라가 보고 싶지만 그럴 수가 없다. 하늘은 이미 오고 갈 수 없는, 도달 할 수 없는 레테의 강이다.

어머니의 자식 사랑이 측량할 수 없듯이 어머니에 대한 백민 시인의 생각도 측량불가이다. 만지고 싶어도 만질 수 없고, 보고 싶어도 볼 수 없는 어머니에 대한 생각은, 만질 수도 볼 수도 없는 크기와 모양에 대비된다.

어머니 생각에 크기가 있다면 / 벌써 / 하늘을 닿았을 것입니다.

어머니 생각에 모양이 있다면 / 벌써 / 지구보다 큰 집 지었을 것입니다

닿을 듯 / 지을 듯 / 어머니 생각의 탑 / 그리움만 내 가슴 속에 쌓여갑니다.

—「크기와 모양」

어머니를 생각하는 마음에 크기가 있다면, 어머니를 생각하는 정이

모양이 있다면, 그것은 이 세상의 척도로는 잴 수가 없다. 어머니에 대한 생각은 '하늘'보다도 크고. 어머니를 생각하는 크기는 '지구'보다도 크다. 누가 하늘의 넓이를 재며, 누가 지구보다 큰 집을 지을 수 있을 것인가. 그러나 시인은 '닿을 듯' '지을 듯' 하여 볼 수 그리운 마음에 생각의 '탑'을 위로 쌓아 올린다. 탑을 쌓아서 하늘에 오르기를 바라지만, 그리움만이 가슴 속에 쌓여갈 뿐이다.

2. 선생님 놀아요……

백민 시인의 시조를 읽어가다 보면 시인이 선생님이지 하는 생각이 문득 문득 들 때가 있다. 아이들을 가르친 오래된 습관이 몸에 베이고 이것이 시로 형상화된다. 어머니에 대한 그리움의 크기만큼 거울에 반사되듯이 아버지의 사랑으로 아이들에게 투여된다. 백민 시인의 아버지 선생님으로서의 힘은 그 근원이 어머니에 대한 사랑에 닿아 있다. 어머니가 하늘에서 살고 있다는 생각은 '하늘엔 누가 살고 있을까' 하는 일반적인 상상력으로도 이어진다.

> 동그란 지구가 꽃밭인 줄 알고 / 하늘에서 물을 준다 / 꽃비 내린다.
> 빗줄 타고 가고픈 / 하늘나라엔 / 누가 누가 / 얼마나 살고 있길래
> 진종일 / 꽃 밭에 물을 주나요
>
> —「하늘엔 누가 살길래」 중에서

'동그란' 지구가 꽃밭인 줄 알고 누가 물을 준다. '꽃비'가 내린다. 백민 시인은 '빗줄'을 타고 하늘에 가고 싶어 한다. 어느 누가 '빗줄'을 타고 하늘에 오르고 싶어한다고 말한 시인이 있을까. 여기에서 생각에 빠진다. 빗줄과 밧줄, 아이들과 같은 영혼을 가져야 이러한 생각을 할 수 있을까. 다른 시조 '나뭇가지 / 대롱대롱 / 호수에 내려온 달 //

밤새도록 / 그네타고 / 한 채 배로 노젓다가 // 집에서 / 쫓겨났을까 / 새벽녘 하현달'(「하현달」)에서도 달이 나뭇가지를 타고 대롱대롱 호수에 내려온다. 새벽까지 남아 있는 달을 밤새도록 그네타고 배 젓고 놀다가 쫓겨 났을까하고 생각해본다. 다시 위의 시조로 돌아가 본다. 백민 시인은 지구와 꽃밭을 작은 것으로 큰 것을 환유한다. 하늘 위의 큰 이가 보면 지구가 꽃밭일지 누가 알겠는가. 비가 오는 것과 물을 주는 것의 병치로 큰 것을 작은 것으로 설명하는 선생님과 같은 시인이다. '누가누가' 얼마나 살고 있길래 하루 종일 물을 주는지. 선생님은 비가 오는 봄 날 창가에 앉아서 하염없이 창밖을 하늘을 바라보았을 것이다. 다른 시조에서도 이슬비는 살금살금 걷고, 사뿐사뿐 내려앉는다. '꿈 속 아가 / 깰까봐 / 살금살금 걷는다 // 아기 꽃잎 / 다칠까봐 / 사뿐사뿐 앉는다 // 진종일 / 긴 명주실만 / 소리 없이 잣는다'(「이슬비」) 깊은 잠 꿈 속에 있는 아가가 깰까봐, 아기 꽃잎이 다칠까봐 이슬비는 조심스럽다. 이슬비는 조용하고 조심스럽게 '살금살금' '사뿐사뿐' 내린다. 이슬비는 하루 종일 긴 명주실만 소리 없이 잣는다. 이슬비와 '명주실' 의 은유적 대비에서 백민시인의 상상력의 힘이 드러난다. 그러고 보니 이슬비는 명주실처럼 부드럽고 가볍고, 실크 같은 촉감을 준다는 것을 새삼스레 확인해본다. 꽃비가 소리 없이 조금씩 내려서 꽃이 자라듯 선생님의 사랑과 가르침의 비가 아이들을 자라게 할 것이다. 그리고 아이들에게 천천히 이야기를 시작했을 것이다. '하늘에 누가 살고 있었어요'로 시작하는 동화를…….

아침엔 / 드러눕고 / 저녁엔 일어서고
밤새도록 / 허리 굽혀 / 동그란 눈 부릅떠서
이 골목 / 들어설 아이 / 다독이는 아빠 눈.

―「가로등」 중에서

위의 시조는 가로등에 대한 상상력이 탁월하다. 보통은 아침엔 일하고 저녁엔 쉬는 것이 정상적인 삶이다. 그러나 가로등은 아침엔 드러눕고 저녁엔 일어서는 보통의 삶과는 다른 삶을 산다. 가로등의 불빛은 밤새도록 허리를 굽혀 '동그란 눈'을 부릅뜨고 이 골목을 들어설 '아이'를 지키고 '다독이는' 아빠의 눈과 같다. 아이를 지켜주는 가로등은 '아빠'의 은유이다. 동그란 눈을 부릅뜨는 아버지와 같은 선생님, 아이가 잘 자라도록 보호해주고 '다독이는' 선생님이다. 선생님의 삶은 아이들에게 '피와 살'을 다 내어준다고 한다. 아침에 드러눕고 저녁에는 일어서는 것과 같은 '소모적인 길'에 대한 소명의식이 있어야 한 인간을 바른 인간으로 키워내고 성장 시킬 수 있음을 안다.

> 나는 알지 / 곱고 고운 / 나뭇잎 이 빛깔을
> 은행잎 / 들국화 / 왜 이렇게 노란지
> 샛노란 / 해님 발자국 / 묻어나온 게에지
>
> —「나는 알지요」 중에서

곱고 고운 나뭇잎의 빛깔과 은행잎과 들국화의 색이 왜 노란지, 빛이 반사되어서 색을 만들어낸다는 것을 과학적 상상력을 시조로서 풀어낸다. 단풍잎이 왜 빨간지를 "가을이 되면 나무는 월동 준비에 들어간다. 영양분이 불충분한 겨울을 나야 하기 때문이다. 영양분을 아끼기 위해 나뭇잎을 떨어뜨리게 된다. 나뭇잎과 가지 사이에 '떨겨층'이라는 것을 형성시켜 나뭇잎은 뿌리에서부터 충분한 물 공급을 받지 못하게 되고…… 잎 내의 산소가 증가되어 엽록소가 파괴되고 대신, 엽록소 때문에 평소에는 보이지 않았던 카로틴, 크산도필과 같은 붉은색을 띄게 하는 색소가 나타나고, 안토시아닌이라는 것이 생성되어 나뭇잎의 색이 붉거나 노랗게 보인다"고 말하는 것보다, '샛노란 해님의 발자국'이 묻어 나오는 것이라고 말하는 선생님과 함께 하는 시간,

아이들은 얼마나 많은 생각들과 이야기들을 풀어낼 것인가. 선생님은 아이들을 아름다운 세상으로 인도하는 길이 된다.

> 달나라엔 / 학교도 친구도 없단다 / 나는 하나의 / 동그라미를 그리기 위해 / 눈썹도, 반쪽 동그라미도 그려보고 / 배불뚝이도 매일 연습한단다.
>
> —「달이 공부해요」 중에서

달나라엔 학교도 친구도 없다는 말이 쓸쓸하게 들린다. 눈썹달, 반달, 하현달, 상현달, 동그라미 보름달을 만들기 위해 달은 한 달 내내 연습한다. 지우고 연습하고 다시 그리고를 반복 연습한다. 달은 '배불뚝이' 동그라미 하나만을 그리기 위해 '매일'연습한다. 달의 기울어짐을 이처럼도 설명할 수 있겠다. 어린이들에게 강조하지 않아도 시조를 읽어가는 가운데 매일 연습의 중요함을 자연스럽게 스스로 깨닫게 된다. 백민 시인은 1992년 동시조집 『서울 나무 까치집』의 머리말에서 '시조 또한 민족 고유의 향기 짙은 운률과 가락이 인간의 삶을 통한 교훈적 가치관으로, 민족적 정서와 혼의 숨결로 그 맥을 이어져 왔습니다'고 한다. 시조가 가진 '교훈적 가치관'이란 이런 것일 수도 있다. 비단 학생들뿐이 아니어도, 엄마가 아이에게 달에 대해, 별에 대해, 낮에 대해, 밤에 대해 이러한 설명을 해주면 아이들이 그 시간을 얼마나 즐거워할 것인가.

> 소낙비가 일학년처럼 / 줄긋기 연습하고
> 하늘 높이 / 하늘 깊이 / 재보기 줄긋기
> 지구에 / 점을 찍어서 / 오목판화 만들고
>
> —「줄긋기 연습」

소낙비가 '일학년'처럼 줄긋기 연습을 한다. 그러고 보니 일학년 때

동그라미도 그리고 구불구불한 선도 그리고 직선도 그리고 했던 생각이 난다. 선생님이 빨간 색연필로 다섯 개의 동그라미를 그려주면 잘했다는 뜻이었다. 비는 하늘 저 높이에서 저 깊은 곳에서 내린다. 높이와 깊이를 재보는 듯, 소낙비가 내리면 땅이 패인다. 소낙비는 점을 찍듯 오목판화를 만든다. 순식간에 점을 찍는 것은 소낙비만이 할 수 있다. 이슬비는 서서히 물들어 가기 때문에 점을 찍어 판화를 만들기 힘들다. 소낙비가 얼마나 매력적인지, 갑자기 몰려오는 먹구름과 온통 어두워지는 하늘, 돌풍처럼 불어오는 시원한 비바람, 아주 짧은 시간에 무사처럼 칼을 휘둘러 높이와 깊이를 재고 지구에 판화로 자국을 남기고 바람과 함께 사라진다. 그러나 시인은 어린 '일학년' 같다고 한다. 선생님의 눈이다.

> 소리 없이 봄비가 / 가만 가만 내려와 / 잠자던 꽃씨를 깨워주지요
> 봄소식 왔다고 / 속삭여 주면 / 꽃씨알 스스르 눈을 뜨지요
>
> ―「봄비」 중에서(노래집)

계절의 바뀜은 요란한 소리와 함께 오지 않는다. 소리 없이 봄비가 '가만가만' 내려와 잠자던 꽃씨를 깨워준다. 봄이 왔다고 '속삭여'주면 꽃씨 알이 '스스르' 눈을 뜬다. '깨워주지요' '눈을 뜨지요'와 같은 이야기 해주는 것과 같은 부드러운 어조는 시조를 읽는 대상이 아이들이 아니라 할지라도 시조를 읽어가는 독자에게 어린 시절 국어 교과서에 나왔던 동시를 읽는 듯한 느낌을 주어, 잠시 그 3월의 서먹한 나른함으로 이끌어간다. 처음 만나는 선생님과 처음 만나는 친구들, 낯선 책상 처음으로 넘겨보는 교과서, 병아리들 그림…… 기억하고들 있을까. 이러한 기억들은 노란 색, 파란 색 초록색의 빛깔을 지니고 있다.

키가 크면 / 달님이 따먹을까 봐 / 키가 작고
키가 크면 / 아이가 떨어질까 봐 / 키가 작고

—「키 작은 감나무」

감나무는 대개 키가 크다. 선생님이 보기에 키 작은 것들은 이유가 있다. 키가 크면 달이 감을 따먹을까 보아서 작고, 감을 따러 올라간 아이가 떨어질 수도 있으니 감나무가 작다는 생각이다. 키 작은 감나무와 키 작은 사람, 소심하고 작은 것들에 대한 관심, '떨어질까 봐'는 시인으로서의 두근거림이다. 항상 운동장에서 위험스레 노는 아이들을 바라보는 선생님으로서의 시선이다. 어떤 키 작은 아이가 선생님께 상담이라도 하였을까. "세상에 큰 것이 다 좋은 것만은 아니란다" 하며 키 작은 아이의 작은 손을 잡고 키 작은 감나무 이야기를 해주었을지도 모를 일이다.

가을 비는 단풍비 가을 하나 닦고서 / 산골에 들녘에 돌아다니며 / 파랑 초록 나뭇잎을 색칠하지요 / 단풍잎 은행잎 물들여 놓고 / 잘 들었나 행궈보는 가을비 단풍비

—「가을 비」 중에서(노래집)

가을비는 단풍 비이다. 가을비는 가을을 '하나' 닦고서는 산골과 들녘에 '돌아다니면서' 나뭇잎들을 '색칠'한다. '색칠하지요'라며 어린아이와 같은 어조로 가을비를 이야기한다. 가을비가 오면 나날이 나뭇잎들은 짙어진다. 단풍잎이랑 은행잎이랑 물들여놓고 물감이 잘 들었나 '행궈'본다. 비가 오면 더 짙어지는 것이 단풍이다. '행궈본다'는 표현은 참 독특한 상상력이다. 물감 염색과 같은 이미지의 연속이 비를 염색 예술가로 보게 된다. 이 세상을 온갖 것의 빛으로 물들이는 것은, 사실은 비이다. 비가 겨우내 황무했던 땅을 초록으로 이끌어내고

봄의 빛을 녹음으로 여러 가지 화려한 색깔로 이끌어내고, 비가 오면 온 세상이 제 빛을 내며 반짝인다. 또 한 번의 비가 그치면 온 세상이 단풍으로 물들고 또 한 번의 비가 그치면 온 세상이 하얗게 물든다. 비는 그야말로 염색 예술가이다.

색에 대한 백민시인의 시선은 반짝거리기 때문에 그의 동시조집을 읽어가다 보면 만화영화를 보고 있는 듯하다. 이미지 시대에 사는 아이들과 눈의 높이를 맞추기 위해서 일까.

> 여름 밤 밤 하늘에 반딧불 하나 / 반짝반짝 꽃 등 달고 올라갑니다 / 반짝이는 별들이 친군지 알고 / 자꾸자꾸 더 높이 올라갑니다. / 파란 불, 노란 불 꺼질까 봐서 / 자꾸 자꾸 손짓해도 올라갑니다
>
> ―「반딧불」 중에서

여름밤에 반딧불이 '꽃등'을 달고 올라간다. 밤하늘의 '꽃 등' '파란 불' '노란 불' 등의 표현은 아름다운 애니메이션을 보고 있는 듯한 느낌을 준다. 반디불이는 반짝이는 별들이 친구인지 알고 자꾸자꾸 올라간다. 반딧불을 잡는 조그만 손들이 불이 꺼질까봐 자꾸 손짓을 해도 반디불이는 대한 아이들의 아쉬움을 싣고 위로만 올라간다.

> 앞마당 빨래줄 / 바람 한 올 매달려 / 그네를 탄다.
>
> 쭉 늘어진 어깻 죽지 / 두 팔 벌리고 / "아이 무거워"
>
> 저만큼 비켜선 햇살 / 봉사하러 내려오고 / 놀러온 잠자리 한 마리 / 앉을까 말까 그냥 간다.
>
> 낮엔 젖은 옷 널고 / 밤엔 고운 별 널고
>
> ―「빨랫줄」

앞마당 빨랫줄에 바람이 한 올 매달려 그네를 타고 있다. 축 늘어진

빨랫줄은 두 팔 벌려 무겁다고 한다. 햇살이 쭉 늘어진 어깨 죽지를 위해 '봉사'하러 내려온다. 잠자리는 놀러왔지만 앉을까 말까 고민하다 간다. 자기가 앉으면 더 무거워지고 힘들어지리라는 배려이다. 햇발과 잠자리의 아름다운 생각을 볼 수 있다. '낮엔 젖은 옷을 널고 밤엔 고운별을 널고'와 같은 표현은 눈을 사로잡는다. 그렇다. 낮에는 빨래를 널고 밤엔 고운 별 아래 빈 그네질 하는 것이 빨랫줄이다. 빨랫줄은 선생님의 은유처럼 보인다. 낮에 귀여운 아이들이 매달려 노는 선생님의 팔, "아이 무거워"라고 말하지만 매달리는 아이들이 사랑스러워 죽겠다는 엄살로 들린다.

> 길 섶 / 강아지 풀이 / 안테나를 뽑아들고 / 마음을 열면 / 이슬이 벙그는 소리 / 풀밭의 풀잎들이 웃는 / 웃음소리가 들립니다
>
> —「마음을 열면」 중에서

길섶에 핀 강아지풀이 안테나를 뽑아들고 마음을 열면 세상의 소리들이 들린다. 아이들과 체험학습을 나가서 멋진 꽃이나 나무가 아니라, 길섶의 강아지풀들처럼 소박하고 평범한 그러나 강아지 같이 예쁜 아이들을 데리고 선생님은 가만히 속삭인다. 와글와글 떠드는 아이들이 강아지풀을 뽑아 안테나를 만드는 선생님을 쳐다본다. 아이들이 조용해진다. 선생님이 말씀하신다. '자, 조용해봐 들리지 않니' 아이들도 귀를 쫑긋이 세우고 듣는다. 이슬이 벙그는 소리도, 풀밭의 풀잎들의 '웃음소리'를 들을 수 있다. 아이들의 그날 일기장에는 하루의 고단함과 함께 그날 안테나에 걸렸던 여러 소리들이 함께 적혀 내려갈 것이다. 땅강아지의 흙 파는 소리, 삐비의 하얀 솜털, 선생님의 사랑이 그득한 소리, 아이들의 키가 자라는 소리……

3. 은유의 노트

시인의 시작 노트에는 얼마나 많은 생각들이 적혀있을까. 시간에 대해, 하늘의 비에 대해, 어둠에 대해, 아이들의 웃음에 대해, 백민 시인의 시를 읽어가다 보면 예상치 못한 은유들이 넘쳐난다. 선생님의 완고한 부드러움 속에 고정된 생각과 관습에 대한 부드러운 전복이 넘친다. 아이들의 창의력을 키어주기 위한 먼저의 연습은 아니었을지 하는 부드러운 의심을 해본다. 주위의 여러 사물들은 전혀 예기치 못한 것들로 비유 하고 시를 이끌어간다.

호수는 / 큰 사진기 / 앉은뱅이 사진기
날으는 새 / 내리는 별 / 칼라로 찍으면
호숫가 / 수양버드나무 / 긴 목 빼고 기웃댄다.

—「호수」

백민 시인이 바라본 호수는 아주 큰 사진기이다. 하늘도 찍고 나무도 찍고, 내리는 별도 찍고 비도 찍는다. 나는 새도 칼라로 찍을 수 있다. 좋은 카메라도 담을 수 없는 것들을 선명하게 찍을 수 있는 아주 큰 사진기이다. 호숫가에는 수양버들이 '긴 목'을 빼고 무슨 사진이 찍혔는지 기웃댄다. 마음을 비추어 주는 호수가 있다면, 마음을 찍어주는 호수가 있다면, 그건 '눈'이라고들 하는데 지구의 눈은 호수일지도 모른다.

그림자는 / 누워서 걷는다.
추운날 / 얼음 위에서도 / 알몸으로 잔다.
햇살을 몰고 / 산 책 길 나서면 / 무엇이 그리 바쁜지
누운 채 따라 나선다

—「그림자는 경호원」 중에서

나의 그림자를 혹은 남의 그림자를 유심히 본 적도 없었지만 그러고 보니 맞는 말이다. 그림자는 항상 누워서 걷는다. 나의 앞에 갈 때도 있고 뒤에 따라 올 때도 있다. 추운 날 나는 옷을 입었지만 그림자는 옷이 없다. 얼음 위에서도 '알몸'으로 잔다. 그림자가 불쌍하다거나 하는 데까지는 미치지 못하였지만 백민 시인은 그림자를 人性으로 이해한다. 알몸으로 자는 것들에 대한 안쓰러움이 있다. 햇살을 바라보며 산책길을 나서면 무엇이 그리 바쁜지 옷도 걸치지 않고 누운 채 뒤를 따라 나선다. 그림자와 경호원의 비유가 마음을 즐겁게 한다. 나를 감시하는 감시자도 아니고 그림자처럼 따라다니며 보호해주는 경호원, 그림자도 경호원처럼 나를 바쁘게 따라다닌다.

어디선가 / 군불 지펴 / 아지랑이 김 오르면
잠자던 / 산골 물 / 부스스 몸 털고
정원 뜰 / 귀 튀우기에 / 숨가빠진 봄빛 한 올

—「봄맞이」 중에서

어디선가 '군불'을 지피면 봄의 아지랑이가 펴 오른다. '군불을 지핀다'와 같은 표현은 참으로 상큼한 상상력이다. 아지랑이에 대한 어떤 과학적 해석보다도 마음을 따뜻하게 하는 토속적인 시선이다. '군불'을 때던 아궁이와, 군불을 물끄러미 바라보며 아무 말 없이 불을 때시던 할머니도 생각이 나고, 무쇠 솥을 열면 정지(부엌) 가득히 올라가던 수증기가 생각이 난다. 할머니가 군불을 피워 방을 따뜻하게 하고 어린 시절을 따뜻하게 데워주셨던 것처럼, 봄의 아지랑이가 김 오르듯 오르면 겨우내 잠자던 물이 강아지처럼 '부스스' 몸을 턴다. 봄빛은 정원 뜰을 돌아다니며 귀튀우기에 숨 가빠진다.

백민 시인의 시조에서 동물이 아닌 것들이 동물성을 띠는 경우가 있다. 물이 강아지처럼 '부스스' 몸을 털기도 하고, '햇살이 날아와 / 감나무에 앉으면'(「햇살 따는 아이」)같은 구절에서는 햇살이 참새처럼 감나무에 날아와 앉고, 햇살덩이는 '등불등불' 구른다. 다음 시조에서는 어둠이 강아지처럼 처마 밑에 '웅크리고' 있고, 아침은 '꿈틀'거린다.

처마 밑 / 웅크린 어둠 / 참새가 빼내주고
파도에 / 물린 새벽 / 꿈틀거린 깊은 아침
창틈에 / 낀 아침 한 톨 / 동해 햇살 불러낸다

—「이른 새벽」 중에서

처마 밑에 웅크린 어둠을 참새우는 소리가 빼내준다. 파도에 물린 새벽, 꿈틀거린 깊은 아침은 창틀에 끼어있다. '웅크린' '빼내주고' '물린' '낀' '꿈틀거린' '불러낸다'와 같은 형용사와 동사가 시조를 꿈틀거리게 한다. 동물성이 아닌 것들을 동물성으로 표현하지만 '식물성'으로 표현한 상상력도 여러 곳에서 보인다. '한 톨 아침'과 같은 표현이 그것이다. 참새와 연관된 햇빛에 대한 상상은 다음 시조에서도 볼 수 있다.

꽃 보다 예쁜 / 갓 태어난 우리 아가
햇살도 너무 예뻐서 / 한 움큼 뿌려주면
나비가 / 꽃인 줄 알고 / 사알짝 앉아본다.

—「아가」 전문

햇살도 아가를 예쁘다고 햇살을 '한 웅큼'을 뿌려준다. 마치 귀여운 병아리에게 모이를 주듯이 아가에게 햇살을 '한 웅큼' 뿌려준다. 이와 같은 동물성과 식물성의 상상력들이 입체 그림을 보고 있는 듯한 느낌을 준다. 아이들이 길거리에서 이리 저리 비추어 보면 그림들이 움직이는 입체그림 말이다. 만져지는 것 같은 울퉁불퉁한 상상력이다. 그림 속의 나비가 천천히 날개를 파닥이는 것처럼, 시인의 나비도 갓 태어난 아가가 너무 예뻐서 꽃인 줄 알고 '사알짝' 앉아 본다. 이처럼 백민시인의 시조는 동물과 식물이 무생물과 생물이 하얀색과 파란색이 자신만의 성을 무너뜨리고 경계를 허문다. 그 다음에 오는 것은 서로 조화를 이루는 세계이다. 서로를 인정하면서도 아름다운 그림을 그릴 수 있음을 이야기한다.

백민 시인의 시조집을 따라 어린 날부터 현재까지 오랜 시간을 여행하였다. 별과 하늘과 햇빛을 노래한 시인은 지금은 '사람들은 / 서울이 좋아서 모여드는데 // 별들은 / 자꾸 자꾸 서울을 왜 떠나갈까 // 터엉 빈 / 겨울 들판 같은 / 서울의 밤하늘'(「서울의 밤하늘」)을 고민한다. 그의 시조처럼, 마음에 맑은 별들을 가진 아이들이 많아질 때, 땅위에 내려앉은 별들은 다시 하늘로 올라갈 것이다. 백민시인의 아름다운 동시조들이 많은 아이들에게 사물을 바라보는 다른 시선을, 시간을 바라보는 아름다운 상상을, 부모를 바라보는 애틋한 마음들을 일깨워 줄 것을 믿으며 시조집을 이제 덮는다. 아이들의 명랑한 웃음소리도, 햇빛의 꿈틀거림도, 웅크린 어둠도, 파란 반딧불도, 한 톨의 햇빛도 덮는다. 그러나 그것들은 방학을 맞이하는 아이들처럼 또 쏴 하고 밀려들 나올 것이다. 선생님과 함께……

(〈시조문학〉, 2007 봄호)

아름다운 하루

—성철용론12)

라이프니쯔는 "언어는 인간 정신의 가장 좋은 거울이다"라고 말한 바 있다. 언어로 된 예술인 문학, 특히 시는 인간의 본성을 표현하며 그것을 통하여 인간세계 제반의 것들을 수용하고 굴절하는 즐거움을 안겨준다. 성철용 시인의 시집 표제는 『하루가 아름다워질 때』이다. 어떤 이가 "오늘 하루는 어느 누군가가 그렇게 살고 싶었던 그 하루이다"라고 했다는데, 이 '하루' 라는 말에는 응축된 수많은 시간과 수많은 공간과 수많은 언어들이 납 같은 무게로 실려 있다. 하지만 이 하루는 오늘 아침에도 우리에게 값없이 주어진다. 우리가 수많은 오늘 중의 하나라고 생각한 하루를 '아름답게' 발견해내는 시인 성철용. 그의 시적 상상력은 지금 발을 딛고 선 이곳의 '하루'로부터 자연스럽게 흘러나온다.

1. 역마살 시인의 무전여행

84년 작고하신 김종삼 시인은 시 「누군가 나에게 물었다」에서 '엄

12) 아호 일만(一萬), 1937년생, 인천중학교, 인천고등학교, 서울대학교, 고려대학교 교육대학원 국어교육과 졸업. 〈시조문학〉 〈한국수필〉로 등단.

청난 고생 되어도/ 순하고 명랑하고 맘 좋고 인정이 있으므로/ 슬기롭게 사는 사람들이/ 그런 사람들이/ 이 세상에서 알파이고/ 고귀한 인류이고/ 영원한 광명이고/ 다름 아닌 시인'이라고 한다. 유별난 상상력으로 시를 쓰는 이가 시인이 아니라 일상생활을 슬기롭게 사는 이가 시인이라는 것이다. 성철용 시인의 일상적인 하루는 무전여행(「무전여행」)의 한 과정이다. 모든 것에 감사하는 그는 '빈 손'으로 왔다가 아내도 자식도 삶도 공짜로 얻은 것이라 생각한다. 수지맞은 기분으로 지구에 눌러 앉고 싶었지만 세월이 자신을 밀어낸다고 너털웃음을 웃는다. 인간의 삶은 지구에 빈 몸으로 온 여행이다. 아무것도 가지지 않고 지구로 떠난 무전여행에서 시인은 기대하지도 못했던 것들을 얻는다. 인생을 무전여행으로 보는 시인은 '역마살'의 운을 받은 자이다. 그는 지도를 펼칠 때마다 가슴이 두근댄다. 이리저리 떠돌게 된 '살'이지만 시의 화자에게는 '설레임'(「역마살」)이다. 어쩔 수 없이 두근대는 기분 좋은 병이다. 누군들 자유로운 영혼을 그리워하지 않겠는가. 성철용 시인은 시로 그 영혼을 풀어낸다.

> 사랑하고 미워하던 사람들 훨훨 떠나
> 단 한 번 만나는 사람과 우리를 하다가
> 우리가
> 그리워 질 때에
> 다시 돌아오는 거다
>
> —「해외여행」 중에서

여행으로 뒤돌아 볼 수 있는 것들은 '우리' 즉, '너였던 나의 그림'(「여행」), 나와 너의 차별성이 없는 것이다. 여행을 통하여 타자와 자아, 이곳과 저곳의 차별성은 무화된다. 이로 인하여 궁극적으로는 '너'를 끌어안은 '나'라는, 단단하지만 여유 있는 다른 여행지로 나아간다.

이 세상을 마치고 시인은 다른 세상으로 무전여행을 떠날 것이다. 그의 역마살이 그를 잡고 있을 수 없을 터이니……

여행 가운데 발견한 자연은 기계적 표현을 넘어선 '자연'이다.

> 북에서 남쪽으로 / 봉에서 산록으로
> 가지 끝서 안쪽으로 / 가을에서 한 겨울로
> 단풍은 / 왜 인생처럼 / 달려만 가는 것인가
>
> ―「단풍」

나무는 자연의 질서에 순복한다. 북에서 남으로 봉에서 산록으로 끝에서 안쪽으로, 가을에서 겨울로 차례를 알아 달려간다. 세상을 '온몸으로 마중'(「봄」)하는 나무는 세상을 대강 살지 않는다. 나무는 '자연'을 안다. 자연의 호수는 '비가 오면 비를 먹고 눈이 오면 눈을 먹고 산다.'(「호수」) 시의 화자는 태고 적부터 그러했을 자연의 자연스런 모습을 발견해내고 이를 읽는 독자들은 '그렇지' 하며 무릎을 친다. 구름은 '산을 그려' 눈으로 내려오고, 나무는 '겨울 그려' 겨울 꽃(「태백산 가는 길에」)을 피운다. 시인은 구태여 인간과 나무를 비교하지 않는다. 그저 나무에 대해 말할 뿐인데도 독자는 인간과 비교하게 되고 부끄러움에 얼굴이 붉어지게 된다.

> 더덕잎 뒤집으면/ 구름 같이 하얀 여름
> 비단 개구리 뒤집으면 / 산딸기 닮은 계곡
> 홍싸리 / 각흘산에 나들이 와 / 화투 밖에 피었어요
>
> ―「각흘산」 중에서

시인은 산에 올라 더덕 잎도 뒤집어 보고 비단개구리도 뒤집어 본다. 더덕 잎을 뒤집으면 구름같이 하얀 여름이 보이고, 비단 개구리를

뒤집으면 계곡이 보인다. 화투의 한 장인 '홍싸리'가 화투 밖으로 나와 피었다. 화투의 붉은 싸리는 '7월'을 상징한다. 자연을 바라보며 화투의 한 장을 생각해내는 시인의 상상력에 막걸리와 웃음과 당직을 서는 숙직실의 선생님이 생각난다.

아침마다 술을 끊고
저녁에 또 술이라
목숨 걸고 마셨지만 후회 못할 우리라서
정든밤
그 자리 술은
깨는 것이 아깝구려

—「술」

성철용 시인은 호로 '一萬'을 스스로 '선택'한다. 건강을 실천하기 위해 스스로 지은 자호가 일만이라 한다. 아침에 술을 끊고 저녁에 또 술을 하는 막걸리를 좋아하는 시인이 하루에 일만원만 가지고 다니며 일만 원 어치만 마시자고 스스로 호를 일만이라 하였다 한다. 시인의 구수한 일면을 보여주는 호에 대한 해설이다. 여름은 구름같이 하얗고, 계곡은 산딸기를 닮았다. 계곡에 피어있는 산딸기에 대한 그리움이라는 구절에는 산딸기를 따던 어린 날에 대한 그리움이 거울처럼 비쳐지나간다.

성철용 시인은 지명을 예사로이 넘기지 않는다. 그 지역의 이름을 옛 문헌으로부터 이끌어 내고 현재의 의미로 견고히 밟는다. 시「난지도」에서 바다의 썰물과 밀물은 달에게 달려있다는 과학적인 설명은 시인에게는 의미가 없다. 썰물이 되는 것은 누군가가 물을 부르기 때문이고, 밀물이 되는 것은 벌거벗은 갯벌이 몸을 가리기 위해서이다. 물을 부르는 이들을 위하여 '그 누군가가 바다를 갈라 길을 열면' '벌거벗은' 갯벌은 바다를 불러 몸을 가린다. 그 누군가는 물을 밀고 갯벌은 물을 끌어당긴다. 둘 사이에 각박한 긴장은 없어 보인다. 시인은 '약한 자를 도와 건너게 하였다는 섬'이라는 제부도에 대한 어원적 해석을 하고 있다. 독자는 이 구절에 이르러 바다 길이 열린다는 제부도 아마 누군가가 쫓기다가 바다길이 난 섬으로 도망하는데 갯벌은 곧 물을 끌어 모아 쫓는 이를 단절시켜버리지 않았을까 하는 상상으로 독자를 이끈다.

> 주워가지 않는 버림 / 돌아보지 않는 남음을
> 아파하던 도시는 흩어지는 절망을 모아
> 난지도(蘭芝島) / 머리 위에다 / 버리고 돌아섰다.
>
> ―「난지도」 중에서

사람들은 주워가지 '않고' 돌아보지 '않는다'. '버림'과 '남음' 흩어지는 '절망'은 쓰레기의 은유이다. 부족하면 버리지 않는다. 남기에 버리는 것이다. 쓰레기의 양은 풍족과 비례한다. 풍족하여졌지만 도시는 난지도의 '머리' 위에다 쓰레기를 버리고 돌아선다. 예전엔 난꽃과 지초(혹은 영지)가 자라던 섬이라 하여 난지도라 이름 붙였지만 쓰레기의 산이 되었음을 안타까워한다. 하긴 현재는 상암동 월드컵 축구경기장 옆에 '하늘 공원'이라는 좋은 이름을 가진 아름다운 억새 숲으로 새롭게 태어났으니 시인의 안타까움은 이제 멈추어도 좋을 것이다.

2. 고향으로 돌아가다

성철용 시인의 시에서 고향은 시인의 분신이다.

> 대처(大處)로 가출한 / 서러운 고향이

엘리베이터 타고 / 아파트에 오르더니
TV 속 / 깊숙이 들어가 / 명절연휴에 사글세를 친다

—「고향」 중에서

성철용 시인에게 고향은 인격화되고 살아있다. 고향은 시골을 떠나 도시로 '가출'하고 엘리베이터가 있는 아파트를 오르고, 명절은 TV 속 깊숙이 들어가 '사글세'가 된다. 주체가 되지 못하고 남의 것을 빌려 쓰고 다달이 돈을 내야하는 사글세는 '자기 것'으로 충만한 고향의 원관념과는 거리가 멀다. 그래도 많은 사람들은 주인인 본체를 버리고 스스로 소작인이 된다. 평생을 갚아가야 하는 사글세 인생이 된다.

도시로 나간 선배의 편지, 고향은 도시에 나가 적응 못하고 보낸 긴 편지(「등대지기」)에서 도시문명을 슬퍼한다. 등대보다 더 높은 아파트이지만 어두운 밤바다를 밝혀주지도 헤매는 이들을 밝은 곳으로 이끌지 못한다. 저마다의 층에 있는 사람들을 끌어안기에도 역부족이다. 마음이 아프기 보다는 '눈빛'이 더 아픈 시의 화자이다. 눈에 보이는 손짓보다 보이지 않는 이별의 애절함이 '눈빛'에 응축된다.

해마다 설레이며 / 기다림에 지친 한에
속절없이 가버릴 / 그리움이 두려워서
진하게 / 손짓을 하며 / 피어나고 있는가?

—「진달래」

설레이며 기다리지만 기다림은 지치게 하고 지침은 한을 불러온다. 속절없이 가버릴 그리움이 두렵다. 진한 손짓은 '설레임' '기다림' '한' '그리움'의 색이 한데 모아져 핏빛으로 응축된다. 젊어서 버린 '우리'를 늙어서 찾기는 어려운 것이 아니라 '더 외로운' 것이다. 늙어간다는 것은 일에 대한 어려움에 있는 것이 아니라 '서러움'과 '어려움'으로 온다.

시인은 나에게서 너에게서 고향을 찾고 부른다. 고향을 찾는 것은 '고향과 '우리'(「내가 왔다」)가 되기 위함이다. 고향은 나를 '우리'로 묶는다. 고향은 '백발'이고 '나이'이며, 젊음과 대척의 자리에 서있다. 젊음을 필두로 물줄기처럼 미래를 열어 강물처럼 넘치는 세월을 살아왔다. 젊음은 '오늘'을 살아도 '내일'이 남는다. 이 젊음의 뒤편을 지나 고향에 이른 화자는 '우리'라는 항구에 정박한다.

> 나이가 고향이 되어버린 / 설날 무렵. / 가슴 속 깊숙한 마음을 열어봤더니, / 까맣게 잊고 살던 / 어린 시절 쌍 우물가, / 겨울이 겨울답던 / 눈익은 골목 속에서 / 하나도 춥지 않게 / 밤을 서성대던 젊디 젊은 내가 보인다.
>
> ―「쌍 우물가」 중에서

나이가 고향이 되어 버렸다는 생각에 도달하기까지 얼마나 많은 나이들을 넘어왔을 것인가. 시의 화자는 많은 세월이 흐른 후 설날 무렵, 가슴 속 깊숙한 마음속에 까맣게 잊고 살았던 어린 시절의 '쌍 우물'을 생각해낸다. 두 개의 우물이 인접하고 있었던듯, 우물의 이름은 '쌍 우물'이다. 겨울이 겨울답게 춥던 시절이었음에도 하나도 춥지 않게 보냈던 젊디젊은 날의 '나' 이지만 요즈음은 겨울이 겨울답지 않게 춥지 않아도 더 추운 나를 보게 된다. '나이가 고향이 되어버린'이라는 첫 연의 첫 구절과 다음 연의 첫 구절 '백발을 이고 사는 지금'의 나이이지만 그 우물 속에 세월처럼 잠든 이야기들을 두레박 가득히 길어 올릴 수 있다. 귀한 것을 귀한 것으로 알지 못하고 보내어 버린 젊은 날들에 대한 반성적 사유를 길어 올린다. 시인은 다른 시 '엘리베이터가 / 나무꾼 두레박처럼 / 지치고 피곤한 사람들을 퍼 올릴 즈음이면 / 포장마차의 하루가 열린다.'(「포장마차」)에서 퇴근길의 엘리베이터를 '두레박'으로 읽는다. 선녀와 나무꾼의 옛이야기 속에서 두레박이 물을 퍼 올리듯 퇴근길의 엘리베이터는 지치고 피곤한 사람들을 퍼 올린다. 오후 내내 문 닫고 있던 포장마차가 문을 여는 시간이다. 마음의 깊이와 우물의 깊이는 같아진다.

3. 시인의 하루

> 바람이 몹시 불고 간 아침 / 고층 옥탑에 올라갔더니, / 조망성(造網性) 거미가 안테나에 거미줄 드리우고 / 스쳐가는 바람 속에 풍겨오는 먹이를 사냥하면서 / 서툴게 떠들대던 나의 미숙을 감청하고 있었다. / 먼 소식 낚으려, / 욕심 부리던 나를 훔쳐 지켜보던 / 더듬이가 없어 서럽던 거미는 / 비로소 안테나를 얻어 / 빨아먹을 소리들을 / 이 아침부터 기다리고 있었다.
>
> —「안테나」

고층도 높은데 고층의 옥상에 시인은 올라간다. 그는 거기서 조망성 거미를 본다. 망을 만드는 특성을 지닌 거미가 안테나에 거미줄을 쳤던가 보다. 거미줄을 보며 시의 화자는 사념에 빠져든다. 거미는 스쳐가는 바람 속에서 걸려드는 먹이를 사냥하고, 시인이 서툴게 떠들어대던 미숙을 감청한다. 나는 감청당하고 거미는 먼 소식을 낚으려 욕심을 부리던 나를 훔쳐본다. 시인은 '정상은 / 다 올라와야만 / 백록담을 보인단다.'(「백록담」)에서는 정상은 올라와야만 백록담을 보여준다는 것을 아이에게 이야기들 하듯 '……한단다'고 자신에게도 남에게도 타이르는 어투로 이야기한다. 욕심 부리지 않아도 정상은 올라가면 볼 수 있데 사람들은 늦게 가면 행여나 사라져버릴 듯이 조급해한다. 안테나는 원래 동물의 촉각이다. 거미는 촉각인 더듬이가 없어서 서럽다가 인간이 만든 안테나를 얻어 빨아먹을 소리들을 기다린다. 거미는 저녁에 친 거미줄을 다 먹어버리고 아침에 다시 친다고 한다. '이 아침'에 시의 화자가 보고 있는 거미줄을 만들기 위해 거미는 또 얼마나 부지런히 몸을 움직였을 것인가.

꿈이 부른 꿈에 / 길고 질긴 이야기 서려 / 달랑, 토큰 하나로 / 서성대던 시장한 하루를 / 복권과 바꾼다.

빗겨 지낸 세월도 / 오늘처럼 저물었는데, / 다시 움켜진 것이 / 그나마 우리의 서민의 꿈.

우리들의 투기(鬪技)는 / 꿈을 팔아 / 허무를 사는 거다.

—「투기」

꿈이 부른 꿈이 복권이다. 결국 꿈보다 더 허무한 것이 복권이다. 복권에는 길고 질긴 이야기가 서려있다. 한 장으로 얼마나 사람의 마음이 지옥과 천국을 오고 가는가. 사람들은 달랑 토큰 하나로 서성대던 시장한 하루였지만 토큰보다 더 비싼 복권을 산다. 복권은 시장한 하루와 맞바꾸어진다. 복권과 하루는 견줄 수가 없는 윤리적 가치가 있음에도, 가난과 자본주의 사회 우리 안에서는 동등한 혹은 복권이 더 무게 있는 것으로 가치가 매겨진다. 복권을 사고 가슴 졸이고 하는 사이에 세월은 저물어 가고 있다. 긴 세월을 지나도 여전히 소식이 없는가 보다. 투기는 확신도 없이 큰 이익을 노리고 무슨 짓을 하거나 또는 그러한 행위이다. 복권은 아무나 할 수 있지만 투기는 아무나 하지 못한다. 특히 서민에게는 꿈도 꾸어볼 수 없는 천문학적인 수치이다. 그래서 복권과 투기는 심리적 거리가 멀다. 서민이 할 수 있는 '소박한 투기'는 결국 '꿈'을 팔아 '허무'를 사는 것이다.

소박한 투기에서 잠시 옆으로 빗겨난 시인은 '장'이 아닌 '차'나 '포' 정도의 소박한 꿈을 꾼다.

세상이 장기판이라면 / 어느 말이 내 말일까.
마상일까. 사졸일까. / 장은 분명 아닐테고
제자리 / 지키고 있는 / 차포 정도나 되었으면

—「장기」

만약 세상이 장기판이라면 반드시 일자 모양으로, 한 칸 다음의 사선으로 가야하는 '마'와 마처럼 움직이는데 사선으로 두 칸씩 움직일 수 있는 '상'인지, 한 줄씩 앞으로 가거나 옆으로만 갈 수 있는 '졸'과, 궁 안에서 항상 상대방의 말의 공격해오는 길점을 피해 다녀야 하는 '사'인지…… '장'은 분명 아니라는 것을 안다. 동서남북 어디로 가든지 일직선으로만 다니는 '차'와 선을 따라 움직이되 반드시 말 하나를 넘어 다녀야하는 '포' 정도나 되어도 감사하는 것이 시인의 소박한 바램이다.

4. 내 시의 애독자

성철용 시인은 '자서'에서 "내게는 나의 글을 열심히 읽어주는 독자가 한 분 있다. 고맙게도 끝까지, 몇 번씩이나 읽어주는 독자가 한 사람이 있다. 그이가 바로 나이다."라고 멋들어지게 말한다. 시인의 가장 친근한 애독자는 바로 시인 자신이라는 말, 그렇다 시인은 씀으로 행복해지고 삶이 보다 즐거워진다. 이 즐거움은 아름다운 하루들이 모인 '나이'에서 우러나는 깊은 맛이다. 시 「건망증」에서 보면 인간의 눈은 나이가 들어가며 제 기능을 하지 못하게 되고, 사람이 만들어낸 안경이 눈의 역할을 대신 하게 되는 나이가 있다. 안경을 잃어버리고 주머니마다 뒤지고 찾지 못하다가 혹시 침대 밑에 있지 않을까 하는 생각이 들어 침대 밑을 살펴보지만 거기는 너무 어둡다. 시인은 손전등을 휘저어 보다가 파란 종이돈을 발견한다. 건망증으로 안경을 찾는 일이 없었더라면 아마 그 돈을 발견하지 못했을 것이라는 화자의 행복은 순간 '다른 사람이 나를 보고 있으면 얼마나 재미있어 할까' 하는 데로 나아간다. 시인은 '초라한 행복'이라는 이율배반적 표현으로 나이 듦이라는 서글픈 깊이를 묻는다. 그러나 초라함 뒤에 곧바로 오는 '행복'이라는 말에 시인의 감정의 무게가 실림을 감지하는 순간

나이 듦의 행복, 어른의 행복을 발견한다. 어른의 행복은 '도와주는' '잔소리 하는' '큰 소리 치는' '용서하는'(「어른들의 재미」) 자잘한 재미이다. 자잘한 재미들은 아름다운 하루들이 모여서 이루어진다. 앞으로도 시인은 '어른의 재미' '시인의 재미' 바이러스를 많은 독자에게 퍼트리며 행복을 선사할 것이다.

(〈시조문학〉, 2006 봄호)

바다에서 청학동을 꿈꾸다

—신강우론[13)]

신강우 시인은 '선장'이라는 특이한 직업을 가지고 있다. 시인들이 시만 쓰고 시적인 삶만을 영위한다면 세상은 풍요로운 시들로 가득하겠지만, 시인이 가난하기 때문에 가파른 정신의 치열성을 가질 수 있는 것인지도 모른다. 그렇게 보아서인지 신강우의 시조에서는 파도와 바다에 관한 상상력들과 이름 모를 항구와 이녘의 지명이 많이 등장한다. 그럼에도 보편적인 바다와 하늘의 '넓음' '푸름' '생명' '자유' 혹은 '삶과 죽음' '그리움과 허무' 등의 심상이 보이지 않는다. 대신, 바다에서 연유된 '억센 생명력'이 넘실거린다. 바다의 이미지가 남다른 반면, 사물들은 바다와 하늘과 태양으로부터 연유된 심상들과 유추관계에 놓여있으며 서로 어울려 대조적으로 바다의 풍경과 시인의 풍경과 그 속에서의 삶의 모습을 선명하게 조형하고 있다.

이는 시집 『청학동』에서 "모든 시조 시인들은 누구에게나 떳떳이 내놓을 수 있는 걸작의 시조를 하나쯤 가지고 싶은 욕망을 가지고 있을 것이다. 나도 그 중의 하나이다. 기다리다 보면 언제 그러한 좋은

---

13) 전남 고흥 출생, 〈시조문학〉 천료로 등단, 시조집 『잃어버린 계절』, 『가을산』, 『청학동』 등.

시조가 하나 걸려들지 모르겠다. 나는 여기서 다작의 중요성을 본다. 땅을 파야 금을 파든 사금을 파든 할 것이 아닌가"라고 한 시인의 말에서도 확인된다.

1. 이미지의 시

신강우의 시조에서 특히 돋보이는 것은 '이미지'의 독특함이다. 시조의 내용은 우선 제목과 관련이 없어 보인다. 거듭해서 읽어보아야 겨우 의미를 이해할 듯 말 듯하다. 그의 시조는 사물의 모양과 소리의 이미지들로만 이루어져 있다.

반 눈뜬 / 병아리들 / 뒤뚱, 뒤뚱, 걷는다
꽃송이로 타는 갈증 / 아우성 입에 물고
끝없는 말발굽 소리 / 칼의 고개 넘는다.

—「톱니바퀴 2」

위의 시조에서 눈을 반쯤만 뜬 병아리들이 귀뚱 뒤뚱 걷는 형용과 칼의 고개는 톱니바퀴의 외양이다. 병아리와 '칼의 고개' 같은 날카로운 이미지는 언뜻 어울려 보이지 않지만 시인은 동시에 양면을 본다. 꽃송이로 타는 갈증과 아우성과 말발굽소리는 톱니바퀴 소리이다. 꽃은 전반적으로 '갈증' '고요'와 연관된다. 꽃이 피기까지의 고통과 기다림이 '꽃송이로 타는 갈증'으로 표현된다. 톱니바퀴가 맞물려 돌아가는 요란한 소리에서 시인은 생존과 삶의 치열성을 듣는다. 톱니바퀴의 돌아가는 모습과 소리 가운데 서 있는 시인의 모습이 그려진다.

순전히 이미지로만 연결된 다음 시조는 안개를 묘사한 것처럼 보이지만 시인은 쉽게 해답을 주지 않는다. 집중해서 읽어야 하는 고달픔 뒤에 깨달음의 정도도 깊어진다.

가늘한 목조여 / 위태한 시소 탄다
초승달 미소 띄워 / 엿보는 여우의 눈
종점을 / 안으로 접어 / 호롱불을 찾는다

—「괄호」

제목에서 연관되는 이미지로만 연결된 시조이다. 왜 시인은 이미지만으로 시상을 전개시키는가. 가느다란 목, 시소, 초승달의 미소, 여우의 눈, 호롱불 같은 '괄호'에서 연상되는 이미지들로만 연결되었다. 괄호에서 연상되는 이러한 이미지들은 섬세하게 교직되어 전설의 감각을 느끼게 한다. 가는 목을 조임, 옛 이야기 속의 엿보는 여우…… 이쯤 오면 사람들이 퍼즐을 즐기는 이유를 알 듯도 하다. 시인은 눈여겨보지 않는 단순한 문장부호들과 괄호에서 시간과 공간을 넘어서는 전방위적인 상상력을 보여준다.

다음 시조는 '안개의 씨름'이라는 제목만 가지고는 이해하기 어렵다.

갈라 먹다 남은 조각 / 서로 군침 흘린다
뒷등을 / 내리치는 / 뺄바닥 닿는 수준
종이꽃 미소를 피워 / 갖은 미끼 드리운다
능력을 앞세워도 / 텃세엔 못 미친다
뿌리 깊게 뻗어 / 썩은 고목으로 서 있는
끼리만 / 끼리이게 하는 / 안으로 굽어진 손

—「안개의 씨름」 중에서

안개가 씨름을 한다. 서로 견주이고 뒷등을 내리쳐 뻘 바닥에 닿고…… 안개의 무엇을 보고 이러한 생각을 이끌어내었을까. 한참을 읽고 있으면 세상사에 대한 은유 같다. 갈라 먹다 남은 조각에 군침을 흘리는 사람들, 뒷등을 쳐 먹는 사람들, 세상은 종이꽃 같은 미소로 미끼를 던지고 순진한 사람들이 걸려들기를 기다린다. 능력이 있어도 '텃세'를 이기지 못하는 세상이며 끼리끼리만 뒤를 봐주는, 안으로만 굽은 손들의 세상이다. 결국 우리가 처한 공간은 안개 같은 세상, 뻘과 같은 세상이라는 은유로 해석된다. 안개와 뻘을 통해서 세상을 탐구하고 있다고 가정해 본다.

산 너머 산이라더니, 다음 시조는 더 오리무중이다.

> 눈물 한 방울의 / 무게가 천근이다
> 꽃잎을 떨구는 미련의 야윈 손짓
> 하현달 / 남은 말 한마디 / 하얀 깃발 꽂는다.
>
> ―「달력」

제목을 가리고 보면 '달력'에 관한 것이라고 말하기 어렵다. 시인이 묘사한 달력은 천근의 무게를 가지고 하강하는 이미지들이다. 눈물과 꽃잎과 하현달은 떨어지는 것이다. 아침이 되면 달력은 가볍게 찢겨져 나간다. 허나 우리의 나날이 그렇게 가볍게 찢겨져 나갈 정도로 예사로운 것은 아니다. 참으로 무겁고 허기지고 핏발서고 무거운 삶들이다. 달력의 무게, 시간의 무게, 삶의 무게들로 단순하게 감각시에 머물지 않는 생의 양면성들을 드러내준다.

이처럼 신강우는 전체적인 것을 보고 제목을 보면 고개를 갸웃하면서도 알듯 말 듯한, 읽어 가는데 힘을 써야할 특이한 사물들의 이미지를 창조해낸다.

2. 알몸과 뼈

신강우 시인의 시가 전부 바다에서만 쓰인 것은 아니다. 육지에서 영위되는 세상은 마치 닻과 같이 어둡고 무겁고 날카롭다. '알몸'의 이미지들이 많이 등장하는데 시조에서 알몸은 두 개의 모습을 보인다. 하나는 '부끄러움'이고, 다른 하나는 '본연의 모습'이다.

바다가 아닌 도시에서의 알몸은 '부끄러움'과 연관된다.

> 숨가쁜 살내음 춤을 이마에 걸고 있다 …… 알몸의 동물성 언어—「네온싸인」
>
> 길 잃은 부끄런 알몸 병들어 누워있다—「잃어버린 계절」
>
> 찢겨진 알몸으로 버려진 어부의 꿈—「폐선장에서」

'음모의 발질로 구멍 난 허파 거리'(「꽃 2」)의 휘황한 네온사인은 알몸의 동물성 언어이며 구멍 난 불의 언어(「서울아침」)이다. 육과 살의 언어로 가득한, 지나가는 사람들의 육을 옭아매는 도시의 휘황찬란한 간판들은 동물적이다. 도시에서의 길을 잃은 부끄러운 알몸과 버려진 알몸은 부정적인 이미지들이다. 폐선장에서 어부의 꿈은 찢겨진 알몸이 된다. 세속의 삶을 묘사하는 듯한 알몸의 묘사는 마치 구도자에게 비친 세속의 삶인 듯하다.

다음 인용된 시조들은 실제의 알몸이 아니라 '날 것' 즉 '본연의 모습'이라는 의미들을 가진다.

> 사막의 알몸 고요 몸부림에 달라 붙은—「무제」
>
> 알몸의 뜨거운 남국고요 누워 있다—「원목을 보며」
>
> 풀잎의 설레는 사연 알몸으로 엮는다—「빗소리」
>
> 칼날의 신음소리들 알몸으로 쌓인다—「병실에서」
>
> 뜨거운 알몸으로 / 안개 밭을 헤매는—「어시장에서 1」
>
> 찢겨진 메아리가 알몸으로 손짓한다—「열대지대」

알몸의 고요는 고요의 알몸이라 읽힌다. 사막과 원목은 가공되기

전의 모습들이다. 처음의 모습, 소리 이전의 '고요'는 알몸의 고요일 수밖에 없다. 비 또한 전혀 무엇을 입지 않은 알몸인 채로 풀잎들 위에 내린다. 비의 알몸이 풀잎의 설레는 사연을 엮고, 병실에서의 고통을 신음소리의 알몸으로 느끼고, 바다를 헤엄치며 자유를 누려야할 고기들이 알몸으로 누워있다. 열대지대에서의 원초적인 모습들은 알몸으로 서있다. 이 같은 표현들에서 시인이 온몸으로 사물을 마주 대하고 있는 듯한 느낌을 받는다. 시인은 시적 대상들을 알몸의 물고기들처럼 보고 그들의 언어를 듣고 맨살로 느낀다.

다음의 인용 구절들에서는 '맨발'로 세상을 대한다.

> 눈 감고 비틀비틀 맨발로 혼자 간다-「저녁강」
>
> 천년을 닦아 하얀 맨발의 혼의 맥박-「추모」
>
> 피흘리는 기다림 맨발로 꿈틀대고-「임진각 2」

강의 맨발, 시적 화자가 맨발로 느끼는 저녁의 강, 죽음에 대한 안타까움과, 통일에 대한 희구는 '맨살' '맨발'로 아프게 다가온다. 맨살은 육체의 가장 안쪽이고, 뼈는 살의 가장 안쪽이다. 다음 시조들은 원초적 질료로서의 뼈와 동시에 삶의 근본이며 육체의 근본인 뼈를 보여준다.

> 목죄는 칼날에 눌려 / 흰 뼈로 앉아있다-「점쟁이」
>
> 그날의 푸른 고요 뼈만 남은 뒷마당-「잃어버린 계절」
>
> 덜마른 눈물의 꺼먼 미소 뼈 보인다-「폐광촌」
>
> 닻내린 끝없는 절망 / 신음의 뼈 내보인다-「랑군강을 지나며」

점쟁이는 천기를 누설한 죄로 살을 태워버리고 목을 죄는 칼 날 앞에 뼈 만 남아 앉아 있다. 사람들이 떠나가고 아무것도 남아 있지 않는 폐광촌에서 시인이 본 것은 덜 마른 눈물과 까만 미소의 뼈들이다. 무거운 깊이로 침몰한 절망과 신음의 뼈로 세상을 본다. 고요의 뼈, 뼈 중의 뼈는 변하지 않는 가장 마르고 딱딱한 마지막 남은 무엇이다. 시인은 알몸과 맨발 그리고 뼈 같은 육체의 의미들을 변화시켜 현실의 아픔과 세상에 대한 감각의 강도를 드러낸다.

3. 침묵과 언어

수많은 고요와 침묵 속에 있었을까. 신강우 시인은 '고요'와 '침묵'에 골몰한다. 일상적인 삶에서도 시인은 고요를 느끼고 고요 가운데 담겨 있다. 결과적으로 고요와 침묵으로 인한 알 수 없는 쓸쓸함이 시집의 전체에 걸쳐 누워있다.

> 아픈 고요 씹는다—「낚싯대를 드리우고」
> 넘치는 / 신비의 고요 / 곁눈질로 낚는다—「그늘의 여름」
> 희미한 전등불 무건 고요 흔든다—「병실에서」
> 배 꽃잎 덮힌 고요—「항해일지 6—달밤」
> 낮달에 걸러진 고요 꿈의 껍질 씹는다—「폐광촌」
> 움추린 그림자 알밤을 터뜨린다 / 실바람에 끌려가는 사립문 낮은 고요—「겨울밤」

낚시를 하면서 고기를 기다려야하는 '아픈' 고요의 순간, 그늘진 여름의 '신비한' 고요, 삶과 죽음이 교차하는 병실의 '무거운' 고요, 바다 가운데서 배 꽃잎 같은 파도와 함께하는 고요, 버려진 광산촌의 낮달 아래의 고요, 겨울밤 사립문의 낮은 고요, 내성적인 시상으로 이끌어가는 침묵과 고요는 시인의 낮은 데까지 내려간 감각을 보여준다.

그림자 늘어진 하오 / 야윈 침묵 몸살난다－「풋감」

목뼈도 부러진 청상의 깊은 침묵－「가을 비」

바위의 구멍난 침묵을 씹어대며－「빗소리」

무건 침묵 끌고 오면 / 비릿한 고동소리－「어시장에서 2」

못 박힌 아픈 침묵－「항해일지 3」

마스트 긴 그림자에 / 꿈의 침묵 눕힌다－「항해일지 6－달밤」

천년의 굳은 침묵 / 열쇠로 잠겨있다－「낮달」

구겨진 조는 침묵 / 그림자를 들쑤신다－「남향동 풍경 3」

닻 내린 고깃배 거푼 문 차운 침묵－「남향동 풍경 4」

위의 시조들에서 침묵의 주체는 시적 화자의 침묵이 아니라 청상의 침묵이나 바위의 침묵 같은 '시적 대상'이다. 또한 조는 침묵, 야윈 침묵, 몸살 나 드러누운 고요 같은 인격화된 침묵이며, 깊은 침묵, 구멍난 침묵, 무건 침묵, 굳은 침묵, 차운 침묵, 허연 고요 같은 형용된 침묵이다. '고요'는 사물처럼 누워있다. 시인은 수없이 대면한 침묵들을 사물화 시킨다. 여기에서 그의 외로움이 더욱 더 묻어나게 된다. 침묵의 사물화 후에 시인은 그들을 인격화시킨다. 그리고 모든 것에서 그들만의 '언어'를 발견해낸다.

실파도 / 푸르른 숨결 / 천길 언어 꺼낸다－「부두」

천길 속 숨쉬는 / 푸른 언어 낚는다－「항해일지 4」

소라의 큰 입술 푸른 언어 뱉아내고－「어시장에서 4」

태초의 언어들이 / 모래성을 쌓는다－「무인도」

파도의 일어섬과 스러짐 그리고 밀려감을 정신의 눈으로 바라보면, 바다는 삶과 죽음의 공간이다. 파도와 조개는 이야기들을 숨결처럼 뿜어낸다. 바다의 파도는 시인에게는 하나의 '언어'이다. 파도의 숨결은 천년동안 묵은 언어를 꺼내고, 어부는 바다의 천길 속에서 숨을 쉬는 푸르른 언어를 낚는다. 바다 밑의 소라는 큰 입술을 벌려 푸른 언어를 뱉어내고, 무인도에서는 태초의 언어들이 모래성을 쌓는다. 바다의 언어는 고기이며 파도이며 모래알들이다.

다음 구절들에서도 시적 대상들은 모양과 소리 향기로 자신을 말한다.

> 화롯불 따스한 언어 / 곶감으로 엮는다 -「항구 4 - 무로랑」
>
> 하늘의 언어들을 실바람에 띄운다 -「여름산」
>
> 묵은 하얀 언어들이 주렁주렁 열린다 -「하회마을」
>
> 색칠된 금속성 언어 / 안개로 풀어낸다 -「입학식」
>
> 안과 밖이 다른 풋풋한 언어들이 / 발 붙일 한 뼘의 땅을 그림으로 그린다 -「꽃 1」
>
> 벙그는 꽃 이파리의 오색언어 떨군다 -「빗소리」

말 없는 것들의 모양과 특성을 시인은 '언어'로 해석한다. 화톳불은 '따스한' 언어이며, 하늘은 바람에 생각을 전하고, 주렁주렁 열린 것들은 그 모양으로 한 마을의 역사와 자신의 역사를 알린다. 입학식장에서의 어설픔과 두려움은 '금속성'의 언어로 표현된다. 특히 신강우 시인의 꽃은 언어이다. 꽃의 '오색언어'는 꽃의 모양으로 그 나름의 언어를 표현한다. '언어'들은 때론 인격화된다. 정치적으로 올바르지 못한 이국에서 굶주린 아침의 언어는 덫에 걸려 비틀거리고(「아웅산 수지 1 - 아웅산 수지의 집을 지나며」), 바다에서 언어는 잠이 들지 못한다(「항해일지 6 - 달밤」).

> 빈 가슴을 드러낸 베일에 갇힌 언어들
> 누런 망각의 바늘에 하나씩 꽂히고

잠 못 든 꽃으로 핀 기도 하늘 소리 헤맨다

—「병원에서」

빈 가슴을 드러내었는데 다시 갇힌 언어들이 누워있다. 병들어 누우면 형용으로도 '언어'가 될 수 없다. 갇혀있는 언어들은 비언어적인 신음소리의 환자들이다.

이끼낀 안개 언어 / 물씬 난다 / 묵은 향내
뼈까지 드러나도 / 천년을 담은 침묵
아직도 / 입속 맴돈다 / 마지막 말 한 마디.

—「돌부처 상」

시인은 이끼가 끼인 안개의 언어를 듣는 것이 아니라 맡는다. 침묵과 언어는 전혀 다른 성질의 언어이지만 같을 수도 있다. 마지막 말 한마디를 하고 침묵하고 있는 것인지 마저 못하고 침묵한 것인지는 돌부처와 시인만이 아는 사실이다.

신강우 시인은 소리에 예민하다. 다듬이 소리, 말발굽 소리, 초침소리와 같은 소리는 끊임없이 이어진다. 빗소리와 톱니바퀴 소리(「톱니바퀴 1」)는 다듬이 소리와 같다. 누나의 다듬이 소리와 할머니의 이야기 소리는 끊임없이 반복된다.

개구리 울음소리 조약돌을 굴린다
모닥불로 타는 초가집 별빛 고요
조그만 누이 가슴에 초승달을 띄운다

먼 냇물소리 숨어서 안으로 졸졸 흐른다
할머니 나이테에 감겨진 흙의 시름

하늘을 밝히는 등불 그림자에 기댄다

—「여름밤」

개구리 울음소리가 조약돌을 굴리고, 모닥불이 타는 초가집의 고요와, 누이의 가슴에는 초승달이 뜬다. 시냇물 소리는 안으로 흐르고 할머니의 나이테에 흙의 시름이 감긴다. 여름밤의 누나와 할머니의 추억이 따뜻하고 서정적으로 그려졌다. 시인은 누나의 다듬이 소리를 특별하게 기억한다. 누나는 주로 밀어(「여름 산」), 다듬이 소리(「달밤」「빗소리」), 발소리(「달밤」), 웃음소리(「갯마을 2」) 같은 '소리'와 함께 추억된다. 다듬이 소리는 '가늘고'(「톱니바퀴 1」) '하얗고'(「성묘 가는 길」) '맘 졸인'(「빗소리」)이다. 할머니의 이야기 소리와 누이의 다듬이 소리는 반복적이고 낮다. 시인은 잠결에 들리는 것 같은 그러나 그리운 소리들을 현재적 사건들 속에서 다시 살려낸다.

시인은 보통의 인간이 듣지 못하는 비늘의 소리를 묘사한다. 물고기 비늘의 소리는 어떠할까. '비늘의 소리'는 그의 직업에서 연유된 특이한 소리 현상이다.

녹슬은 별빛의 전설 / 비늘소리 더듬는다—「폐선장에서」

도마에 나뒹군다 / 토막난 / 비늘소리—「어시장에서 2」

바다를 헤엄치는 물고기의 행동에서 들리는 소리여야 하지만 비늘소리는 바다에서 들리지 않는다. 배의 무덤인 폐선장과 이미 잡혀버린 고기의 무덤 어시장에서 들리는 소리이기다.

병실에서 시간은 '숨가쁜' 초침소리(「병실에서」)로 다가온다. 시간과 더불어 살다가 시간 밖으로 쫓겨나가는 인간의 삶은 초속으로 달려간다.

해바라기 닮는다 / 곁도는 초침소리—「낚싯대를 드리우고」

실날의 허연 파도 / 초침소리 끌고 가는 –「갈매기」

몸부림 열이 나는 맴도는 초침소리 –「항해일지 7 – 묘박지」

시인은 파도의 규칙적인 숨소리를 시간의 초침소리처럼 듣는다. 파도와 초침은 '반복'이라는 공통점을 가지고 있다. 반복적인 것들은 주의를 기울이지 않으면 들리지 않는다. 귀가 반복의 율동에 마비되기 때문이다. 신강우 시인의 침묵 속에는 침묵의 언어들이 있다. 시인만이 발견해낸 꽃의 언어, 아무에게도 들리지 않는 물고기 비늘의 소리, 추억의 소리들은 들리지 않는 침묵의 언어들이다. 이들은 자기만의 소리를 내며 그들만의 '언어'로 나타난다.

4. 날카로움

신강우 시인은 '로뜨레아몽 콤플렉스'같은 발톱과 창 그리고 찢어진 육체의 섬뜩하면서도 날카로운 이미지들을 예사롭게 사용한다.

살모사 혀 / 날름댄다 / 빨건 구호소리

녹아 끈적끈적하고 / 가시 난 / 병든 소문

피 묻은 / 여우의 음모 / 혼자 몸살 앓는다

–「땡볕」

뜨거운 '땡볕'을 살모사의 혀와 빨간 구호소리, 피 묻은 여우의 음모 등으로 해석한다. 저녁놀에 물든 골목길을 '피'의 파도(「저녁놀」)로 보며, 피가 나는 꿈(「그늘의 어둠」)을 꾼다. 상술을 현혹하여 물건을 팔아먹는 기술은 발톱(「상술」)으로 구매자를 낚아채는 것으로 해석하고, 독수리나 이리 같은 짐승은 눈 감은 형제의 가슴을 찍어대는 좋지 않은 상황(「상황4」)에서 묘사된다. 바람 소리는 하나씩 '가시'로 박힌다

(「소묘」). 바다에서 이리의 핏발선 눈망울(「항해일지1」)을 감지하고, 감은 핏발선 눈 불(「풋감」)이다. 항구의 자정은 고요를 씹어대고 잠을 못 들고 핏발이 서 (「항구 4- 무로랑」)있다. 핏발이 선다는 것은 혈기를 올리거나 마음이 들지 않거나 맹목적으로 무언가에 몰두하는 것이다. 불안의식과 강박관념이 느껴지기는 하지만 시인은 마음이 여린가 하는 생각도 든다.

또한 칼의 음모를 밝히다 쓰러진 가슴(「휴지통」), 암세포로 돋는 칼날(「빛」), 곪은 상처를 도려내는 빛의 칼날(「신문」), 칼날 같은 차량의 소리들(「저녁놀」) 같은 '칼'의 형상화가 두드러지게 나타난다. 칼은 '집념'의 표상이다. 담쟁이 넝쿨은 칼날로 세운 집념으로 푸른 길을 열고 가고(「담쟁이 넝쿨」), 홍시는 집념의 칼을 하늘에 꽂고(「홍시」), 야구장에서는 불꽃의 오기들이 칼날로 일어선다(「3월의 야구장」).

특히 햇빛을 칼로 인식하는 시인은 햇살을 고슴도치나 칼날로 묘사한다.

> 조금씩 눈뜬 고독 수평선에 칼로 서고－「항해일지 6－달밤」
> 칼날로 늘어진 / 수평선을 쪼아댄다－「항해일지 7－묘박지」
> 햇빛이 칼 들고 사방에서 웃는다－「바다 3」
> 햇살 뜨건 입김 / 고슴도치 가시로 선다－「열대지대」

배에서 맞이하는 햇빛의 날카로움과 바다의 뜨거움 때문일지 모를 일이다. 바다의 선과 색채는 날카롭게 펼쳐지고 수평선도 칼날과 같다. 그래서 햇살은 칼날에 '토막'(「금빛 왕궁」, 「저녁놀」)나기도 한다.

> 청상의 독오른 / 음모의 칼 세운다
> 지팡이 의지해 조금씩 일어나다

열 먹고 터지는 욕망 / 장대로 따는 하늘

—「꽃 1」

독이 '오른' 칼을 '세운' '일어나다' 같은 상승의 의지들, 꽃이 피는 형용을 이렇게 날카롭게 표현하는 이유가 무엇일까. 치열한 삶을 살아가는 시인, 파도와 싸우고 고독과 싸우고 햇살과 목마름과 싸우는 시인, 어쩌면 이러한 독오른 표현들은 힘차고 밝은 생명력, 희망을 보려는 치열한 힘을 표현한 것일지도 모른다.

5. 목마름

신강우 시인의 시조를 읽고 있으면 시적 화자의 갈증과 허기, 목마름이 밀물져온다. 바다 가운데서의 목마름은 목마른 고독, 목마른 물고기, 안으로 타는 목마름으로 나타난다.

목마른 집시의 숙명 / 조각달에 띄운다—「갈매기」
목마른 물고기들 / 지느러미 퍼덕인다—「어시장에서 1」
쌍안경 반 잠긴 눈 목마름이 퍼득인다—「항해일지 7—묘박지」
목마른 천길의 고독 / 알몸을 끌어낸다—「남향동 풍경 3」
안으로 타는 목마름 찢긴 그물 안고 선다—「남향동 풍경 2」

목이 마른 집시의 숙명, 이미 잡혀왔기 때문에 목이 마른 물고기들, 바다를 주시하는 피곤한 눈, 바다에서의 고독한 목마른 조업들, 시인은 침묵과 목마름을 홀로 안고 씨름을 한다. 목마름과 갈증에 차이가 있을까. 갈증은 주로 꽃이나 감 그리고 싹과 같은 식물과 연관된다.

독수리 발톱에 걸린 / 몸부림의 하오 갈증—「꽃 1」

끝없는 사막의 불타는 낙타 갈증-「꽃 3」

고삐를 움켜쥐고 / 안으로 타는 갈증-「풋감」

힘으로 일어선다 / 안으로 타는 갈증-「새싹」

시인은 끝임 없이 물을 공급받아야하는 식물들의 갈증이 꽃을 피우고 열매를 맺고 싹을 낸다는 치밀한 주시력을 보여준다. 갈증과 목마름과 더불어 허기짐의 상상력은 '바다'와 연관된다. 허기짐은 무엇인가를 갈구하는 찾는 것이다. '허기진 몸부림'은 어둠을 칼로 베고(「항구 1-마드리스」), 핏발선 통통배들은 '허기'를 몰고 가고(「항구 2-랑군」), '허기진 고동소리'는 만리길을 혼자 간다(「갯마을 2」).

먹어도 / 허기진 / 하마 입 잔뜩 벌린다

손에 옹이 박힌다 / 낮달의 고동 소리

뱀 혀를 / 길게 내민 등대 / 그림자 손짓한다.

-「항로」

등대를 '뱀 혀를 길게 내민' 모습으로 보는 사람은 드물다. 그러나 시인은 등대를 '뱀'으로 본다. 먹어도 먹어도 허기진 하마는 입을 잔뜩 벌리고, 항로를 따라가며 느끼는 허기는 무엇에 대한 허기일까. 그럼에도 다음과 같은 시조를 만나면 촉촉이 젖어드는 가을 강에 발을 넣고 있는 느낌을 받는다.

비어서 넉넉한 웃음소리 터뜨린다

씻겨지고 닳아서 잃은 하늘 찾아내

갈대의 가슴을 밝힌 종소리에 기댄다

순한 발음을 낸다 맨살의 언어들이

한 줌의 물에도 드러난 하얀 뿌리
티 없는 천 길의 깊이 무게를 보인다

—「가을강」

6. 바다색 이미지들

신강우 시인의 시조는 파란과 하얀 색 같은 바다 색이 주된 색조를 이룬다. 그러나 정작 바다는 파랗지 않다.

밀리는 뿌연 안개 / 감기는 몸부림들
이리의 핏발 선 / 눈망울을 바라본다
곁눈질 초침소리로 / 뻘건 시름 밟는다

—「항해일지 1」

간혹 '푸른 고요'(「갈매기」) '푸른 종소리'(「항해일지 1」)로 형상화되기는 하나, 밀리는 뿌연 안개와 몸부림, 이리의 핏발선 눈망울이며, 다급한 초침소리와 뻘건 시름의 바다이다. 신강우 시인의 시조에서 하늘과 바다는 같은 이미지로 한줌에 들어오고 닫혀있다. 열린 바다가 아닌 닫힌 바다이다.

한 줌의 바다 쥐고 논다 / 수조의 물고기들—「어시장에서 3」
불씨만 / 남은 뱃고동 / 닫힌 바다 엿본다—「남향동풍경 3」

밑의 바다 뿐 아니라 위의 바다인 하늘 역시 작고 구멍 나고 한줌에 쥐어진다. 특히 폐광촌과 도심의 역 광장의 하늘은 노랗고(「하오의 역광장 1—버려진 껌」), 상실되었고(「하오의 역광장 2—꽁초」), 버림받았다(「폐광촌」 「홍시」). 그리고 외로운 소의 눈망울(「잃어버린 계절」

「강마을」)에 그리고 새의 눈망울(「새」)에 갇힌 하늘이다.

> 녹슬은 별빛의 전설…… 길 잃고 헤매는 / 허연 파도 꿈틀대고 // 차거운 구멍난 하늘—「폐선장에서」
>
> 구멍난 한 줌의 하늘 / 추위에 떨고 있다—「항구 2—랑군」
>
> 하늘을 끌어내려 / 소꿉놀이 하다가…… 구멍난 하늘 한 자락 나래로 막고 선다—「하오의 역광장 3—비둘기」

위의 시조들에서 하늘은 녹슬고 길을 잃고 차갑고 구멍이 나 있다. 항구, 특히 '폐선장'에서의 하늘은 낮고 우울하다. 시인이 바라본 하늘은 광대함과 풍요로운 푸른 하늘이 아니다. 시인은 너무 큰 바다와 너무 큰 하늘을 이미 보아버렸기 때문에, 수족관의 바다는 한 줌의 바다일 뿐이다. 뱃고동은 광대한 바다가 아닌 항구의 닫힌 바다를 엿본다.

그럼에도 신강우 시인의 시조에는 푸르른 이미지들이 도처에 넘실거린다. 바다는 바다색이 아니지만 많은 시들의 파편 가운데 바다의 색들이 박혀있다. 파란색의 이미지들은 숨결과, 숨, 입김, 목소리, 언어로 형상화된다.

> 질화로 불씨로 남은 푸른 맥박 잇는다—「얼굴 찾기—고전무용을 보며」
>
> 파아란 / 숨을 쉰다 / 사방이 막혀도 …… 가끔씩 / 열리는 입술 / 흰 고요 토해낸다—「새」
>
> 푸른 입김 떨군다 여기 저기 없는 듯—「봄비 1」
>
> 모두가 파랗게 물들어 파랗게 중얼댄다—「이슬비」
>
> 소라의 큰 입술 푸른 언어 뱉아내고—「어시장에서 4」
>
> 파랗게 타는 갈증—「봄 밤에」
>
> 파랗게 소리치고 나무들 하얀 가슴—「여름산」
>
> 고요가 가라앉아 푸른 웃음 흘린다—「공원에서」

잊혀진 푸른 가슴에 숨어서 촛불켠다-「안개」

푸른 손 박힌 못 그림자도 앓는다-「고향마을」

조선 전통의 맥박은 푸르고, 생명력 있는 행동은 푸른 맥박(「아웅산 수지 2」)으로 쏟아진다. 어린 아이들의 숨소리는 청량한 파란 색이며(「입학식」) 새의 숨소리도 파랗다. 봄비는 파란 입김이며 비에 모든 것이 파랗게 물들어 파랗게 중얼댄다. 비가 와서 세상 사물 위에 떨어지면 사물들은 제각기 소리를 낸다. 시인은 이들을 중얼거림으로 듣는다. 푸른 숨결은 '물'이나 '파도' '비'이다. 파도는 '푸른 숨결'이며 '푸른 언어'이다. 소라는 푸른 언어를 뱉어내고, 꽃은 파란 갈증으로 싹을 피워 올리고, 여름산은 푸르른 사연(「저녁강」)으로 파랗게 소리친다. 안개와 고향은 푸른 가슴과 푸른 손을 가지고 있다. 안타깝고 좋은 것들은 푸른색의 이미지들로 표현된다.

또한 파란색과 함께 하얀색이 주로 묘사된다. 하얀 것들은 가슴, 고요, 숨결, 발자국, 언어이다.

허연 가슴-「뿌리찾기」

목마른 뱃고동 소리 / 허연 고요 깨고 있다-「항구 3-페낭」

닳아서 보인 심장 / 허연 숨결 묻어나고-「인도기행」

갈앉는 먼 고요 / 허연 발자국 찍는다-「달밤」

묵은 하얀 언어들이 주렁주렁 열린다-「하회마을」

항구의 고요는 하얗다. 닳아서 뼈가 보이고 심장이 보인다. 하얀 언어는 '박'의 모습과도 겹쳐진다. 아무것도 없는 적막함이 '하얀'색으로 형상화된다.

신강우 시인의 색채선택은 '노란색'에서도 보인다. 노란색은 뿌리, 발자국, 발소리 같은 '발'과 연관된다.

노란 신음 입에 물고/ 실뿌리로 견딘 생명－「공단 주변 2」

거미줄을 흔드는 노란 신음 발을 찌고－「폐광촌」

빈 커피 잔에 담아 두고 노을 누런 발소리－「여객선」

설레임 무르익어 노란 가슴을 연다－「바다 5」

부황들어 누렇게 뜬 하늘을 노려본다－「하오의 역광장 1－버려진 껌」

노란 것은 공단 병원 폐광촌 같은 공간의 '권태'를 형상화한다. 실뿌리로 견딘 생명은 간신히 연명한다는 것이다. 신음하며 사는 하층 서민의 모습이다. 거미줄을 흔드는 노란 신음은 힘없어 보인다. '푸른'과 '하얀'은 보편적인 상상력이라 할지라도 바다의 노란 가슴은 특이한 연상들이다. 삭막하고 거친 현실의 묘사에서 이러한 정신의 풍경을 보여준다. 특히 서울은 누런 것과 연관된다. 서울의 하늘은 부황이 들어 누렇게 떴다. 신강우 시인의 색채상징은 상식적이지는 않다. 병듦, 싸움, 오염된 도시들은 붉고 노란 것들로 인식되어 갇힘과 권태의 모습들을 보여준다.

7. 나오며

푸른색과 하얀색의 이미지들은 그가 바다와 더불어 살고 있는 시인임을 알게 하지만, 침묵과 고요, 목마름, 작은 하늘과 작은 바다, 칼날 같은 수평선과 햇살, 초침소리 같은 파도소리 등의 묘사는 바다에 대한 막막함 광활함 시원한 푸른 자유…… 등등의 생각과 거리를 두고 있다.

바다와 하늘은 막히고 닫힌 공간이지만 시인은 바다에서 '청학동'을 꿈꾼다. 때문에 사유의 그윽함은 삶의 현장을 피해 들어간 '피정'과 같은 '산'에서 더 강하게 울려난다.

달빛 젖은 깊은 고요 물소리로 흐른다
지느러미 파닥이는 비릿한 풍경소리
돌부처 천길 속 가슴 깊이에 닿는다

—「백담사」 중에서

「백담사」의 전반부는 강의 이미지로 흐른다. 달빛에 젖은 깊은 고요가 물소리처럼 흐르고, 지느러미를 파닥이는 듯한 '비릿한' 풍경소리와 외로운 '빈' 목탁소리는 돌부터의 수면 저 밑 천길 가슴 깊이에 가서 닿는다. 맨살의 나무들이 푸른 법어(「마곡사2」)를 읊는 곳, 하늘 밑에 은어떼가 헤엄을 치고 옷을 벗는 풍경소리가 그윽하다(「향일암2」). 노 어부가 안식을 얻는 곳은 산이다. 위의 시조는 뾰족함도 황달기도 없는 하늘과 바다의 그윽함을 아름답게 보여준다. 이러한 시적 특성은 어쩌면 정직한 것일지 모른다. 우리가 보는 바다와 하늘은 잠간의 모습들임에도 많은 이들은 바다를 안다고 한다. 그러나 항시 바다에 떠있는 시인이 겪은 목마름과 침묵, 허기, 붉은 생존이 그가 산을 갈망하게 하는 한 이유가 되기도 할 것이다. 그럼에도 어쩔 수 없이 바다에서 꿈꾸는 청학동은 정작 바다의 푸른 이미지와 자유의 이미지를 갖는다. 그가 꿈꾸는 것이 바다에서의 청학동인지 청학동에서의 바다인지는 그만이 알 것이다.

(〈시조문학〉, 2007 가을호)

얼음 밑을 흐르는 겨울강처럼

-신길수론[14)]

1939년생, 고희의 시인, 이학박사, 핸드볼 협회와 관련, 수권의 체육학저서, 사진작가협회 회원, 『다락논』이라는 사진집, 수차례의 사진전시회, 대학 때를 제외하고는 전라북도에서 평생을, 시인의 이력을 읽어가다 보니 체육·사진이라는 특이한 경력에 눈길이 갔다. 사진은 그렇다 치더라도 체육과 관련된 시인이구나, 게다가 문학까지도 일정한 수준을 유지한다. 이 같은 이력이 성실하고 꾸준한 성격일 것이라는 생각을 하게 한다. 객관적인 딱딱한 이력 밑에 부드러운 시조가 흐르고 있었다.

다양한 이력과 시력에도 신길수 시인의 시조에는 등장인물이 많지 않다. 가족을 제외하면 몇 되지 않는다. 자연과 자연 같은 수행자들과 시의 화자뿐이다. 그리고 자연은 자연과 인간의 사이에 있다. 완전한 의인화도 아닌, 시인은 자연을 그대로 관찰할 뿐 거기에 많은 의미를 부여하지는 않는다. 자연과 인간 사이에 갈등도 없다. 그래서 자연에 대한 시들은 초기부터 한결 같은 심상을 보인다. 시인은 이러한 특성

14) 전북 익산 출생, 경희대학교 이학박사, 원광대 명예교수, 시조집 『신길수 시조 전집』 등.

을 『시조전집』의 서문에서 '그런 까닭에 어찌 보면 자연 친화의 장을 형성하고 삶이 진행된 그 결과를 모은 것이 아닌가 생각하기도 한다'고 말한다.

1. 여행에서 받아들이는 것들

인간이 여행을 한다는 것은 삶으로 떨어져 나간다는 의미이기도 하지만 무감각해진 일상으로부터 감각을 찾아 나서는 길이기도 하다. 살아있다는 것을 느끼고 공기가 공기라는 것을, 바위가 바위라는 것을 느끼게 하는 것이 여행이다. 신길수 시인은 여행의 시편들을 통해 삶과 죽음을 확인한다.

물 위에 빛살을 걸고 / 섬하나 떠서 놀고
은무리 자잔한데 / 뉘엿뉘엇 적막인데
어부는 사랑을 싣고 / 행복 찾아서 오는구나

—「간월도」

간월도는 무학도사가 홀연히 떠오르는 달을 보고 득도했다는, 많은 불자들이 찾는 섬이다. 물이 빠지면 육지와 연결되고 평상시에는 물이 차있으면 섬이 된다고 한다. 사람들은 물이 빠지면 바다였던 길을 밟고 섬으로 들어가고 물이 들어오기 전에 빠져나오지 않을까 생각해본다. 시인의 시선은 대상과 객관적인 거리에 있고 시적 화자의 위치 역시 파악하기 힘들다는 것을 앞으로도 지속적으로 발견하게 되겠지만 위의 시조 역시 간월도를 육지에서 바라본 것인지 간월도에서 바다를 바라 본 것인지 시적 화자의 위치가 쉽게 파악되지 않는다. '섬하나 떠서 놀고'라는 표현으로 밀물로 바닷길이 없어진 섬을 바라보고 있는 것이 아닐까 생각해본다. 그렇다면 바다의 밖에서 바다와 섬을 바라보고 있다고 해야 할 것이다. 육지 어디선가 바라본 바다 위에 뉘엿뉘엿 해가 지고, 적막의 시간 가운데 어부가 싣고 오는 것은 고기가 아니라 '사랑'이며, 사랑은 행복으로 이어진다. 어부는 집으로 '간다'가 아니라 '온다' 이다. 여기에서의 시점은 시적 화자로 보기보다는 멀리서 돌아오는 어부를 바라보는 아내의 시점으로 바뀐다. 남편이 돌아오기를 바라며 육지에서 기다리는 아내의 마음이 된다.

신길수 시인은 외국 여러 곳을 여행한 듯 외국 여행시도 간간이 보인다. 어느 곳에 가든 시인은 잠잠하게 그 나라의 아픔과 의미들을 적어간다.

> 저 사선의 다리인데 / 누가 / 죽음을 지원했나
> 가난을 쓸어낼까 / 근심에 찬 나머지
> 백야의 긴 다리를 놓아 / 불타의 강을 굽어본다
>
> ―「죽음의 다리」

위의 시조를 읽으면 〈콰이강의 다리〉라는 영화가 생각난다. 태국에 있다는 콰이강의 다리는 2차 세계대전 때 많은 포로들이 강제노동으로 숨져 '죽음의 다리'라고 불리기도 하였다. 태양이 지평선 아래로 내려가지 않는다는 백야와 전쟁의 무의미함을 생각해본다. 죽음을 지원할 수 있을까? 강제동원이란 '지원'과는 거리가 멀다. 그래서 죽음의 다리라는 말에는 '죽음을 무릅쓰고 건너간 다리' '죽음을 무릅쓰고 만든 다리' 혹은 '죽음을 무릅쓰고 폭파했던 다리' 등등의 상황을 상상하게 한다. 확연하게 다가오지는 않지만 여러 가지 것들의 가능성을 생각해보는 것이 신길수 시인의 시를 해석하면서 느낀 즐거움이었다. 시조자체가 자수의 규칙에 매여 많은 것들이 생략되는데 시인마저 쉽게 감정을 드러내지 않기 때문이다. '가난을 쓸어낼까'의 주체도 명확하지 않다. 자연인지 그 나라 사람인지 시인인지. 그래서 '무엇이 가난한 사람들을 쓸어버릴까 보아' 근심에 찬 나머지 시인은 백야의 다리를 놓고 불타의 강을 굽어본다고 해석해 본다.

낙조가 강을 쓴다 / 수평선 짚고 흐른다
산신당 쓸어안고 / 밤을 두고 앓더니만
삭막이 무심한 밤을 / 쓸어대는 바람이여

—「적벽강에서」

부안의 적벽강에서 쓴 시조이다. 지는 해의 빛이 빗자루처럼 강을 '쓴다' 그리고는 땅을 짚고 헤엄치듯이 지팡이로 짚듯이 수평선을 '짚고' 흐른다. 바람은 산신을 모신 사당을 돌아돌아 밤을 두고 앓는 소리를 내고 삭막하게 '무심한' 밤을 쓸어댄다. 빛이 강을 쓸고 바람이 밤을 쓴다. 시인도 바람처럼 '무심'하게 이들을 바라보고 시를 쓴다.

석불 밝히고 서서 / 돌탑을 우러러본다
무더기 진 / 소원의 기류 / 한데 묶어놓는다
회심이 묻혀 떨리면 / 돌탑하나씩 돈다
몰아치는 것 / 정이며 / 사랑의 숨결인데
신이 / 와서 얼린 / 그리움의 조각인데
안으로 쓰다듬으며 / 소원하나쯤 빌고자 한다

—「마이산 돌탑」

전라북도 진안에 마이산이 있다. 사람들이 소원을 빌기 위해 한 개 한 개 쌓았던 것이 우러러 볼 정도로 큰 탑이 되었다. 무더기무더기 쌓인 돌탑, 그것은 자녀를 위한 사랑, 남편이나 아내를 위하는 마음, 자신들의 소망들의 높이이다. 시의 화자는 추상적인 바람들을 하나로 묶어 놓는다. '기류'란 공기의 흐름으로 바람보다 크다. 작은 것들이 큰 힘으로 몰아쳐 올라간다. 거대한 소원의 기류가 정과 사랑의 숨결을 '몰아친다' 자녀와 남편과 아내와 가족을 위한 소원의 힘은 그만큼 크다. 시의 화자는 돌탑을 하나하나 돌며 회심의 마음도 본다. 회심이 묻혀 '떨리면', 진정으로 회심하며 떨리는 법이다. 나쁜데 있다가 착하고 바른 길로 돌아오는 것이 회심이다. 정과 사랑의 숨결은 이 같은 회심 후에 온다. 자신의 죄에 대한 떨림인 것이다. 돌탑은 '사랑의 숨결'이며 신이 와서 '얼린' 그리움의 조각이다. 숨결은 살아있으나 얼리면 숨을 쉴 수 없다. 그리움은 얼어버린다. 그리움을 '안으로' 쓰다듬으며 소원을 하나 더 빈다. 그러면 언 그리움과 겨울 산의 언 돌무더기도 해동될 것이다.

2. 줄에 매달린 삶

시인들마다 삶을 보는 방법이나 시선이 다르다. 이는 시인이 가지고 있는 세계인식, 역사인식, 사회인식의 차이일 것이다. 신길수 시인은 삶을 줄에 매달린 운명으로 본다. 다음 시조에서 '나르고－건지고－낚는다'는 줄과 연관된 심상들이다.

> 던져진 고독의 무게 / 별똥별 나른다
> 생명선 늘어뜨려 운명을 건지고는 / 뜻조차 놓아버린 조락의 뜰 낚는다
>
> ―「번지점프」

줄 하나에 의지하여 뛰어내리는 번지점프에서 인간은 던져진 고독의 무게이다. 고독의 무게를 던져놓고 왔다 갔다 하며 별똥별을 나른다. 생명선을 늘어뜨리면 운명을 건진다. 목숨을 걸어 보아야 알게 되는 것이 운명이다. 인간은 '고독'이며 '생명선'이며 '뜻'이다. 인간은 생

명의 '뜻'을 알아가기 위해 먼 길을 가는 존재이다. 그 길에서 건지는 것은 '별'과 '운명'과 '조락'이다.

별똥별 / 우주를 따른 / 길 잃은 고아인데
혼자 / 가야할 그곳 / 긴 여행길인데
그 사람 하얀 종이에 / 하얀 그림 그린다

—「무제」

위의 시조는 제목이 없다. 하나의 제목으로 규정할 수 없는 수많은 생각과 주제들이 하얀 종이에 그린 하얀 그림처럼 여러 가지이다. 별똥별은 우주를 따르는 길 잃은 고아이다. (별똥별－고아－그 사람) 혹은 별똥별의 우주를 따르는 길 잃은 고아이다. (고아－그 사람) 그곳은 우주일까. 고아는 긴 여행길을 혼자 가야한다. 그 사람(고아인지) 하얀 종이에 하얀 그림을 그리는 별똥별 같은 인간(그 사람)들. 괄호 안의 생각과 괄호 밖의 생각처럼 인생이란 다양한 해석이 가능하고, 알 수 있을 것 같지만 쉽게 풀 수 없는 난해한 수학문제와 같다. 모든 사람이 고아처럼 살지는 않는다. 부모가 없는 이가 고아이다. 의지할 바 없는 고아가 우주를 따르다가 길까지 잃었다. 막막함, 어디로 가야 할지 모르고 빛은 보이지 않고, 우주의 고아는 산 속의 길 잃은 고아보다도 더 막막하지 않을까. 너무나 크고 광대해서 그 끝을 알 수 없는 삶, 고아와 같은 존재들, 하얀 종이에 그린 하얀 그림은 자국도 나지 않기 때문에 다른 이도 볼 수가 없다. 결국은 이해 받을 수 없이 혼자서 해야 하는 혹은 혼자서 가야하는 삶과 같다.

누구에게든 삶은 고달프다.

삶에 시달려서 / 흰머리 되었나
바람이 빗질하여 / 고달픈 삶을 달랜다

흰머리 / 흩날리더니 / 끝내 거두는 삶의 유산

—「억새」

삶에 '시달려' 머리가 하얗게 센 억새, 바람은 어머니가 딸을 쓰다듬듯이 고달픈 삶을 '달랜다'. 달래주는 어머니의 손 길 아래에서는 모든 고통이 무화된다. 삶의 고달픔을 없애면 편안함이 죽음처럼 다가온다. 삶의 유산이란 숨이다. '숨을 거두다'라는 말은 '죽다'라는 의미인데 유산을 거두는 것일까, 삶을 거두는 것일까.

세상이 미웁다던 / 한 시인의 모습을 본다
고개 내밀 길이 없어 / 불가에 입문하고
끝내는 삶의 내력을 / 풀어내는 그 스님
오십이 넘어서야 / 삶을 두고 / 애원하면서
가난과 / 굶주림과 / 손을 맞잡고는
고행의 기나긴 길을 / 걸어가는 / 그 스님

—「수덕사 오르는 길」

세상이 밉기 때문에 고개를 내밀 길이 없던 시인이 출가를 했다. 그는 불가에 입문하고야 그 삶의 내력을 풀어낸다. 미움과 대척점에 있는 것이 애원의 감정이다. 그는 삶을 두고 '애원'한다. 냉철한 마음은 따뜻한 마음으로 변화된다. 가난과 굶주림 때문에 세상을 싫어했다면 오십이 될 때까지 얼마큼의 시간이 흘렀을까. 오십이 넘어서는 가난과 굶주림도 친구가 된다. 고행의 머나먼 길은 삶과 다를 바가 없어진다. 미운 세상에도 가난과 굶주림은 있었고 고행의 길에도 가난과 굶주림이 있다. 다른 것은 '고개'와 '손'이다. '생각'의 집인 고개와 행동의 집인 '손', 삶에 대한 이해는 손이라는 행동으로 나아가야 한다. 생각만으로는 인간과 삶을 이해하기 어렵다. 고개를 내어밀 '길'이 없었지만 이제는 손을 맞잡고 고행의 기나긴 '길'을 걸어간다. 온 길보다 더 멀리 가야할 지도 모른다.

3. 삶의 안에 있는 낙원

인생은 고달프고 고독하고 위태로운 것이지만 다음과 같은 시에서 시인은 광대함과 반대되는 울타리 안에서의 일상적인 삶도 진정한 삶임을 이야기하고 있다.

> 신은 / 인간을 / 세상에서 살게 하고
> 인간은 / 법을 만들어 / 그 속에서 살게 한다
> 법 속에 / 산 사람들이 / 삶을 이룬 사람이다
>
> —「삶」

신은 인간을 만들고 인간은 법을 만든다. 인간은 신이 만든 세상에서 살고 인간은 법을 만들고 또 그 안에서 산다. 마치 뫼비우스의 띠와 같다. 그러나 많은 사람들은 법 안에 살지 않는다. 법은 어기라고 있는 것이라 하듯 법 없이 살아간다. 원래 불법한 것이 인간이다. 그렇기에 법 안에 산다는 것은 자기를 버리는 것이며 남과 더불어 살 줄 아는 것이다. 높은 수준의 삶, 일종의 득도인 셈이다. 자기를 쳐서 복종하는 것은 여간한 노력으로는 되지 않기 때문이다. 시인은 결론을 짓는다. 삶을 이룬 사람들은 법속에 사는 사람들이다.

다음과 같은 시조에서도 낙원은 삶과 더불어 있다. 시조의 화자는 어느 광장에서 새가 오르고 내리는 것을 본다. 두 마리의 새는 같이 올랐다가 같이 내려온다.

> 오를 때까지 올라가자 / 너와 나 한길로 가자

우리의 사랑 다소곳 안고 / 평화의 광장을 가자

태초에 이루어논 낙원 / 거기가 삶이 아닌가

—「새 두 마리」

새 두 마리는 부부처럼 보였나보다. 오를 때까지 멈칫거리지 말고 가는 데까지 가보는 삶, 부부가 한 곳을 바라보며 '한 길'을 간다는 것이 중요하다. 딴 곳을 바라보며 가는 것은 불행이다. 사랑을 '다소곳' 한 여인의 몸집으로 안고 간다. 안는다는 데서 '자녀'를 떠오르게 한다. 너의 사랑도 아니고 나의 사랑도 아니도 '우리'의 사랑은 사랑의 결실인 아이를 떠오르게 한다. 비둘기는 부부가 평생 같이 산다고 한다. 자녀와 부부가 같이 걸어가는 평화의 광장은 낙원이며 삶이다. 한길로 '날자'나 광장을 '날자'가 아니라 한길로 '가자'이다. 두 사람의 마음이 합쳐져 앞을 향해 있지 않으면 갈 수가 없다. 본성을 버려야 하는 것이다. 낙원은 이미 '태초'에 이루어져 있고 거기가 삶이다. 결국 삶이란 가는 데까지 두려워하지 않고 한 마음으로 가는 것이다. 즉 일상의 삶이 바로 태초의 낙원이다.

점화해 놓은 자리 / 불빛인가 / 열광인가 / 황토색 붉은 터전 / 닦아 세운 낙원인데 / 저 멀리 세월을 불러 / 사는 뜻 물으라 했나

—「남쪽인데」 중에서

사는 뜻의 궁금함을 세월에게 물어본 것일까. 세월에게 물으라고 시켰던 것일까. 낙원은 황토색 붉은 터전을 닦아 세워진다. 남도의 황토는 김지하 시인의 시나 문둥이 시인 한하운의 시에서 '고달픈' 먼지 나는 팍팍한 삶이었다. 그러나 신길수 시인은 이도 낙원임을 이야기한다. 살아있다는 자체의 즐거움과 감격을 아는 이가 도달한 지점이다.

4. 썰물이 밀물이며, 일출이 일몰이다

신길수 시인은 시조집『빼앗긴 날의 이야기』'자서'에서 '지구가 공전이나 자전을 하듯 삶은 끝이 없다고 생각해 봅니다'라고 말한다. 그는 공전과 자전으로 윤회를 설명한다. 또는 '윤회의 씨앗 파종하는 인연끈'(「幻世」)과 같은 구절에서는 식물이 끊임없이 자라고 죽는 것으로 윤회를 설명한다. '고이 씻고 보내는 윤회의 참 뜻'(「보내는 정」)을 알기 때문에 조용한 마음으로 누군가를 고이 씻어 보낼 수 있다.

> 솟는 걸까 지는 걸까 / 빨갛게 타는 걸까
> 벅찬 감동으로 열기를 발하더니 / 찬란한 환영의 깃발로 불꽃을 엮네
> 새로운 출발의 윤회 / 벅찬 감동을 두자
> 두고두고 사무치면 / 그 뜻으로 안아보자
> 고단한 삶이 밀려도 / 가즈런히 다스리자
>
> ―「윤회」

해가 솟는 것과 지는 모습은 비슷하다. 바다에서 빨갛게 떠오른 태양은 산 너머로 빨갛게 진다. 산 너머 건너편의 반대편 바다에서는 방금 졌던 해가 떠오른다. 새로운 출발은 반대편에서의 마지막이 있기에 가능한 것이다. 죽음의 끝이 새로운 시작이다. '솟고 - 지고 - 타는' 것의 차이에서 시인은 멈칫거린다. 솟는 것과 타는 것은 같은 계통의 동사는 아니기 때문이다. 솟는 것일까 지는 것일까 생각하던 시인은 갑자기 '타는 걸까'라는 생각을 한다. 솟는 것과 지는 것은 반대의 개념이기에 이해되지만, 시인이 그 다음에 첨가한 솟고 지는 것과 등가로 쓰인 '타는 걸까'는 어떤 의미일까. 해는 '타고 - 열기를 발하고 - 불꽃'과 같다. 솟고 짐에 의미가 없다. 그냥 타고 있는 태양을 바라볼 뿐이다. 그래서 해가 솟아오를 때의 장관에 '사무치면' 감동으로 기억

하고, 새로운 출발의 의미를 안아보는 것이다. '감동을 두자 - 뜻으로 안아보자 - 가즈런히 다스리자'와 같은 '~하자'라고 하는 새해 첫날의 다짐과 같은 어투로 자신에게 다짐하고 있는 듯하다. 결코 흔들리지 말고 정갈하게 삶을 맞이하고 모든 것을 감싸고 안으면 된다. 못 안을 삶이 없다. 모든 삶이란 고단한 것이다. 삶이 밀려들어도 이를 '가즈런히' 정리하듯 받아들이면 된다. 신길수 시인은 감정이 절제되어 기복이 거의 없는 편이다. '가즈런히'와 같은 표현에서도 시인의 조용한 삶이 발견된다.

행복하다고 좋아하지도 않을 것이고 불행하다고 불행하게만 생각할 일도 아니다. 인생은 '고통과 행복'이 '맞잡아 논 길'이기 때문이다.

> 고통부터 시작된 행복의 길이 있다 / 행복부터 시작된 고통의 길도 있다 / 인생길 고통과 행복 / 맞잡아 논 길이다
>
> ―「길」

고통과 행복이 손을 잡고 간다. 시인은 맞잡아 '논' 길이라 한다. '맞잡은'이라는 현재도 아니고 '맞잡을' 미래도 아니고 이미 과거부터 '맞잡아 논' 길이다. 결정되어 있는 과거이다. 만약 현재 맞잡고 있다거나 미래에 맞잡을 거라면 '시작된'이라는 과거형과 맞지 않는다. 고통과 행복이란 거역할 필요 없는 인생의 세옹지마이며 순응이다.

어디선가의 밀물은 어디선가의 썰물이다. 한 곳의 물이 빠져 나가면 반대쪽의 물은 많아진다.

> 지구를 받쳐들고 / 바다를 들춰보고
> 상처로 고을진 흉터 / 침묵 속에 누워있다
> 보일 듯 / 먼 섬과 섬은 / 옛 정을 그린다
>
> ―「썰물」

지구를 밖에서 보면 어떤 곳에서는 지구가 물을 받치고 있기도 하고 반대편에서는 물이 지구를 받쳐 들고 있기도 한다. 시간과 공간의 개념은 '원형'인 지구 앞에서는 소용이 없어진다. 윤회의 의식도 '원'과 같다. 썰물이 되면 보이지 않았던 바다 속의 것들, 물길이 생기고 바위가 드러난다. 썰물이란 바다를 들춰보는 것과 같다. 바닷물이 빠져나가면 울퉁불퉁한 고을진 흙터가 드러난다. 거울 같은 바다의 속에 저 같은 상처가 있을 줄을 누가 알았겠는가. 위에서 신길수 시인의 시는 애쓰지 않고 감정이 절제되어 자연을 무심히 바라보는듯하다고 했다. 인간들의 반듯한 모습 아래는 아픔들이 숨어 있다. 그것은 시인만이 알 뿐 시를 읽는 독자는 알 수가 없다. 시인뿐만이 아닐 것이다. 모든 인간들의 가진 고통이다. 그래서 행복이나 불행에 너무 감정을 드러내지 않아야 할 것이라고 시인은 말하고 있는지도 모른다. 보일 듯 말듯 한 섬과 섬, 바닷물이 빠져 나가면, 섬과 섬이 그리움으로 이어진다. 썰물 때가 되어 서로를 바라보면, 덧입고 있는 것들이 빠져나가면 섬과 섬이 그리움으로 하나가 된다. 각자가 고독한 섬이라는 것을 깨닫고 있는 인간들도 결국은 하나로 이어져 있는 큰 인맥의 일부라는 것을 알게 될 것이다.

5. 빈자리를 메우는 시인의 차곡함

시인은 떠나가 버린 빈자리, 과거, 사람들이 떠나가 버린 고향을 바라보며 이들이 돌아오기를 자연에 비유하여 표현한다. 시적 화자는 시적 대상을 '저리도' '저만큼'과 같은 거리인식으로 바라본다. 떠난 자리에 다가가지는 않고 그곳을 어색해하며 서성거리며 바라본다.

다 떠난 빈자리 / 물 위에 띄우고는
탑처럼 잎을 올려 / 높은 자리 만들고는

행여나 돌아올건가 / 잃은 사랑을 부른다

—「애모」

모두가 떠난 빈자리에 물의 수평과 탑의 수직 구도가 있다. 떠난 사람의 공간은 수평적으로 점점 넓어지는데 사모하는 마음은 하늘을 찌른다. 떠나간 이를 사모하고 사랑하는 마음은 탑처럼 높다. 떠난 사람은 돌아올 생각도 하지 않는데 '행여나'하고 기다린다. 잃은 사랑 잃어버린 사랑, 왜 한 사람이 아니라 '다'라는 표현을 썼을까. 떠난 이의 비중이 그만큼 크고 넓다는 것이다.

슬픔은 / 흰 이처럼 / 저리도 처연한 건가

영혼을 내려칠 / 밤 여울 / 밤피리소리

낯익은 강뚝 사이에서 / 바람은 속절없다

—「회억 2」

위의 시조 역시 감정이 어디에 있는지 애매하다. 시의 화자가 보이지 않는다. 1수의 '저리도'라는 표현으로 밤 여울을 누군가가 바라보고 있을 것이라는 거리가 느껴지고, 마치 지나간 슬픔을 추억하듯이 바라본다. '처연'은 차고 쓸쓸한 느낌이며 시인은 슬픔을 '흰 이'와 같다고 한다. 검은 얼굴에 빛나는 순수한 '이'이다. 그러나 추억에 잠겨 있는 강둑에서 밤 여울 밤 피리 소리는 날카롭게 영혼을 내리친다. 슬픔의 힘은 아프지만 힘도 없이 무너지고 마는 바람은 속절없다. 화자는 '저'곳에 시선을 두고 있지만 과거는 '사이'에서 속절없는 바람과 같다. 그래서 되돌아보는 과거는 '슬픔' '처연' '속절없음'과 같다.

가버린 것 / 어찌 / 사람 뿐 이겠나

믿음도 / 찢고 / 나부끼는 아픔인데

저만큼 / 그림자 하나 / 걸린 자리를 보자

—「향수 2」

가버린 것은 사람만이 아니다. 믿음도 없어졌다. 믿음은 '찢겨진'것이 아니라 '찢은'과 같은 능동적이다. 믿음은 종이조각이나 천과 같이 표현된다. 그래서 찢을 수 있고 또 천 조각처럼 나부낀다. 견고함이 없는 믿음은 고향의 현대적인 풍경일까. 시의 화자는 '그림자가 걸린 자리'를 본다. 그림자도 연이나 옷이나 종이처럼 걸린다. 사람이 없는 거리에 '그림자'라도 걸어본다. 떠난 이들의 그림자, 믿음과 추억의 그림자라도 걸어 놓으면 좀 따뜻해 보이지 않을까.

신길수 시인의 겉모양은 신이 얼려버린 듯 감정이 없어 보인다. 그러나 그 마음속에는 숨결과 애원 같은 따뜻한 감정이 마치 얼음 밑을 흐르는 겨울 강처럼 흐른다. 자연을 바라볼 때, 인간을 바라볼 때, 자신을 바라볼 때, 세계를 바라볼 때 그의 객관적인 시선 밑에는 다음과 같은 남을 배려하고 포용하는 시인의 자세가 드러난다.

그 사람 키 재러 오면 / 무릎을 조금 굽혀주고
분을 바르러 오면 / 거울을 들어 주어라
아픈 뜻 안아 주면서 / 훈훈한 터도 고르면서

—「포용」

앞으로도 신길수 시인의 따뜻한 시조들을 기대하며 이만 글을 맺는다.

(〈시조문학〉, 2008 겨울호)

구멍 난 철모 사이로 피어난 들꽃과 같은

–심응문론[15]

심응문 시인의 시조집 세권을 읽고 나니 새로운 친척이 생긴 듯하다. 거기에는 시인의 과거와 현재와 미래가 있다. 어떤 소년이 있고 어떤 젊음이가 있으며, 그의 아버지는 어떠하고, 어머니가 어떤 분인지, 또 아내는 어떠한지, 어떠한 생각을 하며, 그의 소망이 무엇인지 말이다. 시조의 형식으로 쓰인 한 인간의 자전인 것이다. '서정성과 이야기가 있는 시' 심응문 시인의 시조관이다.

1. 산업 전선의 전사가 들려주는 이야기

약력을 읽어보니 심응문 시인은 주식회사 멜텍의 대표이사 회장이다. 사업가인 것이다. 그럼에도 심응문 시인의 시조에는 사업가에게서 느껴지는 날카로움이나 뒷통수 치기나 능글능글함이 없다. 「수출전선의 첨병이 되어」「멀고 먼 경영의 길」「갑을 계약서」「임금협상」「중소기업」「사양산업」「비정규직」과 같은 시조에서 대한민국 산업 현장의 감각이 드러난다. 시인은 이 가운데서도 시조의 샘물을 길어 올

15) 시조집 『봄봄』(2012) 등.

린다. 사업가로서 개성공단에 다녀와서는 다른 이들은 고향에 다녀오면 마음이 푸근해진다고 하는데, 한국의 60년대와 같은 상황이기 때문에 유년의 풍경을 닮았는데도, 같은 마음이 아니라(「황해북도 개성 유감」)는 북한에 대한 생각을 잠시 끄적거리기도 하고, 사업을 위해 여기 저기 비행기로 다니면서는 비행기도 길이 있고 기상이 불안전하면 흔들리기도 한다는 것, 일등석이라고 다른 것이 아니라는 것, 결국 '사는 건 본래가 비포장, 털털대며 가는 것'(「비포장 길」) 이라며 평탄치 않는 인생을 생각해본다. 이처럼 심응문의 시조는 위태위태한 산업 전선에서 아름답게 피어나는 들꽃과 같다. 마치 구멍 난 철모사이에서 피어나는 들국화처럼 말이다.

생활의 문제를 누구보다도 절실하게 아는 그에게 봄은 '아들의 취업 소식'으로 완성(「봄소식」)될 정도로 현실적이다. 운영자이지만 비정규직 문제에도 관심을 가진다.

> 문둥이 자식으로 태어난 건 아니었다 / 작업복 색깔쯤이 다르다는 것이었다
>
> 상여금 / 지금 받는 날 / 물기 먹는 / 눈동자.
>
> —「비정규직」

비정규직은 '문둥이'도 아닌데 여타의 경영자들로부터 문둥이 취급을 받는다. 화이트칼라와 블루칼라로 나뉘어져 있을 뿐 차별받을 이유가 없다. 열심히 일하지만 상여금을 받지는 못할 것이다. 매달 월급을 주고 자르지 않는 것만도 감지덕지라고 생각하는 사업주들이 대부분이다. 그러나 심응문 시인은 그들의 '물기 먹는 눈동자'를 마음에 새긴다. 고학력자와 기술노동자가 차별받는 이러한 세상이 개선되도록 그는 「민중의 지팡이 꽃이 제일 화려하다」, 「화무는 십일홍」 같은 작품을 통해서 국민을 억압하라고 권력을 준 것이 아니라는 자신의 정

치적 견해를 펼친다. 한국에는 투사가 많다. 모두가 다 민주투사요 조국을 사랑하지만 자기 이외의 다른 이들은 모두 적이며 부패한 관리이며 자신의 이익만을 위해 사는 사람들이다. 문제는 상대방도 다른 상대방을 그렇게 생각한다는 것이다. 여기저기에서 창과 방패처럼 서로 자신이 정의이고 진리라고 외치는 사람들이 있다.

창을 잡았던가요, 아니면 방패이었던가요
생명을 토벌하는 제 나름의 이유 앞에
정의와 정의가 부딪친다. 깊어가는 어질병

—「정의의 모순」

정의는 상대적인 것이 아니다. 또한 자기만이 정의라고 고집해서도 안된다. '생명을 토벌'하는 현장에서 다들 자기 나름의 정의가 있지만 생명은 어떠한 정의로도 토벌할 수 없다. 생명 자체가 정의이기 때문이다. 그러나 여러 가지 정의라는 이름하에 생명이 토벌 당한다. 나의 정의와 그의 정의가 부딪히면 어찌될까. 어느 것으로도 뚫을 수 없는 방패와 어느 것도 뚫지 못하는 것이 없는 창의 싸움이다. 이를 바라보는 나의 정의까지 합세해서 어질병이 깊어만 간다.

다음의 시조는 마치 롱펠로우의 '인생찬가'를 읽는 듯 젊다. 인생에는 어려움이 있지만 꿈을 가지고 있으면 이겨나갈 수 있다고 노래하는데 설명이 필요 없이 쉽다. 비유도 남다르지 않지만 고난이여 오라 결코 무릎 꿇지 않겠다는 젊음의 철학이 명료하게 다가온다.

젊을 적 다짐 하나가 생의 등불이 되고
지치고 힘들 적엔 아련한 희망이 되어
풍랑의 먼 바다에서도 날 있게 한 어머니 별.

주린 배도 참을만하고 모진 매도 아프지 않았다
창살에 별이 갇히고 장마 진 하늘일적에도
나 혼자 다짐 다짐하면서 곧추세운 등허리 뼈

헛 구역질 쓰린 배는 심지 없는 자들의 몫
처진 어깨 들춰 주던 건 오직 나의 신념이었다
구름 밖 햇살을 믿으면 다시 피는 희망의 불

믿음이 보도 위에서 밟히고 뭉개져도
나 다시 일어나 앞으로 나아가련다
꿈꾸던 오벨리스크가 저 산 넘어 있을 것이니.

밥으로만 사는 삶은 나의 몫이 아니었다
비록 지금 초라해도 내 혼은 별이 되고
누구의 또 다른 희망이 되어 다시 태어나리니

—「별의 탄생」

젊을 적에 세운 뜻은 지치고 힘들 때 등불이 되어 주었고, 어머니별이 방향을 잡아주어 이곳까지 왔다. 나 혼자서 이 길을 이겨 냈다고 자만하지 말일이다. 어머니의 기도와 친구의 격려와 사랑하는 이들의 헌신이 나를 지탱했던 것. 꿈이 있다면 배고픔도, 매와 같은 질책이나 손가락질도 아프지 않다. 결코 실망하지 말아할 것이다. 감옥에 갇힌 듯 암울하고, 구질구질하고 질퍽거리는 삶이어도 자신을 곧추세우며 꿈을 향해 나아가야 한다. 꿈이 삶의 무게에 눌려 처진 어깨를 펴게 해준다. 검은 구름 같은 시급한 문제에만 골몰하지 말고 구름 위의 푸른 하늘과 빛을 생각하며 살아야 한다. 어떤 때는 꿈도 나를 배신한다. 나에 대한 믿음이 뭉개져도 '다시' 일어나 가야한다. 내 생존의 문제만을 위해 살지 말아야 하고, 인간으로서의 자존심을 지켜야 한다. 그렇기에 배고픔도 이겨낼 수 있다. 이 단련의 시간이 지나면 새로운 별이 탄생 할 것이다. 이 시조에 심응문 시인의 젊은 날의 행로가 다 보이는 것 같다. 이런 삶을 산 사람은 타인이 고통 중에 있을 때 바라볼 수 있는 빛이 될 수 있을 것이다. 또 이러한 사람은 자신의 삶에 책임을 진다.

미련과 회한 없이 내 몫에 책임지겠다
지금껏 살아온 삶 열정만은 아니였데도
움크려 살지는 않았노라 자랑스리 가겠다

—「다짐」

시인은 지나온 삶에 미련도 회한도 없다. 그만큼 열심히 살아온 것이다. 나의 몫에 책임을 지고 나의 몫을 다해간다. 지금까지 살아온 삶이 열정만은 아니었다 해도 웅크리지 않겠다, 자랑스럽게 가겠다는 기개와 젊음을 보여준다. 그는 쓰러지지 않는 오뚜기 같은 사람이다. 그것이 숙명이다. 이 숙명을 달게 진 이들에 의해 한국의 경제가 여기까지 올 수 있었을 것이다.

자맥질 / 자꾸 해도 / 동동 뜨는 몸일레라
만리를 벗어나도 / 숙명의 사주팔자
보도 위 / 오뚜기 하나 / 웃음으로 설 일이다

—「다짐, 오리를 보다가」

오리는 물에 빠져 죽을 일은 없을 것이다. 빠지고 싶어도 빠질 수 없다. 그것이 숙명이기 때문이다. 차라리 받아들이는 것이 더 낫다. 보도 위 '오뚜기' 역시 넘어질 수 없다. 다시 나침반처럼 일어서야 하는 것이 숙명이기 때문이다. 앞으로 나아가야 하는 사람은 나아가야 한다.

심응문 시인은 산업전선의 앞에 선 투사로서의 모습을 보여주지만 다른 투사와 다른 것은 그가 나를 따르라고 말하지 않고, 뒤에 따라오는 이들의 고통을 알고 그들의 처지를 대변한다는 것이다. 그리고 지치고 고통 속에 있는 이들에게 시조를 한 편 슬쩍 던져주며 나도 그런 길을 걸어왔다, 인생에 그리고 주위의 사람들에게 빚을 지며 살아왔다, 그리고 이제는 그 받은 은혜를 네게 베풀고 싶다고 말한다. 그것은 사랑의 마음이다.

2. 혁명과 사랑은 동전의 양면과 같은 것

산업 현장의 전사로 살아온 시인은 또 사랑의 시인이기도 하다. 「사랑학 개론」이라는 제목으로 수편의 연작시조가 있으며, 시조집을 한 권 집어 들어 아무데나 딱 펴서 가운데를 열었더니 「부부사이」 「사랑은 이같이」 「둘이서 여는 세상」 「사랑이여」 같은 사랑을 소재로 한 시조가 연하여 배열되어 있다. 이외에도 여러 편의 시조들이 사랑을 노래한다.

그에게 사랑은 살아온 삶 만큼이나 정열적이다. 그의 사랑은 '천년을 불태우는 그런 사랑' '남길 것 하나도 없이 스러지는 그런 사랑'(「사랑」)이며, '쉼 없이 뿜어내도 솟구치는 그리움은 / 어디에 관정을 묻고 그렁대고 있는지' 마르지 않는 화수분 같은 것(「화수분」)이며, 사랑하는 마음에도 발이 있는 듯 '하루에도 수백 번을 사랑하는 이에게로 향하는'(「내 마음의 발」) 진한 사랑이다.

이렇게 열정적인 사랑이지만 한 순간에 타올랐다 사라져버리는 불꽃은 아니다. 그에게 사랑은 점차적으로 커가는 것이며 진득하며 인내하는 사랑이다. 사랑은 일순간 번쩍임으로 오지 않는다. 처음에는 단지 하나의 씨앗일 정도로 눈여겨보지 않을 정도로 작은 것이었다.

처음부터 커갈 운명이었지 그 운명을 모를 뿐이다. 하찮은 감정은 어느새 훌쩍 자라 틈을 꽉 채우고, 나를 밟아 아플(「사랑의 진화」) 정도로 무성하게 자란다. 사랑은 점점 진해지고 사랑의 감정이 밀도가 높아져서 그리움이 밀려든다.

어쩌면 그것은 심장이 뛰는 소리
지독한 어둠 속에서도 자라나는 내 그림자
이생을 떠나는 날에도 따라올 것 같습니다

—「그리움」

가슴에 아픔으로 고여 있는 내 그리움
흐르지도 못한 채 제자리만 맴돌고
그대는 보이지 않고 빗소리만 전하네

—「밤비」 중에서

그리움의 감정은 심장이 뛰는 소리처럼 한 순간도 나를 떠나지 않는다. 의식하던 의식하지 않던 나의 중심에 자리 잡고 있다. 향일성의 식물이 아닌데도 지독한 그리움으로 어두운 마음에서도 자라난다. 그것은 세상을 떠날 때까지 계속될 것이리라. 그리움은 가슴에 아픔으로 고여 있고 다른 데로 흘러 가버렸으면 좋겠는데 제 자리만 맴돈다.

시인은 남녀 간의 사랑에만 머물지 않는다. 어머니와 아버지에 대한 사랑의 감정(「아버지의 티셔츠」 「애비야」 「복사꽃」)은 말할 필요도 없다. 아버지는 아들의 사업자금을 대주고 '애비야'라는 말 한마디로 모든 사정을 말하셨고, 어머니는 난꽃과 같은 분이셨으며 병석에서는 아들에게 관장을 맡기는 것을 미안해하시다 돌아가신 분이다.

난향이 짙어짐에 왠일일까 돌아보니

대궁을 불사르는 혼신의 분신상흔
불현듯 부모님 생각으로 눈자위가 맵구나

—「난 꽃이 지네」

가는 것과 오는 것 / 떠난 님은
손짓도 없어라 / 눈짓조차 없어라
북망성 길을 찾아 / 헤어보는 하늘가에
그대는 어느 별되어 / 어디에 계시는가

—「별을 헤며」 중에서

지는 꽃이 향기가 더 강하듯 난 꽃 같은 어머니는 돌아가셨지만 그리움의 향기는 시간이 흐를수록 강해진다. 어머니의 손을 잡을 수도 눈을 맞출 수도 없다. 하늘을 바라보지만 어느 별이 되셨는지 알 수가 없다. 이 그리움은 이생을 떠나는 날까지 같이 갈 것이다.

가족에 대한 사랑도 이 목록에 포함시킨다. 가족은 생각만 해도 형용 못할 기분이 들며, 감동과 애잔한 그리움으로 코끝이 찡하게 울려 온다. 이 세상 어느 화려한 수사로도 표현 못할 정이 가족애이다.

형용 못할 이 기분을 무엇이라 부르리까
말로는 표현 못할 코끝이 찡한 낱말
벅차서 부르는 이름, 사랑이여, 내 가족이여

—「사랑이여」 중에서

심응문 시인은 특히 부인에 대한 애정을 여러 부분에서 표현한다. 가정을 이룬지 스물 세 해를 넘겼는데도 아직도 '사랑해 가슴 펄펄 끓어서 지금 뱉고 싶은 말'이라고 고백하는 그이다. 한국의 많은 아버지들과 남편들이 감정을 드러내는 것을 쑥스러워 한다는 것을 생각하면,

심응문 시인의 부인은 아마 시로 그의 마음을 보게 될지도 모르겠다. 시로 쓰는 연애편지가 될까.

이처럼 사랑에 대한 많은 이야기를 하다 보니 사랑에 대한 철학을 명확하게 가지고 마치 주례사를 하듯이 사랑에 대한 이야기를 한다. 사랑은 깨지기 쉬우니 자신의 몸과 같이 살펴야(「사랑은 이같이」)하고, 들판에 번져가는 들꽃의 향기처럼 서로 은은하게 감싸주는 사랑(「들꽃의 향기처럼)이어야 하며, 중요한 것은 두 손을 놓지 않고 서로를 바라보지만 한 편이 다른 한 편에 구속되거나 구속하는 사랑이 아니라 '빛나는 너의 대지를 마음껏' 달려가야(「둘이서 여는 세상」)한다고 말한다.

사랑이 많은 만큼 이별도 같은 비중으로 다루어진다. 그에게 사랑이란 삶의 전부와 같은 빛이었다. 이 세상은 빛이 없으면 살 수 없다. 그 빛을 잃은 것이 사랑의 상실(「실연」)이다. 이별 후 사랑의 나무가 베어지고 나서는 그리움이 새롭게 싹을 틔워 무섭게 성장하는, 아픔이 싹을 틔워 상사로 크는 나무(「이별 후에」)가 된다. 여기에서 상사란 想思가 아니라 常思이다. 항상 생각하고 있어 사랑 하나로 온종일을 보내고 생각이 많다보니 섬 같은 벙어리가(「사랑이 도지네」)된다. 이별은 거문고의 대현이 끊어지는 것과 같이 엄청난 사건이다.

> 긴장한 대현이 '쩽'하고 끊어 지더니
> '쩍'하고 갈라서는 그대 그리고 나
> 마음 밭 깊은 곳에서 금하나를 긋는 소리.
>
> —「이별의 전조음」

거문고의 현 중에서 제일 굵은 대현은 아마 쉽사리 끊어지지 않을 것이다. 그러나 그 줄이 끊어졌다는 것은 이별이 그처럼 갑작스럽고 예측하지 못한 사태임을 상징한다. 그래서 심응문 시인의 이별은 사랑과 같은 감정이다. 사랑도 그리움으로 이별도 그리움으로 커나간다.

그는 가족 외에도 사랑을 필요로 하는 다른 이들의 마음에 닿아 있기를 바란다. 그리고 그들의 무너진 가슴들이 회복되기를 기도한다. 심응문 시인은 남에게 기쁨을 주는 사람이 되기를 원한다.

정성껏 비웠으니 구걸은 아닙니다
나로 인해 행복해 지는 당신이면 족합니다
내민 손 잔잔한 눈빛 한순간이 환합니다

길을 걷다 화들짝 발걸음을 옮겼습니다
보도 위 지렁이가 밟힐 뻔 했습니다
억세게 기분이 좋아지는 비 내리는 오훕니다

—「기분 좋은 어느 오후」

구제하면서도 상대가 비굴함을 느끼지 않게 할 것, 한 그릇의 대접으로 인해 구걸이라고 생각하지 않게 한다. 시인은 단지 나로 인해 행복해지는 당신이면 족하다고 한다. 그러면 상대는 얼굴이 환해진다. 한 인간의 얼굴을 환하게 하는 때는 언제일까. 대학에 합격했을 때, 사랑의 고백을 받았을 때, 예기치 않은 행운이 왔을 때, 이 같은 것 외에 따뜻한 말 한마디가 상대를 빛나게 한다. 이렇게 남을 위한 배려는 보도 위에 꿈틀거리는 지렁이도 밟지 않고자 하는 작은 마음이다. 비가 내리는 것은 우울이 아니라 기분 좋은 감각이 된다. 남을 위한 구제는 결국 나를 위한 것이 된다.

말갛게 우린 국물 혀끝까지 시원하고
입 안 가득 감칠맛에 끼니마다 생각나는

사시절 끝내주는 국물 그런 사람 닮고 싶다

—「냉면 육수」 중에서

상식(common sense)이라는 말은 입맛과 연관 된다고 한다. 상식이 있는 사람은 짠맛을 짠맛으로 알고 단맛을 단맛으로 아는 사람이다. 자신을 국물과 같은 사람이 되기를 바라는 이를 상식적인 사람이라고 볼 수 있을까. 요리사가 아니라 음식이 되기를 원하는 사람은 헌신적인 사람이다. 자신이 죽어 먹혀짐으로 남을 기분 좋게 하는, 더운 여름날 생수 같은 사람, 슬플 때도 기쁠 때도 있어도 생각나는 사람, 어머니 같고 아버지 같고 친구 같은 사람, 그러한 사람을 요즈음 말로 '멘토'라고 한다.

하루는 나를 위해 하루는 남을 위해 / 구석져 그늘진 곳 더듬어 닦다 보면 / 보이네, 많은 사람들 속 / 환한 얼굴 그 사람

—「하루닦기」

이러한 사람이 될 수 있는 것은 하루는 나를 위해 하루는 남을 위해 구석지고 그늘 진 곳을 닦기 때문이다. 구석지고 그늘진 곳은 손이 닿지 않는 곳, 법의 손이, 경제의 손이, 사랑의 손이 쉽게 닿을 수 없는 소외된 곳이다. 심응문 시인은 이러한 곳에 처한 이웃들에 시선을 두고 그들의 눈물을 닦아주고, 그들을 바라보지 못하게 하는 사회의 탁한 유리창을 닦는다. 그러면 그로 인해 사람들은 밝아진다. 이 얼굴이 보람을 준다. 이러한 삶을 추구하고 있기 때문에 병원을 오고가면서 아픈 이들에게도 관심을 보인다. 「소아암 병동에서」와 같이 희망이 없는 곳에, 가래소리와 잔기침이 하루 종일 그렁거리며 진종일 불이 켜져 있는 병상에 관심을 가진다. 그들의 머리 위에 놓인 '펼치지 못하는 날개 / 유리병 속 천 마리 학'(「호스피스 병동에서」)을 보고 육

체적 정신적으로 날지 못하는 그들의 처지를 안타까워하는 사람, 그래서 오이의 어린 순이 줄을 잡지 못해 허공에서 방황하는 것을 보고도 발길을 떼지 못한다.

오잇대 얽은 줄을 꼭꼭 쥔 어린 손이
오늘은 손을 놓고 허공에서 매암돈다
한 줄을 곁에 묶어주고도 자릴 뜨지 못했네

—「오이손」

지켜보고 서서 언제쯤 줄을 잡을 것인지 기다리며 스스로 일어서기를 말없이 지켜보고 있는 시인, 나이가 들면 입은 닫고 지갑은 열라는 말이 있다. 말을 많이 하지 말라는 것이다. 노욕은 자신의 정의가 확립되어 다른 이들의 말은 듣지 않기 때문이다. 그러나 심응문 시인은 설교하는 대신 왜 그러냐고 묻는다.

고향이 그립다면 / 다녀가면 그만인데
무엇을 보았더냐 / 무슨 말 들었더냐
남대천 단풍의 골에 / 붉게 타는 넋이여.
그렇게 그리우면 / 와서 살면 그만인데
구만리 물길 속에 / 무슨 일이 있었더냐
해거름 태백의 골도 / 붉은 눈물 흘리네

—「연어」

그는 남대천을 거슬러 올라가는 연어 떼를 보며 태백의 골이 흘리는 '붉은 눈물'이라고 생각한다. 고향이 그리우면 다녀가면 그만이고 그렇게 그리우면 와서 살면 그만인데, 왜 저렇게 기를 쓰고 올라와서는 죽고, 다시 내려가고, 다시 와서 죽고 하는 아픔의 과정을 순환하는 것일까. 시인은 그들의 입장에서 생각해본다. 뭘 그렇게 어렵게 생각하느냐라고 쉽게 말 할 수도 있지만 연어를 보며 강요하지 않는다. 무슨 사연이 있었을까. 고민하고 안쓰러워한다. 아마도 이유가 있겠지. 필시 무슨 말을 듣고, 무엇을 보고, 구만리 물 길 속에서 무슨 일이 있었겠지. 그러니까 저렇게도 힘든 과정을 이겨내며 와서는 꽃잎처럼 아쉽게 가버리는 것이겠지 라고.

3. 신선과 같은 삶을 그리며

화려한 수사를 구사하지 않고 유려한 비유와 상징이 없어도 오래토록 음미되는 시가 있다. 심응문 시인의 시조가 그렇다. 문장 뒤에 혹은 행간에 숨어 있는 의도를 알려고 애쓰지 않아도 좋고, 어려운 구절에 밑줄을 그어가며 이해하려 들지 않아도 된다. 쉬운 시라고 쉽게 써지는 것은 아니다. 쉽게 쓰기가 더 어렵다. 심응문 시인의 시조는 선의 세계와 같은 추상적인 담론이 많지 않다. 지상의 세계에 관심이 많다.

그가 본 이 세상은 슬픔 뿐 이다. 슬픔은 퇴적되어 무겁게 이어가고 즐거움은 가벼워져 붙잡기조차 아득하다.(「근황 1」) 그래서 세상은 모든 것이 고통이다. 눈을 뜨면 모든 것이 보인다는 것이 고통이고 들리는 것이 멍에임을 아는데 귀 막지 못하는 것이 고통(「고통」)이다. 보이는 것도 고통이고 들리는 것도 멍에다. 미래라고 다를 바 없어 보인다.

> 침묵의 해저에서 언어는 도태되고
> 조그만 화면 속에 모여지는 두 눈이다
> 아이폰 유전자가 낳은 우리들의 미래상
>
> —「넙치의 도시점령」

스마트폰이나 핸드폰을 두들겨대며 여기저기와 소통을 시도하고 있다. 그러나 침묵이다. 대화가 아니다. 언어는 도태되고 만다. 화면만을 바라보고 있는 눈이 한 곳으로만 모아지고 육체와 정신은 넙치처럼 변해간다. 괴물이나 외계인 같은 미래인의 초상이다. 그래서 과학이 발달되어 모든 것이 편안을 추구하는 시대에 그는 '길길이 / 벗어나고픈 / 원시의 내 자유여'(「유비쿼터스」)라며 과학으로부터 '길길이' 뛰며 벗어나 저항하듯 자유하고 싶어 한다. 심응문 시인은 시조의 배열에서도 굳이 자수에 맞추거나 맞추지 않거나 개념치 않고, 시조의 형식에 매이지 않는 경우도 많다. 그에게 있어 자유란

들판 위 피어나는 아지랑이와도 같고
다가서면 멀어지고 손으로 잡히지도 않는
앞 산을 흔들어 놓던 소쩍 울음 같은 것

—「내게 자유란」

아지랑이 소쩍 울음과 같이 잡히지 않는 것, 시원으로 돌아가는 것이다. 그에게 시원이란 도시화 되기 이전의 세계, 유년의 세계, 달을 보면서 보물섬을 생각하고, 추억들이 있고, 풀벌레 울음소리가 있고, 전기가 없지만 온가족의 웃음과 사랑이 보름달만큼이나 세상을 환히 비추던 세계이다.

베란다 창 너머로 보름달이 떠오르고 / 대보름 식탁 위에 계란찜이 소복한데 / 어릴 적 옛 추억들이 노를 저어 달로 간다.

어느 때부터인가 저 달은 나만의 섬 / 어여쁜 기억만을 가득 채운 보물섬 / 가끔씩 배 저어가는 나만 아는 섬 하나지.

나지막한 산허리에 어스름이 짙어지면 / 전기 없던 그 동네에 밝은 달이 둥실 떠서 / 여름 밤 풀벌레 소리 한 올 두올 풀게 했다.

그 때도 벌레소리 요란한 늦저녁에 / 모기장 들추면서 버선발이 사쁜 들

면 / 고향집 동그란 밥상은 어느 사이 종지 꽃밭.

호롱불 둘러앉은 귀 떨어진 뚝배기들 / 분명히 그 어딘가 계란찜이 있을 텐데 / 내미는 할머니의 손끝은 샛별보다 따스했네.

애고야! 된장이네 수저 끝이 떨릴즈음 / 동갑내기 삼촌 입은 쪽배 되어 흔들리고 / 상현달 할머니의 미소에 그 빛 또한 고왔어라.

등잔심지 높혀지면 반찬들은 숨바꼭질 / 종재기 그릇마다 매양인가 가름할 때 / 웃음꽃 저녁 밥상 위에 둥둥 뜨던 보름달.

어쩌면 할머니는 나의 섬을 비추는 달 / 보물섬 밝혀주는 곱디 고운 눈빛이었네. / 식탁 위 계란 찜 종지가 부풀대로 부풀었다.

—「밥상 위에 뜨는 달」

계란 찜 하나로 이렇게 오래된 생각과 오랜 시간과 긴 시조가 쓰일 수 있다. 이러한 자유를 그리는 심응문 시인은 많은 일들로 분주하지만 '그곳'을 꿈꾼다.

달나라 계수나무 그 곁에 초당 짓고 / 여의주 꼭 닮은 지구별 살펴가며 / 서책을 읽는 재미로 하루 낮을 보내고

밤이면 옷 껴입고 호롱불로 책을 읽다 / 허허롭다 생각들면 지난 삶도 굽어보고 / 새롭게 채근담 엮어 후일 전해주려네.

태백과 이웃하고 두보와도 서신하며 / 시 한 수 술 대작에 홀로 잔에 별도 띄워 / 허허허 웃음소리로 나 예 있다 전하려오

이곳에 이사 옴에 전해준 국화차로 / 찻잔에 꽃을 피워 독대하고 마시려니 / 그 향기 더욱 그윽해 그대 생각 나오이다

—「신세한도」

심응문 시인은 새로운 세한도를 그려본다. 달나라 계수나무 옆에 '초당'을 짓고 책을 읽는 재미로 하루 낮을 보내고, 밤에도 책을 읽고

지난 삶을 굽어보며 채근담을 엮고, 이태백이나 두보와 편지를 주고받으며 시 한수 술 대작에 '홀로' 잔에다 별도 띄우고, 이사 온다고 누가 전해준 국화차를 '독대' 하면서 그 향기에 그대를 생각하는 삶이다. 많은 사람들을 상대하는 직업이라 인간에게 지쳤을까 마는 그는 홀로임을 즐긴다. 이를 신선과 같은 삶이라고 부를 수 있겠다. 꿈을 꾸면 그대로 이루어진다고 하니 심응문 시인의 말년이 기대된다. 그리고 시인은 신선과 같이 그렇게 살다가 죽기를 바란다.

> 바람 위 사뿐 올라 / 소매 팔랑 휘저으며
> 어디로 가는 걸까 / 가볍게도 가는구나
> 내 명줄 / 놓는 그 날도 / 저리 가면 좋으리
>
> —「꽃비」

꽃비처럼 가진 것, 세상의 것을 가볍게 날려 버리고 바람 위에 사뿐 올라 소매 자락을 팔랑 휘저으며 목적도 없이 바람이 가는 데로 맡긴다. 그리 간다면 얼마나 꿈과 같을 것인가.

4. 문둥이 같은 시조 시인으로서

많은 시인들이 그렇지만 시를 쓰는 과정의 힘듦과 시의 정의들을 시조로 표현하는데 심응문 시인도 그렇다. 먼저 그에게는 시가 상처이다.

> 하얀 종이 위에 남긴 건 이빨자국
> 돌이켜 생각하니 내가 나를 먹은 흔적
> 탄화된 핏덩이들이 시집 속에 남았다
>
> —「치흔」

이빨 자국처럼 탄화된 핏덩이와 같은 것이 시조라면, 시는 만만치 않은 것이다. 어느 시인에게 시가 쉽겠는가. 어떤 때는 자신의 시가 '무거워져 심해에 닿으려'(「도망자」)하는 것을 느낄 때도 있다. 시가 무섭기도 하고 무거워진다. 가볍게 쓸 수 없다. 자신도 무겁고 시도 무겁다. 그런데 어느 순간 또 시는 아주 쉽게 다가온다.

> 차 안에 들어서니 아늑한 갈 볕이라
> 혼자서 뜬금 없이 달려본 외곽도로
> 눈 호강 두어 시간에 시집 한 권 엮었네
>
> —「가을을 엮다」

시는 이러한 촌철의 시간에서도 피어난다. 어딘가 목적지가 있어서 차를 탔을 테지만 차안에 들어서니 가을볕이 너무나 아늑하다. 시인의 아내는 시인의 시작업을 탐탐치 않게 생각한다. '생활의 전선에서 이탈되지나 않을까 전전긍긍하는 눈치'(『사랑을 드십시오』 시인의 말)이다. 아내의 고민은 남편을 잘 알기 때문일 것이다. 아내의 예상대로 시인은 혼자서 뜬금없이 외곽도로를 달려 눈 호강 두어 시간에 시집을 한권 엮는다. 가을이 시를 부르고 시인이 되게 한다. 다음 시조를 보면 시인의 아내는 더 불안해 할 것이다. 그는 시조 짓기에서 가장 어렵다고 하는 시조의 종장을 어떻게 해야 할까 마냥 그것을 붙잡고 있다가 일상해서 해야 할 일들을 까마득하게 잊고 있기 때문이다.

> 시조시인이 되고 나서 / 치맷기가 오는갑다
> 종장을 어찌할까 / 매냥 그것을 붙잡고서
> 일상에 해야할 일들 / 까마득히 잊은 채
> 시조는 마약인지 / 나도 몰래 손이 가는
> 자폐증 인도하는 / 형체없는 손사래여

당분간 깊어진 병력 / 추슬러야 될 성즉

—「자가 진단서」

'치매'와 '마약' '자폐증' '병력'과 같은 병과 연관된 이미지들로 시쓰기가 하나의 병임을 암시한다. 시쓰기를 문둥이처럼 천형이라고 말하는 사람도 있으니 그들이 자신의 시쓰기를 병으로 여기고 있는 것은 확실해 보인다. 이러한 시인은 자신이 시를 쓴답시고 촐랑대는 것은 아닌가, 개처럼 이곳저곳을 쑤시고 다니는 것이 아닌가 하면서 자신을 가만히 투시해 본다.

가만히 들여다 보니 / 개된 시인 나일세.

의미는 무슨 의미 / 괜스레 촐랑대고

주파수 높여가며 / 옛 사연을 감청한다

제 버릇 / 개 못준다는 말 / 다시 한 번 깨닫네

—「버릇」 중에서

자신을 가만히 들여다보니 '개 된 시인인 나'가 보인다. 개가 먹을 것을 찾아 뒷골목을 헤매듯이 의미를 찾아 헤매고, 개가 후각을 동원하여 음식을 찾아내듯이 주파수를 높여 옛 사연을 감청한다. 옛 사연뿐 아니라 주변의 사연, 사물이 품은 뜻 등에 전극을 대고 불러온다. 시인은 시를 버릴 수 없다. 온 갖 데서 시의 영감을 불러내고 찾아내고 맛보고 듣고 냄새 맡는다. 이러한 표현이 맞을지는 모르겠지만 마치 뒷골목의 개처럼 말이다.

생활의 현장에서 고용인을 데리고 그들에게 월급을 주는 대표로서의 고민은 더 클 것이다.

배고픈 사람만이 시를 써야 되는 것 아냐?

잔 속의 막걸 리가 미친 듯이 출렁인다
한참을 내려보다가 돌아서온 술자리

가난을 겪지 않고서 어떻게 가난을 알아?
가식으로 쓰는 시가 생명이 있기나 해?
돌아와 이불을 덮으니 온 구석이 근지럽다

—「괴물」

시는 왜 배고픈데서 나와야 하는가. 우리의 많은 시인이 그렇게 살다가 죽었다. 배고파서 죽고, 괴로워서 술 먹다가 다시 괴로워서 죽고, 절망하다가 아파하며 죽어갔다. 생활과 시는 병립할 수 없었다. 배가 고파 죽어도 생활을 위해서 자신의 영혼과 재능을 팔지는 않겠다고 맹세한 사람들처럼 살았다. 그러나 지금은 그렇지 않은 시대이다. 대부분의 시인들이 자신의 생업을 가지고 있다. 의사, 교수, 엔지니어, 회사원들이 삶의 현장에서 시를 쓴다. 그럼에도 강박관념 같은 생각이 이들을 사로잡고 있다. 위 시조에서 '배고픈 사람만이 시를 써야 하는 것 아냐?'라고 강하게 주장하는 것은 시인일까. 시인의 앞에 마주하고 있는 다른 이일까. 그는 가난에 대해 이야기 할 수 없다. 한참을 출렁이는 막걸리나 내려 보다가 돌아서온다. 그리고는 '가난을 겪지 않고 어떻게 가난을 아는가? 그건 가식이 아닌가'라고 이명처럼 울리는 소리에 이불을 덮는다. 심응문 시인의 시조가 배고픔과 가난함에 대해서는 이야기 하고 있지 않기 때문에 굳이 가난을 노래하는 것이 가식이라고 쏘아 붙일 필요는 없다. 더 나아가 보면 여기에서 배고픔이란 육체적인 허기만을 이르는 것은 아닐 것이다. 그럼에도 자기검열에 시인은 주눅이 든다. 누가 뭐라 한 것도 아닌데 말이다.

그가 원하는 시는 마치 사진처럼 구도가 잘 맞는 시이다. 나무가 너무 크거나, 인물이 너무 작거나, 너무 산만하거나, 너무 단조롭지 않은 것이 구도가 잘 맞는 시일 것이다.

> 구도가 잘 맞은 사진 한 장 찍고 싶다
> 누구나 좋다하는 서정적 작품 하나
> 그 속에 이야기가 있어 그리움과 희망 있는
>
> —「사진과 詩作」

심응문 시인은 여기에서 좋은 시란 누구에게도 좋다는 평가를 받는 '서정성'을 가지고 있어야 한다고 말한다. 서정성, 그것은 '서사성'에 대립되는 시문학의 특성으로서 인간의 정서를 풀어내야 하는 시의 기본 요소이다. 더불어 '서사성'이라고도 할 수 있는 이야기를 가지고 있어야 한다. 아무 사연 없는 사진이기 보다는 그리움과 희망이 있는 이야기를 품고 있어야 한다. 서정적이면서 서사적일 것, 이것은 모든 시인의 고민일 것이지만, 삶의 현장과 내면의 삶을 적절하게 조화시켜 온 심응문 시인은 가능할 것이라 믿으며 이만 글을 마치고자 한다.

인생파 시학

―원용문론[16)]

1. 가난한 수도승

원용문 시조의 중심에는 '인간'이 자리하고 있다. 자연도 인간을 중심으로 하고 있으며 세상을 향한 풍자도 인간을 바탕으로 하고 있고 기행시조에도 시인의 인간적인 시선이 담겨있으며 행사를 축하하는 많은 축시와 지인들에게 바쳐진 많은 헌사에서도 그의 인덕의 깊이를 엿볼 수 있다.

그래서 원용문 시인은 사물을 보는 시선이 인생파적이다. 자연에도 시인의 의식이 그대로 투영되어 시인의 삶의 애환과 고독이 서려있다. 자연을 관조하여 사상을 여과하기 때문에 자연의 내면은 서글프기도 하고 세상을 향하여는 교훈적이기도 하다. 이는 사물과의 교감이 없으면 불가능한 이미지의 추출이다. 결국 그는 자연의 의지가 없는 율동을 의지의 율동으로 바꾸기 때문에 그의 시세계에서는 자연이 역동적으로 변모된다. '천공이 심술나서 / 불질러 놓았는가 // 큰 붓 들고

16) 한국교원대학교 제2대학 학장, 제13회 경기문학상(1997), 황산시조문학상(1990), 월간문학 신인상(1975) 『아버지의 땅』(2009), 『흐르는 강물처럼』(2008), 『시간의 징검자리』(2006), 『거울보는 연습』(2002) 등.

밤을 새워 / 그려낸 동양화인가 // 설악은 산이 아니라 / 불바다를 이루었네'(「설악단풍」), 그에게는 산도 불바다이다. 또한 바다는 '목표물 / 발견하고서 / 달려드는 성난 사자'(「파도 앞에서」)가 되기도 한다. 그는 한강을 보고도 '잘린 허리 이어주는 / 구실 또한 그대의 몫'(「다시 한강에서」), 갈라진 한반도를 이어주는 것이 바로 '한강'의 몫이라고 생각한다. 관조의 대상으로서의 강이 아니라 강에 '역할'을 부여하는 것이다. 그는 특히 '강'에 역사와 현실의 문제를 대비시킨다.

> 양수리는 합치는 곳 / 자연스레 만나는 곳 // 만나서 통일되고 / 통일되고 춤추는 곳-「양수리」 중에서

> 누가 이 강물을 한탄강이라 이름 했나 // 30년 분단된 한을 / 홀로 지고 살았던가-「한탄강에서」 중에서

> 이대로 아픈 허리를 / 아니, 아픈 가슴을-「임진강」 중에서

강은 반도의 아픈 역사를 이어주며, 증인이 되며 그 아픔을 품고 흐른다. 강은 시인이 자연에 부여한 '인간적' 모습이다. 그러나 인간화된 자연은 평범한 인간이 아닌 사유하는 성스러운 대상이 된다.

> 뿌리 깊이 간직한 / 그리움을 펴올린다-「소나무」 중에서
>
> 동구 앞 늙은 나무는 어린애도 업어준다-「달 4」 중에서
>
> 바람을 불러 들여 / 거문고 타게 하고 // 계곡물 흘려보내 / 맑은 심성 토해낸다-「청산」 중에서
>
> 하늘 닮은 법 배워 / 두 손 뻗은 겨울 나무 …… 버리고 비우는 도를 / 갈고 닦는 수도승들-「겨울 숲」 중에서
>
> 가난을 신앙으로 / 갈구하는 겨울 나무-「겨울 날에」 중에서

> 몸 닦고 마음 닦고 밤을 새워 기도하다 / 인간 세계 그리워서 찾아오신 성자신가 / 인간의 온갖 잡것들 세례하여 주소서—「눈오는 날에」 중에서
>
> 때로는 시 쓰는 나무 가난하게 살아간다—「초목」 중에서

'소나무'는 그리움을 펴 올리고, 어린애를 업어주고, '청산'은 바람에게 거문고를 타게 하고 계곡물에 맑은 심성을 토해낸다. '겨울나무'는 가난을 신앙으로 갈구하는 수도승이며, 겨울에 내리는 '눈'은 세상을 세례하는 성자이고, 시 쓰는 '나무'는 가난하게 살아간다. 결국 자연은 원용문 시인의 인간적인 시선을 받은 시인 자신이 된다. 그는 '내 가난은 연민의 정 / 눈물로나 살지우고'(「여름의 노래」)라고 소유하지 않음을 본디 모습으로 여긴다. 그래서 그는 삶을 '함량 미달'로 느끼고 자신은 '설익은' 과일만 딴다고 생각한다.

> 내 몸무게는 함량 미달 / 살은 통통 쪄도 미달—「몸무게」 중에서
>
> 나는 일년 삼백육십오일 / 설익은 과일만 딴다—「과일」 중에서

그렇기 때문에 시인은 자신을 어릿광대, 시인, 교육자, 어두운 방 촛불 하나 밝힐 힘도 없는 청맹과니로 표현한다.

> 세월은 뒤에서 밀고 고뇌는 굴레를 씌워 / 이 눈치 저 눈치 속에 깊게 갈은 이마의 고랑 / 욕된 삶 그도 모르고 깃발 날리던 어릿광대. // 시를 씁네 남을 속여 문자 희롱 죄목 되고 / 어린 양들 갇힌 우리에 위선의 나팔 불고 / 앵무새 그나마도 못된 서러워진 노랫가락. // 가진 자 못 가진 자를 구분 못한 청맹과니 / 어둔 방 촛불 하나 밝힐 만한 힘도 없는가 / 허명만 낚시질하러 나룻배를 띄운 사공. // 가다듬지 못한 마음 오뉴월 서릿발 되고 / 목덜미 잡은 이에게 비굴한 웃음 짓는데 / 옳은 것 옳다 못하는 아픔 새긴 이력서여.

—「자화상」

靑盲과니는 보기에는 눈이 멀쩡하나 못 보는 눈이나 그런 사람을 말한다. 허명만 낚시질하는 사공, 마음도 다스리지 못하고, 목덜미를 잡은 이에게 비굴한 웃음을 짓는, 옳은 것을 옳다고 하지 못하는 사람으로 자신을 그린다. 어디 시인뿐 만이겠는가. 위의 시조를 읽어가다 보면 목구멍에 울컥하고 잡히는 이름이 있다. 평생을 가족을 위해 자신의 꿈을 접고 자신의 의지와 반대되는 길을 걸어가야만 했던 수많은 가장들의 얼굴이다. 그럼에도 시인은 다음 시조에서 울타리 안에서 스스로 만든 자로 재고 무딘 재주로 만든 담장의 둘레이지만 시인은 이것도 복이라고 안위하며 머리 맞대고 살자는 따스한 낙관의 세계를 희망한다.

> 내 스스로 만든 자로 재고 마름질 해 / 무딘 재주 갈고 닦아 담장치고 얻은 둘레 / 이나마 복이다 하고 머리맞대 살자꾸나. // 몇 걸만 헛디뎌도 석벽으로 몸이 틀려 / 지구가 둥글다는 진리조차 눈 어둡던 / 옛님의 말씀을 받아 씨앗으로 삼자꾸나. // 바라보면 촉도(蜀道) 런가 벗할 만한 노랜 없고 / 따스한 볕뉘라도 쬐어볼까 하다가는 / 한 조각 푸른 하늘에 연이나마 날려본다.

—「울 안에서」

시인은 몇 걸음만 헛디뎌도 석벽으로 몸이 틀리고, 과학적인 진리에는 눈멀어도 성현의 말씀을 받아 씨앗으로 삼고자 한다. '촉도'는 하나의 아름다운 비단 띠 마냥 진령(秦嶺), 파산(巴山), 민산(岷山)을 연결시켜 풍경이 수려한 검문촉도로서, 풍경명승구를 형성하는 지세가 험준하고 명승고적이 많으며 자연풍경과 인문 역사 유적이 결합된 명승지이다. 당나라 시인 이백은 '촉도 가기 하늘 오르기보다 힘드네'라는 시구를 남기기도 하였다. 시인은 울 안에서 '촉도'라고 안위하며 따스한 별뉘라도 쬐어볼까 생각한다. 울 안에서 보이는 하늘은 한 조각이지만 이것도 복이다.

그래서 묵직한 '돌'은 원용문 시인의 다른 이름이 된다.

> 비바람 온갖 풍상 / 세끼 밥 먹듯 했고 // 어디서 굴러왔는지 / 뿌리조차 모르면서 // 모질고 구차한 목숨 / 보도 위에 박혀있다. // 오는 이 가는 사람 / 심심하면 걷어차고 // 육중한 차바퀴는 / 천둥 번개 치게 하고 // 가슴에 치솟는 불은 / 무언으로 끄며 산다. // 전생의 화려한 삶 / 까맣게 잊어버려 // 뛰지도 날지도 못하는 / 신세 한탄해 가면서 // 지켜온 양심 하나로 / 삶의 보람 느껴본다.
>
> —「돌의 고백」

> 타고난 천성이 착해 / 이래도 그만 저래도 그만 …(중략)… 속에서 치미는 울화 / 삭이고 썩혀 가면서 // 겉으로 드러내지 않는 / 비법 또한 익혀 두었다
>
> —「바위노래」 중에서

돌은 비바람과 온갖 풍상을 견디어 내고 뿌리조차 모르는 모질고 구차한 목숨, 오고 가는 이에게 걷어 채이고 차에도 채이지만 무언으로 견딘다. 돌을 보며 전생의 화려한 삶도 잊고 뛰지도 날지도 못한 신세를 한탄하지만 이는 지켜온 양심 하나로 삶의 보람을 느끼는 시인의 '속 모습'이다. 그는 '얼마를 더 살아야 / 당신 같은 돌이 되나'(「자갈 밭」)라고 묻는다.

2. 고담한 수묵화의 세계

시인은 시조 「그림」에서 '언제부터 였는지 / 난 그림을 좋아했고 // 뉘도 모르는 사이 / 손 모우는 서툰 화가'라고 겸손하게 말하고 있다. 다음의 담담한 표정으로 엮어나간 수작들은 시인의 회화적 상상력이 시로 구현되었음을 확인 시킨다. 시조들은 순수미의식이 회화적 이미지로 형상화되어 동양의 고담한 시풍을 이룬다.

> 수묵 빛 그리매로 / 내 가난 익어가고 // 체중 만큼 앉힌 꿈을 / 가슴으로 데워가며 // 먼 일정 / 바쁜 나날도 / 숨고르니 구슬이네. // 내 뿌려 논 젊은 씨앗 / 예닐곱 살 / 파란 눈망울 // 가난이야 분이 나도 / 하늘가는 하늘이고 // 아직도 머나먼 기약 / 등촉처럼 앞서 가네. // 내 가난은 나의 반려 / 술로 달래 정주어 달래 // 눈물로 적신 시름 / 속 우물에 얼비치어 // 별처럼 박히는 영혼 / 설움마저 반짝이네
>
> —「일정」

> 아쉬운 뜻 늘 머물러 / 만지면 / 출렁이는 강 // 문득 꿈이 저문데 / 삶하 / 끈질긴 삶하 / 띠처럼 세월을 두르고 / 구비치는 저 한을…… // 산다(山茶) 꽃 몸 씻는 소리 / 바람 일 듯 뛰는 가슴 // 끝없이 맴도는 迷妄 / 파문만 겹겹이 찬다 // 한 자락 미소를 기루어 / 허위허위 뛰는 / 너. // 새벽을 적시고 가는 / 목이 긴 회귀의 넋 // 달랠수록 크는 아픔 / 지긋이 잇새에 문다 // 물 위에 뜨는 제 모습 / 봄은 사뭇 / 머흘레.
>
> —「사슴記」

위의 시조는 섬세하고 온건하다. '수묵 빛을 가진 그림자'와 '예닐곱 살 파란 눈망울'과 '등촉', '우물에 얼비치는 시름'과 '별처럼 박히는 영혼', '반짝이는 설움'과 같은 고운 정서가 아름답게 형상화 된다. 시조

「사습기」는 사슴에 관한 지시어를 사용하지 않고, '아쉬움'과 '꿈'과 '한'과 '뛰는 가슴' '미망' '미소' '넋' '아픔'으로 형상화한다. 세속과는 거리를 둔 고독한 사슴의 모습이 그려지고 한 가운데 박힌 '미망' 즉, '미혹과 허망' 함은 보석 같은 정서를 이룬다. 이 시조는 마치 산수화처럼 강을 배경으로 하고 있다. 강은 출렁이고 山茶는 몸을 씻고, 미망은 파문을 차고, 사슴은 물위에 모습을 띠우고, 사슴과 강의 서글픈 조화가 그림처럼 묘사되어 있다. 마지막 연의 '봄은 사뭇 머흘레'라는 '봄은 사뭇 험하고 멀다'는 고어적인 결구 장식은 시를 고아한 동양화의 세계로 이끌어간다.

다음 시조 「한강에서」에도 문인화 같은 정서가 실린다. 푸르고 싶고 흐르고 싶은 자연의 생각들과 한 번은 불이고 싶다는 시인의 생각이 어우러진다. 강은 하늘이 내려앉은 유역이다. 유역은 하늘보다는 작은 공간이지만 강은 넓은 하늘을 다 품을 정도로 크고 넓다.

> 물레를 잣는 세월 / 칭칭감아 얼레 틀고 // 차마 볼 수 없는 역류 / 못내 참아 아린데 // 한강은 / 말문을 거둔 채 / 고갤 들지 않았다. // 천년 바닥에 깔린 잔영 / 한 번은 불이고 싶은 // 돌아보면 부질없는 / 눈물어린 숨결이고 // 눈썹에 / 차오르는 너울 / 피고 지는 문양이여. // 다만 푸르고 싶은 / 다만 흐르고 싶은 것 // 조각난 숱한 어휘 / 눈으로 씻어가며 // 하늘이 / 내려앉은 유역 / 구름 한 점 잡힌다.
>
> —「한강에서」

끊임없이 이어진다는 속성에서, 길다는 형태적인 면에서 강과 물레는 상응한다. 시인은 강을 보면서 '차마볼 수 없는' '아린데' '말문을 거둔 채' '고갤 들지 않고' '부질없고' '눈물 어리고' 같은 수식구들로 묵묵하게 견디는 고통을 묘사한다. 강을 보고 있는 시인의 묵근한 마음을 '불이고 싶고, 푸르고 싶고 흐르고 싶다'에 실려 보낸다. 강은 불이 될 수 없지만 이루어질 수 없는 소망을 꿈꾸는 것이 시인의 미덕이다. 본디 강은 푸르고 이곳저곳으로 흐른다. 강을 보고 있는 화자의 마음이 강처럼 푸르고 흐르고 싶다는 의미일지라. 마지막 수에서 강은 하늘과 상응된다. 하늘은 위에 있고 강은 그 아래를 흐르면서 서로가 서로를 투영한다. 내려앉은 푸른 하늘의 유역에 구름이 한 점 잡혀 있는 그림을 보고 있는 듯하다.

3. 서정적 세계의 등불

시인의 이 같은 서정의 세계를 밝히고 있는 등불은 '고향'과 유년의 세계이다. 그에게 유년시절은 '무지개빛 꿈을 안고 뛰어놀던 어린 시절(「후회」)이며, 구사하는 많은 비유들이 고향의 서정에 바탕하고 있다.

> 부싯돌 / 쳤을 때처럼 / 눈에선 불꽃 튀고—「만남」 중에서
> 시조 공부 하다보니 / 새끼 꼬는 법 / 배워져서—「시조공부」 중에서
> 세상의 / 온갖 잡것들 / 챙겨 넣은 곳간이여—「컴퓨터」 중에서
> 맵고 신 김치 깍두기 / 저릴 대로 저린 한 생—「달 3」 중에서
> 둘이서 / 떨어져 살 수 없는 / 물 귀신같은 것—「사랑타령」 중에서
> 밤낮을 / 가리지 않고 / 괴롭히는 처용귀신—「처용귀신」 중에서

> 해마다 가윗날은 / 하늘나라 사는 날 // 은도끼 금도끼로 / 초가삼간 집을 짓고 // 순이야 / 네 손목 잡으면 / 꽃구름도 일었지. // …(중략)… // 순이는 / 하늘에 닿아 / 둥근달이 되었지. // 사자골 머루 섶에 / 꿈을 묻고 살던 날
>
> —「중추절」 중에서

처음 만난 설렘은 '부싯돌'쳤을 때의 불꽃처럼 강하고, 시조 공부하

다보니 '새끼 꼬는 법'을 배우게 되고, 컴퓨터는 세상의 온갖 잡것들을 챙겨 넣은 '곳간'이며, 한 생은 '맵고 신 김치 깍두기'처럼 저릴 대로 저려진 아픔이다. 사랑은 '물귀신'이며, 고독은 '처용귀신'같이 나를 괴롭힌다. '부싯돌'이나 '곳간' '새끼줄' '물귀신'은 한국적인 서정의 세계를 힘껏 끌어올린다. 그리고 초기 시집부터 근작까지 편재해 있는 '순이야, 네 이름 부르면 / 함박꽃도 피더구나'(「보리밭」) '술래 잡던 순의 얼굴'(「달 5」) '피울음 토해내듯 / 순이 이름 불러봐도'(「달 7」)의 '순이'는 친구요 연인이요 누이요 아내의 고유명사이다. 사자골 머루 숲에 꿈을 묻고 살던 유년, 한가위의 추억은 '순이'를 매개로 되살아난다. 한가윗날은 하늘나라 사는 날이었다. 하늘엔 달이 있고, 거기엔 초가삼간 집이 있고 순이가 둥근달로 다가온다. 그에게 사랑은 속의 아픔을 감춘 채 미화하지도 않고 화려한 감정으로 화장하지 않은 순이의 얼굴 같다.

> 밥을 굶고 기어다녀 / 두 팔꿈치 벗겨져도 // 당신 사랑 받아먹고 / 몹쓸 병만 낫게 되면 // 천리를 / 기어서라도 / 가고야 말 어리석음. // 검은 걸 희다하고 / 흰 것을 검다 해도 // 당신이 하는 말씀 / 진실이라고 믿고 믿어 // 가진 것 / 다 바치고도 / 더 주고야 말 어리석음. // 만나자 만나자 해도 / 만나주지 않으면서 // 다행이 꿈 속이라도 / 찾아와 주신다면 // 밤마다 / 헛꿈이라도 / 꾸고야 말 어리석음
>
> —「어리석음」

시인은 신앙 같이 무모한 사랑을 '어리석음'이라는 반어적 상징으로 표현한다. 사랑을 받아먹어야만 낫는 몹쓸 병, 거짓도 진리로 여기는 완전한 신뢰, 가진 것도 다 주고야 마는, 꿈속에서라도 만나는 것을 '다행'으로 여기는 어리석음이다. 그는 사랑을 '둘이서 / 떨어져 살 수 없는 / 물귀신 같은 것'(「사랑타령」) '알미운 배신자'(「코스모스」) '잡

다가 마는 휘황찬란한 무지개' '끄지 못할 활화산(「사랑」) '세월의 산 등성에 명멸했던 신열'(「가을연가」)이라고 사랑의 다른 이름들을 지어 준다. 괴로운 것이 사랑임에도 결국 '지우려 / 지우려 해도 / 가슴 그득 채운 행복'(「행복」)이 된다.

다음 시조는 시인의 맑은 정서가 '빨갛게 익은 고추'로 표현한다.

> 어느 누가 구워냈나 빨갛게 익은 고추 / 널려있는 마당가를 맴돌던 잠자리가 / 하늘로 솟아올랐지 가슴 부푼 희망처럼.
>
> —「유년의 추억」 중에서

어떤 사람이 흰 종이 위에다 동그라미를 그린 다음 어른들에게 보여주고 무엇이냐고 물었더니 천편일률적으로 '동그라미'나 '원'이라 대답했다고 한다. 이번에는 똑같은 질문을 유치원 아이들에게 했더니 '사과'나 '모자' 그리고 '대머리를 위에서 본 것'이라는 등 생각도 못할 대답들이 나왔다고 한다. 순수의 세계에서는 상상력이 화려하다. 시인은 빨갛게 익은 고추를 '어느 누가 구워' 냈을까 생각한다. 유년시절의 순수하고 세상의 지식이 침범하지 않았을 적의 아름다운 생각이다. 그러나 유년을 지난 현재 향리의 정경은 그리 아름답지만은 않다.

> 그 옛날 보금자리, 할배처럼 엎드렸다 // 모진 풍상 세월 앞에 버틸 만큼 버티다가 // 기둥, 도리, 서까래, 들보 신음 소리 자주 낸다 // 게다가 오장육부인들 성한 데 있다더냐 // 기왓장 깨지는 날 밤 // 두통 앓는 주인 영감.
>
> —「고향집」

위의 시조는 한 행이 한 연이다. 연과 연 사이에 사그러져 가는 고향 집에 대한 시인의 아쉬움이 머뭇거리며 맴돈다. 유년의 고향집은

'할배'처럼 엎드렸다. 세월과 풍상에 낮아진 집들, 기둥과 도리와 들보는 오장육부 성한데 없이 두통 앓는 주인영감처럼 신음소리를 낸다. 고향집은 어머니나 아버지처럼 오래된 '인간'이다. 어머니는 '가난을 유산으로'(「어머님 전상서」) '생명처럼 소중한 땅'(「어머님 일기」)을 유서처럼 남겨두고 떠나 가셨고 아버지는 '칠십 평생을 갈았지 / 모새 땅을 가(耕)시었지 // 움푹 골진 이마 위에 / 그 영욕 세월도 갈고 // 그나마 / 남은 밭뙈기는 / 가슴으로 갈았'(「아버지」)던 우리 고된 노동에 엎드러져 있는 모습이다. 그럼에도 시인에게 고향집은 순수와 문명 이전의 것이다. '영원히 보존되어야 할 우리들의 3장 6구 / 그리고 안식을 주는 배달겨레 정신 본향'(「초가집」)인 것이다.

4. 쓰레기와 분뇨에 대한 생각들

원용문 시인은 다른 시인들에게 하고 싶은 말을 시 쓴다. 그에게 시는 그냥 시일 뿐 이다.

> 시란 것은 시 이상도 / 그 이하도 아닌 게야 // 그대 만든 시 한편이 / 위대한 탄생은 아니야 // …(중략)… // 시인은 하고 싶은 말을 / 시로 하면 되는 거야. // 시인 많은 어떤 나라 / 시인 공화국 이루었네 // 이 공화국 시인들은 / 정치하면 안 된다네
>
> —「꿈 이야기」 중에서

시는 위대한 탄생도 아니다. 시인은 정치를 해서는 안되고 시인은 하고 싶은 말을 시로 하면 된다. 그래서 시인은 시로써 말한다. 원용문 시인은 어떻게 보면 '서울행 고속버스는 서울 밖에 갈 줄 모른다'(「고속버스에서」)와 같이 풍자와 해학이 어우러져 따뜻하게 다가오면서도 그 이면에는 '악마가 천사 행세하는 / 꼭두각시놀음 아녀'(「꼭두각시

놀음」)같은 독설이 어슴거리며 비친다.

다음 시조는 도시문명이 자연에 끼친 영향에 날카롭게 대응한다. 자연은 인간을 교화시키지 못하고 인간에 동화되어 간다. 자연이 도시에 의해 자연성까지 오염되었다. 서울에 있는 아차산은 성품도 도시 사람을 닮아 간다고 말한다. 여기에서 문명과 자연의 대조와 어긋남이 포착된다.

> 서울 근교 아차산은 / 서울 사람 닮아간다 // 무뚝뚝한 얼굴 표정 / 비대해진 허리모양 // 마음의 성벽 쌓는 일은 / 누가 시켜 매일하나. // 나무는 나무들끼리 / 대화하는 시간 없고 // 바위는 바위들대로 / 제 주장만 옳다 한다 // 여야로 편 갈라 놓고 / 싸움질 하는 모습이여. // 하늘을 나는 새가 / 구토 증세 역력하다 // 골짜기 옹달샘은 / 신음 소리 여전하다 // 한강 물 마시기 싫어 / 돌아앉은 온달산성
>
> —「아차산」

아차산은 서울 사람을 닮아 표정은 무뚝뚝하고, 허리는 비대해지고, 마음의 성벽을 쌓아 대화가 없고, 제 주장만 한다. 자연은 정치하는 이들이 여야로 편을 갈라놓고 싸우는 형상을 닮는다. 시인은 하늘을 나는 새가 구토 하는 듯 느껴지고, 골짜기의 옹달샘은 신음으로 한강 물 마시기 싫어 온달성은 돌아앉았다고 느낀다. 많은 시인들이 자연을 대표하는 산과 강에서 인간을 변화시키는 '천연'의 세계를 보았다면, 원용문 시인은 자연의 오염을 자연의 성격까지로 확대시킨다. 서울에 있는 아차산이 사람을 닮아가듯, '서울의 별'들은 전생에 죄가 많은듯 하늘에 있지 못하고 지옥과 같은 땅으로 내려왔다.

> 서울의 하늘 별들은 / 전생의 죄가 많다 // 누구는 천상에 가 / 살고 싶다 하는데 // 그들은 / 지옥에 떨어져 / 불꽃 바다 / 수를 놓네.

—「야경」

많은 사람들이 천상에 가서 살고 싶다고 하는데 서울 하늘의 별들은 지옥에 떨어져 서울 시내의 현란한 야경을 이룬다. 시인은 별이 떨어져 내린 듯 보이는 서울을 '지옥'으로 바라본다. 서울은 '서울은 요지경 속 / 도깨비들 세상인가 …(중략)… 누렇게 병들어 간 / 가로수는 신음하고 / 문명의 탈을 쓴 자 / 음모만을 꾸며'(「서울 야경」)내는 요지경 같은 공간이다. 문명은 자연이 자연일 수 없게 만든다.

원용문 시인은 쓰레기와 청소부에 대해 많은 이야기를 한다. 온갖 세상의 쓰레기 같은 '인간'과 쓰레기 같은 '사건'과 '문화'를 이야기 하면서, 누군가 '청소부'가 되거나 정화조 치는 '어른'들이 되거나 '청소기'가 되어 이 같은 것들을 없애야 된다고 말하면서 이 세상을 향해 '너희는 모두 쓰레기이거나 분뇨일 뿐이야'라고 독한 말을 내뱉는다.

> 청소부 아저씨는 그저 고마운 사람 …(중략)… 그 못된 인간쓰레기 / 언제 치워 가렵니까
>
> —「청소부」 중에서

> 개도 안먹는다는 돈만 아는 유흥업 사장님 / 남의 돈 떼먹기를 밥먹듯하는 사기꾼 / 정화조 치는 어르신네들 이런 분뇨 좀 쳐주세요
>
> —「어르신네들」 중에서

> 요지경을 못 본 이는 / 여기 와서 안 번 봐라 …(중략)… 쓰레기 치는 양반은 / 깊은 잠에 들었나 보다
>
> —「어느 디스코 홀에서」 중에서

> 아가 동산 교주 같은 그런 인간 쓰레기들 / 말끔히 쓸어버리는 청소기라

도 있었으면

—「세상에 나쁜 놈들」 중에서

거짓말 밥먹듯하는 / 혓바닥 뚜꺼운 정치꾼들 // 새벽녘 쓰레기 차 위에 / 몽땅 실어갔으면 좋겠다

—「세상만사」 중에서

오늘도 / 습관처럼 / 쓰레기를 치운다 // 어쩌면 / 그렇게도 / 몹쓸 것만 쓸어 넣은 봉투 // 그 속에 / 게이트, 떴다방 / 함께 쓸어 넣어야겠다

—「쓰레기」

시인은 시 「쓰레기」에서 '습관처럼'이라고 말한다. '습관'이라는 것은 거의 무의식에 가깝다. 무의식 적인 행동 속에서도 시인의 사유는 멈추지 않는다. 쓰레기 봉지 속에는 쓸만한 것은 없구나, 하는 생각을 하는 순간 그의 사유 속에는 쓰레기봉투에 세상의 쓰레기 같은 것들을 한데 버렸으면 하는 생각으로 확장된다. 인간쓰레기, 돈만 아는 유흥업소 사장, 남의 돈 떼먹기를 밥먹듯하는 사기꾼, 도시문화의 현란함, 사이비 교주, 거짓말 잘하는 정치꾼, 부끄러운 정치문제, 떴다방 같은 문제들을 쓰레기나 분뇨처럼 여긴다.

5. 생활의 발견

원용문 시인은 '외로워 몸부림 칠 때면 / 시중드는 아가씨여'(「담배 피우기」) '산을 오르면 배우게 되는 우리들의 인생 살이'(「산을 오르면」) 등, '담배피우는 일'이나 '등산' 같은 '생활' 가운데서 발견한 진리들을 형상화한다.

목욕탕에서도 흘러넘치는 물처럼 사유를 전개 시킨다.

전생에 지은 죄를 / 속죄하러 가야한다 // 이 나라 율법에는 / 옷 입으면 큰일난다 // 빈 손에 빈 몸뚱이에 / 싸울 일이 없는 세상. // 먼지 낀 오륜보다는 / 더 값진 게 비누 한 장 // 허파 속 묵은 때까지 / 걸러내는 운동연습 // 애증을 뛰어넘는 일이 / 이다지도 고달프던가. // 복잡한 절차 없는 / 심판대에 올라선다 // 스스로 참아가는 / 사각의 화탕지옥 // 참회의 눈물 방울이 / 온 몸에서 솟구치네.

—「목욕탕에서」

목욕탕에서는 오륜보다 더 값진 것이 '비누'이다. 모두가 오륜이라는 의식과 허례를 벗어야만 하는, 자연의 상태로 돌아가는 곳이 목욕탕이다. 이미 오륜은 '먼지'가 끼어버렸다. 호흡기관인 '허파'는 미세혈관을 통해 우리 몸 전체에 산소를 공급할 뿐 아니라, 노폐물과 이산화탄소를 몸 밖으로 제거하는 중요한 '환기 장치' 역할을 담당한다. 산소 공급이 부족해지면 체내의 에너지를 생성하는 신진대사가 마비되고 특히 흡연과 도시의 공해에 허파는 찌들려 있다. 지옥처럼 여겨지는 세상은 '사각의 한증탕에서 / 땀을 빼는 괴로움 // 하나라도 벗어나야지 / 거추장스런 예절'(「폭염」)을 생각하는 목욕탕이다. 시인은 '때 빼는 것'은 '더 이상 미루지 말자 / 찌든 때 빼는 일을'(「먼 여행」)라고 목욕을 정신의 여행으로 여긴다. 목욕이라는 객관적 사건이 정신의 수양이라는 새로운 미학으로 승화된다.

다음 시는 기상정보에 인생살이를 대조하여 이야기 한다.

어디 일 년 열두 달 / 밝은 날만 있다더냐 // 구름 끼고 바람 부는 거 / 막을 만한 장사 없어 // 물난리 / 가뭄 난리를 / 겪으면서 살아왔다. // 사람이 사는 이치 / 기상 정보 같은 거여 // 슬프고 괴로운 일이 / 구름처럼 가렸다가 // 활짝 갠 / 가을날처럼 / 푸를 때도 있단다.

—「기상정보」

비 오고 바람 불면 하늘이 우울 하다는 증거 / 먹구름 잔뜩 낀 날은 고통스럽다는 증거이다 …(중략)… 천둥치고 폭풍 올 때는 분노했다는 증거이니 / 인간의 희비애락도 하늘 닮아 그런 모양 / 어떤 날은 기분 좋고 다른 날은 짜증스럽고 / 밥 먹고 똥 싸는 일까지 너무나도 흡사하다

—「누구를 닮았나」 중에서

시인은 기상정보를 보며 인생을 생각한다. 기상정보의 '맑음' '구름' '바람' '갬' '홍수' '가뭄'과 같은 모든 요소가 인생에도 살아 있다. 열두 달 밝은 날만 있는 것이 아니기 때문에 흐린 날도 있는 것처럼, 인생에도 흐린 삶이 있으면 개인 날도 있는 것이고, 구름이 끼고 바람이 부는 것을 막을 만한 장사가 없기 때문에 물난리와 가뭄난리를 겪으면서 살아간다. 사람이 사는 이치도 슬픔과 괴로움이 있을 때가 있는가 하면 가을 날씨처럼 즐겁고 유쾌한 날도 있다. 마치 기상 통보관처럼, 먼저 알고 있는 사람이 듣는 이에게 날씨를 풀어 주듯이……

그는 날마다 뜯겨나가는 일력을 보며 '사랑도 / 미움도 삭는 / 일력만을 넘기었지'(「배움의 주간에」) '한 장 한 장 내 나이가 일력처럼 뜯겨 나간다'(「여름 일기」)고 생각한다.

무심코 달력 한 장을 / 오늘 아침 뜯어냈다. / 살 점을 떼어내듯 / 조심스레 뜯었는데 / 아픈 데 / 아픈 데가 없어 / 정말 다행이었다. // 아픈 데 없다지만 / 온갖 번뇌 자리해서 / 쑤시고 지랄하고 / 속으로 멍들게 해 / 남은 건 / 늙고 병들어 / 식어가는 나무등걸 // 세월네 네월네를 / 탓해 본들 무엇하랴 / 춘풍추우 허구한 날 / 헛바퀴만 돌리다가 / 뜬 구름 / 저녁놀 안고 / 돌아가는 나그네여.

—「달력을 떼내면서」

달력을 떼어내면서 시인은 살점을 떼어내는 듯한 아픔을 가진다.

육체적 아픔은 없지만 온갖 번뇌가 육체적 아픔 보다 더 아프다. 뜯어낸 세월과 함께 나무등걸과 같아지는 육신을 인식하고 달력은 곧 세월이며 춘풍추우라는 것을 인식한다. 인생이 곧 나그네임을 깨닫게 하는 한 장 한 장 뜯어지는 일력은 인생의 경전으로 다가온다.

그에게는 모든 것이 삶의 깨달음이다. 심지어 그는 세수를 하면서도 '하루라도 안 문지르면 온갖 오물 때가 낀다 / 마음도 마찬가지 탐진치를 뒤집어 쓴다 / 겉 닦고 속 안 닦으면 더러워 똥내 난다'(「세수」)고 세수를 마음의 수양으로 확대시킨다. 그는 양파를 까면서도 생각한다.

> 이렇게 / 벗겨내는 / 연습을 해야한다 // 양파 껍질 / 벗겨내듯 / 계속해서 벗겨내면 // 가려진 / 양심의 구석 / 낀 때인들 남을 소냐
>
> —「목욕을 하며」

시인은 양파를 보면서 많은 생각을 벗겨낸다. 양파는 벗겨도 벗겨도 같은 모양을 한 것들, 즉 속을 알 수 없는 것들의 상징이기도 하다. 그러나 시인은 '양심'을 이야기 하고자 양파를 인용한다. 때와 양파가 가진 '벗긴다'는 공통분모에서 촉발된 상상력은 때를 벗기듯 양심의 구석까지도 씻어내고자 한다.

시인은 황사를 보면서도 생각을 전개시킨다.

> 해마다 / 예외 없이 / 찾아오는 황사군단 // 해방시켜 준다고 / 나팔소리 요란하다 // 언제나 / 그랬던 것처럼 / 온갖 만행 저지르면서……
>
> —「황사」

왜 황사와 '이념'은 저 북쪽으로부터 올까. 시인은 그 닮은 모습을 쉽게도 발견해 낸다. 위에서부터 쏟아져 오는 황사를 보면서 몇 십 년

전 우리 역사를 생각한다. 압제와 굴종으로부터 해방시켜 준다고 왔던 이념의 굴레들, 수많은 민중들이 이 '해방'의 허울에 혹하여 동조하였지만 그로부터 또 다른 굴종과 억압이 시작되었음을 안다. 이 나팔소리처럼 요란한 황사는 '군단'이라는 군사용어와 함께 인식된다. 군단은 군 지휘계통의 상부조직으로 수많은 병력과 엄청난 힘을 가진 조직이다. 황사도 군단처럼 밀려들어 손을 쓸 수 없는 속수무책이 된다. 황사에 '가슴은 답답하고 머릿속은 몽롱하다 / 좀처럼 지워지지 않는 이 엄청난 황사 현상'(「황사 현상」)을 어찌해야 할까.

신문을 보면서 이야기를 엮어낸다.

> 무슨 말을 하고 싶어 / 저리도 아우성인가 // 큰 자막 작은 자막 / 이리저리 얽어 놓고 // 천지를 / 감동케 할 사연 / 제 멋대로 / 토해낸다. ―「신문」

> 알다가도 모를 일이 / 너무 많은 세상 이야기 ―「조간 신문」 중에서

'저리'라는 표현은 시적 대상과 시적 자아의 거리인식을 보여준다. 듣는 이가 듣고 싶어 하든 듣고 싶어하지 않든 신문은 말 하고 싶어 '아우성'이다. 큰 글씨와 작은 글씨로 현혹시키면서 천지를 '감동'하게 할 사연을 '제멋대로' 토해낸다. 천지를 감동하게 할 사연이란 '알다가도 모를' 세상이야기 일 것이다. 대중매체의 횡포이며 폭력이다.

신문에 비하면 그가 '책'에 주는 점수는 후하다. 그는 '책의 세계 들어가면 지리산 원시림 같다'(「책을 읽다가」) '이 책 저 책 펼쳐 놓고 / 열심히 들여다 본다 // 금맥을 캐내려고 / 괭이질을 하나보다'(「괭이질」) '책장을 넘기면서 / 말씀들을 주워 담는다'(「헛일」) 고 책 속의 보물들을 이야기 한다.

> 할 말들은 / 깨알처럼 / 여백위에 쏟았다 // 그래도 / 못다 한 말들은 / 행

간 아래 숨겼다 // 어둠 속 / 온 누리 밝게 할 / 희망의 새 등불 –「책」

도시와 문명의 것들이 공해를 배출하지만 인간이 만든 것 중 '책' 만한 무공해는 없을 것이다. 깨알처럼 많은 말들이 흰 여백위에 쏟아져 내린다. 이처럼 셀 수 없이 많은 말들을 쏟지만, 그래도 못다 한 말들이 행간 아래 숨겨져 있다. 이들은 어둠 같은 세상을 밝게 할 희망의 새 등불이다.

6. 풍요로운 고전들

원용문 시인은「김시습전」「처용귀신」「백발가」「가락국기」「광한루에서」「식영정에서」「면앙정에서」「보길도에서」「세종대왕」 등 우리의 고전과 역사에서 다른 생각들을 만들어낸다. 동양 고전에 능숙한 그는 동양인의 서정세계를 동양적 감성으로 그려낸다. 이러한 그는 일상 생활 가운데서도 '청산리 벽계수 같은 / 그런 바람을 그리워'(「연구실에서」) 한다.

달빛 어린 촉석루의 / 나무기둥을 얼싸안고 // 가슴을 치면서 울던 / 사내가 있었단다 –「논개」 중에서

소월은 어쩌자고 / 강변 살자 했나 …(중략)… 강변 살자하면 / 돈 나오나 쌀나오나 // 서걱 대는 갈 잎 소리에 / 시끄러워 잠못잔다 // 소쩍새 울음 소리 / 당신 먼저 울테고 –「강변」 중에서

위의 시조는 논개를 생각하면서 가슴을 치며 울기도 하고, 강변에서 김소월의 시를 생각하며 그가 삶에는 대책 없었다는 우스운 생각을 하다가도, 소쩍새 울음 소리에 먼저 우는 살아있는 '시인'을 생각하

게 한다.

> 임이여 건너지 마오 그 강물을 건너지 마오 / 정말로 건널 양이면 날 데리고 건너가오 / 머루랑 다래랑 먹더라도 임과 함께 살려오-「신 공후인」

'임이여, 물을 건너지 마오. 임은 그예 물을 건너시네. 물에 휩쓸려 돌아가시니 / 가신 임을 어이할꼬' 조선의 뱃사공 곽리자고가 아침 일찍 일어나 배를 손질하고 있는데, 머리가 허옇게 센 미치광이 한 사람이 머리를 풀어헤친 채 술병을 쥐고는 어지러이 흐르는 강물을 건너고 있었다. 그 뒤를 그의 아내가 따르며 말렸으나 미치지 못해 그 미치광이는 끝내 물에 빠져 죽고 말았다. 이에 그의 아내는 箜篌를 뜯으면서 공무도하의 노래를 지었는데, 그 목소리가 아주 슬펐다고 한다. 노래가 끝나자 그의 아내는 스스로 물에 몸을 던져 죽었다. 이러한 광경을 처음부터 목격한 곽리자고는 돌아와 자기 아내 麗玉에게 이야기하면서 노래를 들려주었고 여옥은 슬퍼 공후를 뜯으면서 그 노래를 불렀는데 듣는 사람들 중에 눈물을 흘리지 않는 사람은 하나도 없었다고 한다. 이 노래를 이름하여 箜篌引이라 하였다고 하는 전설에서 원용문 시인은 새로운 공후인을 적어 내려간다. 고전은 주저앉아 우는 여인의 심정을 그렸다면, 그는 건너가려면 '날 데리고' 건너가서 '머루랑 다래'만 먹고 살더라도 임과 함께 살고자 하는 '의지'를 드러낸다.

원용문 시인은 기행시가 특히 많다. 그가 밟고 다니는 땅이 넓은 만큼 사유의 면적도 넓다. 그는 그 지역의 전설을 피리를 불 듯 가야금을 켜듯 아름다운 곡조로 노래한다.

> 우륵이 있어야 / 가야금 소리 듣지 // 신립을 만나야 / 배수진법 물어보지 // 어디서 / 바람 한 자락 / 옛날처럼 / 불어오네-「탄금대」

탄금대는 이 시조처럼 두개의 전설을 가진 공간이다. 신라 진흥왕 때 樂聖 우륵이 가야금을 탄주하던 곳으로 그는 이곳을 寓居地로 삼고 풍치를 상미하며 산상대석에 앉아 가야금을 타니, 그 미묘한 소리에 사람들이 모여 마을을 이루었다고 한다. 이로 연유하여 이곳을 탄금대라 불렀다. 또한 이곳은 임진왜란 당시 도순변사(都巡邊使) 신립(申砬)이 8,000여 명의 군졸을 거느리고 와 배수진을 치고 왜장 가토 기요마사와 고니시 유키나가의 군대를 맞아 격전을 한 전적지이기도 하다. 신립은 전세가 불리하여 패하게 되자 천추의 한을 품고 강에 투신자살하였다. 탄금대 북쪽 남한강 언덕에 열두대라고 하는 100척이나 되는 절벽이 있는데 신립이 전시에 12번이나 오르내리며 활줄을 물에 적시어 쏘면서 병사들을 독려하였다고 하는 곳이다. 시인은 이 전설과 역사의 자리에 서서 이제 그들이 이곳에 없는 '아쉬움'을 시로 표현한다.

7. 나오며

원용문 시인은 앞을 향하여 달려온 삶을

> 좌로 보아 우로보아 하는 연습조차 못해봤다 / 방향감각 모르면서 앞만 보면 거닐었다 / 효도할 줄 모른 것이 아니라 그럴만한 / 여백도 없었다
>
> —「되돌아본 나룻터」 중에서

> 숨 돌릴 틈도 없는 / 열두 고개 또 넘었다
>
> —「설날 아침」 중에서

라고 고백하는데, 이 같은 그의 알찬 삶 가운데 맺혀진 사유들의 열매들이 시조와 수필에서 맺혀진다. 그래서 그는 시를 쓰는 것에 대해

고민이 많다.

> 서투른 짓을 하듯 / 서투른 시를 쓰면 …(중략)… 후생들 / 가타부타 하면서 / 두고두고 심판하리
>
> —「서투른 시」 중에서

> 시조 한 수 써보려고 / 씨뿌리고 밭을 갈건만 // 시조는 / 싹 틔우지 못하고 / 온갖 잡초만 무성하네
>
> —「어느 봄 날에」 중에서

> 사는 일 만큼이나 / 어렵게 시 쓰노라면 // 깊은 수렁에 빠져 / 헤어나지 못할 때가 있다
>
> —「詩魔」 중에서

원용문 시인은 첫 시조집의 후기에서 '건방진 이야기 같지만 하나의 신앙으로 생각하겠습니다. 열렬한 신자는 못되어도 어느 한 구석 빈자리를 채워주는 평신도라도 되겠습니다.'라고 말한다. 사람들은 가장 사랑하는 것을 '신앙'으로 고백하는데 원용문 시인의 시조 사랑의 깊이를 알 수 있다. 앞으로도 인간에 대한 관심을 가지고 시조를 사랑할 것을 믿으며 이만 글을 맺고자 한다.

시간과 삶을 가꾸는 정원사

—유선론[17]

1. 들어가며

유선시인의 시조를 한편 두편 읽어가다 보면 규모 있게 가꾸어진 '정원'이 보인다. 거기에는 풀과 나무가 잘 가꾸어져 있으며 숲으로 난 꽃길도 있다. 이 아름다운 정원은 시인이 평생을 들여 가꾸어놓은 것이다. 정원은 문학에서는 시조의 길로, 교단에서는 스승으로서, 가정에서는 남편과 아버지로서, 많은 이들에게는 좋은 친구와 선배와 후배로서 정원을 가꾸고 그것들이 피어나기를 기다린 세월과 정성으로 만들어진 것이다.

그의 시조에는 '꽃씨'와 '꽃길' 같은 단어들이 산재해 있다. 시적 화자들은 꽃을 피우기 위한 삶을 소망하고 있으며, 우리는 그의 시조에서 꽃을 피우기 위해 오로지 한 길을 열심히 걸어온 시인을 만나게 된다. 시인은 허무감 속에서도 무엇인가를 찾기 위해 달려오는 데 그것이 '꽃'이라는 식물로 형상화된다. 씨를 심고 그것이 자라나고 열매

---

17) 충북 보은출생, 국제대, 경기대 교육대학원 졸업, 〈시조문학〉 통해 문단 등단, 시조집 『세월의 강을 건너며』(1986), 『메아리치고픈 내 목소리』(1992), 『겨울나무로 서서』(1998), 『꽃피고 지는 사이』(2000), 『신귀거래사』(2004) 등.

를 맺고 다시 씨를 맺기를 바라는 정성어린 손길을 가진 그는 꽃 피우는 삶에 대해 고민하기도 하고 잘 자라나지 않는 나무와 꽃들에 대해 아버지 같은 마음으로 대하는 성실한 정원사의 모습을 보인다. 이렇게 가꾸어진 정원에 가득히 피어있는 꽃과 나무에 새가 와서 노래한다. 그의 정원으로 향하는 꽃길을 들어가 본다.

2. 꽃을 피우기 위하여

꽃을 피우기 위해서는 씨앗을 심어야한다. 씨앗이 싹이 트기까지 인내할 수 있는 까닭은 작은 씨앗이 견디는, 천근의 대지를 뚫고 나오는 고통을 알기 때문이다.

> 지난 해 떨군 씨앗 / 땅내 맡고 잠을 깬다
> 천근 뚫고 서서 / 일월로 속삭이면
> 꽃 잎도 / 그만한 깊이에서 / 피고지고 하느니.
>
> ―「한 송이 꽃」 중에서

정원사는 '씨앗'을 심고 기다린다. 죽은 듯이 보였던 꽃씨가 땅 냄새를 맡고 잠을 깬다. 씨앗은 천근의 무게를 무게로 느끼지 않는다. 꽃을 그리고 나무를 피우겠다는 소망이 있기 때문이다. 꽃은 피어나 세월을 지나며 '일월'로 속삭인다. 꽃잎이 피고 지고 하는 '그만한' 깊이란 어디일까. 땅은 죽음을 품고 새로운 생명을 잉태한다. 그만한 깊이에서 한 생이 심겨지고 나고 죽고 다시 나는 순환이 있다. 이 순환이 자연계를 이끌어가고 생태계를 이룬다.

시인은 산딸기를 보며 눈빛이 부신 구슬을 연상한다.

> 더러는 눈짓으로 / 더러는 귓속말로

수줍어 수줍어서 / 돌아앉은 갑사댕기
연정도 / 저리 길들면 / 눈빛 부신 구슬일저.

—「산딸기」 중에서

연정과 산딸기는 연관성이 많다. 애정의 매개물로 산딸기가 등장하는 영화도 적지 않다. 영화 〈테스〉에서 유혹하는 장면에 산딸기가 상관물로 제시된다. 우리나라의 멜로영화의 제목도 〈산딸기〉이다. 산딸기 같은 조그마하고 연약한 여성에 대한 제유와, 또한 어렵지 않게 먹을 수 있다는 이중의 상징을 내포한다. 그러나 위의 시조에서 시인은 은근히 속으로만 익어가는 짝사랑으로 표현한다. '눈짓'과 '귓속말'은 소리가 들리지 않는다. 눈짓은 굳이 말로 하지 않아도 하고자 하는 말을 눈으로 하는 것이고 귓속말은 조용하게 하는 말로서 남에게는 들리지 않고 상대방에게만 말하는 일대일의 관계이다. 말로 하지 않고 감정과 감정이 통하는 그러한 사랑의 감정, 수줍어서 말로 하지 못하고 고개만 돌리고 앉은 갑사댕기의 청순한 처녀의 마음이다. 연정도 길이 들면 산딸기 같이 눈이 부신 '구슬'이 된다.

시인은 달 아래 하얗게 피어난 목련을 보며 안타까운 과부의 연정을 생각한다.

휘어진 세월 사이 / 소복한 여인네가
여린 / 두 손 모아 / 한나절 향 피우다
옷고름 / 달 뜨면 풀어 / 깊은 연정 알리고

—「목련」

목련과 과부는 '꽃과 여린 두 손' '꽃과 옷고름'으로 같은 선상에서 상징된다. 그녀의 삶에 흘러간 세월은 '휘어진' 세월이다. 다른 이들과 같이 비교적 곧은 시간과 세월들을 보내지 못하고 자신보다 일찍 죽은 남편과, 다른 사람들의 시선으로부터 자유롭지 못한 휘어진 세월을 보낸 그녀의 손은 여리다. 여린 손으로 한 나절 남편을 위한 마음으로 향을 피운다. 그러나 달이 뜨면 옷고름을 풀고 깊은 연정을 알린다.

시인은 가을꽃을 보며 열정적이었던 자신의 삶을 반추한다.

> 한자락 소망을 끌고 / 봄부터 달려왔나.
> 일월을 돌돌 말아 / 안으로만 보듬었기
> 사랑도 / 저리 영글면 / 선혈처럼 붉던가.
> 넉넉한 이 산하건만 / 마음만은 늘 허전하여
> 빈 하늘 둘러업고 / 두리둥실 흩날리다
> 가만히 / 열반에 들어 / 소신(燒身)하는 꽃이여.
>
> —「가을꽃」

'한 자락 소망'이란 꽃을 피우는 것일까. 이 소망을 위해 봄부터 달려온다. 일월은 세월의 길에 깔린 것인지 길 자체인지 '돌돌' 말 수 있는 멍석과 같은 부피를 가진다. 그러나 보이지 않는 무형의 존재이다. 세월과 시간을 돌돌 말아 안으로 보듬었기 때문에 더욱 붉은 가을꽃이다. 사랑도 영글면 선혈처럼 붉을까하고 시적 화자는 되뇌인다. 가을꽃은 영근 사랑이다. 그러나 가을에는 모든 것이 풍족하지만 '마음'만은 허전하다. 풍족한 가을과 가난한 마음, 마음은 물질의 풍요로는 채울 수 없다. 그 자리를 채우는 것이 종교성이다. 가을은 겨울로 가고 그 길목에 핀 가을꽃들은 '가만히' 열반에 들어 '소신'에 이른다. 자신을 태우는 소신공양이 있어야 다음 생명이 시작된다.

3. 가슴에 피는 꽃

유선시인은 물질적인 세계의 꽃 뿐 아니라 삶의 많은 부분을 '꽃'과

'개화'로 인식한다. 그의 가슴에는 남이 모르는 많은 씨가 심어져 있고 이것들이 개화하기를 시인은 기다린다.

내 가슴 깊은 속에 / 꽃씨 하나 묻었는데
형님도 친구들도 / 그 누구도 모릅니다
새 봄날 / 진달래꽃이 / 응달에서 피어나듯.
가만히 들여다보고 / 헤집고 살펴봐도
도무지 뵈지 않고 / 빈 세월만 보입니다.
아무리 / 비었다 해도 / 그리움은 핍니다.

—「그리움의 꽃씨」

형님도 친구들도 그 누구도 모르게 가슴 속 깊이에 심은 꽃씨 하나가 있다. 꽃은 응달에서도 핀다. 꽃은 응달에서도 피어날 때가 있는데, 자신이 가슴 속에 심은 씨는 가만히 들여다보고 헤집어 보아도 보이지 않는다. 꽃은 보이지 않고 그동안 기다렸던 빈 세월만 보인다. 시의 화자는 지금까지 기다려왔던 기대만큼 실망하지 않는다. 다른 사람들이 비었다고 말하지만 자신은 '아무리' 비었다 해도 빈 세월 속에서도 '그리움'으로 피어난다고 말한다. 기다리는 그리움이 꽃으로 피어난다는 것이다. 기다려 주는 것이 정원사의 성실이며 열매이다.

유선의 시조에서 시적 화자는 무엇인가를 추구한다. 그 길을 추구하며 왔지만 남은 것은 무엇일까. 꽃이 피기를 기대하였으나 꽃을 피운 시간만이 보이는 겨울 끝에 선 자로서의 삶을 본다.

어둠을 뚫고 솟아 / 눈 녹이는 햇살 앞에
해뜨며 바장이는 / 정원사의 손 끝인데
가꾸고 / 또 가꾼다 해도 / 개화, 그 먼 삶이여.
땅을 한 번 굽어보고 / 하늘 한 번 쳐다 보고

얼마쯤 기다려야 / 촉이 틀까, 꽃이 필까
일월의 / 염(殮)만을 낚는 / 아픔이여, 한이여.

—「근황」

근황이란 현재 살아가는 상황을 이르는 말이다. '근황'이라는 단어에는 세월의 흐름과 잃어버린 것들에 대한 아픔이 함께 있기 때문에 누군가에게 근황을 묻는다는 말에는 쓸쓸함이 묻어난다. 누군가에게 시의 화자는 자신의 근황을 개화를 기다리는 정원사의 삶으로 이야기한다. 하나의 씨가 천근의 무게를 뚫고 땅 위로 나오듯이 햇살은 어둠을 뚫고 솟아오르고 솟아오른 해는 눈을 녹인다. 겨울이 지나 눈이 녹으면 봄이 오고 정원을 손질해야 할 때가 된다. 정원을 가꾸는 이의 손길이 바빠진다. 그는 자신을 정원사와 같다고 생각한다. 해가 뜨자 바장이며 나무를 다듬지만 개화는 멀어 보인다. 가꾸고 또 가꾸지만 촉이 언제 필지 알 수 없다. 시인은 여기에서 '개화'와 '삶'을 같은 무게로 보고, 꽃은 삶의 은유가 된다. 땅을 굽어보고 하늘을 한 번쳐다보며 기다린다. 땅은 식물을 내고 하늘은 비를 낸다. 땅을 바라보며 꽃을 기다리고 하늘을 바라보며 꽃을 피울 비를 기다린다. 땅을 딛고 서서 열매가 있는 삶을 추구한다. 안타까움 속에 '한 촉' '한 꽃'을 기다리지만 시간의 죽음만을 낚을 뿐이며 아픔과 한이 꽃으로 필뿐이다.

시인은 자신의 정원과 삶을 뒤돌아본다.

꽃을 피우기 위해 / 기나긴 겨울 밤에도
반짝이는 별을 따며 / 한 길을 걸어왔다
이제는 / 자신을 다독이며 / 온 길을 되돌아 볼 때다.
하지만. / 잃어버린 젊음, / 떠나간 내 사랑은
차라리 / 놀이판에서 / 허둥대는 빈 발자국.

남은 건 / 깊고 아픈 상처뿐 / 꽃길 하나 보이잖네.

—「꽃길 하나」

꽃을 피우기 위해 한 길을 걸어 왔지만 꽃길 하나 보이지 않는다. 하나의 꽃이 아니라 여러 색깔과 다른 종류의 꽃이 어우러져 피어 있는 길은 마음에 풍족함을 준다. 인생의 한 지점에서 지나온 길을 뒤돌아보면 꽃이 그득한 아름다운 길이 되어있기를 기대한다. 기나긴 겨울밤에도 반짝이는 별을 따며 추위를 이기며 외로움을 견디며 '한 길'을 오다가 지나온 길을 되돌아보는 때가 온다. 문득 만져지는 것은 무엇인가를 얻기 위해 왔지만 잃어버린 젊음과 떠나가 버린 사랑 같은 '상실'이다. 놀이판에서 허둥대는 발자국들은 어지럽고 질서 정연하지 않다. 아이들이 놀다간 자국 같은 어지러운 심사를 본다. 남은 건 '깊은' 상처이다. 깊은 상처는 피부에 각인되어 병이 깊다는 것이고 고치기 힘든 고질병 같은 것이다. 우리의 삶이 꽃을 피우기 위한 것이라면 상처는 이를 위해 노력했던 시간의 상흔이다.

동산에 솟는 해를 / 가지 끝에 걸어두고
하루를 실실 풀어 / 산책길 돌아오면
이 가슴 / 환한 복판에 / 피는 꽃잎 하나, 둘……
나날이 벙글면서 / 씻어내는 아픔자락
생각의 깊이만큼 / 내 안으로 눈을 뜨면
꽃나무 / 그 청청한 태깔 / 눈이 부신 빛일레라.

—「귀가」

아침에 해를 가지 끝에 '걸어' 두고 출근한다. 아침마다 뜨는 해를 걸어두고 싶었던 것일까. 아침 해와 나무가 이룬 좋은 구도를 그림을 그리듯이 표현한다. 보이지 않는 것들에 대한 시인의 시선은 물질적이다. 그는 하루를 실을 풀듯이 '실실' 푼다. 시간이란 시인에게 있어 돌돌 말리기도 실실 풀기도 할 수 있는, 시간의 개념이 물질화되어 느낌으로 다가온다. 보이지 않는 작은 씨앗이 보이는 꽃이 되기를 바라는 생각이 시간에도 투영된다. 하루를 지나고 나면 가슴에 '꽃'이 핀다. 꽃잎이 나날이 벙글면서 아픔 한 자락을 씻어낸다. 꽃이 핌으로 상처가 치유되고 아픔이 있어야 꽃이 핀다. 생각의 깊이만큼 '안으로' 눈을 떠서 바라보면 꽃나무의 청청한 빛깔은 눈이 부시다. 그 빛은 '안으로' 뜨는 눈, 사랑의 마음이 있어야 볼 수 있다. 그가 피우기를 바라는, 마음의 눈으로 보고 싶은 꽃이란 무엇일까. '제자들'이라는 답에 더 마음이 간다. 그들이 알까 이러한 스승의 마음을.

자기가 / 꽃나무 인줄을 / 나문 미처 몰랐어요
더더욱 우리들의 / 보람이요 희망인 것을
꽃 잎이 / 다 떨어진 뒤에야 / 그는 비로소 깨달았어요.
꽃나문 늦은 가을날 / 제 모습을 보았어요
언덕에 / 떨고 서서 / 물에 비친 알몸 하나
겨우내 / 한 자리 지키며 / 꿈을 꾸는 자신을.

—「꽃나무」

젊은이는 자기가 꽃나무인줄을 '미처' 모른다. 나무는 자신이 선생님의 보람이며 희망인줄도 모른다. 꽃잎이 다 떨어진 뒤에야, 세월이 지나간 뒤에야, 무엇인가 중요한 일을 앞에 두고서야 자신이 꽃나무였다는 것을 안다. 그러나 이제 꽃은 떨어져 버리고 '알몸' 만이 남아 있다. 시인은 여기에서도 희망을 버리지 않는다. 자신이 키운 꽃나무에 대한 관심은 '꿈'으로 형상화된다. 모든 것이 다 사라져버렸다고 슬퍼해서는 안 된다. 한 계절이 끝나는 지점에서 또 한 계절이 시작된다. 한 자리를 지키며 다시 시작될, 이 보다는 더 따뜻할 계절을 '꿈'

꾸는 시간이 있다. 추운 겨울을 '꿈' 꾸는 나무, 이것이 비단 정원사가 가꾼 나무만은 아니다. 꿈을 꾸는 것은 정원사 자신이기도 하다. 아무것도 없다고 느끼는 순간 정원사는 홀로 겨울을 인내하면 다른 봄을 꿈꾼다. 그의 정원에서 얼마나 많은 꽃과 나무들과 풀들이 자신의 이름을 얻고 정체성을 확인하며 꿈을 발견하고 새가 되어 날아갔는가. 그래서 대지 위에 돋아난 풀은 연약함으로 자신의 정체성을 보인다.

> 파릇이 돋운 입술 / 바람 오면 / 피리되네
>
> —「풀잎 단상」

풀잎은 연약한 생김 그대로 살아간다. 바람이 불면 풀잎은 피리 소리를 내고 피리가 된다.

4. 시간의 꽃

'사람의 일생은 일 년의 네 계절과 다를 바 없다'고 말하는 유선시인은 '인생의 문을 열고 가만히 들여다보면 거기엔 봄, 여름 가을, 겨울이 있다. 즉 20대가 꽃 피는 봄이라면 40대는 무성한 여름이고, 50대가 잎 지는 가을이라면 60대는 헐벗은 겨울이라 할 수 있다'고 시조집 『겨울나무로 서서』에서 말한다.

그의 정원에는 역사도 세월도 고향도 있다.

> 숲은 늘 푸른 숲은 / 한 하늘 마시면서
> 진 땅도 마른 땅도 / 가리잖고 자라는데
> 나는 왜 / 빗금 하나를 / 넘나들지 못하는가.
> 미명의 먼 발치에서 / 바람소리 들으면서
> 잔인한 역사 앞에 / 나이테만 늘어가고

드맑던 / 푸르던 목청 / 여위어만 가는가.

넉넉히 넉넉히도 / 오천년을 헤아리면

이 아픈 상흔 너머 / 필시 꽃은 필터인데,

켜켜이 / 먹구름 덮여 / 그늘 짙은 일월(日月)이여

—「민통선을 왕래하며」

민통선은 민간인 통제선으로 군인이 아닌 민간인은 들어갈 수 없는 곳으로 155마일 휴전선에 걸쳐 펼쳐져 있어 분단의 실체를 가장 가시적으로 확인할 수 있는 공간이다. 숲은 '한'하늘을 마시고 땅이 질든지 마르든지 가리지 않고 자란다. '진자리 마른자리 갈아 뉘시며 손발이 다 닳도록 고생 하시네'라는 노래가 생각 난다. 어머니와 대지는 이 지점에서 만난다. 땅도 마른자리와 진자리를 구별하지 않고 온갖 것들을 피워내기 때문이다. 숲이 땅에 구애받지 않는 것을 본 시의 화자는 휴전선으로 시선을 돌려 '나'는 왜 이 빗금 하나를 넘나들지 못하는가 반문한다. 자연은 나눠지 않는데 인간은 이데올로기에 의해 나뉜다. 단순히 지도상의 빗금일 뿐인데 그 힘은 강력하다. 밝은 대낮이 아닌 아직 밝아오지 않은 시간과 '먼' 발치라는 공간에 겨우 바람소리나 들을 뿐이다. 마음을 휘몰아치는 휴전선과 빗금의 잔인한 역사 앞에 나이테만 늘어간다. 시간을 나이테와 같은 보는 식물적인 시간 인식은 정원사로서의 직업병과 같다. 이는 푸른 목청과 꽃에서도 구현된다. 분단의 세월이 흐르는 동안 전에는 푸른 목청이던 것이 여위어만 간다. 상흔을 넘어 필시 꽃은 필 것 이라는 미래에 대한 긍정적인 시선을 가져보지만 켜켜이 먹구름만 덮여있어 현실은 그늘이 짙은 일월일 뿐이다.

끝 없는 시공 속에 / 못다 한 말 남겨 놓고

깊은 상처 어루만지며 / 사랑 하나 데폈다

어쩌면 / 저리 한 자리 / 홀로 서서 우뚝할까.

—「비석」

비석은 못 다 한 말을 남겨놓고 우뚝 서있다. '데피다'는 것은 따뜻한 말이다. 추운 겨울 아랫목을 따뜻하게 하고, 자식을 기다리는 어미가 그를 위해 맛있는 국을 데핀다. 데피는 손길에는 상대방을 향한 진심과 정성이 담겨있다. 어딘가에 외로이 있는 하나의 무덤과 남겨진 비석을 보고 시인은 시간과 공간 속에 못다 한 말을 찾는다. 살면서 하고 싶은 말을 다하고 살 수 없듯이 세상을 뜨고 나면 더욱 아쉬운 것이 사랑하는 사람들에게 하지 못했던 따뜻한 말일 것이다. '사랑한다' '네가 자랑스럽다' '당신이 제일이다' 등등…… 미처 하지 못한 말들을 남겨놓은 비석은 자신의 이력만을 새겨놓고 서있다. '홀로 서서' 우뚝한 비석을 보고 시의 화자는 '어쩌면'하고 말한다. 비석 너머에서 또 무엇을 보았을까.

하늘은 / 바다를 닮아 / 짙푸르게 드리우고
단풍은 / 햇살을 먹어 / 발갛게 물들었는데
팔달산 / 오르다 말고 / 바라보는 먼 고향.

—「늦가을」

늦가을에 하늘은 바다를 닮아서 짙푸르고 단풍은 햇살을 먹어 발갛게 물든다. 푸른 하늘과 대조되는 붉은 단풍은 고향에 대한 추억을 가져온다. 시의 화자는 산을 오르다 말고 먼 고향을 바라본다. 팔달산 가까이 있는 고향인지, 먼 고향이란 갈 수 없는 고향인지 알 수가 없지만 고향은 자연 그리고 식물성과 같이 떠오른다. 그것은 산과 복숭아꽃 같은 매개물이다.

햇살이 놀던 자리 / 복사꽃도 반짝반짝
빈 하늘 우뚝 걸고 / 속살 익혀 타는 그 강
저녁 놀 / 유년의 峰에 / 등불 하나 걸었다
저 아린 가난의 골목 / 새우젓도 옛날 전설
한 세월 걸린 낮달 / 散調되어 나렸는가
가난도 / 껍질을 벗기면 / 눈이 부신 빛인 것을.

—「도화동에서」

위의 시조는 도화동의 모습을 형상화하였다. 복숭아가 많아 동네 이름도 복숭아꽃 동네라는 도화동일 것이다. 가난한 어린 시절을 따뜻한 시선으로 되돌아 본다. 거기에는 햇살이 놀던 자리가 있고 복사꽃이 반짝인다. 유선 시인의 시조에는 하늘도 비고 세월도 비어 있다. 삶의 빈 것들 사이로 아린 가난의 골목과 새우젓의 전설 같은 것들이 채워진다. '햇살 - 복사꽃 - 등불 - 낮달' 그리고 '반짝반짝 - 익혀 타는 - 눈이 부신 빛' 같은 이미지들이 고향과 어린 날의 추억을 아름답게 한다. 그래서 가난도 껍질을 벗기면 눈이 부신다. 가난의 껍질, 시인은 세월을 식물성으로 보았듯이 가난도 나무 같은 식물성으로 인식한다.

5. 나오며

유선 시인은 시조집 『메아리치고픈 내 목소리』에서 '시조는 실로 애인이며 신앙이 아닐 수 없다. 이 겨레의 가슴 깊이에 늘 메아리치고픈 내 목소리를 애타게 기다리며 살아가고 있다'고 한다. 애인과 신앙으로서의 시조를 쓰고자 하는 유선 시인은 피지 않는 꽃을 보고는 안타까운 마음을 가지며, 꽃을 기대하며 물을 주고 햇빛을 기다린다. 자신이 얼마나 아름다운 나무인가를 모르는 나무에게는 물에 비친 모습을 보여주어 자아 정체성을 심어주고 용기를 주고 거울을 보게 한다.

그리고 꿈을 가지게 하는 지점으로 나아간다. 그럼에도 그는 지금까지도 자신이 정말로 아름다운 꽃을 피웠는지 고민한다. 이처럼 끊임없이 정진하는 그의 정원에는 별도 반짝인다. 그가 가꾼 정원에서 새가 울고 아이들이 놀고 많은 이들이 안식을 얻을 것을 기대한다.

(〈시조문학〉, 2007 겨울호)

자연동화의 세계

-이남수론[18)]

1.

해방 전에 태어나 현대사의 격랑을 함께 겪어오면서 시와 시조와 동시로 등단한 이남수 시인의 시는 '자연'의 숲으로부터 멀리 가지 않는다. 그의 시를 읽어가다 보면 '삶'과 '자연'이 자연스러운 숲을 이루고 있음을 발견할 수 있다. 그의 시는 자연과 더불어 피고 지고, 오르고 내려온다. 시의 많은 부분들에서 형상화되는 빈번한 활유법의 수사에서 시인이 보여주는 자연에 대한 몰입과 활유의 수사는 우리 서정시 전통의 표출양식이며 시인 또한 이에서 크게 벗어나지 않는다. 그러나 이 같은 자연에 대한 서정적 시상 속에는 칠순을 넘은 깊숙한 나이의 시인이 가진, 자연에 대한 특별한 시선과 해석이 있다.

2.

이남수 시인의 시적 대상이 되는 자연의 세계는 대체로 젊은 날의

---

18) 조선대학교 대학원 국어교육과, 『꽃비 내리는 별밭』, 『도시에서 부는 바람』 등.

성장지인 '고향'에 기반한다. 고향은 시인의 시적 상상력의 원천이 되며 순수하고 보편적인 것으로서의 자연이 된다. 그는 「세 번째 시조집을 내면서」에서 '고향이 있었건만 일찍이 고향을 떠나 살게 되었고 어려웠던 세파에 좌절도 극복도 수 없이 거듭하며 살아왔지만 지금에 내가 있다는 사실은 감사한 일이 아닐 수 없다. 타향살이 반평생은 고향을 생각할 나위가 없었고 후반에야 조금씩 고향에 관심을 기울인지 삼십 여 년에 이르렀다. …(중략)… 나라 사랑 선비 얼을 계승하고 고운 정서함양의 터전으로 삼고 아끼고 사랑해 주었으면 하는 마음 간절하다'고 하였다. 이 같은 진술에서 우리는 그의 시가 고향을 베고 있으며, 고향이나 선비나 얼 같은 전통적인 것들이 의식이 후배시인들에게서도 이어졌으면 하는 마음을 알 수 있다.

다음 시에서 고향의 '종다리'와 '보리밭'과 '봄날'과 '진달래'로 이어지는 봄의 이미지들은 서정시의 진경을 펼쳐 보여준다.

> 아지랑이 피어 오른 / 종다리 뜬 보리밭가
> 그 소리 날 부르나 / 젊은 봄날 그리움아
> 진달래 / 꽃가지 들고 / 되오려나 싶어라
>
> —「봄날의 그리움」

봄은 '아지랑이' '진달래'와 더불어 온다. 겨우내 얼어있던 땅이 따뜻한 볕에 의해 녹고 나서 아지랑이가 피어야 사람들은 봄이 온 줄 안다. 주로 봄에 피어나 마치 신기루처럼 사물을 구불구불 하게 보이게 하는 아지랑이는 따사한 춘곤의 몽롱함과 같이 오기에 봄과 어울리는 짝이 된다. 종다리는 봄이 되면 하늘 높이 올라 종알거린다. '종다리'는 암컷을 부르기 위해서 주로 봄에 운다고 한다. 사람들은 겨울을 지나 처음 피어오르는 아지랑이와, 겨우내 듣지 못했던 새 울음소리 중 먼저 들리는 종다리 소리에 귀를 기울인다. 진달래도 무채색의 겨울

이후 처음 볼 수 있는 붉은 색이다. 겨울을 견디어 내기가 얼마나 힘들었던가는 이 같은 봄의 대명사에 대한 반가움에서 읽혀진다. '처음'은 얼마나 신선한가. 그래서 처음 것은 잊혀지지 않는다. 처음 선생님, 처음 책상, 처음 책, 처음 짝, '싶어라'의 열린 종지형은 아스라한 시간 속을 들여다보게 한다. 젊은 봄날이기에 더욱 그립다. 시인의 호는 '봄재'이다. 봄재는 春城의 한글 이름이다. 봄 성이라는 호에서 시인의 '봄'에 대한 애정을 읽어본다. 현재의 봄은 젊은 시절로 시인을 이끌어 그 시간을 그리워하게 한다.

시인은 언덕 너머 밭 너머까지 멀리 보는 눈을 가지고 있고, 또 바람소리 풀이 자라는 소리 아직 오지 않은 소리 같이 가장 멀리 듣는 귀를 가진다. 시인은 어린 푸른 모를 보며 그 너머에서 일렁이는 '풍년'과 '기쁨'을 본다.

> 논두렁 길 / 푸른 풀잎 / 이슬 젖은 논, 밭 베고,
> 어디로 / 휘어 갔나 / 꼬불꼬불 멀구나.
> 모포긴 / 포기마다들 / 자라나는 키재기
> 질펀한 / 들녘 가에 / 일렁이는 푸른 물결
> 바람결 / 실려오는 / 상사뒤야 풍년가에
> 이 들판 / 갈건이 보듯 / 마음 가득 / 차온다.
>
> —「들녘에 서서」

논두렁길은 아직 어린 푸른 풀잎들로 일렁이고 이슬 젖은 논과 밭을 베고 꼬불꼬불 휘어져가서 멀게 보인다. 시인은 휘어간 논두렁길이 '멀다'고 말한다. 키 작은 아이의 시선에서 길은 항상 멀게 보인다. 시인의 시선도 낮아져 있다. 논두렁길은 논과 밭을 '베고' 휘어간다. 길은 누워있다. 시인도 누워서 하늘이라도 보았을까. 키 낮은 시선에서 보는 모의 포기는 키재기를 하듯 하늘을 향해 자라고, 넓게 평평히

펼쳐진 들녘에 '푸른' 물결이 일렁인다. 질펀한 들녘 가에 시인은 또 마음이 앞선다. 바람결에 '상사뒤야'하고 내지르는 풍년가가 들리는 듯하다. 모들이 자라고 여물고 고개를 숙이고 하는 과정들은 이미 지나쳐 버리고 가을걷이 하는 것이 보이는 듯하다. 풍년가와 마음 가득히 차오는 것은 '풍성함'이다.

3.

자연물을 보는 시인의 태도는 섬세함을 보여준다. 그가 보여주는 자연을 통하여 우리는 지난 세월과 인생을 반추하게 된다. 그의 시적 상상력은 일상적인 짓눌림에서 벗어난 자유로운 순수마음 상태에서 비롯된다. 그리고 자연과 교감하며 시인의 내면감정을 자연물에 기대어 노래한다. 단순히 자연의 세계를 노래한다기 보다는 자연의 순수한 숨소리를 진정으로 느낀다.

이남수 시인이 주로 다루는 대상은 나무 같은 '식물'이다. 이 같은 연약한 식물적 대상으로부터 시인은 '인내'와 '푸른 정신'을 구한다. 이남수 시인은 의미 없는 많은 것들 사이에서의 의미 있음으로 남는다.

가버리는 시간 끝에 / 남겨지는 씨알이라
영원을 심어주는 / 결실의 은혜로움
잇달아 /오는 세월도 /전원 속에 있으리

—「가을 전원에서」 중에서

가버리는 시간이지만 남겨지는 것이 있다. 그것은 '씨알'이다. 씨알은 種子이기에 헛것이 아니며 만져지는 부피와 무게가 있다. 결국 씨알은 모든 것의 근본이며 바탕이다. 그리고 씨알은 '영원'으로 이어지고 결실의 '은혜'를 낳는다. 씨알의 씨알이 씨알을 낳고 죽고 또 낳고 죽고 낳고…… 하기 때문이다. 가버리는 세월이 있으면 잇달아 오는 세월도 있기 때문에 아쉬워 할 것이 없다. 밭과 동산이 있는 시골이나 교외는 자연에 가깝다. 순간과 영원 죽음과 다시 태어남은 자연가운데서 이루어진다.

솔 솔 솔 솔바람이 / 솔 솔 솔 불어와선
매달린 / 솔방울에 / 흰 날개 솔씨 하나
날리어 / 산골 너머로 / 시집살이 / 보낸다.

―「솔방울」 중에서

솔바람이라는 말에서 우리는 굳게 서있는 소나무를 본다. 솔잎을 스치는 바람소리, 솔 솔 솔 솔바람이 솔 솔 솔 불어온다. 우리 조상들은 대나무밭을 스치는 바람소리와 소나무 숲을 스치는 솔바람을 자주 이야기 하였다. 소나무와 대나무는 '곧음'과 '지조'의 상징이 된다. 그러나 시인은 소나무를 장난꾸러기 바람과 같이 본다. 솔씨는 날개를 가지고 있다. 바람을 타기 위해서 솔 씨는 자신을 최대한 가볍게 했을 터, 솔바람은 매어달린 솔방울의 흰 날개가진 솔 씨 하나를 날리어 산골 너머까지 '시집살이'를 보낸다. 바람이 중매쟁이가 된 결혼식이 이루어진다.

이남수 시인의 시에서 세속적인 삶은 배제되지 않고 자연이 자연적으로 받아들이는 '고난'으로 나타난다. 자연에서 시인은 진정하고 참된 세계를 찾으려 한다.

사뭇 많은 사연일랑 / 연륜으로 감아두고 / 핏줄로 뻗어난 가지 / 짙푸르게 살자는데 / 큰 바람 / 소스리침에 / 옹이로만 / 굳어진다.

그처럼 고된 세월 / 인고로 다져 산다 / 하늘 바라 견딘 목숨 / 두려움 하나 없이 / 이제는 / 천년이 하루같이 / 제 모습에 / 살련만.

> 언제고 기다리기 / 그리움만 남은 세월 / 말끔이 가신 날에 / 큰 숨 한 번 쉬고파서 / 나무는 / 앓으며 서서 / 나이테를 / 감는다.
>
> —「나무는 앓으며 서서」

나무는 길푸르게 살고자 하지만 바람에 옹이로 굳어진다. 하늘을 바라며 견딘 목숨과 큰 숨 한번 크게 쉬고 싶은 것은 '이상'하는 삶이다. 이상은 '젊음'이며 되고자 하는 '소망'이며 '희망'이다. 그러나 큰 바람이 소스리침과 고된 세월과 기다림은 맞이하려하지 않아도 온다. 사연은 연륜으로 감아두고 가지는 핏줄로 뻗어나간다. 인간사나 자연사나 매양 바람은 불어온다. 바람으로 옹이는 굳어간다. 어머니의 고생하는 살에 굳은살이 박히듯, 나무의 굳은살은 '옹이'이다. 옹이는 가지가 자라나간 부분에 겉으로는 드러나지 않게 딱딱하게 박혀있는 부분이고, 마디도 가지가 벋어나가는 부분인데 겉으로 드러나 있다. 인위적으로 잘린 가지에 생기는 것이 또한 옹이이다. 옹이가 진 곳의 나이테는 기형적인 모습이 된다. 옹이는 건축 할 때 필요 없어 버리는 것이다. 그만큼 옹이의 상처는 깊다. 옹이의 이미지는 삶의 고통과 절망에 대한 적절한 정서적 상관물이다. 시인은 이러한 삶의 고통과 절망 속에 골몰하지 않고 그러한 고통을 감내하고 이루어지는 세월을 인식한다. 그러한 시적 인식은 옹이를 넘어서는 '나이테'에 대한 생각으로 형상화된다. 세월은 고되고 인고는 늘어간다. 고통 속에서도 나무는 하늘을 바라며 견딘다. 소망이 없다면 살 수 없었을 것이다. 고난의 끝이란, 두려움이 없고 세월과 시간에 대한 인식은 순간이 된다는 것이다. 천년과 하루의 대비를 통해 나무의 긴 세월은 그리움을 남긴다. 이남수 시인의 자연들은 그리워한다. '사연'과 '연륜'과 '핏줄'과 '고됨'과 '인고'와 '두려움'과 '그리움' 같은 모든 인간지정이 말끔히 가신 날이 있을까마는, 그날을 바라며, 그날에는 큰 숨 한번 크게 쉬고파서 나무는 현재의 앓음을 견딘다. 주름과 나이테, 세월은 금을 긋고,

이마엔 주름이 걸리고, 나무에게는 나이테를 감는다. 나이테는 연륜(年輪)이다. 추운 겨울이 있어야 나이테가 만들어진다. 춥지 않은 열대 지방의 나무는 나이테가 거의 없다는 이야기를 들은 적이 있다. 인간에게는 연륜이 있다면 나무에게는 나이테가 있다. 시인은 혹독한 추위와 바람과 싸우면서도 끈질기고 강하게 뻗어나가면서 힘찬 생명력을 발휘하는 나무의 속성에 주목한다. 이처럼 강건하면서도 스스로의 생명력을 보존하는 나무와의 일체적 동화를 시인은 꿈꾼다.

가을은 초로의 시인에게 각별한 계절로 다가온다. 이남수 시인은 첫 시조집을 내면서 '일상의 소용돌이 속에서 자신을 미처 깨닫지 못하다가도 문득 돌이켜 보았을 때 자아의 객체가 보이듯이 흐르는 시공도 매한가지로 멀리 떠나 보내놓고 보면 인생의 마루턱에 서서 뒤돌아보는 아른거리는 산하가 되비춰는가 봅니다'라고 하였다. 계절의 황혼기에 해당하는 가을은 시인으로 하여금 계절 감각이 환기하는 소슬한 느낌에 젖어들면서 그리움과 삶의 외로움을 내어보인다.

> 으능잎 새노란 잎새 / 소슬바람 이는 뜨락.
> 햇살 어슬어슬 / 기어드는 낡은 창에,
> 세월도 / 한차례 늙어 / 한 해 금을 긋는다
>
> —「가을 빛」 중에서

세월에 대한 시인의 감정은 애상적 상실감과 시듦과 고독함이다. 위의 시는 으능잎, 소슬바람, 낡은 창, 늙어 같은 가을의 이미지로 시인의 마음을 보여준다. 으능나무는 은행나무이다. 은행나무가 샛노랗게 변했으면 가을일 것이다. 가을이 되면 사람의 마음에는 으스스하고 쓸쓸한 소슬바람이 분다. 가을 햇살이 가득한 뜨락에도 소슬한 바람이 일고, 햇살은 '어슬어슬' 기어든다. 창은 '낡은' 창이고 사람은 '늙어'간다. 사람의 이마에 세월의 주름이 생기듯, 세월은 늙어서 한해의 금을 긋는다.

사계절의 황혼기를 지난 동면의 '겨울'은 시인으로 하여금, 하나 남아 떨어지지 않고 있는 나뭇잎을 깊은 감상에 젖어 바라보게 한다.

> 대롱거려 / 매달려 떠는 …….
> 두어 잎 / 마른 잎새 .
> 무엇이 / 시원찮아
> 못 떨구고 / 남았나.
>
> ―「흰 한 나라가 된 때」 중에서

눈이 오면 모든 세상은 눈으로 덮혀 나뉘어지지 않은 하나의 세계처럼 보인다. 길도 논도 집도 하나가 되는 때이다. 온 세상은 눈이 와서 하나의 흰 나라가 되었는데도 겨울나무는 미련을 보인다. 두어 잎의 마른 잎 새는 대롱거리며 매달려 '떤다'. 나무는 무엇인가 시원치 않아 남은 두어 잎 마른 이파리를 못 떨구고 남아 있다. 미련이 있는 듯 온전히 포기하지 않는다. 나뭇잎에게 나무는 근본이며 떨어져 가야할 땅은 나무보다 더 근본이다. 그럼에도 못 '떨구고'있는 주체는 나뭇잎이 아니라 나무이다. 시인은 포기 하지 않는다. 다만 상상할 뿐이다.

4.

이남수 시인의 또 하나의 시적 대상은 '물'이다. 식물의 생명공급원은 땅 속의 '물'이다. 강물과 바다에서 시적 상상력이 발휘된다. 강변에서서 보면 강 밑으로는 '숭어'가, 강 위로는 '돛단배'가 뜨고, 하늘에는 '낮 달'이 떠있다. 그리고 하늘과 강 사이에는 '뱃노래' 소리가 있다.

> 숭어떼 낮달 얼려 / 민물따라 오르고,

돛단 배 황포자락 / 긴 세월에 감기는…… / 영산강 뱃노래 소리 / 거품되어 뜨누나

—「강변에 서서」 중에서

강변에 서면 숭어 떼가 보이고 영산강 뱃노래가 들린다. 숭어는 바다와 민물을 같이 드나든다. 가을이면 민물을 떠나 바다로 가고 민물이나 강 하구에서도 잘 산다 한다. 좋은 성격의 숭어 떼는 낮 달더러 같이 가자고 어른다. 낮 달을 '얼러'서 민물을 따라 오르고 강물을 따라 내려오고 거슬러 오르기도 하는 숭어 떼는 시인의 끊임없는 생각의 여정을 표상한다. 긴 세월을 감는 '돛단배 황토자락'은 오래된 그림처럼 느껴진다. 시인은 그 시절 황포자락의 돛단배를 본다. 노래 소리는 거품이 되어 뜬다.

다음 시는 어느 해안의 풍경을 그리고 있다. 이 풍경화는 시인의 의식 속에서 윤색된다. 시인의 의식 속에 떠오르는 바다는 하늘을 닮아 유난히 푸르다. 이어서 시인의 의식 속에 떠오르는 정서는 '생명'이다. 바다를 보면서 시인은 '숨소리'와 '가슴높이'와 '영겁'과 '생'과 '꿈'을 떠올린다.

하늘 빛 시새움 겨워 / 바래 저리 더 푸른가?
물결 기슭 핥아 / 뭍에 닿는 숨결소리.
저만치 / 가슴 높이로 차오르는 수평선.
별자리 재워 영겁안고 / 출렁이는 해원 너머
오는 듯 가는 듯한 / 생을 받든 저 목숨이
섬사람 돛 폭을 가꿔 / 푸른 꿈을 키운다

—「남해에서」 중에서

위의 시에서 우리는 시인의 '하늘빛', '해원', '푸른 꿈'으로 이어지

는 푸르른 생명의 세계를 본다. 시인은 남해에 서서 푸른 하늘과 바다를 견주인다. 바다가 하늘보다 더 푸른 것은 하늘의 빛을 시샘해서이다. 하늘을 닮기를 바라는 듯 물결은 기슭을 핥고 뭍까지 그 숨소리가 들린다. 시인은 바다의 힘찬 생명력을 느끼고 그 은밀한 숨소리를 느낀다. 푸르름의 시적 탐색에서 시인이 도달한 섬은 생명에 대한 통찰이라고 할 수 있다. 때 묻지 않은 순수함과 맑음의 세계가 그것이다.

순수함에 대한 견지와 지향은 동화적 세계에서 힘을 발휘한다. 때가 묻지 않은 자연과 허위적인 먼지가 끼지 않은 어린 날과 젊음의 순수함에 닿아있다. 인생사와 상관없는 듯한 동화적인 시편을 보면서 새삼 우리가 늙어 버렸음을, 더불어 속화된 현실에 매몰되었음을 발견하게 된다. 시인은 젊음의 순수를 회복하기 위한 곳으로 우리를 이끌고 간다. 이 이미지들은 모두 맑고 아름다운 모습을 띠면서 현실의 먼지가 묻어 있지 않은 인간의 근원적 심상을 꿈꾸게 한다.

> 하늘 / 나라 / 별님들과 / 이야길 나누다가
> 꼬박 한밤 / 지새우며 / 머리칼이 / 세었나? / 하이얀 / 꽃송이들이 / 지붕위에 / 누었네
>
> —「박꽃 1」 중에서

이제 커버린 어른들은 하늘의 별더러 '하늘나라의 별님'이라 하지 않는다. 어른이 아이와 같은 시간을 가지며 그들과 어울릴 때 '별님'이나 '하늘나라'라는 말을 한다, 시인은 아이와 같이 낮아져 있다. 초가집 위에 보름달 마냥 덩그러니 박이 열린다. 박꽃은 밤에만, 즉 초 저녁부터 밤이 새기까지만 꽃을 피운다. 이 같은 박꽃을 보고 시의 화자는 꽃이 꼬박 밤을 새우는 것 같이 본다. 박꽃은 별님과 이야기를 나누다가 밤을 샌다. 어린 날 마실가서 밤새도록 소곤거리며 놀던, 텔레

비전도 없고 라디오도 흔치않던 시절 모두의 가슴속에 담아둔 날을 박꽃은 되살려 보여준다. 박도 하얗고 박 속도 하얗고 꽃도 하얗다. 별빛이 내려앉아 더욱 하얗게 보인다. 시인은 이를 머리칼이 세었다고 본다. 머리칼이 하얗게 세어버린 시인의 사진을 본다. 그의 가슴속에는 젊은 푸르름과 아이의 순수함이 있다.

장난꾸러기 / 가을 / 바람.
하늘에 / 돛배 하나 / 띄워 놓고,
잎 진 / 미루나무 더러
노 저으라 / 해놓고선,
제 홀로 / 그 안에 누어 / 실컷 낮잠을 잔다.

—「가을 바람」

위의 시에서는 '가을바람'과 '흰 구름'과 '미루나무가' 있는 풍경이 그려진다. 유치한 듯 보이지만 우리의 마음을 아스라한 어린 날로 돌아가게 하는 '이발소 그림'같다. 시인의 가을바람은 장난꾸러기 이다. 하늘의 돛배는 무엇일까. 관습상의 상상력으로는 낮 달이겠거니 생각할 수밖에 없다. 하늘에 돛배하나 띄워놓고 장난꾸러기인 가을바람은 제 홀로 낮잠을 잔다. 같이 가자고 하지도 않고 같이 놀자 하지도 않고 홀로 낮잠을 잔다. 가벼워서 어디로든 갈 수 있는 바람이지만 바쁘지 않아 보인다. 장난꾸러기 사내아이가 무슨 바쁜 일이 있겠는가.

강물에 햇빛이 비치고 진달래도 비치고 오색 무지개도 비친다. '햇빛'은 하늘의 것이고 '진달래'는 땅의 것이고 하늘과 땅 사이에 '무지개'가 있다. 삼층천을 모두 아울러 품으며 강은 흘러간다.

저 / 강물은 …….
화선진가봐

햇빛 / 물감
곱게 풀어
붉게 / 타는 / 진달래도 -
그렸단 지워버리고,
무지개 / 오색 그림을 / 마음대로 / 그리네.

—「강물」

위의 시조에서 시인은 저 강물은 '…….' 하고 말 없음 표를 찍는다. 시의 화자는 강물을 보고 가만히 생각을 한다. 긴 시간 후에 얻은 결론은 강물은 '화선지'와 같다는 데 이른다. 그리고 '강물은 화선진가봐' 하고 독자의 귀에 작은 손을 대고 귀엣말을 한다. 강물은 햇빛 물감을 곱게 풀기도 하고, 붉게 타는 진달래도 그리고, 오색 무지개도 그린다. 오색무지개라는 말과 일곱 빛깔 무지개라는 정의를 생각해 본다. 과학적이며 현란한 색조의 현대적인 무지개와 고아하며 수수한 오색 빛의 무지개는 '얼'이라는 정신으로 집중하게 한다. 거울은 모든 것을 그대로 비추지만 강물은 자신의 색을 버리지 않고 그 위에 자연을 반사시킨다. 거울은 반사시킬 뿐이지만 강물은 '마음대로'그린다. 마음만 먹으면 할 수 있다. 물이 어디에 담기든 형체는 자유로이 변하여도 그 속성은 변하지 않듯 말이다. 이 같은 독특한 상상력은 나날이 일상적 삶과 사연에서 일부러 찾아지는 것이 아닌 자연스럽게 찾아진 만큼, 읽는 이에게 공감력을 발휘한다.

5.

이남수 시인의 시는 이처럼 풍성한 정서를 바탕으로 하고 있기에 햇빛으로 가득 차 있는 한가한 고향집의 뒤란에 앉아 있는 것 같다. 그가 보여주는 자연은 순수의 세계이다. 자연과 시인의 일체적인 어울림을 그는 보여주었다. '식물'은 시간과 늙어감과 세월과 고난과 인내를, '물'은 생명과 푸르름의 세계를, '동화적 세계'는 순수의 세계를 보여주었다. 앞으로도 구체적인 삶의 세목들을 감싸 안으며 시적 정서의 균질성을 유지하면서, 보다 넓은 공간의 역역으로 확장되어 나갈 것을 믿으며 이만 글을 맺는다.

(〈시조문학〉, 2005 봄호)

낯설게 하기와 동일시의 길항

―이선희론[19]

한 시인의 시세계를 이해하려면 시인이 시에 대해 어떻게 생각하고 있는가 하는 견해를 살필 필요가 있다. 이선희 시인은 다음 글에서 시란 '옥죄던 응어리가 꽃으로 피어난 결정체'라고 말한다.

> 가만히 이름도 모르는 꽃을 들여다보고 있으면 어느 새 가슴 한 켠에 옥죄던 응어리가 시로 변하고…… 감히 낯설게 하기에 불충분 하고 동일시하기에 아직도 멀기만 한 이 시들을……
>
> ―「자서, 들꽃으로 피어나면」

시인은 이름도 모르는 꽃을 들여다본다. 누가 들꽃 하나하나의 이름을 알 것인가. 평범한 이들에게는 하나의 들꽃일 뿐이다. 굳이 이름을 부르지 않아도 꽃이라는 사실은 변하지 않는다. 이름 모를 들꽃은 시인에게서 응어리를 끄집어내고 시인은 이를 시로 변주한다. 낯설거나 이름 모를 것들이 과거로 미래로 통하는 길임을 누가 알까.

또한 시인은 위의 글에서 '낯설게 하기'와 '동일시'에 대한 시의 정

19) 호는 갈샘.

의를 이야기한다. 낯설게 하기란 주위에 무수하게 흩어져 있기 때문에 무감각해진 돌이 돌임을 깨닫기 하기 위한 문학적 방법이다. 남들과 같아서는 그 이상을 넘어설 수 없음을 아는 것이다. 그러나 '낙엽은 돌멩이'라는 비유가 원관념과 보조관념사이에 간격이 너무 넓기 때문에 아무런 감흥을 불러일으키지 못하는 것처럼 생경한 비유는 더 무감각해짐을 알고 있다. 그렇기 때문에 이선희 시인은 '동일시'를 이야기 한다. 동일시란 자기 이외의 인물이나 사물을 자기의 정체성으로 융화시키는 과정이다. 사물 속으로 들어가 하나가 된다는 것이다. 낯설게 하기와 동일시의 적절한 조화 가운데 서고자 하는 이선희 시인의 시조를 본다.

1. 낯설게 하기

사진 속의 이선희 시인은 여성스러운 옆모습이다. 어떤 지점을 바라보고 미소짓고 있는데 그리 강하게 보이지 않는 인상이다. 그런데 그녀의 시조는 강함과 부드러움이 공존한다. 이 장에서는 그녀의 강함에 대해서 이야기하고자 한다. 그녀의 강함은 낯설게 하기의 시에서 더욱 발휘된다.

이선희 시인이 낯섦을 낯설지 않게 여기는 태도는 다음과 같은 시조에서 발견된다.

> 무리진 아름다움에 / 낯선 곳도 좋아라
> 이름 모를 거리라도 / 해맑게 피어나서
>
> —「코스모스」 중에서

무리지어 피어 있는 코스모스 꽃을 보면 비록 낯선 이름 모를 거리라도 좋다. 그래서 '낯선 곳도 좋아라'라고 벙긋이 웃었을 것이다. 낯선 곳은 어설픔과 아무도 모름 그리고 두려움과 설렘이 공존하는 공간이다. 이것이 시인에게는 매력으로 다가온다. 코스모스라는 이름이 품고 있는 혼돈과 우주의 질서라는 신비함을 보여주는 듯 이름 모를 거리라도 꽃은 두려움을 이기고 '해맑게' 피어난다. 이선희 시인이 위에서 말한 응어리가 시로 개화하는 순간이다. 산도 물도 설은 어느 지역에서 무리지어 피어있는 코스모스를 보았으리라. 지난날 우리의 강산에 의도적으로 심겨진 꽃은 코스모스 정도이지 않았을까 싶다. 길가에는 민들레가, 산에는 개나리와 진달래가 그득했지만, 코스모스는 산업화 시기 가로개량작업 후에 계획적으로 심어졌다. 한국의 꽃이 아니기 때문에 코스모스에 붙이는 우리 말 이름은 없었다. 이렇게 외래종임에도 우리의 낡은 사진 흑백사진 어디에도 박혀있다. 그래서 이젠 한국의 풍경처럼 인식되는 특이한 꽃이다.

다음 시조에서 민들레 바람은 태풍의 이름이다. 전반부는 태풍이 채찍처럼 포효한다고 묘사하는 것으로 시작하지만, 뒤 이어 오는 다음과 같은 구절을 마주하면 독자는 당황한다.

> 잊혀진 낡은 벽화는 / 찢긴 채로 질주한다.
>
> —「민들레 바람」 중에서

질주하는 것이 바람이라면 시인은 태풍을 '낡은 벽화'로 보는 것이다. 낡은 것은 힘이 없다. 그럼에도 찢긴 채로 질주하는 바람은 무섭기까지 할 것이다. 낯선 비유를 통해서 독자로 하여금 태풍의 위력을 더욱 실감하게 하는 것이다.

사승봉도는 인천소재의 무인도이다. 거기에는 관리인만 한 명 사는데 매스컴에 소개된 이 후 유명해져서 많은 사람들이 캠핑을 가거나 하는 곳이라고 한다. 섬에 대한 사람들의 의견은 '대체로 좋았다'이다. 그러나 시인은 다음과 같이 말한다.

신의 호흡에 빨려 들어 죽을 수밖에 없는
그을린 혼령에게 비단 조가비를 선뜻 준다

여름 내 땀에 젖은 덩어리
유황불로 구워낸듯

—「사승봉도에서」 중에서

땀과 유황불이라는 시어로 찌는 듯한 섬의 더위를 이야기 하고 있는 것은 알겠지만, '신의 호흡에 빨려 죽을 수밖에 없는 그을린 혼령'이라니 난해하다. 혼령은 죽은 것이고 조가비는 죽은 조개의 껍데기이다. 죽음이 죽음에게 '선뜻' 주는 선물은 바다의 선물과 같다. 바닷가에서 조개를 줍고 조개껍데기를 줍다가 우연히 발견한 비단 조가비, 마치 금을 찾은 듯 기뻤을 것이다. 무인도의 뜨거운 여름이 난해한 묘사로 선명해진다.

이선희 시인의 낯설게 하기는 '강'과 '바다'에 대한 시조에서 주로 발휘된다. 강과 바다는 세월과 풍성함, 생명의 시작 등과 연관되는 심상이지만 이선희 시인은 낯선 모습으로 그려낸다. 다음 시조의 전반부는 냉랭한 아침 기운이 도는 갈대 늪의 묘사로부터 시작된다.

멍들은
개천가 위에
찾아든 빛줄기 하나

—「갈대」 중에서

위의 시조에서 개천은 '멍들어' 있다. 차가운 겨울의 개천이거나 혹은 오염으로 멍든 개천이거나 알 수는 없지만, 멍들었다는 말에는 가재나 소라, 다슬기도 있는 풍요로운 개천이 읽히지 않는다. 그런데 여기에 빛줄기 하나가 찾아든다. 이 시조의 후반부에 보면 '하얀 소망의 숨결'임을 알 수 있는데, 멍든 가슴 밑 진흙 속에 묻혀있는 소라 같은 소망을 줍게 된다. 앞의 '갈대'와 제목은 같지만 다른 시조집에 실려 있는 시조 「갈대」도 '고뇌의 물결 따라 / 일렁이는 저 갈마'(「갈대」, 달가람 시조 12집) 갈마바람을 타고 일렁이는 갈대는 '고뇌의 물결'이다. 이선희 시인은 강을 멍든 상처와 고뇌, 풍성함 대신 여윔의 이미지를 보여준다. 그 원인 중의 하나는 시인이 강을 동학혁명이나 여순 반란사건과 같은 남도 민중 혁명을 염두에 두었기 때문으로 보인다. 멍든 개천이라는 익숙지 않은 표현 앞에 잠시 멈추고 멍든 역사의 이해로 나아간다.

다음은 여수의 오동도를 바라보며 부둣가에서 쓴 시조이다. 바다를 바라보면서 시인은 광대함이나 시원함 대신 죽음과 침묵과 숨막힘을 말한다.

> 산화된 / 불꽃 자락이 / 저 산 위에 펄럭인다
>
> 눈부셔도 찬란해도 / 할 말 잃은 붉은 바다 / 소용돌이 가슴 안은 / 물고기들 숨 막혀
>
> —「여수에서」 중에서

여수는 소용돌이 가슴을 안고 있고, 물고기들은 바다에서조차 숨 막혀서 구원의 쉴 곳을 찾아 맴돈다. 눈이 부시고 찬란하지만 바다는 할 말을 잃었다. 푸른 바다가 아닌 '붉은 바다'인데 뜨는 해가 물들인 것이 아니라면 심각해 보인다. 전반부의 '산화된 불꽃'이라는 표현은 전태일의 죽음 혹은 이순신의 마지막 전투 혹은 여순 반란사건 등을 생각하게 한다. 이 같은 사건들은 한과 연관되어 숨 막히는 바다가 된다.

다음의 시조에서 섬진강은 혼돈과 항거를 담고 있다.

저 멀리 / 뵈지 않는 손 / 혼돈하는 삶의 지표

밀물처럼 다가오는 / 검은 자락 그 산줄기 / 체념한 뼈마디의 / 은밀한 항거여라

—「섬진강을 바라보며」 중에서

인간의 신체 가운데 선명하게 볼 수 있는 것은 손이다. 눈 가까이까지 자유로이 이동이 가능하기 때문이다. 그런데 위의 시조에서 손은 보이지 않는다. 명확하게 방향을 지시해야할 삶의 지표는 '혼돈' 가운데 있다. 민중의 체념과 뼈마디 밖에 남지 않은 고통스러운 삶을 보여주기 위해서는 보통의 방법으로는 불가능하다. 이를 위해 이선희 시인은 공감각적 이미지와 은유의 중첩을 사용한다. 산은 바다처럼 '밀물'로 다가온다. 밀물처럼 산하는 뒤덮는 민중의 함성을 산과 바다의 중첩으로 보여준다. 이선희 시인은 강을 통해서 역사를 보고 있다고 느껴지는데 섬진강과 연관된 역사는 동학농민운동이나 1919년의 만세사건, 그리고 여수 반란사건 등과 연관된다. 신동엽의 장편 서사시 『금강』이 동학혁명을 소재로 하고 있듯이 다음 시조의 금강 역시 동학농민혁명과 연관되어 보인다.

유구한 역사 안고 / 유유히 흐르는 터

강물 줄기 여기 저기 / 핏물 줄기 휘감아

아낙네 빨래 방망이 / 시름 원한에 춤을 춘다

—「금강에서」

'유구한' 역사가 '유유히' 흐른다. 내재율의 적절한 조화이다. 아낙네의 내리치는 빨래 방망이는 시름 원한을 내리치는 듯 보인다. 신동엽의 시 「농무」에서 서림이 전봉준을 배신한 것처럼, 원한의 '춤'은 한풀이의 춤이기 때문에 신명나지 않는다. 우리의 역사, 세계의 역사는

고난의 전쟁사이다. 행복의 역사는 없어 보인다. 그래서 강물 줄기는 핏물줄기를 휘감는다. 강은 민중이 흘린 피인 것이다.

2. 동일시

시인의 자질 중 하나는 시적 대상과 같은 마음을 가지는 것이다. 이 세상 어느 것과도 통할 수 있어야 한다. 이선희 시인은 이러한 자질을 보여준다. 동일시의 방법은 자연에 대한 관찰과 시화에서 드러난다. 보통은 화자의 편에 선 동일시를 보여주지만, 이선희 시인은 시적 대상 편에서 주체를 향한 동일시도 시도한다. '유유히 / 흩날리는 휘파람 소리 / 저녁놀은 부러워'(「어떤 아이」)와 같은 시조에서는 자연이 인간을 부러워한다. 대상에 대한 일방적인 투사가 아니라 서로 투사하는 것이 이선희 시인의 동일시 방식이다.

> 드맑은 하늘빛이 / 푸른 손을 내밀어
> 삶의 짐 하나 둘 / 뜰 안에 쌓다보니
> 기운 찬 호박 잎줄기 / 빗장 두고 담 오르네
> 나즈막한 돌담 너머 / 무게만큼 기운 박
> 한나절을 매달려 / 보름날을 손꼽는데
> 별무리 솔바람 타고 / 울 밖에서 서성이네
>
> —「소망」

위의 시조는 밝은 햇살이 그득한 옛날 그림을 보는 듯 시각적이다. 나지막한 돌담 너머에 무게를 가지고 기운 박이 있다. 제목이 무엇인가를 바란다는 '소망'이다. 그래서 시어와 이미지의 연결이 맑고 완만하다. 호박과 박과 보름은 가득 찬, 둥그런 거침이 없는, 완만한 이미지이다. '드'는 요즈음은 잘 사용하지 않는 접두사이다. '드높은'이라는 말은 종종 사용되는 편이지만 '드맑은'과 같은 단어는 오래간만에 본다. 정말 높게 맑다는 뜻이다. 하늘의 손이 아니라 하늘빛이 손을 내민다. 빛이 손을 내밀듯이 내려온다. 손을 내밀고 쌓고 담을 오르고 손을 꼽고 같은 일관된 손의 심상들이 서성이는 것과 같은 다리의 심상으로 끝을 맺는데 이는 이미지 리듬의 의도적 흔들림이다.

삶의 짐은 뜰 안에 있고 별무리는 울 밖에 있다. 무겁게 지고 가야 할 짐이 아니라 하나 둘 늘어가는 세간처럼 늘어간다. 그가 말했듯이 어려움도 물푸레나무 사이로 비치는 하늘을 보면 다 사라져 버리는 것처럼 짐이 짐으로 여겨지지 않는다. 굵은 동아줄 같은 호박 줄기는 방둑에도 담장에도 기운차게 뻗쳐 나간다. 힘센 성장력과 기죽지 않는 강인함이다.

> 쓰레기 틈 사이에 / 얼굴 내민 곰보 버섯
> 삶의 고뇌에 / 하나둘 닥지닥지
> 우산 깃 곧 세우고서 / 흰 나래를 펴본다.
> 먼 산의 아지랑이 / 하늘 위에 올려놓고
> 내 삶의 자리에다 / 하얀 망사 펴 보이며
> 숨겨진 가는 팡이실로 / 망초 무늬 자아낸다.
>
> —「삶 2」

곰보버섯이란 '봄에 숲속이나 나무가 많은 곳에서 식물과 공생생활을 하는 균근성 버섯'이라 한다. 식용으로 쓸 수 있으며 맛도 좋다고 한다. 그런데 이것이 왜 숲이 아닌 쓰레기장 옆에서 자라났을까. 제목이 삶이다. 쓰레기 같은 혹은 쓰레기장 같은 것이 삶인가. 모든 것이 서로 엉켜 풀 수도 없는, 어디서부터 다시 시작해야 하는지 막막한 쓰레기 더미들. 그 가운데 화려한 표고버섯이나 송이버섯이 아닌 곰보버섯이 핀다. 삶의 고뇌에 하나둘 닥지닥지 붙은 곰보 자국의 버섯.

쓰레기 틈 사이에서도 삶의 고뇌를 가지고 얼굴을 내미는 버섯의 모양은 '우산'으로 '드레스'로 '망사'로 상승하는데 이는 위에서 살펴본 한줄기의 빛이며 고단한 삶 가운데 내리는 단비이며 환상이다. 쓰레기장에 버려진 우산이지만 날개처럼 깃을 세워 희망을 잊지 않는다. 쓰레기장에서 먼 산으로 시선을 들어 아지랑이를 하늘 위에 올려놓는다. 쓰레기장 같은 삶의 사리에 하얀 망사를 펴 보인다. 하얀 망사는 웨딩드레스나 혹은 드레스에 많이 쓰이는 섬유 소재이다. 팡이실로 자아내는 망초무늬는 환상적이다. 쓰레기장 같은 삶이지만 소망과 환상을 가지고 있는 것, 이선희 시인은 삶을 이렇게 본다.

> 언덕 위 메마른 하늘 빛 / 마디마디 시려라.
>
> 색도 없는 까막눈이 어둠 속을 / 헤치고는 / 따스한 그대 손길 줄기마다/ 물드는데, / 풀밭 위 엉킨 가슴들 / 이슬이고 싶어라
>
> —「하늬바람」 중에서

언덕 위에 하늘빛이 메마르고 건조하다. 색도 없는 까막눈, 글을 읽지 못하는 사람의 눈을 까막눈이라고 한다. 그런데 그것은 색을 지칭하는 것이 아니다. 까맣다라는 말은 어두워서 보지 못한다는 말, 여기에서 연유된 단어일 듯싶은데 밤도 아닌 낮에 보지 못하는 심정은 밤보다도 더 안타까울 것이다. 글을 알지 못하는 눈이 어둠 속을 헤치고는 마디마디 시린 손이 따스한 손길로 봄을 느낀다. 하늬바람이 일으키는 손의 요술은 마디마디 시려웠던 줄기마다 물이 오르게 한다. 건조한 메마른 풀밭 위에 엉킨 가슴들은 이제 습기를 머금은 이슬이 된다.

> 누군가에게 / 그래도
>
> 필요한 존재라면 / 그 만큼의 바램으로 / 작아지지 말라고

가을은 / 고개만 숙이며 / 낙엽 위에 적는다.

—「가을은」 중에서

'그래도'란 앞의 어떤 상황을 부정하는, 강한 어조는 아니지만 그래도 그렇지 않아? 라고 동의를 구하는 앞의 말을 가볍게 부정하고 자기의 의지를 보여주는 단어이다. 앞에 올 수 있는 상황이란 '나는 존재할 가치가 없어' 쯤이 되지 않을까 싶다. '나는 가치가 없어'라고 말하는 대상에게 '그래도 누군가에게 필요한 존재야 살아만 있어줘'라고 말한다. 큰 의미를 부여하지 않아도 그만큼 만이라도 작아지지 말라고 부탁한다. 우리는 어느 한 사람에게 만큼은 필요한 존재이다. 이선희 시인은 선생이다. 그 밑에 새싹처럼 자라나는 아이들에게 이러한 꿈을 가지고 미래를 향하여 나아가게 할 것이라는 믿음이 든다.

가을은 왜 이러한 말을 하는 것일까. 가을은 겨울로 가기 전의 서글픔, 장년에서 노년, 삶에서 죽음으로 가는 과정이다. 여름과 겨울의 사이 잠간 왔다 가는 겨울. 그럼에도 결실은 풍부한 이율배반의 계절이다. 낙엽이 떨어짐을 보고 추수해 버린 텅 빈 논을 보고 과실을 다 따버린 나무를 보고 존재의 허무를 느꼈을까. 가을은 그럼에도 존재의 가치가 있다고 말한다. '고개만 숙이고'에서 '만'의 의미는 '할 말이 없다는 듯이 고개만 숙이고'의 뜻일 듯싶다. 말로 하지 않아도 알 수 있는 것, 그것이 보편적 동일시의 힘이다.

시인은 오래된 사진을 보고 있다.

내 안의 하얀 낮달 / 찬물을 거푸 끼얹고
슬레이트 지붕 위 / 덩그마니 앉아 있다
버릴 것 / 돌아설 것에 대한 / 착한 미련, 그 마음

—「사진」 중에서

내 안에 하얀 낮달이 떴다. 푸른 하늘에 뜬 하얀 달이 어슴프레 서글퍼 보인다. '찬물을 끼얹는다'라는 관용구는 '분위기를 망쳐버리다' '속이 시원하게 등물을 하다' 등에서 사용된다. 위의 시조에서는 시원함의 의미로 보아야 할 것 같다. 달이 찬물을 끼얹고는 달아오른 슬레이트 지붕위에 덩그마니 앉아 있다. 사진 안에 박혀 과거의 것으로 정지해 버린 시간이 지금은 거의 사라진 슬레이트 지붕에 얹혀있다.

> 사람과 사람 사이 / 그 지문이 다를진대 / 당골 계곡, 水急不流月 / 그 달과 같아질까
>
> —「태백산에서 달을 만나다」 중에서

버릴 것과 돌아설 것을 구분하는 착한 미련은 '그' 마음이다. 이선희 시인은 '그'라는 지시대명사를 주로 사용한다. 꼭 집어서 '그 지문' '그 달' '그 마음' '그 슬픈 동화' '그 책갈피' 등에서 발견된다. 사람과 사람 사이의 지문이란 사귐의 무늬인가. 이러한 구절은 머뭇거리게 하고 시를 읽어가는 속도를 완만하게 하여 더 깊은 생각으로 인도한다. 당골 계곡은 강원도 태백의 계곡이다. 수급불류월(水急不流月)의 풀이는 '물이 급하게 흘러도 달은 흐르지 않는다'는 말이다. 태백산에서 만난 달은 아무리 바빠도 '본질을 놓치지 않는 삶'을 살아야 한다고 말한다. 시적 대상과 동일시의 경지에 빠져든 시인은 어렵지 않게 듣고 이해한다.

3. 시에 대한 생각

각각의 시인은 자신만의 시에 대한 정의를 가지고 있으며 이를 이론으로 혹은 시로 형상화한다. 이선희 시인의 시에 대한 생각은 '책갈피'와 함께 간다.

흔들어대는 대로 / 움직이는 나무이고
울리는 선율대로 / 떠도는 구름이고 싶다
산턱의 색깔이 고와 / 수첩에다 끼웠다.

—「산책」

시인들의 준비된 자세는 그들이 수첩을 들고 산책을 한는 데서 볼 수 있다. 산책을 하다가 떨어진 나뭇잎을 수첩에다 끼우기도 하고, 시상이 떠오를 때마다 그때그때 적어 넣기도 하는 시인들의 필수품이다. 위의 시조에서 시에 대한 생각을 해본다면 '나무와 구름이 되고 싶다'는데 있다. 위의 시조에 의하지 않아도 자연의 나무는 스스로 흔들리지 않는다. 바람이 흔드는 대로 움직일 뿐이다. 그런데 그것이 자연스러운 리듬을 가지고 있다. 구름 역시 자신의 의지가 없다. 구름은 바람이 불어주어야 움직이고, 나무도 바람이 흔들어야 움직인다. 바람의 진행방향으로 나아가는 구름도 울리는 선율대로 떠돈다. 의도하지 않음과 자연스러움이다. 몸에 힘을 빼는 것이 중요한데 수영을 할 때도 몸에 힘을 빼야 나아가기가 쉽다고 한다. 시도 노동의 흔적이 있으면 나아가기 힘들다. 어렵게 쓴 시는 읽기에도 힘이 든다. 말은 쉽지만 그러나 그러한 경지에 이르기까지 버려야할 원고지는 얼마나 많은가.

다음의 시도 갯버들 길섶의 마음을 책갈피에 끼운다.

빠듯한 일정대로 산줄기가 겹쳐져
병풍으로 가려진 지리한 생활들
갯버들 길섶의 마음, 책갈피에 끼워둔다

—「귀가길」 중에서

빠듯한 일정은 산줄기가 겹쳐진 것처럼 산 너머 산이다. 병풍으로 가려진 지루한 생활들, 병풍이 가리고 있기 때문에 지루한 생활인지

처음에 볼 때는 산듯해 보이지만 변화가 없는 병풍 안에 갇힌 자연이라서 지루한 생활이다. 귀가하는 지친 길에 갯버들이 길 양편으로 피어 있다. 버들도 아닌 갯버들이지만 어디에나 있어 항상 흔들리는 갯버들은 길섶의 마음이다.

길섶에는 갯버들 뿐 아니라 붓꽃도 피어 있다.

고즈넉한 길섶에 핀 / 자줏빛 붓꽃이 되어
지치고 지쳐도 / 혼자는 걷지 말라고
못다한 슬픈 이야기 / 그 책갈피로 남으리

—「들꽃으로 피어나면」 중에서

지친 귀가 길에 번잡하지 않은 고즈넉한 길섶으로 들어선다. 산으로 들어가는 길 옆에 핀 붓꽃이 말을 건넨다. 지쳐도 혼자서는 걷지 말라고 하며 꽃이 함께 간다. 마치 친구처럼 꽃이 나와 함께 걷지만 그럼에도 말로 하지 못한 못다 한 '슬픈' 이야기가 있고 이 사연들이 책갈피에 꽂혀진다.

다음 시조에 의하면 좋은 벗은 한 편의 시가 된다.

좋은 벗
한 편의 시가 되는
그대 향기 그윽하다

—「가을산」 중에서

벗과 시의 상관성이란 시의 대상을 친구처럼 여긴다는 것, 그리고 시는 시인의 벗이라는 데 있다. 이선희 시인은 시조집 『그날 이후』의 자서에서 '어지러움과 권태로움 속에서 나는 좋은 사람들을 만날 수 있는 행운을 얻었다. 이제는 내가 존재하는 공간에서 슬픔과 괴로움,

기쁨과 즐거움을 함께 나누며 담소하고, 길섶에 피어난 작은 풀꽃의 미소도 사랑하게 되었다'라고 적는다. 그래서 서로에게 시적 상승 작용을 불러일으키고 응어리를 토해내게 하는 시조가 소중한 것이리라. 앞으로도 이선희 시인이 낯설게 하기와 동일시의 길항관계를 적절하게 조화하며 친구 같은 시를 써낼 것이라 믿으며 이만 글을 마친다.

(《시조문학》, 2011 여름호)

그리움과 슬픔과 축복의 천일야화

–이수용론[20]

1. 들어가며

이수용 시인의 시조를 읽고 있으면 남해 끝에서 북쪽까지, 동해에서 서해까지, 만주, 미국, 유럽, 아시아까지 방방곡곡을 다녀와서 풀어내는 이야기를 듣는 것 같다. 「80일간의 세계 일주」나 「동방견문록」을 시로 풀어 놓은 듯한 느낌이다. 시인은 의식하지 않고 있겠지만 시조의 여러 부분에서 '사연' '내력' '천일야화'와 같은 이야기에 관한 이미지들이 발견된다. 로렐라이 언덕에 이르러서 '그곳은 / 인어가 사는 언덕 / 슬픈 낱말 줍는다'(「로렐라이 언덕」)라고 말하는 그는 세상을 돌아다니면서 마주치는 시간과 공간에서 낱말을 줍는다. 여행의 시조들은 가는 곳마다 남긴 낱말의 흔적들이다.

다른 한편, 그는 세상을 전설이나 동화적 시선으로 바라보는데 이에서 그의 이야기꾼으로서의 자질을 볼 수 있다. 시인은 '원시시대의 꿈'(「첫 눈이 내리며」), '신령'(「백두산 천지」), '산토끼 계수나무'(「한

20) 경북 안동 출생, 시조집 『마음으로 여는 세상』, 『묵향이 이는 노래』, 『피안의 메아리』 등.

가위 달」), '오작교'(「칠월칠석」), '선녀'(「백련시사회」)와 같은 한국의 오래된 이야기들과, '성냥파는 소녀'(「사랑의 열매」), '어느 별 친구'(「유진8」), '전설의 백설공주'(「모델 걸음 흉내」) 같은 서양의 소재들로 과거와 전설과 현실이라는 시간과 여러 나라라는 공간을 넘나들며 이야기를 풀어낸다. 마법과 환상과 동화와 같은, 페르시아의 현명한 처녀 세헤라자드의 이야기 같다. 천일야화의 주인공은 이야기를 하지 않으면 다음날 처형당하게 되어있다. 3년간 그녀가 해주는 천 한 개의 이야기는 그녀로부터만 나온 것이 아니었다. 현명한 동생에게서 이야기 감을 얻어서 사슬을 이어가듯 이수용 시인도 역사, 전설, 개인의 과거와 현재에서 취재해 이야기를 들려준다. 그의 이야기를 재미있게 듣다보면 이미 새벽이 된다. 오늘도 그는 하루의 목숨을 얻었다. 내일 또 다른 재미있는 이야기를 듣기 위해 우리는 그에게 하루를 덤으로 준다.

2. 첫 째 날 이야기–옛날이야기

이수용 시인이 해주는 한국의 옛 이야기는 '그리움의 정서'를 품고 있다. 어머니, 아버지, 전생의 인연과 이생의 인연, 하다못해 부는 바람에서도 알 듯 말 듯한 '그리움의 기시감'이 시인의 시에 기본적으로 자리하고 있다.

> 세월 쌓인 시루떡이 / 층층이 앉혔구나
> 어느 님께 바치려고 / 색깔 달리 빚었던가
> 얼마쯤 / 생을 바꿔야 / 다시 와서 맛보나
>
> —「채석강 소감」

'채석강'이라고 이름을 지은 것은 바위의 모양에 기인한다. 층층을 이루는 바위가 책처럼 쌓여있기 때문이다. 그러나 시인은 책이 아니라 '시루떡'이라고 생각한다. 첫 돌, 환갑, 새로운 곳에 이사 가서도 수수 시루떡은 기본이다. 오래살기를 바라는 혹은 친해지를 바라는 마음이 깃들인 떡이다. 시인은 세월이 쌓여 만들어낸 떡을 '어느 님'께 바치려고 색깔까지 넣어 정성껏 빚었을까라고 생각한다. 그러나 그 임은 먹지 못한다. 바친 이는 어떻게 되었을까 라는 생각으로 이어진다. 세월이 흐르면 빚는 이가 될까. 먹는 이가 될까. 누군가에게 사랑받거나 존경받는 임이 되어 바쳐진 떡을 먹어볼까. 아이가 되든지 환갑 노인네가 되든지, 얼마쯤 생을 바꾸어 보내야 그 떡을 맛볼까. 다시 와서 먹지만 떡을 바친 이는 이미 없다.

해당화에는 서사, 즉 이야기가 있다. 해당화는 육지의 끝에 피는 꽃이기에 영감을 주는지도 모르겠다. 바다와 모래라는 외로움의 공간에 홀로 핀 꽃에 어떤 이야기가 숨어있을지 궁금해 하는 많은 시인들에 의해 노래되었기 때문이다. 해당화의 전설을 보면 남자가 죽어서 된 꽃이라 한다.

풀씨도 날지 않는 / 갯 자갈 모래밭 길
짠바람 때릴수록 / 서러움 접은 꿈이
검붉은 / 피눈물 걸러 / 그리 고운 꽃이 필까
가시 손 영글도록 / 그리움 봄비 불러
우상복엽(羽狀複葉)스란치마 / 갯마을 소녀 넋이
해당화 / 꽃술에 숨어 / 짙은 향을 날리나

—「해당화」

푸른 하늘과 푸른 바다, 하얀 모래밭 가에는 붉은 해당화가 핀다. 해당화가 피는 환경은 척박하다. 바다로부터는 짠바람이 불어오고, 풀씨도 날지 않는 갯 자갈 모래밭 길에 피는 꽃이다. 피눈물이 피워낸

꽃이기에 그리 색깔이 고울까. 시인은 새의 깃털과 같은 잎을 '스란치마'라고 한다. 스란치마란 옛날에 궁궐에서나 양반가 여성들의 예단용 치마에 두른 금박의 단을 말한다. 가뭄에 더 짜게 느껴지는 바람 가운데 누가 '가시 손'이 영글도록 비를 기원했을까. 갯마을 소녀가 죽어서 짙은 향을 내뿜을까. 왜 죽었을까, 기우제 후에 바다에 바쳐진 소녀일까, 아니면 바다에 나가 다시 돌아오지 않는 누구를 기다리며 죽어갔을까, 이 이야기도 여기에서 끝이 나지 않을 것 같다.

다른 꽃들은 해가 떠오르면 꽃이 벌어지는데, 달맞이꽃은 낮에는 꽃잎을 다물고 밤에만 노랗게 피어나기 때문에, 시적 감수성이 풍부한 이들이 자주 노래한다. 보통의 것과 다른 것은 사연이 있어 보인다. 상사화라는 꽃도 그렇다. 꽃이 먼저 피고 시들어 떨어진 후 나중에 이파리가 올라온다.

> 낮 햇살 수줍은가 / 쓰개치마 둘러 감아 / 땅거미 펴담는 밤 / 초사흘 달이래도 / 그 빛에 / 속살 헹구고 / 노랑 초롱 불 밝힌다.
>
> 전생에 그리던 님 / 못 다 푼 사연있나 / 한 겨울 땅을 베고 / 움츠린 채 또 기다려 / 긴 여름 / 애타는 가슴 / 피 토하고 가는가
>
> —「달맞이 꽃」

달맞이꽃은 낮의 햇살에는 '수줍어'서 고개를 숙이고 있다가, 밤이 되면 큰 쓰개치마를 둘러 감아서 땅거미를 펴 담는다. 쓰개치마는 옛날 조선 여인들이 행실을 조심하기 위해 바깥에 나갈 때 얼굴을 가리기 위해 쓰던 치마이다. 치마 안의 얼굴은 세상이, 치마 밖의 얼굴은 치마 안의 얼굴이 궁금하였을 것이다. 초승달은 희미해서 눈에 잘 띄지 않고, 초저녁에 떴다가 금방 지기 때문에 보는 사람도 별로 없는 달이다. 이러한 희미한 혹은 순간적인 달빛에도 꽃은 피어나 속살을 헹구고 노랑 '초롱'을 밝힌다. 시인은 달맞이꽃이 밤에만 피는 것을 전

생의 임을 못 잊어서라고 생각한다. 겨울에는 땅 속에 움츠려 기다리고, 여름에는 오지 않는 임을 기다리며 그리워하고, 애타는 가슴에 피만 토하고 다시 간다. '기다림'과 '그리움'의 일생이다.

논개는 '슬픈 내력'을 가지고 있다. 논개의 남편 최경회는 1593년 임진왜란 중 진주성 전투에서 왜군에게 포위되자 남강으로 투신자살을 한다. 이 남강에 왜장을 껴안고 꽃처럼 떨어져 내린 그녀의 이야기에 왜 사연이 없겠는가.

꽃잎에 서린 혼이 / 슬픈 내력 풀어내면
백마강 잔물결에 / 치맛자락 얼비치고
천년의 / 되새긴 하소 / 바람결에 듣는다

—「낙화암」

물속에서 그의 목을 놓치지 않으려고 얼마나 괴로웠을 것인가. 논개는 남편이 죽자 '쉬는 숨도 죄스러워'(「논개영정 앞에서」)한다. 그리고 왜장과 함께 뛰어내려 '이 나라 천지신명께 왜장 제물'(「논개영정 앞에서」)을 바치고 자신도 제물이 된다. 한국의 사생관은 '개똥밭에 굴러도 이승이 좋다'라는 속담이 압축해서 보여준다. 개똥밭과 같은 처참한 삶을 살아도 죽는 것보다는 살아 있는 것이 더 좋다는 말이다. 그래서 아무리 사랑하는 사람이 죽어도 살 사람은 산다. 그러나 논개는 이승보다는 저승을 택했다. 시인은 기생으로 변장하여 적장을 껴안고 떨어져 죽었다는 여성에 관한 이야기를 '슬픈 내력'이라고, 남쪽의 한 강가에 서서 불어오는 바람을 마주하며 생각한다. 바람에 이는 백마강의 잔물결에 언듯 치맛자락이 비치는 것만 같다. 이수용 시인은 꽃을 보면서 여성을 생각하고, 스란치마나 쓰개치마, 치맛자락과 같은 것들로 본다. 치마는 가장 여성적인 페르소나의 복장이다. 천년을 이어 논개의 혼은 꽃잎 끝에 매달려 있는 것 같고, 그녀의 '하소연'

은 바람결로 들린다. 천년을 두고 새긴 하소연이다. 그녀를 지켜주지 못했던 약한 민족의 하소연일지도 모른다.

이수용 시인이 다른 이야기꾼과 다른 것은 몇 마디 하지 않기 때문에 이야기가 더 길어진다는 것이다. 긴 장편소설을 읽는 것 같은 서사가 있지만, 시이기 때문에 가지는 '함축성'이 끝에 끝을 물고 이어지는, 영원히 끝나지 않는 이야기를 읽는 것과 같다.

3. 둘 째 날 밤, 바다 건너 이야기

외국을 돌아보고 온 이야기를 해주는 시인은 남들이 아름답고 굉장하다고 생각하는 것과는 다른 이야기를 해준다. 그는 오래된 유물과 웅장한 자연 가운데 '슬픔'을 본다. 일본과 한국 사이에 있는 현해탄은 식민지 시대에는 '문명'의 다른 이름이기도 하였다. 그러나 일본으로 건너가는 배 혹은 비행기에서 시인은 현해탄을 보면서 이런 생각을 한다.

> 가깝고 / 먼 나라가 / 일본이라 / 하였던가
> 한 서린 / 현해탄에 / 피눈물이 / 괴였는가
> 아직도 / 검푸른 멍이 / 풀려지지 않구나
>
> —「현해탄」

애증이라는 단어와 '가깝고도 먼'이라는 말 만큼 끈적거리는 어감은 없는 것 같다. 한국에서 일본만큼 지리적으로 가까운 나라도 없다. 그럼에도 멀리 떨어진 나라보다도 앙금이 많은 나라, 두 공간 사이에 '피눈물'이 '검푸른 멍'처럼 피어난다. 지도에서는 심해가 깊을수록 파란 색의 명도가 짙어진다. 지도 뿐 아니라 일본을 오고 가는 바다는 마치 멍든 것처럼 퍼렇다. 시인은 이를 '검푸른 멍' 같다고 생각한다.

두 나라 사이에 낀 앙금 때문일 것이다. 항상 경쟁관계에 있는, 무엇이든 싸울 때 이겨야 마음이 놓이는, 각 나라의 단결심을 확인하는데 가장 좋은 교과서적인 두 나라이다. 프랑스와 영국의 사이도 우리와 일본과 같은 관계라니 그리 마음 아파 할 일도 아닌 듯하다. 문학적인 소재라고 생각한다. 문학은 수많은 갈등 위에서 피어났기 때문이다.

캄보디아의 앙코르 와트를 보고 온 시인은 또 다른 이야기를 해준다.

> 민초들 밟고 오른 / 왕조의 발 끝에는
> 석산에 뼈를 박아 / 하늘 닿은 피의 전각
> 저주의 / 눈물자국이 / 촘촘히도 박혔네.
>
> —「앙코르와트」

앙코르는 왕의 도시를 뜻하고 와트는 사원을 뜻한다는 앙코르 와트는 12세기 초에 건립되었다. 당시 크메르족은 왕과 유명한 왕족이 죽으면 그가 믿던 신과 합일한다는 신앙을 가졌기 때문에, 왕은 자기와 합일하게 될 신의 사원을 건립하는 풍습이 있었는데, 자신들이 만들지 않고 백성들을 동원하게 만들게 하였다. 자기의 신앙을 위해서 남을 희생시켰던 것이다. 왕과 장군들에 의한 침략과 억압의 기록이 역사이다. 역사는 이처럼 눈먼 이기심을 가지고 있다. 보는 이마다 멋있다며 아름다움에 놀라는 유적지 앙코르 와트를 시인은 민초의 눈물, 그들의 뼈로 이루어진 저주의 자국들로 본다. 세계의 어느 왕조나 민초들을 밟고 올라 성립되었다. 그들의 '발 끝'에 있는 민초들이 '저주'를 하면서 박아 넣은 돌인지도 모른다. 하늘에 닿을 정도로 높다는 것이 자랑일지 모르지만 뼈와 피로 이루어진 피의 전각이다. 아름다운 것이 아니라 눈물자국이 촘촘하게 박혀있는 것이다. 달리 보면 천일야화도 페르시아의 사산 왕조 때 왕비의 부정을 알게 된 왕이 왕비를 죽여 버리고 나서, 모든 여성을 불신하면서 시작된 이야기이다. 왕은 나라 안의 처녀를 한 명씩 궁으로 불러 들여 하루 밤을 지낸 뒤에 죽인다는 난폭한 군주에 관한 이야기이다. 자신의 왕비가 부정을 저질렀다고 다른 여성들에게 보복을 한다는 것은 폭력적 혹은 제국주의적 사고방식이다. 현명한 세헤라쟈드가 왕과 결혼했다는 것은 꾸며낸 이야기 일지도 모른다는 생각이 든다. 그녀라면 다른 선택을 하지 않았을까.

민중의 역사에 대한 시인의 인식은 다음에서도 엿보인다.

> 용문산 향산 사이 옥 같은 리강 흘러
> 신선이 즐길만한 운치 높은 명소인데
> 창 칼로 세운 왕조가 부처님만 받들었나
>
> —「용문석굴」 중에서

용문석굴은 정교하고 아름다운 조각으로 유명하다고 한다. 암벽을 따라 벌집처럼 늘어선 크고 작은 굴 안에 불상이나 불탑이 모셔져 있는데, 불상은 10여 미터가 넘는 것부터 수 센티미터에 불과한 작은 것까지 다양하며, 불상 하나하나가 제각기 다른 표정이라 한다. 사람들은 이것을 보기 위해 비행기를 타고 배를 타고 몰려들 가서 사진을 찍는다. 그러나 시인은 석굴마다 모셔진 석상과, 도굴꾼들에 의해 파괴된 불상을 보며 '창 칼'로 세운 왕조가 자신의 신앙을 위해서 얼마나 많은 이들의 피눈물을 짜냈는가라는 생각을 한다.

세계의 절경이라는 블루마운틴에 가서는 '산줄기가 모지게도 잘렸는데 애초에 불구로 태어난 걸'하며 '보는 이는 절경이라고 그 마음을 즐깁니다'(「블루마운틴에서」)라고 슬퍼하고, 사람들이 경탄해 마지않는 피라미드에 가서는 '아홉 벌 금 동관은 / 무늬마다 비웃는데'(「피라미드 무덤 속에서」)라고 비웃는다. '별러서 / 찾아가 보니 / 뙤약볕도

짜더라'(「쏠트레이크 경기장에서」)고 말하는 그는 결국 사람들이 장관이라고 칭찬하는 것을 '산수가 괴이하면 / 비경이라 부르던가'(「장가계 비경 3」)라고 결론을 짓는다. 안목의 정욕일 뿐, 자연의 입장에서 보면 의미가 달라질 수도 있고, 만든 사람들의 입장에서 보면 피와 땀으로 이루어진 고난의 결정이라는 것이다.

세계의 모든 뉴스를 잡고 있는 것이 24시간 뉴스만 전문으로 틀어준다는 CNN이라는 말을 들은 적이 있다. 세계 시민은 CNN의 눈으로 다른 나라를 보게 된다.

> 지구촌 주름 잡아 / 손금 위에 놀게하고
> 귀와 눈 하늘에 달아 / 거울 보듯 살피면서
> 씨엔엔 거미줄 그려진 방이 / 먹이 채듯 잡는구나
>
> —「CNN 방송국 방문기」

시인은 이렇게 딱딱한 소재를 이러한 재치로 풀어내는 이상한 족속이다. '이 땅은 그대론데 / 세상은 좁아진다 // 내 평생 바뀐 것이 / 수년에 다시 변'(「첫돌」)하는 시대이기 때문에 세상은 시시각각으로 뉴스를 업데이트 한다. 실시간으로 24시간 모든 세계의 뉴스가 CNN의 레이더에 걸린다. 사람들은 지구촌 곳곳에 있는 파견대의 '손금' 위에서 논다. 이것은 손금을 보듯 환하게 보인다는 의미이다. 이제는 운명이나 숙명도 믿을 것이 못된다. 인공위성을 하늘에 달아놓고 마치 거울을 보듯이 세계를 살핀다. 먹이를 채듯 우리를 잡아가는 CNN, 이제 우리나라의 이야기도 CNN의 해석에 의존할지 모를 일이다. 보이는 이미지에 대해서는 다음과 같은 시조에서도 사유된다.

> 비늘 옷 고운 빛이 / 눈요기 볼모 잡혀
> 유리관 모래자갈 / 고향길로 여겼는지

물거울 / 빙빙 돌리며 / 천일야화 엮는다

—「어항 속 금붕어」

시각을 현란하게 하는 '고운 빛'들에 '볼모'가 된 것은 바라보는 시인인지, 보이는 대상인지 알 수 없다. 현시대는 이미지의 시대이고 많은 이들이 이미지의 '눈요기'에 사로잡혀있다. 하루 종일 앉아 컴퓨터나 텔레비전을 보면서 그들의 노래와 그들의 춤, 그들의 사랑을 훔쳐본다. 볼모로 사로잡히면 육체의 자유가 가장 먼저 구속된다. 자신이 노래하지 않고 자신이 춤을 추지 않고 자신이 사랑하지 않는다. 그러면서 노래하고 춤추고 사랑하는 그들이 자신인 것처럼 착각하게 되는 가짜와 진짜의 전복이 일어난다. 유리관 속의 모형인 모래자갈도 '고향 길'로 여기게 된다. 언제쯤 나의 발로 땅을 밟아 고향에 가게 될까. 물속의 금붕어는 '물거울'을 빙빙 돌리며 '천일야화'를 엮는다. 보는 이는 희미하게 비치지만 물속의 것들이 환히 보이는 거울은 스크린이나 모니터의 세계와 같지 않을까.

'거미줄과' 'NET' 또는 '손금'과 '거미줄'로 풀어내는 앞의 시를 다음 시와 비교해본다.

거미줄 걸린 인연 / 눈물로 씻어내고

삭발로 다진 인연 / 법랍(法臘)으로 가는 길을

어찌해 / 색즉시공을 / 손금 위에 그리나

—「삭발」

'법랍'은 중이 된 뒤로부터 치는 나이이며, 한 여름 동안을 안거(安居)하면 한 살로 쳐서 나이를 계산하는 것이다. 색즉시공은 이 세상에 형태가 있는 것은 모두 인연으로 생기는 것인데, 그 본질은 본래 허무한 존재라는 뜻을 가지고 있다. 제석천이란 범왕과 함께 불법을 지키는 신으로서 12천(天)의 하나로 동쪽의 수호신이고, 인드라는 '화엄경'에 나오는 구절에서 보면 '인드라의 하늘에는 하나만 봐도 나머지 전체 보석의 영상이 모두 보이게 되어 있는 진주 그물이 있나니 이것은 세계 속의 어떤 물체일지라도 그 자체로서 독립적으로 이루어진 것이 아니라 나머지 모든 물체들과 연관되어 있으며 그 물체가 곧 다른 모든 물체임을 뜻한다'고 한다. 즉 인터넷과 같은 구조인 것이다. 이 같은 생각은 '석굴암 부처님과 / 눈빛으로 교신'(「대왕바위」)한다는 구절들에서도 발견된다.

이수용 시인은 세계를 바라보며 보이는 것들에 속지 않는다. 무대 뒤에 가려진 '슬픔'을 본다.

4. 셋 째 날 이야기－내 이야기, 축복

시인은 치매에 걸린 어머니에 대해서도 부끄럼 없이 이야기 하고, 먼저 간 누이를 그리워하고, 아버지 묘에 자란 풀을 아버지의 품처럼 생각하고, 아내에게는 '내 영혼 / 잡아둔 그대 / 나에게는 님이어라'(「나에게는 님이어라 4」)라며 사랑스러운 시선을 준다. 사랑을 많이 받고 자란 듯, 가족을 대하는 이수용시인의 시조에 '한'은 없어 보인다. 많은 사람들은 성장 과정에서 부모나 형제로부터 받은 상처를 안고 살다가 자신이 받은 대로 자식이나 아내에게 쏟아 붓는다. 그러나 상처가 없는 이수용 시인은 가족들을 축복 한다. 자녀를 자랑스러워하고, '어느 별 / 친구였던가 / 떠날 줄을 모르네'(「유진8」) 라거나 '전설의 / 백설공주가 / 내게 온 듯 즐거워'(「모델 걸음 흉내」)하며 손자와 손녀를 마음껏 축복한다.

가족 뿐 아니라 많은 이들의 정년퇴임과 화갑 그리고 죽은 이에게 바치는 헌사의 글이 많다. '계시던 그 자리가 / 앞 산 보다 크옵니다'(「새 빛으로 오소서 - 요셉 윤정균 어른 영전에」), '이제는 단을 내려

오소서 시조 한 수 들려주오'(「다정의 향기 - 김석철 교장선생님 퇴임에」)와 같은 시조에서 그들이 지나온 세월에 아낌없는 찬사를 보내고 존경의 눈길을 준다.

이수용 시인의 어머니는 치매이다. 그러나 그에게는 이도 상처가 아니다.

아침밥 달게 먹고 / 수저 잡는 늙음이야
소매 끝 잡힌 채로 / 선문답 하다 보면
옛 일은 / 오다 가다가 / 내생 길을 헤맨다

—「치매2」

'사랑도 지극하면 한으로 쌓이는가'(「치매3」)라고 안타까워하는 아들, 어머니보다 옆에 있는 아들이 더 고생이다. 아침을 맛있게 드시고도 배고프다고 또 밥을 달라하시는 어머니, 이해 할 수 없지만 마음이 아프고 어찌 보면 이해할 것도 같은, 세상과는 동떨어진 세계에 살고 계시는 어머니에게 하루 종일 잡혀있다. 달아나는 이는 뒤로 손이 가는 순간 펄럭이는 소매 '끝'을 붙잡힌다. 달아날 수도 없다. 어머니는 아직도 옛 일을 오다가다 내생 길을 '헤매'신다. 안개 속에 헤매듯 보이는 것이 없다. 어머니는 누구를 혹은 어디를 보고 계시는 것일까. 어쩔 수 없이 붙잡혀서 다른 세계에 살고 계시는 어머니와 '선문답'을 한다. 현실을 살고 있는 아들과, 과거의 어느 곳에서 살고 있는 어머니, 어머니가 가장 행복하셨던 시절 일 수도 있고, 가장 마음이 아팠던 순간일 수도 있다. '법당의 염불 듣다 / 한 소식 깨친 바위'(「부석사 바위」)처럼 두 세계가 어느 날 만난다. 어머니의 4차원 공간과 아들의 3차원의 공간이 만나면 그곳이 신선의 세계일 수도 있다. 깨달음을 얻는 것은 3차원의 공간에 사는 인물이다. 3차원과 4차원이라는 서로 다른 차원에 사는 두 인물의 대화 방식은 '선문답'이다.

정작 시인 자신은 '불면증'도 앓고 있는가 보다.

베갯머리 수선하면 / 숫자를 세어본다
숫자에 꼬리 달고 / 모래성 쌓아봐도
그 옛날 / 남긴 미련들 / 새김질을 하구나
눈뜨나 감아보나 / 적막은 무대인데
전등불 켜 놔 봐도 / 창 밖은 밤인 것을
설록차 / 따스한 향이 / 그리움만 안기네

—「잠 안 오는 밤」

그러나 이도 그리 고민할 것은 아니다. 불면을 '멍에 메인 수도의 길' 이라고 생각하며 '불면도 / 천형이려니'(「이명」) 자연스럽게 받아들인다. 베개를 고쳐 베며 숫자를 세고 모래성을 쌓고 그보다도 더 오래가는 '미련'을 다시 새김질을 한다. 마음은 '먼 / 천리 길 / 오만 사유 / 거느리'(「런닝머신」)기 때문이다. 눈을 떠보기도 하고 감아보기도 하지만 적막은 '무대'이다. 무대 위에서는 무엇을 하고 있을까. 살아오는 동안 미련을 남긴 일들이 무대 위에 다시 영화처럼 상영되는 것일까. 전등불을 켜놓아도 창밖은 밤이다. 작은 공간만 어두움이 물러갔지 큰 어둠은 물리치지 못한다. 결국 일어나서 불을 켜고 차를 마시는가 보다.

시로 읽으면 이수용 시인은 죽음의 순간을 몇 번 맞이한 듯싶다.

사지가 묶인 채로 / 칠성판에 누워보니
이생의 남은 미련 / 깃털처럼 가벼워
기억은 / 어둠에 잠겨 / 가물가물 멀어지고
시공을 떠난 영혼 / 하늘 길을 헤매였나
숨소리 내가 놀라 / 눈꺼풀 열릴 적에

한 겹은 / 피안의 메아리 / 저승 같은 이생이.

—「피안의 메아리—중환자 실에서」

'칠성판'은 관속의 바닥에 까는 얇은 널조각이다. 북두칠성을 본떠서 일곱 개의 구멍을 뚫어 놓는다고 한다. 일곱 개의 구멍이라니. 영혼이 드나드는 입구일까. 병실은 사실 칠성판이나 같지 않을까. 많은 병자들이 그 위에 누워 있다가 어디론가 가는 자리. '밤이면 저승사자 먼 길 재촉 뒤따르고 // 낮이면 흰옷 입은 의사가 붙잡는'(「52병동 사람들 1」) 병실에는 '호흡이 / 멈출 듯 말 듯 / 이어도를 헤맨다'(「52병동 사람들 2」)는 환자들이 있다. 죽음을 앞에 두면 모든 것이 부질없어 진다. 불면증을 앓아가며 그동안 부여잡고 있던 것들이 마치 '깃털'처럼 가벼워진다. 이생의 남은 미련과 기억, 그동안 역사를 이루려고, 무엇인가를 이루려고 기억하고 기억하였던 것들도 마찬가지이다. 피안(저승)의 메아리, 저승 같은 이생, 저승이나 이승이나, 메아리인지 실제 목소리인지 분간하기 어려운 자리이다. 물고기에게 '물속은 이생이요 / 물 밖은 저승'(「뱀댕이의 유언」)이지만, 인간에게는 물 밖은 이생이고, '찰나에 / 피어난 생명 / 내 삶처럼 허무해'(「포말」)지지만 그는 이러한 자신을 사랑한다.

속이 빈 대궁하나 / 밀어내지 않는 것은
유년의 쓰라림을 / 차곡차곡 쌓았다가
연초록 / 보드라운 침을 / 하늘 끝에 받침이다

—「보리가 필 무렵」 중에서

속이 빈 대궁하나도 밀어내지 않는 까닭은 자신의 과거를 의미있게 여기기 때문이다. 그래서 어떠한 모자람도 슬픔도 그리움도 버리지 않는다. 유년의 쓰라림일지라도 보듬어서 버리지 않고 차곡차곡 쌓아

놓는다. 그러나 '침' 이라는 날카로움도 버리지 않는 시인이다.

> 애당초 날개 접고 / 날고 싶던 원이기에
> 번지 줄 잊어둔 채 / 빈 하늘 당겨봐도
> 이제껏 묻어온 세진(世塵) / 도솔천이 시원터라
>
> ―「번지점프」 중에서

'오십년 멈춘 철마 / 분단의 쉼표였나'(「임진각 철마」)라든가 '한 아름 약봉지에 / 조국이 보입니다'(「보훈병원 대기실」)라고 말하는 그는 전쟁의 역사에 대해서도 담담하게 자신의 생각들을 풀어내는 해병대 출신이다. 그는 '누구나 군인은 되어도 / 해병은 될 수 없다'고 한다. '내림 굿 무적 혼이 / 골수에 인각'(「해병혼」)된 자만이 해병대가 된다는 것이다. 번지점프는 아무나 하지 못한다. 위에까지 올라갔다가도 그냥 내려오는 이가 거의 반수에 이른다고 한다. 해병대 출신은 두려움이 없는가 보다. 보통 사람은 날개를 달고 날아가고 싶다고 한다. 그러나 '섭리대로 안 살기라'(「청설모」)고 생각하는 시인은 '날개 접고' 라고 말한다. 날개는 떼버리고 몸으로 뛰어내리겠다는 것이다. 날개를 접고 날고 싶은 이는 줄이 하늘로부터 내려온 천상의 동아 줄인냥 당겨본다. 선녀와 나무꾼 이야기에서 하늘에서 줄이 내려와 선녀가 연못에서 목욕을 하듯, 하늘을 당겨보아도 선녀의 동아줄은 소식이 없다. 빈 하늘뿐이다. 그는 결심을 하고 뛰어내렸는가 보다. 뛰어내리면서 세상의 온갖 먼지들을 마치 도솔천에서 영혼을 씻어내듯 씻어낸다. 시인은 사는 법을 제대로 배우려면 '마음 먼지를 털고'(「관어청조」)영혼을 깨끗이 목욕시켜야 한다고 말한다. 마음이 깨끗해지면 '이순의 / 매듭을 푸니 / 새 울음도 알것다'(「이순」)라는 경지에 이르게 된다. 이수용 시인이 가족에 대해 순수하게 묘사할 수 있는 것도 마음의 먼지를 털고 시조 앞에 서있기 때문이다.

5. 나오면서

여러 날 동안 이수용 시인의 이야기를 들었다. 과거에서 현재까지 그리고 전 세계를 돌고 돌아온 느낌이다. 그의 시조에서 슬픔과 그리움과 그리고 축복의 이야기들을 발견했다. 그는 이야기를 시조로 풀었다. 그에게 있어서 시조는 이런 의미일 것이다.

> 전설로 밀려와도 / 가슴에 닿는 노래
> 영고(榮枯)의 깊은 사유 / 고이 걸러 빚은 노래
> 결작의 묵향이 이는 노래 / 천년 향을 피운다
>
> ―「묵향이 이는 노래」 중에서

시조란 전설이야기를 해주듯이, '이 산하 / 잡초까지도 / 가락으로'(「큰 별이 지던 날―월하선생님 영전에」)퍼져 가슴에 닿는 노래이며, 사물의 번영과 쇠락의 깊은 사유를 고이 걸러 빚은 노래이고, 걸작의 묵향이 이는 노래이다. 이수용 시인이 '천년 향'을 피우는 시조를 쓰기를 기대하며 이만 글 읽기를 마친다.

(〈시조문학〉, 2010 여름호)

겹으로 피워올려도 그 꽃등 시들잖네
– 이지연론[21]

어머니를 그리워하고 많은 이들을 '님'으로 섬기는 이지연 시인은 승려이다. 출생의 기록이 시집의 앞이나 뒤에도 밝혀지지 않았다. 세상의 셈이란 소용이 없다고 생각하는 것일까. 태어나 얼마의 세월을 지나왔는지는 모르겠지만, 봄은 아직 기미도 보이지 않고 바람만 불던 날, 시인으로부터 받은 상기된 목소리의 전화는 사귐이 많은 이가 가지고 있는 스스럼없는 느낌이었다. 시를 읽어가면서 사람과의 사귐만이 아니라 주위의 모든 것들과 길을 트고 다가가 만나고 바라보고 가슴에 품고 이를 시로 자아내는 시인을 볼 수 있었다. '시가 아니었더라면 아마 나의 인생은 살아도 산 것이 아니었을지 모른다'고 시집 『눈을 뜨는 별무리』에서 고백하는 천성 시인인 시인의 뒤를 따라가 본다.

1. 향일성

베르그송은 '물질은 그 본질이 무겁고 밑으로 떨어지는 것인데 반

21) 법명 一蓮, 서울신문 신춘문예 당선, 시집 『미루나무』 외 다수, 현 반야선원에서 정진 중.

해 정신과 생명은 물질을 거슬러 올라가려는 노력이며 위로 올라가는 상승의 원리를 갖는다'고 하였다. 이지연 시인은 정신의 시인이다. 승려라는 정신적 수행의 과정에 있기도 하지만, 시인은 정신의 활동이 강한 사유자들 중의 하나이다. 그녀의 시조집을 읽어가다 보면 활활 타오르고, 하늘의 해와 달과 별과 구름을 노래하고, 하늘을 지향한다. 꽃도 하늘을 향하고, 새는 해를 물고 날아간다. 하늘에 떠있는 것들을 노래하고, 정신의 세계로 수직 상승하는 상상력들은 이지연 시인의 시 가운데 도처에서 발견된다.

그의 시선은 우주를 담고 해와 달의 하늘을 향하여 있다. 연못의 얼음을 깨던 어린 날 처음 기억은 우주를 담고 가른다.

> 살얼음 밟고 가던 / 어린 시절 그 연못 / 그 둥근 돌팔매질 / 빗금치며 가는 소리 / 팽팽한 / 하늘을 당겨 / 우주를 가르던 것.
>
> —「겨울 동화」

겨울날 살얼음이 언 연못을 밟고 연못을 향해 돌을 던지면 얼음은 빗금이 간다. '둥근' 돌팔매 짓과 '빗금'치며 갈라지는 얼음과 '팽팽한' 하늘은 선과 선들의 만남이다. 그 가운데 우주가 생성된다. 연못은 우주를 닮고 담는다. 우주를 가르는 빗금은 어린 날로부터 날아와 현세적인 깨침으로 이어진다. 시인은 겨울동화라는 어리고 자그마한 사건에 담긴 우주적 진리들을 놓치지 않는다. 다음 시는 하늘을 향한 목련꽃에서 우주의 정서를 감지해내는 시선의 깊이를 보여준다.

> 봄하늘 받쳐들면 / 열 손가락 순결이여 / 터질 듯 벙그는 화두 / 나한들의 깊은 환희 / 없는 듯 / 은밀한 공양 / 하늘도 삼가 비킨다.
>
> —「목련꽃」

위의 시조는 압축된 서정 속에 투명한 심상의 아름다움을 보여준다. 봄 하늘 아래 터질 듯이 피어난 목련 꽃은 열손가락의 순결로 하늘을 받쳐 들고 있다. 신부 같은 하얀 순결과 손 안의 복스러움은 환희로 피어난다. 피어남 자체가 자연과 하늘과 보는 이에게 즐거움을 주기 때문에 없는 듯하지만 '은밀한' 공양이다. 존재하는 것만으로도 환희를 주는 자연과 이를 발견해 내는 시인의 시선은 하늘에서 만난다. 대자연의 질서에 대한 미시적 응시를 바탕으로 인간과 우주가 조화되는 순간이다. 아무 일도 없는 것 같은 꽃이 피는 순간의 떨림은 '환희'의 깊은 순간이다. 하늘도 삼가 비킨다는 '배제의 미'란 바로 이런 것이다.

> 이만치서 바라봐도 / 저것은 전율입니다 / 활활 타다 남은 / 전생의 내 분신 / 시방은 저승사자가 와도 / 그대 두고 못갑니다
>
> —「남설악 단풍」 중에서

가을의 단풍은 생명의 적극적인 연소이다. 스스로를 태워버리고 겨울을 준비하는 자연의 엄정함이다. 시인은 거리를 두고 단풍의 타오름을 본다. 가까이 볼 때도 그렇지만 거리를 두고 바라보아도 단풍은 전율이다. 그 생명감각을 수직상승의 상상력이라 부를 수 있을 것이다. 시인은 단풍을 활활 타다 남은 전생의 분신으로 해석한다. 불타는 정열의 전신이었을까. 누군들 그 가슴에 열정을 품지 않는 이가 있을까. 그것이 외부를 향하는 사람과 내면을 향하는 사람이 있을 뿐이다. 깨달음과 수련에 대한 내밀한 전율은 지금 저승사자가 온다 해도 거부하겠다는 의연함으로 발산된다. '자연이 저마다 제 소리를 내듯 내 안에서 나오는 소리와 환희심을 감당치 못해'(『별 밭에 앉아서』 시인의 말) 시를 썼다는 시인의 말에서도 고요한 정열이 느껴진다.

> 여수 앞바다보다 넓은 / 님의 마음을 봅니다 / 해를 안고 달을 업고 / 한

점 구름으로 와서 / 당신 손 꼭 잡은 듯이 / 땀을 쥐고 내려옵니다

—「향일암에서—원효대사를 생각하며」

해를 향하는 향일성의 극점을 보여주는 암자 '향일암'에서 시인은 원효대사를 생각한다. 당나라로 유학 가는 길에 해골에 괜 물을 먹고 깨달음을 얻어 '마음이 생기면 만물의 갖가지 현상이 일어나고, 마음이 멸하면 무덤, 해골물이 둘이 아님을 깨달았구나'는 豁然大悟를 하고 되돌아온다. 그에게서 시인은 무엇을 보았을까. 밝음과 해에 대한 강한 향성과 생명의 빛을 보는 것은 누구인가. 시인은 바다보다 넓은 대사의 마음에 대한 향일의 모습을 보인다. 큰 깨우침의 스승을 '님'으로 섬기며 닮기를 바라는 구도자의 모습이다. 바다와 해와 달과 구름의 어우러짐, 해를 바라면 모든 것은 자란다. 세상의 모든 것은 해를 향하여 서 있다. 사람은 무엇을 향하여 서있을까. 꿈을 향해 선 사람은 세상을 보지 않는다.

비상하던 학 한 마리 / 땅 위에 내려섰다 / 물에도 하늘에도 / 흔적 없는 발자국 / 기사년 / 갈대밭에서 / 해를 물고 날아오네

—「연하장」

위의 시조는 갈대밭에서 해를 물고 날아오르는 학이 그려진 연하장을 묘사하였다. 생생한 묘사는 그림이 아니라 풍경을 보고 있는 느낌을 준다. 시인은 한 장의 연하장에서 그림너머의 것을 보고 있다. 날아가던 한 마리 학이 땅위에 내려앉고 비상하던 학의 흔적이 없는 하늘, 내려앉은 물에도 발자국은 없다. 인간의 대지성을 벗어난 시인의 정신지향적 상상력이다. 바슐라르의 말을 빌리자면 새의 이미지는 인간정신의 상징이다. 인간정신의 동력성을 획득하여 상상력의 영역을 심화 확장시킨다. 학은 땅 위에 내려섰지만 흔적을 남기지 않는다.

> 제가 허물인줄 모르고 / 살아가는 사람들아 / 해가고 달이 간다고 / 조바심만 치지 말게 / 그 어둠 거울로 닦아 / 해와 달을 비추렴
>
> —「禪 8, 마음자리」

남의 허물은 보고 자신의 허물은 보지 못하는 사람들, 허물이 바로 자신임을 깨닫지 못하는 사람들은 바로 자신이다. 모든 것의 허물을 밖으로 돌리고 환경을 탓하며 조바심을 내는 사람들에게 시인은 해와 달이 간다고 조바심을 내지 말고 그 해와 달을 비추라한다. 거울을 닦듯이 자신을 닦으면 해는 저절로 거울 안에 들어온다. 그리고 빛을 반사시킨다. 거울로 비추는 것은 남의 허물이 아니라 해와 달이다. 존재의 거울에 비춰진 해와 달은 어두운 구석 자리를 밝힌다. 해는 자신의 허물과 죄의 모든 것을 비추는 힘을 가지고 있다. 해를 향하여 선 사람은 겸손 할 수밖에 없다. 그 앞에 가리워지는 허물과 죄는 없기 때문이다.

이지연 시인의 시조에서 형상화된 어머니는 하늘의 은하수이다.

> 삼 가르던 그 손으로 / 오색실 곱게 엮어 / 꽃주머니 달아주며 / 남의 눈에 꽃이 되라던 / 당신은 강물이었고 / 눈물 닮은 은하수라
>
> —「울 어머니」

시인은 삼을 가르는 거친 손으로 오색실을 곱게 엮어 꽃 주머니를 달아주시며 '남의 눈에 꽃이 되라'던 어머니를 생각한다. 시인은 노동으로 거칠어진 손을 어떻게 보았을까. 남의 눈의 꽃이라니. 꽃다운 사람, 꽃처럼 예쁜 아이가 되기를 바라셨던 것일까. 강물 같고 눈물을 닮은 은하수인 어머니, 어머니는 모든 인간 생명의 근원으로서 '나'의 역사의 강물을 흐르게 하는 근원이 된다. 자식은 남에게 꽃이 되라 하시고 어머니는 하늘의 꽃 강이 된다. 안식과 평화의 강, 하루의 분주

하고 고단한 일상에서 돌아오며 바라본 저녁하늘, 심신을 파묻는 별빛에서 어머니에 대한 지향 없는 그리움이 묻어난다. 빛나는 어머니와 대조되는 인간 현실의 어려움과 고뇌의 어둠은 하늘의 강과 대비된다. 밤이 깊을수록 별은 빛난다. 하늘의 은하수는 세상살이의 어려움과 아픔들을 정화시켜 준다. 물의 길은 저 세상 어디에선가 기필코 만나리라는 기대와 소망을 내포한다. 불생불멸의 인연설을 자연의 한 모습에서 보게 된다.

> 내 작은 우주 하나 / 물 속에 잠긴다 해도 / 수평선 / 지워지지 않는 / 무위법을 설하네.
>
> —「파도소리」 중에서

지구를 포함한 거대한 우주가 인간을 중심으로 돌아가지만, 인간 안에도 생성과 소멸과 별과 해와 달을 담은 작은 우주가 있다. 우주에 모든 것을 걸 것 같은 시인이었지만 그러나, 그 안의 작은 우주가 물 속에 잠기는 것을 두려워하지 않는다. 어느 것에도 묶이지 않는 자유함이다. 내가 그를 향일성의 시인이라 불러도 그는 나의 비평의 그물에 걸리지 않는 바람처럼 달아난다. 수평선은 변함없이 모든 것이 무위로 돌아가는 것을 가르친다. 지워지는 무위법과 지워지지 않는 무위법의 차이란 무엇일까. 무한한 우주적 공간으로 향하는 무위의 삶은 노승의 삶과 죽음에서도 나타난다.

> 구름 한 벌 입었다가 벗고 가는 낮 달처럼 / 노을 속 훨훨 가셔다가 달무리로 오소서
>
> —「노승의 열반」 중에서

구름을 옷처럼 입었다가 벗고 가는 낮달은 빛이 없다. 빛이 달을 빛

나게 만든다. 눈을 뜨고 관심을 가지고 보아야 보이는 낮달은 존재감이 없다. 불교적 윤회의 은유법을 통해 인간의 물질적 근원성을 우주적 영원성으로 상승시키려는, 아무것도 아닌 것처럼 사라져 가는 한 승려의 죽음에서 소멸자체로 완결되기 보다는 '달무리로 오소서'라는 생성의 전제 원리를 보여준다. 그의 죽음에서 흔적 없이 사라져가는 삶의 결론에도 도달하게 된다. 시인은 '몇 번을 죽어봐야 사는 길이 보이는가'(「입산」)라고 읊조린다. 죽음이란 삶에 이르는 방법적인 원리이며 삶을 완성하는 법칙이라는, 소멸하는 데서 출발되는 것들과 자율적인 소멸의 이치에 대한 깨달음, 알 듯도 모를 듯도 한 사유들을 시험문제처럼 던져놓는다. 하늘을 바라보고 별들을 바라보는 시인은 수많은 별들을 짚어가며 이름을 지어준다.

> 별들의 전쟁 속에 몸살 앓는 그대여
> 독을 마셔도 죽지 않는 그 비법 내 아느니
> 긴 몸을 또아리 튼 채 꼼짝 달싹 못하네
>
> ―「땅꾼 별자리」

땅꾼 별자리는 시인이 붙인 이름일 것이다. 밤하늘을 보며 서양의 별자리와 동양의 별자리들을 짚어가다가 시인의 눈에 띠인 땅꾼 모양의 별자리가 있다. 독을 마셔도 죽지 않는 그가 별들의 전쟁 속에 몸살을 앓는다. 시인은 뱀 사냥꾼의 별자리 뿐 아니라 뱀자리도 발견한다. 뱀자리 별들은 땅꾼 별자리 아래 똬리를 튼 채 꼼짝을 못한다. 그 명쾌함이란……

2. 禪으로 통하는 그윽한 길

이지연 시인은 '시는 곧 '禪'으로 통하는 그윽한 길일 것이다'라고 정의하고 있다. '바람은 모양이 없지만 닿으면 노래가 된다'(「세상은」)고 한다. 보이지 않는 것들이 부르는 노래에 귀를 기울이는 시인은 자연의 영혼과 가장 직접적으로 소통하는 사람이다. 시인은 자연의 미세한 질서를 가만히 바라보고 자연사로서의 만물사에 대한 잔잔한 관조를 형상화한다. 그는 항상 보고 있는 산사 주변의 산과 대숲과 바다를 통하여 禪의 세계로 나아간다.

> 산사에 쌓인 눈이 / 한 길이 넘는다지만 / 길을 내서 뭐하노 / 바람이 지울 것을
>
> —「행자에게」 중에서

산속 절에 눈이 한 길이 넘게 왔다. 눈을 쓰는 행자를 보며 바람이 곧 지울텐데 길을 내서 뭐할까라고 하며 바라본다. 시인이 바라보는 것은 눈인지 길인지 행자인지 바람인지, 알 수가 없다. 이지연 시인의 시조의 특징은 세속과 신성의 갈등이 없다는 점이다. 눈이 오면 오는 대로 놔두기를 바란다. 거역보다는 순응을 거침보다는 안으로의 성숙함을 소망하는 것이 시인의 자연관이다.

> 목 틔어 부르는 노래 / 휘영청 귀 밝히고 / 한 대목 판소리에 / 막힌 오장 뚫린다 해도 / 이 세상 어떤 명창이 / 대숲 바람만 할까
>
> —「禪 16, 대숲 바람」

목이 트이는 경지에 이르도록 소리를 갈고 닦은 이가 부르는 노래를 들으면 귀가 즐거울 것이다. 대숲에 부는 바람에 시인은 귀를 휘영청 밝히고 듣는다. 달이 휘영청 밝게 떠서 어두움을 비추듯이, 대 숲의 바람 소리는 달이 뜬 것처럼 듣는 이의 속마음을 밝힌다. 명창의 소리 같은 대나무 숲에 부는 바람을 들으며 시인은 생각한다. 세상에

서 명창의 판소리를 들으면 오장이 뚫린 듯 상쾌하지만, 명창의 소리는 대숲의 바람만 못하다는 것을. 인간은 자연을 닮고 싶어하지만 그것은 어려운 일이다. 어떤 명창이 대숲의 바람 소리를 흉내나 낼 수 있을 것인가. 자연의 맑은 영혼과 아름다움은 인간 존재의 지향점으로 치환상승될 뿐이다. 천지의 한 점에 불과한 자연이지만 인간의 삶을 완성의 세계로 이끌어간다. 대자연의 순수서정을 통한 극복은 시적대상으로서의 사물을 그저 '바라봄'과 '들음'에 그 근거를 두고 있다. 시인은 대숲 바람 속에서 인간이 흉내 내지 못할 오묘함을 듣지만, 대나무가 부대끼는 소리도 듣는다.

> 흰 꽃이 피기 전에 / 속 빈 걸 알았거니 / 찌들은 세상 바람에 / 부대끼어 서걱인다
>
> —「대나무소리」 중에서

꽃이 피기 전이 이미 속이 빈 것을 안다. 부딪히면 소리가 더 커질 것도 안다. 세상을 지나오며 온갖 괴로움과 아픔과 상처들을 지나온 바람, 그들에 찌들은 세상 바람에 대나무는 부대끼어 서걱거린다. 세속사의 진부함이 자연을 부대끼게 한다. 자연의 세계는 세속이 어지러울 때 더 진가를 발휘한다. 세속의 부대낌은 자연이 보여주는 정신으로 고양되고 극복된다. 다음의 시도 사물을 바라봄으로 자연을 해석하고 이를 삶 속으로 자연스럽게 끌어들여 삶의 모양새를 조명해낸다.

> 하얗게 / 쓸어 놓은 / 이른 아침 뜨락에 / 까만 점 하나가 / 티끌처럼 굴러간다 / 세상에 / 숨쉬는 것은 / 멈추는 법 없구나
>
> —「말똥구리」

아침이면 정성스럽게 쓰는 마당, 어제의 온갖 먼지들과 잡동사니들과 밤새 내려앉은 나뭇잎들을 쓸며 어떤 생각을 할까. 오늘 하루 이 비인 마음에 고운 것들을 담아야지, 혹은 나의 마음과 삶을 이렇듯이 정리해야지 등등을 생각하며 뜨락을 하얗게 쓸 것이다. 그러나 이러한 마음가짐도 잠시, 곧 무엇인가 숨쉬는 것들이 돌아다닌다. 깨끗이 청소된 뜰의 까만 점과 티끌은 유난히 대조된다. 하얀 바탕의 점 하나, 감추어질 수 없는 생명력을 발견하고 시인은 잠시 시선을 고정시킨다. 숨쉬는 것은 멈추는 법이 없다는 것을, 모든 살아있는 것은 움직인다는 것을 새삼스럽지도 않게 발견한다.

> 전쟁터 / 총알이야 / 비켜 갈 수도 있고 / 죽음의 늪에서도 / 귀신 눈 속인다지만 / 스스로 / 지은 업장을 / 무엇으로 씻으리
>
> —「업보」

사람들은 죽음보다 무서운 것은 없다고 생각한다. 그래서 죽지 않기 위해 다른 사람을 죽이기도 하고, 다른 사람을 속이기도 한다. 그러나 시인은 죽음보다 보다 무서운 것이 '업보'라고 한다. 전쟁터의 총알도 비켜갈 수 있고, 죽음의 늪에서도 귀신의 눈을 속일 수 있지만, 스스로 지은 죄는 없어지지 않는다. 죽음보다 무서운 것이 지은 죄인 것이다. 죽음으로도 씻을 수 없으니 죄를 짓지 말라는 인과응보의 불교적 세계관을 보여준다.

3. 푸른 바다 위의 붉은 연꽃

겨우 시집 세권을 읽고 그를 다 알았다고 할 수는 없을 것이다. 그러나 그가 연하장을 그렸듯이 나도 그를 그린다면, 연못이 아니라, 푸른 바다 위에 피인 붉은 연꽃이 그려진다. 몇 천 년을 꽃을 피워도 시

들지 않는 연꽃 같은 그가 우주로 난 길을 홀로 가고 있는 뒷모습이 보인다.

(〈시조문학〉, 2007 여름호)

우물가의 독백

–임금자론[22)]

우물가에 호젓이 앉아 우물 속을 바라보며 물 위로 떨어지는 나뭇잎과 지나가는 구름과 자신의 모습을 보고 있는 듯한 임금자 시인은 「창작이야기」에서 '시를 쓴다는 것은 마치 아이들을 기르는 것 같아서 그 아이들이 건강하고 반듯하게 자라주길 바라며 사랑으로 씻겨주고 쓰다듬어 주건만 왜 남의 자식들처럼 쑥쑥 잘나질 못하고 꾀죄죄한 꼴로 그 자리에 서 있는지'라며 시를 고민하다가도 '한 줌의 나물이지만 맛있게 무쳐 밥상에 곱게 올려놓고 싶다 "맛있게 먹었노라"고 그 누군가가 기억해 줄 수 있다면…… 그런 시 한편 이라도 쓰고 싶은 것이 나의 소망이다'라고 말한다. 이처럼 임금자 시인의 시는 일상에서 멀리 가지 않는다. 주위의 것들에서 시적 소재를 두레박으로 퍼 올리며 이 물로 나물을 씻고 쌀을 씻어 밤을 짓듯이 시를 쓴다. 그리고 우리는 어머니가 해주신 음식을 맛보듯이 그의 시를 맛본다.

1. 영혼의 집

임금자 시인은 제법 긴 시조들을 쓰는데 이것이 시조일까 자유시일

---

22) 전남 순천 출생, 고흥에서 초등학교 교사 역임, 시조집 『그 안에 나 있었네』 등.

까 하며 한참 고민하게 한다. 그러나 이러한 시적 실험이 있지만 종장의 3,5,4,3의 음보는 유지한다. 〈고양신문〉 인터뷰 기사에서 그는 '시조는 3장 6구의 틀을 가지고 있습니다. 시조의 초장과 중장은 물로 비유하면 조잘조잘 흐르는 시냇물 소리와 같습니다. 그러나 종장에 이르면 그 물이 갑자기 폭포수로 바뀝니다. 마치 닭 잡아먹고 오리발을 내밀듯이 확 바뀌는 것이 시조의 매력입니다'고 한 바 있다. 그래서 이 글에 부분 인용된 시조들은 이러한 생각을 반영하였기 때문에 실험시조적인 특성을 보인다.

임금자 시인은 오두막과 이사와 세간살이에 관한 글이 몇 편 된다.

> 십년 가까이 됐어도 집 한 채 없다가 / 오두막 하나 지어본다
>
> —「자서」

시를 쓴 지 십년가까이 되어서도 시집이 하나 없다가 오두막 같은 시집을 갖게 되었다는 뜻이리라. 시인은 시집을 '오두막'으로 표현한다. 오두막은 가난한 집이거나 견고하지 않은 집 혹은 누추한 집이라는 의미를 내포하고 있다. 자신의 시에 대한 겸손한 마음이다. '짓는다'라는 말에 집중해보면 '시조를 짓는다' '오두막을 짓는다'와 같이 시조나 오두막이나 '짓는다'는 것은 같은 행위이다. 시조는 마치 집의 부분 부분과 같고 시집은 영혼의 집이다. 이 집에는 아이들이 살고 손때와 추억이 묻은 세간이 있다.

시인은 현실의 집에서 잡스러운 것들을 버리고자 한다. 비워서 깨끗해진 영혼을 바란다. 이사는 죽음과도 통하는데 이 세상을 버리고 저 세상으로 가는 것, 그리고 세상의 것들을 비늘처럼 여기는 것, 버리고 떠난다는 것 등으로 드러난다.

> 몸 틀면 쏟아지는 / 묵은 세월 비늘들

털어내고 씻어내도 / 진드기로 붙어와
작은 틈 기웃거리며 / 숨어살자 모의한다
기를 써 구걸해도 / 언젠간 버려질 걸
껍데기 벗기고 벗겨 / 가벼워진 나의 육신
얼마를 / 더 벗겨야만 / 홀가분히 떠날까.

—「이사」

몸을 틀면 묵은 세월의 비늘들이 쏟아진다. 살림살이는 뱀의 비늘 같다. 살 때는 모르고 살점처럼 같이 살다가도 이사할 때 보면 묵은 짐들이 여기저기에서 쏟아져 나온다. 새 집으로 이사 가면서 버릴까 말까 고민하게 하는 짐들이다. 시의 화자는 함부로 짐을 버리지 못한다. 이것들은 비늘이나 진드기 같이 작은 틈을 기웃거리며 구걸하듯이 여기저기에 다시 틀어박혀진다. 어머니의 삶은 매몰참이 없다. 시인은 인생이 뱀처럼 껍데기를 벗고 허물을 벗어버리고 '홀가분함'으로 가벼워짐을 소망한다. 묵은 것들을 벗어버리면 나비가 허물을 벗고 날아가듯이…… 시인은 한 없이 걸어가는 사막이 끝나기를 꿈꾸듯이 '얼마를 걸어야만 / 실 끝이 보일건가'(「낙타의 꿈」)라고 독백하며 마지막 삶을 준비한다.

오랜 세월 버무려 놓은 / 세간 살이 살점들

—「이사 2」

나물을 무치거나 버무리듯이 오랜 세월을 버무려 놓은, 그래서 깊고 고소한 맛이 나는 세월의 세간살이는 살점들 같이 소중하다. 시의 화자는 세간살이를 자신의 몸으로 본다. 몸과 같이 굳어져 나의 삶 가운데 박힌 세간들, 자식과 같은 살점이다. 이렇게 시인은 사물을 인간으로 보고 있기 때문에 그들에게 말을 걸기도 하고 자신의 삶과 동일시하여 다음 장에서 보듯이 사물의 개인사를 파악하기도 한다.

2. 세계를 포용하다

임금자 시인의 시조는 '事物詩'적이다. 신산했던 삶의 체험에 바탕을 두고 사물과 동일화를 지향한다. 둘러싸고 있는 세계를 포용한다는 것은 시가 삶 가운데서 나오기 때문이다. 이들은 주로 인고의 여성으로 상징화된 사물로 드러난다.

임금자 시인은 생활 속의 사물들에서 시댁과 여인과 삶 등을 고찰한다. 메주나 고무신이나 옥수수, 절구통 같은 생활 속의 도구들이 인생에 비유되는데 이 같은 사물에는 한국인들의 고된 인생살이와 현대사가 고스란히 담겨져 있다. 이는 고전 수필 가운데 시삼촌이 주신 바늘을 부러뜨리고 제문을 지었던 조선의 한 여인이 바늘과 함께 살아온 그녀의 기구한 삶을 바늘을 의인화하여 그린 '조침문'과 같은 성격을 가지고 있다.

임금자 시인은 절구통을 보고 삶과 시집살이를 생각한다.

> 둥글다던 절구통 / 송곳니만 남았네 / 발저린 인생길에 / 가난만을 찧느라고 / 몸바쳐 / 불사른 정이 / 그리도 까만 것을 / 틈마다 박혀있는 / 시누이 고자질에
>
> ―「나무 절구통」 중에서

본래 둥글게 만들어진 절구통인데 오랜 세월에 뾰족해진 송곳니만 남았다. 가난한 세월의 삶이 사람을 뾰족하게 만들었나보다. 시누이는 여성이 남편의 여자형제를 부르는 말이기 때문에 이 시의 화자는 여성일 것이다. 발이 절이도록 가난하게 살아 삶에 몸을 바쳐 불사른 '情'의 여인들임에도 시댁 식구와의 관계는 마음이 껄끄럽다. 시누이

의 미운 고자질처럼 까만 점들이 틈마다 박혀있다.

> 한 마리 나비도 없이 외론 꽃을 피우더니 / 인고의 / 세월 따라서 먼 길을 걸어왔구나 //
> 항아리 좁은 바다에 섬으로 둥둥 떠서
>
> ―「메주꽃」 중에서

메주꽃은 메주의 곰팡이 이다. 향기도 없는 꽃이기에 나비도 날아들지 않아 외롭게 꽃을 피운다. 메주꽃이 예쁘게 피면 간장에 띄워 항아리 속의 좁은 바다 즉, 간장 위에 섬으로 둥둥 떠 있다. 얼마 있으면 된장을 만들 것이다. 전통적인 음식이나 사물에는 향기도 없고 예쁠 것도 없었던 그리고 짠 내 나는 벅찬 삶 가운데 마치 섬처럼 외롭게 인내하며 먼 길을 걸어 왔던 어머니들의 삶이 보인다.

임금자 시인은 이미지로만 시를 전개하는 경우도 있다. 다음 시는 고무신이라는 말이 없이 시인이 생각하는 고무신을 이미지화하여 서술한다.

> 억척을 실어나르던 / 한 쌍의 하얀 돛배 / 풀토방에 우두커니 봄볕을 쬐고 있다 / 걸걸한 / 막걸리 한 잔 / 생각이 나나보다 //
> 이제는 나른한 몸 //
> 찢기운 채 말이 없고 / 밀랍메긴 바늘 실에 한 세상을 늘리어도 / 밀려온 / 문명 뒤에서 / 통잠을 자야하나 //
> 조금은 남아있을 / 체온의 낮은 음소리 / 천리길 마다 않고 사랑만을 심어오던 / 젊은 날 / 돌아보는 길 / 그림으로 남았네
>
> ―「고무신」

시의 제목을 보기 전까지는 배에 관한 시인가 하면서 읽어간다. 돛

같은 하얀 고무신, 찢어진 것을 고치지 않으면 버려질 것을 꿰매어 씀으로 한 세상을 더 늘렸다. '체온의 낮은 음소리'에서 체온은 촉각이지만 '소리'라는 청각으로 공감각적으로 인식한다. 온 몸으로 사물에 집중하고 있음을 알 수 있다. 고무신은 외국에서 들어온 운동화나 장화 같은 것들에 밀려났다. 늙음과 낡음은 젊음과 새로움에 자리를 내주어야 한다. 앞만 보고 달려왔던 생이 나른한 봄볕 아래 막걸리가 생각나는 한가로움과 피곤함 그리고 휴식을 맛본다. 젊은 날은 그림같이 남아있다. 그림은 아름답다는 은유이거나, 고착화된 추억을 표상한다. 이러한 사물들은 인고의 세월을 견디어 왔다. 고무신을 신고 억척같은 삶을 살고, 찢겨진 고무신을 꿰매어 신고 살았던, 천리 길을 마다않고 자식과 남편을 사랑했던 어머니의 젊음과 삶과 겹쳐진다.

진열장 속 하얀 사랑 / 기다림에 다리 아파도 //
매무새 흐트림 없이 / 왼종일을 서있네 //
인고로 / 다음어진 마음 / 눈부신 여인아

—「풍경 3, 신촌 드레스촌」

신촌의 드레스 촌에 가면 죽 늘어선 가게의 푸른 조명 아래 하얀 웨딩드레스나 예복을 입은 마네킹들이 서있다. 시의 화자는 윈도우 안에 웨딩드레스를 입고 서있는 마네킹을 '기다림'과 '인고'로 본다. 그들은 순결한 사랑의 표상이다. 누군가를 기다리며 다리가 아파도 매무새가 흐트러짐 없이 온 종일 서있다. 마치 순결한 여성이 지아비를 기다리는 것과 같다. 다음 시조도 엎드려서 시절을 기다린다.

시절따라 사는기여 / 숨죽이고 사는기여 //
흥선군 이하응이 / 그렁저렁 살았듯이 //
숨겨둔 / 옷자락 하나 / 펼칠 때가 있는기여.

—「겨울 담쟁이」

마른 몸의 담쟁이가 겨울 담장에 납작하게 붙어있다. 시인은 시절에 따라 숨죽이고 살았던 이하응 흥선대원군을 비교한다. 시절 따라 산다는 것은 세월을 거스르지 않고 순응하면서 저항하지 않고 숨죽이며 산다는 것, 마치 대원군이 그렇게 살았듯이, 그렁저렁 살다가 숨겨둔 옷자락을 하나 펼치듯이 나왔던 그였다.

> 흰 살 보일라 / 차도르 겹겹 걸친 아랍 여인 / 찜통 더위 온몸 적시고도 나랏법에 길들여져 / 겉으로 살짝 웃으며 안으로만 영그는가
>
> …(중략)…
>
> 속터질라 / 참다가 부풀어진 여인의 가슴 / 산(産)바라지 손(手) 없어 입술 붉게 탔어도 / 출산의 희열 기다리는 다산의 여왕이여.

—「옥수수를 벗기며」

겹겹이 싸인 옥수수 껍질과 겹겹이 걸친 차도르, 더운 나라 아랍과 옥수수를 찌는 찜통, 옥수수와 아랍여인의 대비는 그림 같은 비유이다. 아랍여인들을 구속하는 나라의 법으로 그 나라의 풍속을 비판하고, 겉으로 살짝 웃으며 안으로만 영그는 여인의 속은 터지고 산후조리를 도와줄 사람이 없어 입술은 붉게 탄다. 산고 후에 참다가 터져나온 옥수수 알갱이들, 옥수수는 다산의 여왕이다. 자식 많은 것이 복이었다.

> 탱자나무 울타리에 / 살포시 날앉아
> 햇살이 놀러오게 / 이파리 닦아놓고
> 오늘도 / 꽃향 피우네 / 밑 등도 그랬듯이
> 너와나 동반자로 / 행여 뿌리 다칠까봐

숨결을 고르며 / 찬바람 막았더니
어느새 / 열매들 모여 / 윤이 나고 있었네

—「고부」

위의 시도 처음에는 잘 들어오지 않는다. 제목만 보아서는 알 수가 없다. 이미지로만 시를 엮었기 때문이다. 시인은 탱자나무의 은유로 고부를 비유한다. 시어머니와 며느리는 햇살이 놀러오도록 탱자나무에 정성을 다해 이파리를 닦고 꽃 향을 피운다. 행여 가족이 다칠까봐 숨을 거칠게 쉬지 않으며 양보하며 찬바람을 막은 동반자이다. 뿌리와 밑 둥과 이파리와 꽃과 열매는 고부간이 '동반자'여야 맺는다. 옛날부터 집의 울타리였던 돌담과 탱자나무 울타리는 도적으로부터 집을 보호하였다. 그리고 두 여성의 힘으로 열매들이 윤이 난다. 이 시에 '갈등'은 약화된다. 시어머니와 며느리의 갈등은 〈장자〉에까지 언급되어있다. '방안에 빈 곳이 없으면 며느리와 시어머니가 다투게 되고'라고 했던 인간 삶에서 풀기 어려운 과제를 시인은 지혜로 풀어낸다. 그것은 시인이 '애정'과 '포용'에 바탕하고 있기 때문이다.

다음은 모든 것을 이해하고 애잔하게 생각하는 마음을 보여준다.

큰나무 / 칭칭감고 / 갖은 아양 / 비비꼬던 //
화사한 / 그 얼굴이 / 첩실인양 / 미웁더니 //
추위에 / 외틀어진 허리 / 퇴기된 / 슬픔이여

—「능소화」

꽃과 비틀어진 가지, 첩실과 퇴기의 비교에서 여성의 시선이 묻어난다. '큰 나무'를 칭칭 감고 아양을 떨며 올라가던 능소화를 보면 화사한 얼굴이 마치 첩실을 보는 것 같아 미웁다. 그러나 세월이 가고 추위가 오면 외틀어진 허리로 남은 퇴기가 되어버린 쓸모없는 존재가 된다. 미움과 슬픔의 관계, 미워했다고 생각하지만 그가 안 되어 보이기도 한다. 적에게도 모질지 못한 여인들이었다. 우리의 어머니들은……

3. 우물로부터 퍼 올린 나날들

시인은 우물을 매개로 어린 시절로부터 시적정서를 이끌어낸다. 아름다운 것들은 밑에 있다. 남편의 관, 첫사랑, 어린 시절의 추억들은 저 밑에서 퍼올리고 캐내어 진다. 첫사랑도 우물 안에 숨겨둔다.

> 누가 / 누구냐고 / 첫 만남을 묻는가 / 두레박 타고 / 올라온 / 그 님을 반기고는 / 우물 속 / 깊이 띄워 놓아 / 나만 보는 사랑인데
>
> —「첫사랑」 중에서

선녀는 두레박을 타고 땅으로 내려왔고, 두레박을 타고 하늘로 올라간 건 나무꾼이었다. 두레박을 타고 올라온 님이 얼마나 소중한지 누구에게도 보여주지 않고 우물 속 깊이 띄워 놓고 혼자만 본다.

> 추억 셋이 미리 나와 / 우리들 영접하면
>
> —「추억캐내기 2」

고구마나 감자나 금처럼 추억을 캐낸다. 하나하나 잊지 않고 싶은 마음이 묻혀있다. 자신이 캐내지만 사실은 추억 셋이 '미리' 나와 영접한다. 추억이 마치 기다리고 있었던 것처럼, 발견해내주기를 기다리고 있었던 것처럼, 귀한 손님을 대접하듯이 나를 '영접'한다. 찾아냈을 때, 추억이 떠오를 때 기쁨이 넘쳐난다.

그러나 추억과 같이 떠오른 사람들은 지금은 없고 추억의 공간은

변하였다. 인심은 없어지고 마을은 변하였다. 추억이 '웃음'과 '인심'과 '길 있음'이라면, 현재는 무표정과 단단함과 길 없음으로 나타난다.

> 돌아오는 하굣길 / 살랑살랑 웃어주던 / 아카시아 울타리는 / 시멘트로 입 다물고
>
> —「옛집에 갔더니」 중에서

어린 날의 학교에서 돌아오던 길에 맞아주었던 아카시아 울타리는 입을 벌려 웃지만 현재의 시멘트 담장은 입을 다물고 있다.

> 지금은 아파트들이 수다를 떨고 있네 / 기와집 그 인심은 행방을 모른다고
>
> —「향수」 중에서

예전 세무서 과장댁의 시골 인심은 참으로 후했는데 아파트가 들어선 현대는 기와집의 인심은 행방을 모른다. 인심이 행방불명 되어버린다. 기와집이 도시로 이사 가고 도시에 와서는 아파트가 되고 아파트가 되고 나서 인심은 가출해버린다.

> 알밤 터지는 소리 단잠 깨워 부르던 때 / 바위 샘물 퍼올려 또아리 받쳐 이면 / 골목길 / 구석에 앉아 / 질경이도 웃었거니
>
> 눈감고도 가는 길 눈덮인 하얀 길 / 추억이 가려져서 갈팡질팡 하고 보니 / 여백에 / 묻어두었던 / 고향은 어딜 갔나
>
> 눈 녹으면 보이려나 어머니 웃는 모습 / 귀 세우면 들리려나 아버지 기침소리 / 흔적도 / 찾을 길 없어 / 빈 하늘만 보고 왔네.
>
> —「雪鄕」

단잠에 빠져있던 새벽이지만 알밤이 '딱 딱'하며 벌어지는 소리가

들리면 졸린 눈으로 누가 줍기 전에 서둘러서 나간다. 바위 사이에 솟아나던 속 시원한 '샘물'을 퍼올려 또아리를 물고 받쳐서 이고 오는 길에 골목길 구석에 앉아 질경이를 가지고 질긴 싸움이라도 했을까. 항상 다니던 길이라 눈이 와서 길이 사라져버려도 눈을 감고도 갈 수 있었는데 다시 찾은 고향, 너무 오래되었을까. 아니면 마을이 변했을까. 어디가 어딘지 갈팡질팡 헤맬 수밖에 없다. 눈 온 날 아침 같은 여백에 묻어 두었던 고향은 어디에 갔을까. 마음속에 고이 감추어 두었던 그곳은 다른 나라인가 보다. 마치 길처럼 눈이 녹아야 보이려나. 어머니의 모습은 보이지 않고, 마당으로 들어서며 헛기침으로 존재를 알리시던 아버지는 안계시고 빈 하늘만 있다.

목도장 가게 아저씨의 휘파람 소리는 석양길 바람소리와 함께 떠오른다.

> 외다리 바지가랭이 방석에 올려놓고 / 톱밥을 날리면서 불러주던 휘파람이 / 석양길 바람소리로 들려오기 때문이야—「목도장 사설」

중학교 입학선물로 받은 목도장을 옥도장처럼 소중히 여기는 것은 나무도장을 만들어 주던 도장방 아저씨에 대한 추억을 담고 있기 때문이다. 도장방의 외다리 아저씨는 휘파람을 잘 불었다. 가장 처음 만들었던 도장에 대한 애착으로 사람들이 다른 도장으로 바꾸라고 해도 시의 화자는 바꾸지 않는다. 도장이 중요한 것이 아니라 추억이 중요한 것이다.

임금자 시인의 시에서 죽음은 어머니도 아버지도 없는 삶, 홀로된 삶, 남편의 죽음이 트라우마로 작용한다. 시인의 개인사에 대해서 잘 모르지만 시로만 보면 남편이 먼저 세상을 뜨셨나보다.

> 사랑한다 발목잡아 / 한데 묶어두더니만

어느 날 끈을 풀어 / 날개마저 달아두고
홀연히 / 떠난 지아비 / 그림자로 따른단다
구멍난 마음으로 / 하늘 날고 땅을 기며
물바람도 끌어안고 / 베짱이가 되었는데
개미가 / 왕눈 흘기며 / 가던 길을 재촉한다

—「여정」

남편은 사랑한다고 발목을 잡아 묶어두더니 어느 날 갑자기 끈을 풀어주고 날아가라는 듯이 날개마저 달아두고 홀연히 떠나버렸다. 지어미는 소리 없이 항상 같이 있는 그림자 같았던 그를 그리워한다. 허전함에 마음에 구멍이 나고 날개가 있으나 소용이 없는 베짱이처럼 하늘을 날고 땅을 긴다. 물바람이란 강이나 바다 같은 물 위에서 불어오는 바람이다. 개미는 늘 열심히 일하고 베짱이는 놀고먹는다. 시의 화자는 이제 아무 일도 하지 않고 놀고먹는 베짱이가 되었다고 생각한다. 시의 제목은 '여정'이다. 삶이 여행 같다고 생각하면 그다지 슬플 것도 힘든 것도 없다.

정적에도 기척있어 / 가신 님 발자국 소리 / 들릴듯도 합니다

—「정적」

가신님에 대한 그리움의 마음이 간절하면 정적 가운데도 임의 발자국소리가 들린다. '긴 세월 그 무게에 짓눌렸던 그 아픔이 // 약 주어 달래 봐도 물러갔다 다시 오고'(「봄빛도 춥습니다」) 세월의 무게에 짓눌렸던 아픔, 이제는 잊어버렸다고 생각하는 아픔들이 약을 주고 달래 봐도 물러갔다가 다시 온다. 아무런 기교가 없이도 정갈한 구절이다. 그리움에 시인은 혼잣말을 한다. 임금자 시인의 시적 어조는 혼잣말이다. 사물에게 말을 걸고 추억에 말을 건다. 이는 대화를 나눌 상

대가 없는 데서 연유된다. 어머니에게도 혼잣말로

> 새하얀 조화를 동백인냥 안으시고 / …(중략)… / 청솔이 / 손을 내밀어 같이 살자 하더이까
>
> ㅡ「어머니 가시던 날」

라고 묻는다. 어머니가 동백을 좋아하셨던지 조화를 동백처럼 안으시고는 저 세상으로 가셨다. 시의 화자는 '청솔이 손을 내밀어 같이 살자 하더이까 그래서 어머니 가셨습니까?'라고 묻는다. 코스모스에게는

> 그립다 / 목 그만 늘이거라 / 안그래도 섧단다
>
> ㅡ「코스모스」 중에서

라고 중얼거리듯 말한다. 코스모스의 가는 목을 보고는 그립다고 목을 그만 늘리거라, 그렇게 목을 늘이지 않아도 서럽다고 한다. 그리움에 목을 길게 빼고 행여나 올까 길가에 서있는 한 사람을 보는 듯하다. 시인은 감을 따다가도 '코발트색 바탕에 주렁 달린 감나무 / 누구의 그림 솜씨 / 해마다 금상인가'(「감을 따며」)라며 중얼거린다. 푸른 가을 하늘을 배경으로 주렁주렁 감이 매달려있다. 누구의 솜씨인지 영락없이 해마다 '금상'감이다. 누구도 따라올 수 없는 자연이 그린 그림에 대한 찬사이다.

> 한평생 마침표가 / 그리도 무거운가
> 네모난 집 / 한 채 들고 / 땀 흘리는 장정들
> 아직도 못 다한 일들 / 꼭꼭 눌러 / 가는갑다
> 이승의 낮과 밤을 / 봄 꿈으로 날리고
> 아래로 아래로만 / 조심스레 / 내려가면

열길도 / 못되는 길을 / 잊어버려 / 못온갑다

—「하관」

한 평생의 마침표인 죽음, 마침표가 무겁다. 마침표는 문자인데 무게로 표현한다. 인생의 마지막 집이 관이다. 생이 그리도 무거운지 아니면 '아직도 못한 일'들을 꼭꼭 눌러 가져가기 때문에 무거운 것일까. 평생 일만 하다가 가는데도 얼마나 좋고 짧은 것이길레 '봄 꿈'으로 보는 것일까. 이생의 삶이란 짧은 봄 꿈과 같은 것. 일장춘몽은 부질없음의 기호이다. '아래로만 아래로만'의 반복에 마음의 무거움과 절망감과 허전함이 드러난다. 먼저 간 이에 대한 그리움이 '열 길도 못되는 길을 잊어버려 못온갑다'는 말에 '그 짧은 길을 왜 그는 다시 오지 못하는가 길을 잃어버렸을까'라고 중얼거리는 시인의 상실감을 볼 수 있다. 다음 시조의 제목은 그 자체로 '독백'이다.

아들아 내 마음 속 태양이던 아들아 / 쪽빛이 떠오르면 깃털 세워 날겠다며 / 조금만 / 기다리라고 / 속삭이던 내 아들아 //

하늘과 땅 사이의 모든 걸 사랑한 너 / 회색빛 비탈길을 버리고 간 영생의 집 / 천의 강 / 만의 산들이 / 너를 위해 있으리라.

—「어느 어머니의 독백」 중에서

노동운동을 했을지 운동권 학생이었을지 최루탄을 맞아가며 싸우던 아들은 이 세상에 없다. 어머니에게는 마음속의 태양이던 아들, 새로운 세상을 꿈꾸었던 아들은 쪽빛 찬란한 세상이 되면 자신은 깃털을 세워 날겠다고, 이제 곧 그러한 세상이 올 것이라 했는데 가고 없다. 유채색의 쪽빛과 무채색의 회색은 삶과 죽음의 대비이다. 아들은 조국을 사랑했고 세상의 모든 것을 사랑했다. 천의 강과 만의 산들이 너를 위해 있을 것이다.

4. 식후의 인사

시집을 다 읽고 나서 시인에게 "잘 먹었습니다"라고 인사를 한다. 정갈하게 차려진 밥상을 마주대한 듯하였다. 그는 '영혼의 옷자락에 곰팡이가 낄까봐'(「壽衣擧風」) '실핏줄 앞세우고 불덩이로 솟더니 / 하루를 다 태우고 내일로 눕자 한다'(「일산 풍경, 낙조」) 하는 하루하루를 다 태우듯이 열정적으로 살아가는 안주인이었다. 시인이 삶의 우물에서 끌어 올린 단상들로 많은 이들의 목을 축일 것이라 기대하며 이만 글을 마친다.

(〈시조문학〉, 2008 여름호)

농부와 어머니

—조평진론[23)]

1. 들어가며

조평진 시인은 자연과 농촌풍경을 주 소재로 삼는다. 한국의 나무와 강, 굴러다니는 돌을 일상적인 상상력으로 묘사하며, 농촌의 사계를 따라가며 적어 놓는다. 날마다 도시화되고 발전하는 도시 공법에 비한다면 농촌의 풍경과 삶도 상대적으로 자연에 가깝다. 그렇다면 그의 시조 대부분이 자연과 긴밀하게 밀착되어 있다는 것을 알 수 있다.

조평진 시인의 시조에 등장하는 공간과 인물들은 많지 않다. 공간이 학교 - 자연 - 집 - 달가람 - 여행지로 한정되는 것에서 단정한 삶의 반경을 알 수 있을 듯하다. 인물들은 어머니와 아버지, 손녀 손자와 같은 혈육 이외에, 추억 속에 남은 친구, 그리고 현재는 시조로 인연을 맺은 동인들이다. 그 외의 인물은 등장하지 않는다. 왜일까. 조평

---

23) 대구출생, 영남대학교 졸업, 한맥문학 2004년 신인상, 2007년 시조문학 작가상, 2012년 신문예 신인상, 제26회 허난설헌문학상 시조부문 본상, 제4회 무원문학상 시조부문 본상, 2012년 시조문학 작품상, 시조집 『추억은 풍경속에 머물고』(2009), 『풀꽃 향기로 가는 길』, 『초설』 등.

진 시인이 남의 이야기는 하지 않는다는 것이고, 아마도 그의 입이 무거운 까닭이리라. 인간으로 인해 입은 상처를 그린 것도 「상처」 한 편에 불과하다. 시인들은 감정을 시로 토해내고 거기에는 인간과 사회에 대한 좋지 않은 감정들이 묻어나곤 한다. 그러나 조평진 시인은 주위를 둘러싸고 있는 기타 등등의 인간에 대한 이야기는 일절 하지 않는다. 성자가 아니고서는 일생을 선생으로서 살아온 그에게 상처가 없을 리 없다. 학생들과 동료 선생들, 상사 그리고 그를 둘러싼 묶음들에 속해 있는 인물들이 있을 것이다. 그러나 그는 그의 옹이진 마음을 자연으로 돌리고 그의 눈과 마음과 정신과 귀를 씻는다. 이 같은 조평진 시인의 특성은 허유와 소부의 고사를 떠올리게 한다.

요(堯)임금이 제위에 오른 지 70여 년 평화가 왔지만 그는 자식에게 제위를 물려주지 않고 치수를 할 만 한 자 즉 훌륭한 사람을 추천토록 하여 왕위를 물려주려 하였다. 당시 허유(許由)라는 사람이 어질다는 소문을 듣고 그에게 천하를 넘겨주려 하였다. 이 소문을 들은 허유는 펄쩍뛰면서 영수가의 기산에 숨어 버렸다. 그 후 허유는 요임금이 다시 구주의 장으로 삼으려 한다는 말을 듣자 영수에 나아가 그의 귀를 씻고 있었다. 마침 소에게 물을 먹이려 왔던 친구 소부(巢父)가 허유의 귀 씻는 모습을 보고 그 연유를 묻자 '못 들을 말을 들었기 때문에 그 귀를 씻고 있는 중일세'라고 대답하였다. '그 못 들을 소리란 무슨 말인가?'라고 묻자 '요임금이 저번에는 나에게 천하를 넘겨준다고 하더니 이번에는 또 구주의 장으로 삼는다고 했다네'라고 하였다. 그러자 소부는 물을 먹이려던 소를 끌고 상류 쪽으로 올라가는 것이었다. 허유가 그 연유를 물었다. 그러자 소부는 '더럽혀진 귀를 씻은 더러운 물을 소에게 먹일 수는 없지 않는가? 그래서 상류 쪽으로 가서 깨끗한 물을 먹이려고 그러네'라고 하면서 유유히 상류 쪽으로 가고 있었다.

아마도 조평진 시인은 관계로 인한 상처들을 자연에서 씻는가 보다. 이제 시집을 한 장 한 장 넘겨가며 그의 시세계로 들어가 보도록 한다.

2. 농부의 마음

조평진 시인은 농사를 짓는 이인가 하고 다시 표지를 확인할 정도로 농사와 연관된 상상력을 보인다. 농사를 기본으로 한 24절기인 「입춘」, 「우수」, 「경칩」, 「춘분」, 「청명」, 「곡우」, 「입하」, 「소만」, 「망종」, 「하지」, 「소서」, 「대서」, 「입추」, 「처서」, 「백로」, 「추분」, 「한로」, 「상강」, 「입동」, 「소설」, 「대설」, 「동지」, 「소한」, 「대한」 이 모든 절기를 다 짚어가며 시조로 읊는다. 농업의 현대화로 인해 24절기는 상관없는 풍속이 되었고 시골의 달력에나 조그만 글씨로 박제되어 있을 뿐이다. 작농방법에 따라 계절 농사가 사라지고 있는 이러한 시대 조평진 시인은 마치 풍속화를 그리듯이 농가의 스물 넷 계절을 다박다박 밟아간다.

> 낮과 밤 / 뒤돌아 서서 / 승부 없는 키재기 한다-「춘분」
>
> 고양이 손 빌린다는 연이은 농삿일에 / 별보고 나간 농부 돌아올 줄 모르고-「망종」
>
> 물빛 좋은 바다와 쪽빛 하늘 보고파서 / 산 넘어 산들바람 산들산들 길 떠나고-「입추」
>
> 김장철 / 항아리들은 / 허기진 배 채워간다-「입동」

음력 2월 낮과 밤의 길이가 같다는 춘분을 밤과 낮이 '키재기 한다'고 표현하는 것이 눈에 들어온다. 보리를 베고 모내기를 하는 바쁜 계절인 망종은 음력 5월인데 가장 바쁜 이 시기 농가의 일상을 '고양이의 손까지 빌린다'는 농부들의 표현법을 사용한다. 이제 먼 훗날 우리의 후손들은 이 시조로부터 전통과 속담을 찾아내야 할지도 모른다. 음력 7월 입추에 관한 시조는 추수 후 농부의 마음을, 가을이 겨울에게 자리를 내주고 가볍게 떠나는 모습으로 묘사한다. 음력 10월 무렵의 입동은 김장 후에 항아리가 차는 것을 '허기진 배'를 채운다는 한 구절로 한국의 60~80년대 가난한 시절을 낡은 사진처럼 보여준다. 그 시절엔 김장만 해도 어머니의 배가 불렀을 것이다.

> 1
>
> 설한은 대지위에 황량이 불어드나 / 절기를 매듭짓는 마지막 해넘이로
> 죽은 듯 / 언 가슴 위에 / 살바람이 불어든다.
>
> 2
>
> 눈 덮인 들판 위로 날가지 후려쳐도 / 해넘이 떠난 자리 봄기운 서성이며
> 애순들 / 귀잠 깨우려 / 소소리바람 불어든다.
>
> —「대한」

음력 12월 대한은 일 년 절기의 마지막이다. 눈이 내리는 때나 내린 뒤에 닥치는 추위를 설한이라 한다. 죽은 것처럼 보이는 겨울의 언 가슴위로 매서운 바람이 불고, 날가지가 후려치는 눈이 덮인 들판이지만 그 위로 봄기운이 서성인다. 며칠 춥다가도 또 며칠 따뜻한 삼한사온과 같은 기후현상에 서성인다는 표현은 적절해 보인다. 시인은 이른 봄, 살 속으로 스며들 것만 같은 차고 매서운 바람이 부는 까닭을 아주 깊이 잠 든 순들을 깨워야 하기 때문이라고 낙관적으로 생각한다. 추운 바람이 봄을 불러오기 때문에 견딜만하다는 것이다.

조평진 시인은 마치 농부처럼 봄을 기다린다. 계절 가운데 봄에 관한 시조들이 가장 많은데, 제목으로만 보아도 「봄이 오는 소리」, 「봄 눈」, 「봄」, 「봄과 영산홍」, 「홍매화의 봄」, 「봄 풍경」, 「병실의 봄」, 「봄 바람」, 「꽃샘바람 불어도」, 「촉석루의 봄」과 같은 시조들이 있고 '꽃

잎에 피운 봄'이라는 단원 밑에는 「봄나들이」, 「버들강아지」, 「꽃샘바람」, 「벚꽃」, 「금계국」, 「오디」, 「산수유 2」, 「산수유 3」, 「봄이 오는 길목 1」, 「봄이 오는 길목 2」, 「봄밤」, 「꽃전」등 봄과 관련된 시조들이 자주 보인다.

> 겨우내 단잠-「봄이 오는 길목 1」
>
> 햇살이 / 포근히 앉아 / 묵은 겨울 녹인다-「봄이 오는 길목 2」
>
> 꽁하게 얼었던 맘-「봄이 오는 길목 2」
>
> 겨우내 쌓인 근심 양어깨 무거워도-「봄밤」
>
> 어둠을 헤쳐 나온 무언의 몸부림들-「초아(草芽)」
>
> 그 추위 목마름과 싸늘한 외면 속에 / 새 생명 탄생시킨 인내는 너의 승리-「봄과 영산홍」

위의 시조에서 그가 봄을 기다리는 이유를 알 수 있다. 봄이 되면 겨우내 단잠을 잤던 싹들은 깨어나고 햇살은 마음 편안히 앉아 있다. 조평진 시인에게 겨울은 묵은 것, 꽁하게 얼었던 마음, 쌓인 근심, 어둠 그리고 목마름과 싸늘한 외면의 시간과 공간이다. 이 무거운 겨울을 벗고 봄의 싹들은 몸부림치며 솟아오른다. 봄은 이 모든 것들을 이겨내기 때문에 겨울보다 더 강하다.

> 햇살이 / 따스하여 / 젖은 세월 널었더니
> 불 꺼진 / 가슴에다 / 새로이 불 지피며
> 꽃처럼 / 피어나고파 / 내 심장이 뜨겁다.
>
> -「봄바람」

겨울은 젖어 무겁고 겨우내 쌓인 근심으로 어깨도 무겁다. 불이 꺼진 겨울의 가슴에 새로운 불을 지피는 것은 봄이며 봄바람이다. 겨울이 무겁고 아래로 향한다면 봄은 불이나 꽃처럼 위로 향하고 가볍다. 다음 장에서 보겠지만 조평진 시인의 주된 상상력은 '모성'이다. 조평진 시인에게 봄은 어머니와 같이 씨를 대지에 받아 싹을 피우는 파종의 계절이다. 봄에 뿌려진 씨앗은 가을에 열매를 맺는데, 조평진 시인의 시조에서 봄 다음으로 많은 계절은 가을이다. 시조 제목만 보아도 「늦가을」, 「적상산 단풍」, 「가을 하늘」, 「가을 산」, 「가을 풍경」, 「낙엽의 귀향」 등 가을에 관한 시조가 많이 보인다. 가을은 봄부터 부지런히 달려온 추수의 시간이기에 농부에게 의미가 있는 계절이다.

이처럼 조평진 시인의 시적 지향이 자연과 농사로 향하는 것은 그의 상상력이 '모성적'이기 때문이다. 만물을 품고 싹을 내고 키워내고 다시 받는 대지는 어머니와 같다.

3. 어미의 마음

조평진 시인은 모성적 상상력으로 자연과 세계 그리고 주위인물들을 바라본다. 시인이 시조에 대해, 시조를 쓰는 작업에서도 이러한 특성이 보인다. 시인이 시조와 시작업을 어떻게 생각하는가는 시조와 시인의 정체성에 관한 중요한 문제이다. 그래서 시조집을 처음 대할 때 시인의 말과 시조에 대한 시조를 눈여겨본다. 대부분 시인들처럼 조평진 시인도 창작의 작업을 인내, 잉태, 씨앗, 촛불 등으로 생각하며 거룩한 종교(「백수 정완영 선생—문학 특강을 듣고」)와도 같이 생각하지만, 창작과정에서 모성적 정서를 보인다는 것이 다른 시인들과의 변별점이다.

시조는 물과 연관되는 데, 깊은 바다 속, 밀물과 썰물이 이는 작은 섬, 바다를 향해 가는 강물은 시인의 길이며 시의 길이다. 어머니의 자궁에서 성장하여 한 아이가 되듯이 시조는 그렇게 탄생된다.

어둔 밤 지샌 뒤에 새날은 더욱 밝고
긴 삼동 몸살 앓던 봄볕 더 따사롭듯
겨우내 달래던 꿈들은 향기 내어 흐르리라

그리움 쌓인 만큼 현울림 깊어가듯
먼 세월 건너와서 깨어나는 새순들이
속 깊은 바다 품 닮아 향기 내어 품으리라

첫사랑 여물 때에 그 숨결 잊지 않고
겹겹이 쌓인 은총 하나 둘 눈을 뜨면
가슴에 꽃길을 만들어 향기내어 푸르리라

—「풀꽃 향기로 가는 길—시인의 길」

'어둠 밤', '긴 삼동', '겨울 내내'는 한 편의 시가 탄생하기 위한, 한 사람의 시인이 성장하기 위해 거쳐야 하는 거친 광야이며 어두운 시간이다. 이 시간들과 막막함을 견디고 수련을 하다보면 새날이 오고 볕이 따사로운 봄이 오고, 그동안 꾸었던 꿈들은 향기를 내며 흐른다. 시에 대한 그리움과 먼 세월을 견디고 나면 현은 더욱 더 깊은 울림을 갖게 되고, 새순들은 깨어나고, 깊은 바다 속의 품을 닮은 향기를 품을 것이다. 그러다가 다시 벽에 부딪히고 막막하게 작업을 나가다 보면 다시 한 단계 오른다. 이렇게 좌절과 기쁨을 몇 단계 반복하다보면 시조에 힘이 빠지고 내면에 쌓였던 것들이 자연스럽게 흘러나오게 된다. 이제 더 나아가 시에 대한 첫사랑을 잊지만 않으면 된다.

이와 같은 조평진 시인의 모성적 상상력은 제목만으로도 드러나는데 시조「어머니」연작,「모녀」,「어머니의 손길」,「모정의 울타리」연작,「성모 성월」등과 같은 시조에서도 보이며, '모정의 울타리'라는 단락 밑에「옹달샘 3」,「주말농장」,「궁남지 무지개」,「연꽃 4」,「연꽃 5」, 「어머니」, 「모녀」, 「고향」, 「어머니의 손길」, 「모정의 울타리」, 「성모성월」, 「부부」와 같은 어머니와 연관된 시조들이 묶여있다.

시작법에 이어서 시를 살펴보면, 시적 상상력의 세계가 모성과 깊은 관련을 맺고 있다. 깊은 숲 속에서 솟아나는 옹달샘은 '긴긴밤 / 지새우며 / 산고로 여는 여명'(「옹달샘 3」)이며, 긴 겨울을 지낸 봄은 '새 생명을 탄생시킨 인내'(「봄과 영산홍」)이다. 옹달샘이나 봄을 어머니가 잉태의 힘든 과정을 거치고 새 생명을 탄생시키는 것에 비유한다. 이렇게 지난한 과정이 있었기 때문에 여행자의 갈증을 해소하는 단물이 되며, 땅은 많은 열매를 맺는다. 출생 뿐 아니라 어머니의 일상적인 작업에는 빨래하기가 있는데 조평진 시인은 빨래의 상상력으로 사물을 표현한다. '마음을 / 널어놓고서 / 쉬어가고 싶어라'(청명)에서는 빨래처럼 마음도 널 수 있고 '세월'(「봄바람」)도 넌다. 묵은(「봄이 오는 길목 2」) 겨울 동안 무거워진 마음을 널고 마르는 것을 기다리는 시간 시조라도 한 수 읊었을까. 서럽고 무거웠던 세월도 봄바람에 널면 그동안 쌓인 고난의 시간들이 표백될까.

조평진 시인의 자연은 어머니처럼 대상들을 품에 안고 다독인다. 품에 안는 이미지들을 모아보면 다음과 같다. 첫 묶음은 '품음', 다음 묶음은 '안음', 다음 묶음은 '보듬음'과 관련된 구절들이다.

> 소나기 / 머문 자리 / 햇살 곱게 품어다가－「궁남지 무지개」
> 낙동강 / 품어 안고－「농암 종택－종택을 둘러보니」
> 속비운 / 비사리 구시 / 넉넉하게 품는다－「비사리 구시－보경사에서」
> 품에 안는 봄바람－「월영교 찾아가니」
> 산하를 / 품어 안고서 쉬어가고 싶어라－「산행, 덕유산에서」
>
> 은파는 / 소망을 안고 / 가슴 속에 안긴다－「봄밤」
> 넉넉한 가슴 …… 구름이 / 자리 비워준 / 배려하는 맘인 것을－「가을

하늘」

떠올려 / 보듬으면서 / 단풍 잎을 물들이리-「늦가을」

예같이 / 보듬어 안고 / 토닥토닥 눈뜨라고-「봄이 오는 소리」

맑고도 푸른 기운 마음 밭에 둥지틀고 / 진흙탕 발 담그며 밤낮으로 보듬더니-「연꽃을 바라보니」

양지에 꿈을 키워 / 벌 나비 보듬더니-「금계국」

귀천도 / 분별 않고 / 보듬어 주던 마음-「농암 종택 2-예일당에서」

위의 시조에서 보경사의 비사리구시는 절에서 국제(國齋) 같은 큰 제사를 지낼 때 공양을 위해 약 4,000명분에 해당하는 쌀 일곱 가마의 밥을 담았던 나무 그릇으로 구시는 구유의 옛말이라고 하며 보경사의 명물로 전해온다. 농암 이현보의 고향 안동에는 농암의 종택이 있다. 농암은 '효'의 인물이었는데 이는 '효절공(孝節公)'이란 시호가 잘 보여주고 있다. 농암이 여자와 천민까지도 함께 연회에 초청 했다는 일화는 그가 집안에서도 '자제와 비복들을 편애하지 않았고, 혼사도 벌열 집안을 희구하지 않았다'는 퇴계의 기록과 일치한다. 월영교는 경상북도 안동시 상아동과 성곡동 일원 안동호에 놓인 목책교이다. 먼저 간 남편을 위해 머리카락을 뽑아 한 켤레의 미투리를 지은 지어미의 애절하고 숭고한 사랑을 기념하고자 미투리 모양을 담아 다리를 지었다고 한다. 부여 궁남지(宮南池)는 백제 무왕이 왕궁의 남쪽 별궁에 만든 우리나라 최초의 인공 연못으로, 궁남지의 용과 교통하여 낳은 것이 무왕이다. 이와 같은 한국의 고적지와 문화유산은 지방에 거주하는 시인들에 의해 의미가 더 커지고 알려진다. 경인지역에 사는 이들의 번잡한 삶이 한국의 역사와 전통에 무지하게 하는가 모르겠다. 언제 이러한 곳을 알아 돌아보겠는가. 시조에서 얻은 정보로 인터넷에서 찾아보며 대리만족을 해본다.

무지개는 햇살을 품고, 농암 종택은 낙동강을 안고 비사리구시는 4,000명을 먹일 정도의 넓은 품을 가지고 있고, 봄바람은 세계를 안고 산하를 품고, 은파는 소망을 안는다. 넉넉한 가슴을 가진 가을 하늘, 사랑하는 모든 이들을 보듬는 가을바람, 맑은 기운을 보듬는 연꽃, 벌과 나비를 보듬는 꽃, 귀천을 분별 않고 보듬어주던 농암선생, 마치 어머니가 큰 아이 작은 아이, 아들이나 딸을 구별 않고 보듬듯이 이들은 차별하지 않고 보듬는다. 무엇인가를 품으려면 안기는 대상 보다 커야 한다. 햇살이 상처를 품을 수 있는 것은 햇살이 상처보다 크기 때문에 상처를 치유할 수 있는 것이고, 큰 강을 안는다는 것은 이현보 선생의 덕이 크다는 것이고 그렇기 때문에 그 그늘 아래 많은 사람이 은혜를 입을 수 있었다.

논두렁 밭두렁 비고 겨울잠 깨는 들판
대지의 품에 안겨 안식하는 어린 생명
가진 것 모두 주고도 다시 품는 사랑아

—「봄 풍경」 중에서

가을 추수 후에 겨울의 논두렁과 밭두렁은 비어있었기 때문에 그 품에 어린 생명이 안식할 수 있었다. 가진 것을 모두 주고 다시 품는 들판이야말로 어머니의 가장 근간이 되는 속성이다. 조평진 시인의 자연은 모성적인 자애와 품는 마음으로 가득 차 있는데 다음은 어머니가 아이를 토닥토닥 두드려주듯이 다독인다는 표현의 구절들이다.

실바람 / 속에서도 / 새가슴 다독이며—「금계국」
헐벗은 가지마다 여린 어깨 다독이며—「봄이 오는 길목 2」
마음 도닥여—「월영교 찾아가니」
보리밭 덮어주어 포근히 다독일 때—「대설」

꽃이나 봄 그리고 포근한 눈은 어머니와 같이 여린 새가슴, 여린 어깨, 여린 마음, 언 땅 밑의 보리밭을 다독인다. 무섭고 놀라거나 고통스러울 때 어머니의 품으로 들어가면, 그곳은 위협으로부터 보호하는 울타리 안의 편안한 공간이 된다. 어머니는 평안한 공간만을 제공하지 않고 다독이는 스킨쉽을 통해 연약한 지체가 홀로 있지 않다는 안도감을 느끼게 한다. 조평진 시인의 자연은 이와 같다. 자연을 바라보는 시선이 인간, 그 가운데서도 모성을 투사하고 있어 요즈음 사람들이 자주 말하는 치유(힐링)가 자연(어머니)에 있다는 것을 보여준다.

4. 우리를 서럽게 하는 것들

자연을 바라보는 조평진 시인의 시선에는 쓸쓸함이 묻어있어서 시적 대상들은 서럽고 아픈 가슴앓이를 한다. 자연에 대해서는 가을과 겨울과 같이 쇠락하는 것들을, 인간에 대해서는 북적했던 공간이 텅 비어버렸을 때, 친구들과의 옛날, 죽음으로 인한 상실감을 아파한다. 마치 아이들이 졸업한 후에 아이들의 떠드는 소리로 가득했던 교실에 혼자 남았을 때, 밀물 같이 밀려드는 그리움들이 서럽고 아픈 것처럼 말이다. 그의 이력을 빗대지 않아도 아마 그의 삶 자체가 이러한 지도 모른다.

조평진 시인의 자연과 세계는 '신열'을 앓고 '가슴앓이'를 하고 아프다. 다음은 이와 연관된 구절들인데, 첫 묶음은 '신열', 다음은 '가슴앓이', 그 다음은 '아픔'을 표현한 구절들을 구분해 놓았다.

> 눈부신 햇살 맞아 신열 저리 앓으면－「여름풍경」
> 품안에 피붙이들 신열을 앓고 있다－「가을 산」
> 서산마루 기대어 신열을 앓았었다－「낙엽의 귀향」

상사에 / 깊은 신열 / 삭여 우는 그리운 정-「매창뜸 2-매창 시비 앞에서」

빨갛게 가슴앓이 꽃 멍울 되어 핍니다-「외사랑」

가신 임 / 하 그리워 / 가슴 앓고 지새던 밤-「매창뜸 2-매창 시비 앞에서」

찾아가 뵙고 싶어서 가슴앓이 하옵니다-「산수유」

외로이 두고 가려니 가슴이 아려온다-「바다」

이루지 / 못한 꿈 하나 / 이리 가슴 아픈가-「섣달 그믐날 2」

고뇌의 아픈 시간-「병실의 봄」

아련히 / 바랜 아픔 / 잃어버린 조각들-「추억 2」

넘실대는 눈물 보니 아픈 기억 아려라-「소만」

시인은 계절이 바뀌어도 신열을 앓고, 꽃이 피어도, 꽃이 져도 아프고 가슴앓이를 한다. 햇살이 눈부셔도 신열을 앓고, 가을 산의 단풍은 신열을 앓는 누군가를 닮아 있고, 낙엽이 져도 신열을 앓고, 짝사랑으로 가슴앓이를 하고, 보고 싶어서 가슴앓이를 하고, 외롭게 두고 가려 하니 안타까워서 가슴앓이를 하고, 12월의 마지막 날 한 해를 보내려 하니 또 가슴앓이를 한다.

조평진 시인은 또 서러움을 주된 정조로 한다. 시인에게 특별한 서러움이란 없고, 사방 그와 연결된 모든 것이 서럽다. 시조가운데 서러운 자연을 묘사한 구절을 먼저 묶어보면 다음과 같다. 첫 묶음은 봄, 다음은 가을, 그 다음 묶음은 겨울이며 마지막은 계절에 속하지 않는 구절을 따로 구분하였다.

봄눈을 쏟아 부어 녹여내는 서러움을-「홍매화의 봄」

만나자 마자 떠나야 하는 서러운 발길인걸-「봄눈」

서럽게 몸을 떠는 떡갈나무 가지 끝에-「봄풍경」

서러움 / 붉게 물들이며 / 한을 푸는 수단화－「주왕산과 수달래」

뼛 속을 스며드는 서러움은 애달파도－「낙엽의 귀향」

너울처럼 / 울부짖는 / 서러운 여인이여－「억새의 울음－지리산에서」

사랑한 / 모든 이들 / 보내기 서러워서－「늦가을」

의지와 상관없이 덧없이 걸어온 길 / 늦가을 깊은 철에 마른 잎 이리 서러－「늙는다는 것」

눈보라 / 몰아치는 날 / 네 모습이 서럽구나－「덕유산 주목」

이별이 서러워도 가야할 길이라면 / 정겨운 마음일랑 남기고 가시구려…(중략)… / 세월도 썰물인가 떠나고 빈자리엔 / 지는 해 서러운 몸짓 아쉬움 가득한데－「섣달 그믐날 중에서」

서편에 지고 있는 달 나같이 서러울까－「바다」

위에서 서러운 자연의 모습은 여성화되어 있다. 바다를 제외하고는 '주목'과 '떡갈나무 낙엽'과 같이 나무와 관계된 자연은 추위에 떨고 있다. 즉 늦가을 나뭇잎이 다 떨어진 후에 마른 낙엽은 늙은 자신을 보는 것 같아 서럽다. 억새와 수달래 그리고 홍매화는 일반적 여성 상징인 꽃이며, 가을 하얀 머리를 한 억새는 서러운 여인이다. 서러운 감정은 계절의 변화와도 함께 하는데, 가을에서 봄으로 가는 노정에서 떨어지는 것들이나 사라져가는 것들은 서럽다. 억새는 가을, 서러움을 붉게 물들인 수단화는 봄, 홍매화는 겨울의 꽃들이다. 눈이 오자마자 사라지는 것들 그리고 가을이 되면 모든 것들을 보내야하는 지점에서 시인은 서러움을 느낀다. 서편에 지고 있는 달을 보고 '나같이 서러울까'라며 토로하는 주체는 화자이다. 시인은 자연을 통하여 자신의 서러움을 반사시키고 있는 것이다.

서러움은 인간의 감정이다. 자연이 아닌 인간과 연관된 서러움은 다음과 같은 상황에서 볼 수 있다. 첫 묶음은 '죽음'과 관련된 서러움, 다음 묶음은 '그리움'과 연관된 서러움이다.

아픔의 옹이만을 서럽게 걸어두고―「임종 2」

인생사 한 소절은 서러운 노래 곡조 / 부르다 목이 메어 못다 부른 이야기―「임종 2」

아득한 공포 속에 서럽던 가을날 밤―「별리―먼 길 떠난 친구야」

가난한 / 마음을 울려 / 서러움에 목이 멥니다―「어머니 3」

이화우 / 흩날리던 밤 / 지새우던 서런 임아―「매창뜸 2―매창 시비 앞에서」

서러워 / 젖은 외로움 / 달래주고 가소서―「그리움」

서럽던 / 목멘 이별가 / 이명 되어 돌아온다―「해후」

사라지는 자연을 서러워하듯이 시인은 인간의 죽음과 이별 앞에서 서러워한다. 외로움이 서럽고, 이별이 서럽고, 죽음이 서럽고, 어머니의 삶을 생각하면 서럽다. 누군가와의 이별이나 죽음을 마주하면 서럽다는 표현보다는 마음이 아프고 고통스럽다는 표현이 더 일반적이다. 그러나 조평진 시인은 서럽다고 한다. 서럽다는 감정은 '원통하고 슬프다'라고 간략하게 정의되는데, 위의 구절들에서 원통함은 보이지 않는다. 슬프다고 표현한 것 보다 더 나아가보면 고아가 느끼는 것 같은 슬픔, 나의 편을 들어 줄 사람이 없어서 슬프다는 표현에 더 가깝게 느껴진다. 고아의 서러움에 비교할 수 있는 것은 고아 역시 가을이나 죽음이나 이별과 같이 단독으로 떨어져 나온 개체이기 때문이다.

조평진 시인은 자연이나 인간 뿐 아니라 공간에서도 서러움을 느끼는데, 옛날에 오고 갔던 '그림자'나 '객'과 같은 인물들이 이젠 없음을 서러워한다.

강둑을 서성이던 어두운 그림자들 / 서럽게 덜어내며 한참을 흘러가니 –「월영교 찾아가니」

철따라 오가던 객 기약 없어 서러웁고 / 힘부친 회화나무만 세월 속에 앓고 있네 –「이 시대 마지막 주막 집 – 예천 삼강 주막에서」

지금 이 곳에 없는 홀로 있음이 서럽다. 예전에는 사람들로 복잡하고 번잡했으며 왁자지껄한 웃음소리로 가득 차 있었던 공간이 이제는 텅 빈 것을 보면 서럽다. 이별도, 지는 해나 낙엽도, 가는 세월과 시간이 다 서럽다. 이 모든 감각의 조건들 앞에서 시인은 서성이고 갈증을 느낀다. 서성인다는 것은 앞으로 나아가지 못함, 생각이 많은 상태를 함축한다. 그 자리에서 가야할 길을 잠시 망각하고 생각이 생각을 이끌고 오기 때문에 시인들은 서성인다.

추억은 / 함께 못해 / 언제나 서성이고 –「마음」
바람꽃 / 어리대면서 / 끝없이 서성인다 –「고독한 날」
길 떠난 / 묵은 정에 / 소식 없어 서성이니 –「그리움」
강둑을 서성이던 어두운 그림자들 –「월영교 찾아가니」

추억, 고독, 그리움 등과 같은 단어들과 '서성인다'는 동작 동사가 함께 있다. 마음과 고독 그리움이 서성이게 한다는 것을 알 수 있다. 서러움을 느끼면서 서성이는 그림자를 보게 된다.

조평진 시인은 목말라한다.

가슴 속 타는 갈증 그리움 깊어가고 –「가을 산」

세상의 / 힘겨운 갈증 / 새하얗게 잊혀가네 –「마니산을 오르니」

여백을 채울 수가 없어서 목마른 날 / 우울한 슬픔들을 외면한 갈증인가 –「고독한 날」

갈증에 / 타는 정은 / 꿈길에도 목말라서 –「매창 뜸 3 – 매창 시비 앞에서」

갈증 난 / 돌담길 따라 / 물오르는 설레임 –「추억의 길」

남은 삶 / 목마른 갈증을 / 어찌하면 좋습니까. –「어머니 4」

역시 위에서 살펴본 아픔의 조건들인 사랑, 이별, 비, 밤, 그리움, 죽음, 시간의 흐름, 계절의 바뀜, 빈 공간이 시인을 목마르게 한다. 과거의 것들은 말라(「추억 3」)있으며, 시인은 과거의 추억과 그리움에 목말라한다. 삶이 목마르고, 사는 것은 힘겨운 갈증이다.

위에서 조평진 시인의 다양한 감정은 서로 연관되어 있다는 것을 알 수 있었다. 꼭 모든 것이 사라져서 가슴 아픈 것만은 아니다. 만물이 가득 찬다는 '소만'(「소만」)에도 그는 아프다. 그러면 모든 변화하는 것들이 그를 아프게 하고 서럽게 한다는 결론을 내릴 수 있다. 그만큼 그의 시적인 통감각(痛感覺)이 공간과 시간과 사물과 인간의 변화에 뻗어있다는 것이다. 『우리를 슬프게 하는 것들』이라는 안톤 슈낙의 책 제목을 빌린다면 조평진 시인의 시조는 우리를 서럽게 하는 것들에 대한 단상이라고 할 수 있겠다.

5. 나오며

결론을 맺기 전에 한 가지 더 조평진 시인의 수사법에 대해 첨가를 한다면, 그의 시조 대부분의 시제가 현재라는 것이다. 그가 대상을 바라보고 풍경화를 그리듯 하기 때문이다. 그의 시조가 시간에 뒤쳐지지 않는 특성은 그의 삶이 하루하루를 매듭짓고 지나가기 때문이 아닐까 하는 생각을 해본다. 어느 날 갑자기 가을이 온 것을 느끼고, 어느 날 갑자기 눈이 녹았다는 것을 인식하는 방식은 시간을 뒤쫓아 간다는 느낌이지만, 자연이 변화하는 것을 느껴가면서 절기와 같이 걸어가면서 詩作을 하기 때문에 현재적이다.

그렇기 때문에 그의 시조는 깨달음의 열매이다. 시인은 아득한 안개의 길을 헤쳐가면 작은 섬에서 만선(「작시」)을 이룰 것이라 기대하며 안개를 헤치고 나아가는 한 척의 배이며 열매이다.

수정 같이 마음 씻고 깨달음 얻기까지 / 봄 내음 물오르는 눈부신 햇살 아래

내 삶을 / 되돌아보며 / 시어들을 찾아야지.

내 작은 가슴 속에 잘 영근 씨앗 심고 / 막막한 안개 길을 구르고 넘어져도

알알이 / 열매 맺고자 / 밤을 새워 앓고 있다.

―「습작」

시조쓰기가 시인에게 유익이 되는 것은 위의 시조와 같이 '깨우침'(「습작」 1)을 주고 세월과 삶과 주변을 '반추'를 하게 하기 때문이다. 그렇기에 시조는 또 현재적일 수밖에 없다. 앞으로도 조평진 시인이 시간과 함께 동행하며 좋은 시들을 써낼 것을 기대하며 이만 글을 마친다.

(《시조문학》, 2012 겨울호)

절망도 슬픔도 길이 된다

—최언진론[24]

1. 들어가며

최언진 시인의 시조가 이채로운 점은 화법에 있다. 화자는 끊임없이 누군가와 대화 한다. 혼잣말 같기도 하고 편지글 같기도 하고 아랫사람에게 말하는 것 같기도 하고 윗사람에게 여쭙는 것 같기도 하다. 이러한 대화의 어법이 주는 효과는 독자가 스스로에게 말하는 것처럼 느끼게 한다는 점이다. 그런 점에서 최언진 시인의 시조는 독자를 향하여 열려 있으며 넓은 공감대를 형성한다. 시인의 삶이 독자의 삶과 겹치는 곳에서 독특한 어투와 시조의 전개가 어울리는 최언진 시인의 시조를 읽어가기로 한다.

2. 생활과 관념과 어법의 조화

1) 순환적 상상력

24) 〈시조문학〉 추천 완료로 등단, 한국 카톨릭 문인협회 회원, 2004년 경기문예재단 시조집 발간지원금 수혜, 허난설헌 문학상, 시집 『만월을 위하여』, 시조집 『아버지의 미소』 등.

시조는 생활 가운데서의 고통과 아픔을 노래하려는 태도의 소산인 바, 최언진 시인의 공간이 그렇다. 아버지의 헛간은 원형적이기도 하고 치유의 공간이 되기도 한다. 아버지의 미소는 삼태기며 맷방석 그리고 가마니 같은 것과 연상되어 떠오른다. 자식들의 등을 다독이시고 힘겨워 하는 자식들에게 꼬이는 것이 삶이라고 한다. 망태기와 가마니는 삶의 수단 혹은 도구로서 생활의 고통과 아픔을 상기시킨다. 부족하고 가난한 시간들과 함께 했던 도구들이다. 그러나 이 남루가 화자에게 고통을 가하지는 않는다. 아버지를 통해서 고통이 상쇄되기 때문이다.

아버지의 미소가 헛간에 걸려 있다
삼태기며 맷방석 망태기며 가마니가
힘겨운 삼남매 등을 다독이고 계시다.

삶이란 꼬이는 거 꼬이는 게 삶이라고
멍석이 되기 위해 둥구미가 되기 위해
수많은 지푸라기들 꼬여 있지 않느냐.

—「아버지의 미소」

삼태기, 맷방석, 망태, 가마니, 멍석, 둥구미는 지푸라기로 만든 도구들이다. 목기는 나무를 잘라야하고 돌은 갈아야 하며 다시 생성되려면 오랜 시간이 지나야 한다. 그러나 벼나 보리를 털고 남은 짚은 재활용이 가능한 생태적인 재료이다. 지푸라기가 그릇이 되고 방석이 되고 가방이 된다. 그런데 이런 것들은 꼬여야지만 더 튼튼해지고 단단해진다. 그러면 문제는 해결된다. 지금 꼬여있는 것들이 나중에 더욱 단단한 무엇인가를 만들어낼 것이라는, 아버지는 거창한 철학을 가지고 자식을 위로하지 않는다. 본인의 삶 가운데 소도구를 활용하여 스스로 깨우친 삶의 이야기를 하는 것 뿐 이다. 모든 부모는 위로 자요 철학자가 된다.

아버지의 사상이 자식에게 이어진다. 인간의 인생관은 부모의 영향 아래 있게 된다. 아버지는 삶이란 꼬여서 된 것이라고 하고 자식은 모든 것이 길이라고 한다. 다음 시조는 '그건 바로 길이여'와 같은, 사랑방에서 뒷방에서 장죽을 들고 아랫사람이나 친구에게 하는듯한 어투가 시조에 윤기를 준다. 시조로는 살갑게 이야기하는 시인이지만 실제 삶에서는 말이 없다.

길이 없다 울며불며 머리 싸맨 친구에게
한마디도 못 건네고 등만 쓸고 돌아오다
입안에 물고 있던 말 허공에다 쏟는다

어디를 내딛어도 그건 바로 길이여
슬픔도 길이 되고 오기도 길이 되고
길이란 묘한 거여서 온 세상이 길이여.

—「길」

길이 없다는 친구에게 한 마디도 못 건넨다. 시인은 자신의 말이 그녀의 막막한 삶을 위해서 어떤 직접적인 원조도 제공할 수 없으리라는 것을 알고 있다. 어느 곳에도 도움을 청할 곳이 없다. 슬픔은 어떤 길이 될까. 만해의 시처럼 슬픔의 힘을 옮겨 정수리에 쏟아 붓는 님의 침묵과 같은, 슬픔을 이기고 나면 힘이 되는가. 오기란 질 수 없다는 자기 다짐이다. 그것이 앞으로 나아가게 하는 힘이 된다. 이러한 공허 속에 들어서는 것은 자기를 비춰보는 거울 앞에 서는 것과 같다. 모든 것이 하나의 길이라는 깨달음에 이르기까지 얼마나 많은 슬픔을 거쳤을 것인가. 온 세상이 길이라면 낙망할 일이 없다. 이렇게 최언진 시인이 묘사하는 세계는 우리의 삶과 가깝다. 궁극적으로 삶에 대한 성숙한 대처의 자세를 말하는 것이다.

다음 시조는 '너를 잊으리라 정녕코 잊으리라'와 같은 자기 다짐의 언어가 특색이다. 마음을 인격화하기 때문에 독백으로 들린다. 인간의 숙명과 운명을 생각하게 하는 두 편의 시조를 읽어본다.

나 너를 잊으리라 정녕코 잊으리라
마음의 몸부림들 팽개쳐 버리려고
쫓는 듯 쫓기는 듯이 뭍을 향해 달린다.

아픔을 털으리라 털어내고 말리라
뒤척이며 흔들수록 더 해가는 멀미여
바위를 들이받고서 혼절이나 할거나.

이대로 죽으리라 결심하며 엎어져도
이 목숨 부여잡은 바다로 끌려간다
기막힌 운명을 딛고 춤을 추는 이 한밤

—「파도」

쫓는 듯 쫓기는 듯 끊임없이 이어지는 순환의 굴레이다. 쫓아가지만 뒤의 것에 쫓기는 듯 사는 삶이다. 쫓아간다고 자만할 이유가 없으며 쫓긴다고 불안해할 필요도 없다. 누구나 다 늙어가고 누구나 위를 향하여 올라가기 때문이다. 그러나 잊고 털어내고 죽으리라 결심을 하여도 마음대로 되지 않는다. 죽거나 망하거나 해야 이 순환의 고리에서 벗어난다. 파도의 운명은 바다에 달려 있다. 바다가 없으면 파도가 있을 리 없다. 멀미와 혼절을 느끼면서도 다시 끌려가는 장면에서 폭력을 행사하는 남편에게 끌려가 매 맞는 아내 같은 것을 느낀다면 상상력이 너무 팍팍한 것일까. 그네들의 삶처럼 바다는 전투하는 원시적 공간이다. 쫓기거나 쫓거나, 죽으리라 결심을 해도 다시 바다로 끌려가는 기막힌 운명이다. 여기에서 기막힌 운명의 춤이 생성 된다. 절망에서 꽃을 피우는 예술이 그럴 것이다.

다음 시조도 최언진 시인의 순환적 세계관을 보여준다. 시인은 소금에서 바다를 보고 파도의 결정을 본다. 천년 아니 그 보다 더 오랜 세월 동안 부패를 막는 지존의 위치에 있는, 삶의 수평선을 가리키는 불변의 나침반과 같은 존재가 소금이다. 교만할 만도 하다. 그러나 그 위치를 지키기 위해서는 홀로 고독해야 한다. 서슬 푸른 뼈대로 고달프게 사는 삶이다. 자신의 마음대로 할 수 없는 꽃을 피우는 것이 꿈이라면 그 꽃도 마음대로 피울 수 없다. 그만큼 강직하고 정직한 것은 외롭다.

> 천년이 흐른대도 변질 없는 부패 막이
> 잊지마라 잊지마라 한 송이 곰팡이 꽃도
> 맘대로 피울 수 없는 네 뿌리는 바다니라.
>
> 미움도 그리움도 해풍에 부대끼며
> 서슬 푸른 뼈대로 고달프게 살더라도
> 마지막 흘릴 네 눈물 저 파도의 씨눈이니라.
>
> —「소금」

'잊지마라'고 소금에게 말하는 건지 자신에게 말하는 건지, 지조가 있는 삶의 은유처럼 읽힌다. 외로우면 네 뿌리를 잊지 말라는 것, 바다의 씨눈이 소금이라면, 씨눈이란 가장 근본이며 기저인 생명의 근본이다. 바다가 바다라고 불리는 것은 소금이 있기 때문이다. 소금이 없는 바다는 강이나 호수라고 불린다. 꽃이란 미움과 그리움에서 피어나는 것인지도 모르지만, 마지막 죽은 후에 돌아갈 곳은 파도이며 씨눈이기 때문에 결국은 마지막이 처음 일 수도 있다는 순환적 상상력을 보여준다. 우리를 둘러싸고 우리와 함께 생성하고 소멸하는 생태에 대한 시인의 생각은 다음과 같은 밭의 공간에서 돋보인다.

2) 완전하고 자족적인 공간과 생의 감각

최언진 시인이 묘사하는 감자밭이나 참외밭 등은 결핍을 뛰어 넘는 완전하고 자족적인 공간이다. 모두에게 접근성을 허락하는 열린 공간, 생명스러움에 대한 경외의 공간이다. 바다의 씨눈은 소금이고 밭의 씨눈은 곡식이다. 밭의 가상자리에서 관조하지 않고 밭의 안으로 들어가 손을 움직이는 시인의 시는 그래서 관념적이지만은 않다.

씨눈을 겨냥당하고 온몸을 토막당하고
한 줌 재에 코를 박은 서러운 이승의 삶
등 너머 비알진 밭에 나의 꿈을 묻는다.

실눈 비벼 뜨고 파랗게 올라온다
자주 꽃 곱게 피면 지난날은 잊는 거다
맺힌 한 멍든 응어리 꽈리 불어 날리고

백팔번뇌 잠재우다 별빛이 그리울 땐
갈라진 무덤 사이로 푸른 하늘 보는 거다
탯줄엔 아들 딸 오순도순 영그는 행복이여.

—「감자」

씨눈은 생명이다. 겨냥당한다는 것은 그것만을 본다는 것이다. 일부러 씨눈을 집중하는 것도 생존의 한 방식이다. 토막당하고 코를 박히는 서러운 이승의 삶과 땅 밑의 저승의 삶을 사는 것에 불만이 없다. '등 너머'란 뒤돌아보아야 하는 곳이다. 돌아보면 아련한 추억이 된다. 끝없는 고통은 없다. 감자는 옥토에 심지 않는다. 산 아래 돌 많은 비탈진 밭에 심는다. 서러운 인생이어도 무럭무럭 혼자서 잘 자란다. 서러움 받은 인생이지만 막 잠에서 깨어난 아가처럼 실눈을 비벼뜨고 '파랗게' 올라온다. 자주빛 꽃이 고웁게 피면 '지난날은 잊는거다'와 '푸른 하늘 보는 거다' 같은 자기 다짐의 수사는 화자가 감자에게 말하는 걸까, 화자가 화자에게 말하는 걸까, 아니면 감자의 독백일까, 독자에게 말하는 것일까. 결론은 독자로 하여금 '그래 지난날은 잊는 거다'라고 자기 자신에게 말하면서 앞으로 나아가게 한다는 것이다. 독백으로 끝나지 않고 읽는 독자에게 산뜻한 다짐을 하게 하는 것은 어조의 효과에 있다. 맺힌 한과 멍든 응어리는 잊는 것으로 용서한다. 꽈리를 불면 그렇게 용서하는 마음이 드는 것일까. 무덤은 오래 동안 방치해 두어서 갈라진 경우라면 몰라도 보통은 갈라지지 않는다. 감자는 땅에 묻혀있기 때문에 별빛을 보지 못한다. 땅이 갈라졌을까. 그 사이로 보이는 푸른 하늘은 멍자국이 남길 텐데, 감자는 혼자 죽었지만 생명줄인 넝쿨을 타고 수많은 감자가 달린다. 겨냥당하고 끌려가거나 해도 혼절하지 않는 시인이 지닌 생의 감각이다.

최언진 시인은 깜부기와 같이 박멸해야 하는 것으로도 환기력을 보여준다. 생태주의란 이런 것이 아닐까 생각해본다. 다음 시조 역시 '눈치채야 했었다'와 같은 소설 나레이션적인 어투가 눈에 들어온다. 주체가 누구일까. 보리, 깜부기, 화자, 독자 사이에서 헷갈린다. 보리의 신분인데라는 구절로 보면 보리가 화자인 것 같고, 꽃술마저 없다는 데서 보리는 꽃술이 있을 테니까 보리는 아닌 것 같고, 이 시를 이해하기 위해서 과학 사전까지 펼쳐보아야 하는 수고로움, 그런데 깜부기는 병의 원인이지 병을 앓는 것은 아니니까 골수까지 스민 병은 보리인 것 같고, 보리와 합체가 된 깜부기인가.

풍년이 든다 해도 보리의 신분인데
펴야 할 꽃술마저 내 몸엔 없었던 걸
이삭이 솟아오를 때 눈치채야 했었다.

눈썹 떨어지고 손가락 문드러져도
아픔을 모른다는 문둥병 있다던 가
일말의 예고도 없이 골수까지 스민 병

부끄러움 속에서도 얼굴만은 들고 싶어
톡톡 여문 곡식 꿈 버릴 수가 없어서
가슴 속 깜부기의 노래 검은 피를 흘린다.

—「깜부기」

보리에 깜부기병이 생긴다. 깜부기가 꿈을 꾼다. '신분'이란 본인의 의지로는 바꿀 수 없는 슬픔 같은 것을 느끼게 한다. 보리는 쌀이 되고 싶었던 것일까. 깜부기는 꽃술이 없는가 보다. 꽃술이 없다는 것은 아이를 낳지 못하는 여인과 같은 것, 궁극적으로 홀로 사멸하고 만다. 그런데 왜 없애려 하는 것일까. 문둥병은 하늘이 내린 병이기 때문에 고칠 수 없는 천형이다. 보리나 벼, 옥수수의 천형은 깜부기이다. 누구도 고칠 수 없다. 둘 중 하나가 떨어져 나가야 한다. 자기의 존재를 절감하는 깜부기 그것은 우리 모두의 신산스러운 삶과 오버랩된다. 뽑아버려야 하는 없애버려야 하는 병과 같은 존재에 대해서도 그가 가진 관심이 관념적인 것 보다는 현실에 가깝게 읽는 것은 무엇일까. 삶의 피 흘림을 직접적으로 드러내고 생채기를 보여주지 않고 다른 것으로 대신하여 보여준다. 이런 점에서 최언진 시인의 밭은 경험과 기억의 근원이 된다. 시인은 우리를 둘러싸고 있는 도시의 일상성을 제거하고 본래의 삶을 상기시키는데, 직유보다는 은유의 수법으로 말하기 때문에 여러 가지 것들을 생각하게 된다.

최언진 시인의 시조는 생활의 시조이다. 생활 가운데서 삶의 예지가 빛나고 새로운 가치를 발견하고 수립하는 데 그의 가치가 발휘된다. 다음 시조도 '자르르한 청춘이데'라는, 누군가에게 웃으면서 농담하는 것 같은 어법이다. 마치 신방을 엿보고 웃는 듯한 즐거운 속삭임이다.

> 어느 날 호박꽃이 화들짝 웃더니만 / 벌들과 속삭대다 탯줄을 끊더니만 / 한 닷새 / 지났으려나 / 자르르한 청춘이데. / 탐욕을 억제하고 하룻밤 더 재웠지 / 이튿날 나가보니 무슨 일 있었는지 / 젊은이 / 어디를 가고 / 중늙은이 누워있데.
>
> —「촌부일기」

모든 자연은 벌들과 속삭이다가 잉태한다. 시인은 다른 시조에서도 곡식이나 과일은 갑자기 늙어버린다고 말한다. 탐욕을 억제하였는데 결과는 시기를 놓쳐버렸다는 것이 아이러니라고 할 수 있지만 그건 또 다른 욕망이다. 좀 더 큰 것을 먹고 싶다는 일종의 다른 욕망 때문에 제 시기를 놓치고 말았다.

다음 시조에서 최언진 시인은 마치 민요나 구전가요, '타박네'라는 구전가요를 생각하게 하는 소재를 들여온다.

> 고추밭에 뒹굴다가 / 서러운 꽃 피웠어요 / 배꼽이 튀어나온 / 못생긴 모습으로 / 노오란 / 금싸라기 표 / 흉내 내며 삽니다.
>
> —「개똥참외」

개똥참외는 정식으로 참외 밭에서 자라지도 못하고 고추밭에 아무렇게나 뒹굴다가 자라는 천덕꾸러기 같다. 소중하게 다뤄지며 심기고 보살핌을 받지 못하고, 자기의 땅을 가지지 못하고 남의 땅에서 뒹굴다가 꽃을 피운다. 그래서 서러웠을까. 못생긴 것에 '개'라는 접두사가 붙는다. 개복숭아, 개나리, 개똥참외 이런 것들은 진짜가 아닌 흉내 내는 것들이다. 선조들은 이러한 것이 개라는 이름을 붙이고 편하게 다루었다. 개가 들으면 섭섭할 테지만, 달고 부드러운 것은 높은 사람들이 먹고 이런 것들은 가난한 사람들이 먹었을 것이다. 개가 서민의 단백질 공급원이었듯이 서민과 평민의 간식거리들이다. 타박네가 개똥참외를 먹으며 죽은 어머니의 젖을 생각했듯이 개똥참외는 서민의 삶을 극단화 시키는 독특한 기제로서 의미가 있어 보인다. 개똥참외의 꿈도 금싸라기 참외였을까. 흉내 내며 사는 삶에도 시인은 곱게 눈을 흘길 뿐 꾸중하거나 가르치려 하지 않는다. 인간은 다른 누군가의 흉내를 내고 발전해서 자기의 것을 만드는 과정을 거치기 때문이다.

3) 일상과 관념과 삶

익히 알고 있는 옷 만드는 것과 삶의 비유는 단추를 한 번 잘못 끼우면 인생이 어그러진다는 것이다. 다음 시조는 옷을 만드는 것과 인품 그리고 관계를 비유하면서 관념과 현실의 적절한 조화를 보여준다.

> 세상에 태어나서 단 한번만 사는 삶 / 예쁘고 우아하게 단아하고 옹골차게 / 인품을 / 그려가면서 / 디자인을 했건만. / 정말로 재단 재봉 원단을 탓할거나 / 자를 곳 이어놓고 이을 곳 잘라놓고 / 박을 곳 / 터버려 놓고 / 터놓을 곳 박아놓고
>
> —「디자인」

계획을 세울 나이가 되면 삶에 대해 옹골차게 계획 하고 재단 한다. 인간은 예쁘고 우아하고 단아하고 옹골찬 인품을 꿈꾼다. 그러나 계획한 대로 되지 않기 때문에 이야기 거리가 있는 것이리라. 기계만이 프로그램을 따라 나아갈 뿐일 테니까. 최언진 시인은 생의 계획에서 자를 곳과 이을 곳과 박을 곳과 터버릴 것을 구별 못하는 것을 말한다. 많은 이들은 잘라버리고서 뒤돌아보지 않는다. 그러나 시인은 자신의 잘못으로 잘라버린, 혹은 자신의 욕망으로 잇고 있는 잘못된 인연에 대해서 말하고자 한다. 그러나 지금까지 읽어온 시인이라면 잘못 터진 곳도 박아버린 곳도 길로 여기며 산책하듯이 나아갈 것이라는 믿음이 있다.

최언진 시인의 관계성에 대해서 생각해보게 하는 또 하나의 시조를 읽어보기로 한다. 떠나보내려 하지 않아도 떠나 버린 존재, 찾아가려 해도 찾아갈 수 없는 존재는 임이나 소중한 이들 친구나 부모 같은 이들이다. 다음 시조는 이들에 대한 생각이다.

아무나 열을 수도 닫을 수도 없다는
마법의 성 이 가슴에 풀지 못할 주문 걸고
열쇠의 비밀번호를 가지고 간 마법사

오늘 밤 꿈속에서 날개를 주신다면
멀고 먼 구만리길 그대 찾아 가리라
속모를 그대 가슴엔 아직 내가 사는지.

—「열쇠」

나의 마음의 문은 아무나 열 수도 닫을 수도 없다. 단 한 사람만이 열고 닫을 수 있다. 비밀번호는 나도 모른다. 나도 나의 마음을 열고 닫을 수 없다. 마음대로 되는 것이라면 마음의 병을 앓을 필요가 없었다. 장정일의 패러디 시처럼 마음을 라디오처럼 끄고 켤 수 있다면 사랑으로 인한 고통과 아픔이 있을 리 없고 문학이 있을 리 없다. 고통이 인간을 성찰하게 하고 예술을 이끌어 내기 때문이다. 그래서 그것은 선물이라는 통찰에 이를 수 있다. 아무나 열 수 없기 때문인지 주문을 걸어놓았기 때문인지 화자의 마음은 마법의 성이 된다. 시인은 '닫을 수도 없는'이 아닌, 누군가로부터 전해들은 이야기 같은 '없다는'이라는 수사를 쓴다. 마법의 성이나 마법사와 같은 동화적인 상상력과 연결되는 부분이다. 세밀한 부분까지 신경을 쓰지만 노동의 흔적이 드러나지 않는, 자연스럽게 박힌 돌 같이 빛난다. 시인은 꿈속에 열쇠가 아니라 날개를 원한다. 문을 열고 나가기를 원하는 것이 아니라 구만리 먼 곳에 떨어진 그대를 만나는 것이 중요하다. 마음에 열쇠를 채워 놓아 아무에게도 열어 줄 수 없는, 어찌 보면 이기적인 그대를 이야기하는 시인의 행로는 그와 유사한 시기 혹은 과거를 간직하고 있을 독자에게 일종의 심리적 동의를 선사한다. 그리고는 내 마음을 지키리라 하면서 다짐할 것이다. 그러나 시인은 다음 시조처럼 열어 주기에는 부끄러울 뿐이라고 짐짓 다른 말을 한다.

다음 시조는 양파에 대해서 이야기 한다. 보통 양파는 까도까도 속을 모르는 사람을 은유한다. 최언진 시인은 허물과 부끄러움을 이야기 한다. 이 시조 역시 '정녕코 아닙니다' '뉘십니까'라는 고어적 수사가 눈에 띤다. 최언진 시인의 평소의 말이 이럴까 싶다. 위의 사람에게 하듯 하는 어조이다. 양파가 화자인가 하면서 읽어간다.

감춘 비밀 있어서가 정녕코 아닙니다
허물뿐인 이 가슴을 열어 뵈옵기엔
너무나 부끄러워서 오므리고 있을 뿐

속에 든 것 없음이 아리고 쓰리다고

붙들고 울어주는 님은 대체 뉘십니까
기쁨도 설움이어서 솟아오른 하얀 피.

—「양파」

비밀은 숨기고 싶은 것 알 수 없는 것이다. 그렇게 때문에 자신은 허물이 있어서 오므리고 있을 뿐이라고 항변한다. 아리고 쓰린 이유는 속에 든 것 없기 때문이다. 꽉 찬 삶을 살고 싶은 것은 모든 이의 바람이다. 그럼에도 기쁜 것은 나를 붙들고 울어주는 임이 있기 때문이다. 든 것이 없어서 서럽지만 그는 나를 이해한다. 기쁨과 설움의 나를 잡고 울어주는 임이 있기에 기쁘고 또 서럽기도 한 것이다. 기쁨도 설움이라는, 슬픔도 길이라는 응축된 삶의 질량이 이차돈의 하얀 피와 같이 솟구쳐 오른다.

3. 나오며

최언진 시인의 심성을 이해할 것 같은 두 편의 시조를 읽어본다. 절대적 피안을 산책 가운데서 찾는다면 그것은 불가능한 것일까. 최언진 시인은 가능하다고 말한다.

산책을 하겠다고 마음먹지 않고서도 / 일상이 자연스레 그 길로 들어서서 / 전 삶이 / 그 세계 속을 / 거닐면서 산다면. / 보이면 보이는 대로 들리면 들리는 대로 / 만물이 웃고 우는 그 사연과 소통하며 / 가슴이 / 무릉도원을 / 거느리고 산다면.

—「산책」

앞에서 나는 최언진 시인이 생활을 드러내고 관념의 유희에 빠져들지 않는 것을 미덕으로 말했다. 위의 시는 그 가운데 있다. 마음을 먹지 않아도 그 길로 자연스럽게 들어서는 것, 가슴에 낙원을 지니고 사는 것은 인간의 꿈이다. 우리는 마음에 지옥을 거느리고 살기 때문이다. 삶이 자연스럽게 세계 속을 산책하듯이 한다면 한결 살만할 것이다. 산책은 상쾌한 공기와 푸른 하늘과 꽃과 풀의 내음새를 느낄 수 있는 시간을 제공한다. 머리는 가로수와 함께 흩날리고 지금까지 어깨를 짓누르고 있던 짐이 한결 가벼워진 느낌이다. 앞으로 나아갈 힘이 생긴다. 삶 가운데 이러한 시간을 따로 구분해 놓아야 하는 이유가 된다. 무릉도원을 지니고 사는 이는 다음 시조와 같은 사람일 것이라는 생각이다.

최언진 시인의 어투에서 이미 살폈듯이 힘들게 만들어내는 효과적인 기법이나 장치는 보이지 않는, 다만 자연스러운 호흡에 기대고 있을 뿐인 그에게 독설이란 없을 것이다.

> 눈이 눈을 감싸주는 아름다운 밤이었다
> 조용히 흉허물을 덮어주는 밤이었다
> 세상이 발 디딜 틈 없는 밭으로 변한다
>
> ―「설야」

눈이 눈을 감싸 안는다. 슬픔이 슬픔을 감싸 안고 삶이 삶을 감싸 안고와 같은 생각들은 경계선이 없다. 너와 내가, 시와 삶이 그렇다. 눈이 눈을 감싸 안고 더 많은 눈이 되고 더 높이 쌓인 눈이 되고 너 넓게 펼쳐진 눈이 된다. 조용히 흉허물을 덮어 주는 밤, 발 디딜 틈이 없는 꽃밭과 눈밭이 되기까지 감싸 안고 덮어준다. 꽃과 같은 향기를 품은 시인이 보인다.

최언진 시인의 시조는 앞에서 말했듯이 관념적이지 않지만 현실이 관념과 함께 있다. 세상 삶을 거칠게 그리지 않는다. 그런 면에서는 관념적이다. 그러나 그 비유가 거칠지 않아서 독자로 하여금 자기의 것으로 받아들이게 한다. 여기에 그의 독특한 어조가 힘을 발휘한다. 독자로 하여금 독백하게 만드는 효과를 준다. 관념적으로만 끝나지 않고 실제 삶에서 자신의 것으로 다짐하게 하는 어투이다. 앞으로 최언진 시인이 시조도 삶도 딱 맞는 옷을 재단하듯 하시기를 기대하며 이만 글을 줄인다.

(〈시조문학〉, 2011 봄호)

어젯밤 비가 와서 무슨 말을 했기에 오늘 아침 꽃들이 쓰러져서 울까요

–최지형론[25)]

한 시인이 있다. 그녀는 현재 살고 있는 집에서 오랫동안 머물렀으며 그곳을 사랑한다. 그녀는 산을 좋아하여 자주 오르며, 산에서 들리는 소리와 풀들의 수다에 귀를 기울인다. 길가에 핀 꽃이나 정원에 핀 꽃들과도 눈을 맞춘다. 산사에서 흘러나오는 승려들의 음성에도 귀를 열어둔다. 또한 추수 때와 저무는 들녘이 마치 친구처럼 그녀의 마음 한 가운데 자리 잡고 있어 어느 때고 불러낼 수 있다. 그녀의 가슴에는 지워지지 않는 한 이미지가 있는데 그것은 어머니이다. 어머니는 정해진 공간과 시간에 얽매이지 않고 사방에서 다가온다. 그녀가 이런 사람이 아니어도 또는 이런 사람이어도 상관은 없다.

다음과 같은 시조는 삶을 대면하고 있는 그녀의 자세를 보여준다.

> 한 길만 생각하며 / 마음에 십자가를 세우고
> 타오르는 소망 앞에 / 맨손으로 오는 바람
> 가진 것 / 하나 없어도 / 방황하지 않는다

---

25) 시조집 『동양의 뜨락』, 『밀서 한 장의 강』, 『 꽃잎 속에 하늘 한 장』, 『궁창너머 풍경』 등.

—「무수한 시도」

흔들림 없이 한길만을 생각하며 살아온 시인, 소망을 가지고 살아온 시인, 맨손으로 가진 것이 없어도 방황하지 않으며 가정과 삶과 시조의 길을 걸어온 시인이다. 그래서 '절개만은 지켰기에 / 무릎 꿇는 일도 없'(「달」)었고 앞으로도 없을 시인, 그리고 무수한 시도 끝에 시의 우물에서 많은 시상들을 끌어 올리고 동시조의 영역도 개척해가는 시인이다.

1. 어머니와 허수아비

최점순 시인의 시는 연작시가 많다. 가장 많은 연작 시조의 순서대로 보면 「풀꽃」이 30편, 「어머님」이 30편, 「등반」이 26편으로 많다. 다음으로 「허수아비」 14편, 「별빛」 12편, 「봄」 11편, 「가을」 9편, 「사랑」 9편, 「겨울잡초」 8편, 「세월」 7편, 「산」 7편, 「불면증」 4편의 순이다. '꽃'이나 '어머니' '산'에 관한 시조가 많음을 알 수 있다. 어머니에 관한 시는 제목으로만 보아도 30편에 달하지만 시조의 곳곳에서 어머니에 대한 묘사와 생각이 많으므로 최점순 시인의 시조를 관통하는 소재와 주제는 어머니라고 말 할 수 있다. 시인에게 어머니는 꽃이다. 특히 어머니의 말씀은 '연꽃'(「어머니 1」)과 같다. 연꽃이 가진 상징성을 굳이 나열하지 않더라도 우리는 그 꽃의 의미를 안다. 어머니는 깨우치고 가르치며 온갖 철학의 세계로 이끄는 존재이다. 어렸을 때는 삶을 살아가는데 필요한 가장 기본적인 덕목에 대해, 자라면서는 인간을 포용하고 사랑한다는 것에 대해, 나이 들어서는 몸소 죽음과 삶에 대해 깨닫게 한다. 사랑과 훈계를 균형 있게 조절할 수 있는 스승은 흔하지 않다.

돌아가신 어머니에 대한 끊임없는 생각이 곳곳에서 길을 튼다.

드릴 것 너무 많아 못보내고 있습니다 / …(중략)… / 아직도 썩지 않은 슬픔 하나 남았습니다 / 참회의 눈물에 고이 접어 보내오니 / 어머님 거기 강물에 던져두고 지내소서

—「어머님 2—이승의 편지」

이승에서 아무리 편지를 써도 저승으로 보낼 수 없다. 그 곳이 얼마나 먼 곳이기에 그럴까. 아니면 어머니가 그곳의 찬란함과 아름다움에 젖어 이승의 나를 잊어버린 것이기도 한 것일까. 어머니는 결코 그렇지 않을 것이다. 전화라도 하지. 평상시처럼 전화해서 나의 안부라도 물어주지. 그러나 어머니는 너무 멀다. 나는 아직도 어머니를 보내지 못하고 있다. 해드리지 못한 것이 너무 많기 때문이다. 그러나 나는 어머니로부터 너무나 많은 것을 받았다. 내겐 아직도 썩지 않은 슬픔이 남아있다. 참회의 눈물은 강이 되어 흐른다. 어머니가 다시 살아오신다면 정말 잘 할 것 같다. 그러나 어머니는 오시지 못한다. '내 너를 보고파서 / 흰 눈으로 오라 했건만(「겨울연가」) 그래서 어머니는 꽃 속에 비속에 낙엽 속에 있다. 나의 참회의 눈물을 어머니는 보고 계시는 것일까. 어머니 나의 마음을 편지로 보내오니 그 강에 던져두고 지내소서.

어머니에게 혈육은 어떤 어미를 가지고 있었을까. 입속에서 밥과 함께 '지끈!' 씹히던 돌이 아니었을까.

해묵은 그 일들이 / 화끈 달아 오르면

돌로만 씹힌 얼굴이 / 뭉게뭉게 피어난다

—「혈육」

돌을 씹었을 때의 그 난감함. 순간 뱉을지 안 뱉을지 고민해야 한다. 어떤 때는 꿀꺽 삼키기도 한다. 물론 즉시 밖으로 나가 마당에다 뱉어

낼 때도 있지만, 나도 어머니에게는 밥 가운데 씹힌 돌과 같았을 것이다. 나의 말과 나의 행동 모든 것이 돌이었다. 그래서 나는 참회한다. 어머니는 살점을 떼어 아이들에게 준다.

> 눈발처럼 내리는 / 너의 살점들이 -「가을 나무에게」
>
> 가을 밤새 우는 비에 살 한 점 저며주고 / 눈썹 밑 아린 사랑아 낙엽 되어 떨궈 가네 -「잎 떨군 나무」

'붉은 혼 한 자락이 살집 좋은 햇살 안고'(「오월 바래봉」)와 같은 시에서 발견되는 살점의 이미지는 자식을 위해 자기의 살점을 뚝뚝 떼어주는 어머니의 사랑과 같다. 어머니 혹은 시인은 '허수아비'에서도 발견된다. 「허수아비」 연작에서 허수아비는 외로운 존재이지만 상대를 향한 배려를 함께 가지고 있다. 마치 어머니처럼, 나는 딸이기도 하지만 자식들에게는 어머니이기도 하다. 그래서 '엄마도 엄마가 없으면 슬프단다' 라고 말하는 딸과 어머니와 허수아비와 시인은 겹친다.

> 벼이삭 / 출렁이는 / 바람 속에 외다리
>
> 그 많은 메뚜기 / 짝지어 보내고
>
> 새소리 / 떠난 들녘에 / 혼자 섰는 / 외로움.
>
> -「허수아비 4」

벼이삭은 마치 딸들처럼 자유롭게 출렁인다. 바람이 오면 바람이 와서 출렁이고 비가 오면 비가 와서 출렁인다. 그런 가운데 홀로인 허수아비는 더욱 외롭게 '외다리'로 서 있다. 한 곳에 풍경화처럼 서 있을 뿐인 허수아비는 흔들림이 없다. 농부는 메뚜기를 잡고 허수아비는 새를 쫓으라고 세워 놓는다. 농부가 잡지 못한 메뚜기가 허수아비의 몫은 아니다. 메뚜기는 허수아비보다는 많아서 외롭지도 않지만 허수아비는 마치 부모가 자녀들을 보내듯이 짝을 지어 보낸다. 이름을 잘 지어야 한다. 외로운 허수아비는 이름자체가 모순적인 이율 배반성을 가지고 있다. 즉 쫓는 자로서의 기능과 모으는 자, 자애로움의 '아비' 즉 부모이다. 그래서 메뚜기나 새도 쫓을 대상은 되지 못한다. 새를 쫓는 것도 농부에게 주어진 일이 된다. 메뚜기도 제 짝을 데리고 떠나고 새소리마저 떠나 허수아비는 더 외롭다. 허수아비는 눈이 없었을까. 밭주인은 허수아비에게 눈은 부여하지 않았는가보다. 새는 모양이 아니라 '소리'이다. 눈이 없는 허수아비에게 무슨 정성으로 귀를 그려주었을 것인가. 여기에서 허수아비는 대상이 되고 보고 듣는 것은 시인이 된다. 시인은 외로운 들녘에 홀로 외롭게 서있는 허수아비와 들을 보고 있다. 허수아비는 짝지워 주는 매파이기도 하지만 때론 문지기가 되기도 한다.

소슬한
바람 속에
천연한 문지기로 서서

—「허수아비 10」

가을은 과실과 곡식이 풍성한 계절이지만 가을 들녘에서 이삭이 베어지고 나면 황량해진다. 나무에서 과일을 떨구고 나면 앙상한 가지만 남아 쓸쓸하기도 한다. 이러한 계절에 바람은 소슬하게 분다. 구슬프고 애달프다는 뜻을 가진 '처연한' 슬픔이라는 말이 있다. 자연스럽다는 말도 있다. 인간이 만들었지만 자연과 너무나 어울린다는 뜻인지. '천연한'을 자연스러움으로 읽지 않는다면, 허수아비는 바람 속에 천연한 슬픔을 가진 '문지기'이다. 가을과 겨울의 사이에 있는 문의 문지기이다. 계절과 계절의 문지기는 허수아비나 나무와 같은 것들이다.

가로수는 '여름이 가버리고 / 가을이 와 있다'(「가을 4」)는 소문을 듣고 큰 길가로 나가 산들산들 마중한다. 새를 쫓느라 마지막 절규까지 목이 쉬어버린 들녘에 겨울은 서서히 '안개 걷고 일어서'(「겨울 들녘 7」)는 중이다. 문지기는 지키는 역할을 하기도 하지만 허수아비는 계절의 경계를 표시하는 표시목으로서의 기능에 만족해야할 것이다.

2. 꽃과 수다와 밀서

최점순 시인은 '군자란, 매화, 도라지 꽃, 동백꽃, 유채꽃, 능소화, 찔레꽃, 등나무 꽃, 나팔 꽃, 장미, 코스모스, 들국화, 국화, 질경이꽃, 채송화, 상상화, 달맞이꽃, 인동초' 등등 꽃에 관한 시를 많이 썼는데 꽃에 대한 직접적인 묘사도 많지만, 사물과 형상을 꽃으로 인식하는 경우가 많다. '이야기 꽃'은 쑥쑥 자라 새가 되고(「인생은 물레바퀴」), 눈물겨운 추억은 '꽃'이 되고(「이제서야」), '꽃잎이 된 친구'는 달밤에 꽃잎 날듯이 곱게 떠나고(「꽃잎 된 친구야」), 세월은 '풀꽃'(「풀꽃 같은 세월」)과 같다. '이야기' '추억' '세월'이 어떻게 꽃이 될까. 이야기와 추억과 친구와 세월은 시인을 중심으로 하여 하나의 끈으로 묶여 있다. 이것들은 과거이며 소중한 것이며 지금까지도 잊을 수 없는 대상들이다. 시인은 소중한 것들을 '빗질'하여 꽃으로 곱게 피워낸다.

다음과 같은 꽃들 앞에서는 그 꽃된 이유를 가만 되물어야 한다.

> 천리가 / 무사했으니 / 남은 이승 꽃이로세 -「늦꽃」
> 누구나 가슴에 숨어 핀 / 꽃 하나쯤 있을게야 -「불면증」
> 누구도 내줄 수 없는 소중한 꽃자리 -「채송화」

저승꽃은 사람에게 핀다. 그러면 이승꽃은 무엇일까. 불면증을 앓고 있는 가슴에 숨어 핀 꽃은 무엇일까. 채송화의 꽃자리란 무엇일까. 나는 알 수 없지만 꽃들은 수다스럽기 때문에 다 알 수 있다.

> 들녘의 수다스러운 / 바람이 놀고 있다—「구름의 존재」
> 햇살 한줌 끌어 안고 / 수다 떠는 숲이 될까—「나는 바람이 될까」
> 웃음을 못 참는 개나리 수다 터져나온다—「개나리」
> 넋두리가 웃자라서 / 억새꽃이 만발했다—「부부 3」
> 당신의 숨소리가 / 만 가지 말인 것을—「그대가 떠나던 날」

숲이나 꽃이 수다를 떤다. 시인은 숲과 꽃의 웃고 말하고 하는 소리에 귀를 기울인다. 그래서 진달래는 '북풍으로 진통 끝에 / 툭툭 터진'(「바람과 진달래」)다. 들녘의 바람은 수다스럽다. 들녘엔 아무것도 없어 바람소리도 들리지 않을 듯한데, 아무것도 없기에 바람 소리가 더 크게 들리는지 모르겠지만, 온갖 것들에 부딪혀 소리를 낸다. 숲은 또 얼마나 수다스러운가. 바람이 일 때 마다 새가 드나들 때마다 비가 올 때마다 머리를 하늘에 놓고 뒷모습을 반짝거리며 마냥 즐거운 소리를 낸다. '봄비에 / 펴지 못하면 / 어느 비에 필건가'(「어느 날의 봄비 3-오해로 엉킨 인연」)라며 개나리는 웃음을 참지 못한다. 아쉽기도 하고 억울하기도 한 억새꽃의 넋두리가 필요 없이 웃자라서 만발한다. 병을 앓으며 몇 번의 사경을 헤맨, 말을 하지 못하는, 숨소리와 눈빛만으로 이야기를 하는 환자의 숨소리마저도 만 가지의 말이다. 아이들이 또한 얼마나 수다스러운가. 깔깔대는 웃음소리마저도 수다스러울 때가 있다. 어른은 잘 웃지 않고 수다스럽지 않다. 알고 있는 것을 말할 뿐이다. 그러나 아이들과 자연은 그대로 수다스럽다. 아이스러운 생각은 물소리도 '구슬치는'(「약수터에서」)놀이의 소리로 듣는다.

자연이 수다스러운 반면 때로는 비밀스러운 말을 속삭이기도 한다. 「겨울의 밀서」, 「밀서」, 「바람의 밀서」 「씨앗의 밀서」 「봄의 밀서」와 같은 제목으로 密書는 주고받아진다. 밀서란 은밀히 건네는 연서나 음모가 담긴 편지가 아니던가. 겨울과 바람과 씨앗이 밀서를 보낸다. '햇살이 / 비밀처럼 건낸 말'(「봄 9, 산까치」)이 밀서이다. 그들은 땅에 비밀하게 편지를 보낸 다음 '흙이며! / 꿈꾸는 씨앗 깨우고 / 빠짐없이 다 읽으소서'(「봄의 밀서」)라며 빠짐없이 '읽으라'고 한다. 그것은 씨앗이며 바람이다. 다음 해 봄 그 밀서들은 마치 초로 쓴 글씨처럼 선명하게 피어날 것이다. 하나도 빠짐없이 읽어야 풍성한 싹과 열매와 꽃이 핀다.

> 계절의 수레바퀴 / 벗어나지 못한 그대
> 바람이 썼다 지운 / 恨 한 잎 보내오니
> 눈물만 / 흘리지 말고 / 꿈에서도 읽으소서
>
> —「낙엽의 밀서」

계절은 항상 수레바퀴처럼 돈다. 봄에서 여름으로 여름에서 가을로 그리고 겨울로 다시 봄으로 낙엽은 이 수레바퀴에서 벗어나 본 적이 없다. 변함이 없는 궤도를 고민해본 적도 없을 것이다. 인간은 항상 거스르고자 하는 심성을 지녔으므로 인간만이 '삼십년도 더 써버린 세월'(「서울거리에서」)을 두려워하고 고뇌한다. 그러나 인간 역시 자연의 순리를 완전히 거스르기는 어렵다. 바람은 왜 '한'을 썼다가 지웠을까. '한' 한 잎은 바람의 밀서이기도 하고, 낙엽의 밀서이기도 한다. 이별에 슬퍼하지만 말아라. 꿈에서는 모든 것이 가능하니까. 헤어진 사람도 만날 수 있는 공간이다. 그곳에서는 날마다 아침이면 생각나는 어머니도 볼 수 있다.

원래대로라면 식물이 입이 없고 동물은 입이 있어야 하나 식물은 수다를 떨고, 수다스런 생각들은 말없는 동물이나 광물이 된다. 심지어 입이 없다. 생각이나 기억은 새가 되고 돌이 된다. '별빛을 따 묵고도 / 시침떼는 산까치'(「안녕을 비는 아침」)에서는 별빛도 열매가 된다. 새는 별을 쪼아 먹기도 하다가 밤을 쪼아 먹는다. 쓰라린 기억들은 입이 없는 새가 된다. 수다스럽던 것들이지만 입이 없어 떠들지 못한다. 입 없는 새가 머릿속을 비상하다가 가슴에 둥지를 틀고 머리속의 생각이 가슴에 새겨진다. 옛 말에 자식이 죽으면 가슴에 묻는다는 말이 있다. 가슴에 새겨진 생각은 지울 수가 없다. 고속버스는 그리움도 없지만 심장(「서울행 고속버스－세미나에 가면서」) 속에 나를 싣고 서울로 간다.

> 쓰라린 기억들이 / 입 없는 새가 되어
> 머리 속을 비상하다 / 가슴 속에 둥지 틀고
> 긴 밤을 / 쪼아먹는 너 / 어이 그만 못떠나고
>
> ―「불면증 2」

입 없는 새는 뿌리 없는 '돌'(「불면증 3」)로 변한다. 이미 가슴은 굳어져 버린 것이다. 나무 밑에 구르는 돌처럼 잠의 발 뿌리에서 생각들은 어느 한 방향을 향해 비상도 하지 못하고 이리 저리 구를 뿐이다. 생각은 가슴에 둥지를 틀었지만 그 가슴에는 그늘도 없어 쉼이 없고 안식이 없다. 구원은 햇살로부터 온다. 해가 떠야 괴롭히던 생각들은 바르르 떨며 나간다.

> 일기장 행간에 못 들어간 생각들이
> 누구도 묻지 않기에 / 말 않고 지냈더니
> 제 길을 / 못 찾아가고 / 머리 속에서 헤맨다
>
> ―「쓰지 못한 일기」

생각들은 일기장의 행간에도 들어가지도 못한다. 누구도 묻지 않기에 말을 않고 지냈더니 생각들은 길을 못 찾아 헤맨다. 생각은 '그리움이 익으면 슬픔이 되'(「별빛 10」)고 '미움도 / 서둘지 않으면 / 그리움이 되는'(「세월 7」)법이기 때문이다. 사람들은 묻지도 않고 말도 않는다. 수다와 밀서 그리고 말을 하지 않음의 차이는 어디에 있을까. 입이 없는 것들에 입을 달아주고 수다스러운 것들은 입을 달아 주지 않는다. 그렇기에 불면증으로 고생하는 나에게 깊은 잠은 '계절의 흰 손이 다둑혀 깊은 잠을 재우니'(「겨울 등반길에서 2」)같이 자연의 품 안에서 이루어진다.

3. 시에 대한 자기 반영적 글쓰기와 동시조에 대한 시도

'시조는 나를 이끌어주는 벗이자 등불 같은 동반자가 됩니다'(『동양의 뜨락』 자서)라고 말하는 최점순 시인은 시에 관한 메타적 시쓰기를 한다. 시에 대한 시쓰기, 시로 쓴 창작법이다. 시의 제목만 보아도 「잘생긴 시에게」, 「겨레시조 창을 열며 – 문화유산의 해」, 「시조 쓰는 밤이면」, 「밤을 지샌 시에게」, 「시조 밭」와 같이 초기의 시조집에서부터 마지막까지 시조에 관한 시조가 지속적으로 발견된다. '창에 스며드는 저문 햇살 받아들고 / 묵은 삶을 꺼내어 말리'(「사계절-등반하면서, 겨울」)던 시인은 밤에도 '시심이 빗 들고 앉아 가닥가닥 빗질한다'(「시인의 밤」)며 다음과 같은 시조를 쓴다.

> 하늘을 / 빗질하면 / 저 별이 쏟아질까
> 보름달 / 안아보면 / 가슴 속에 별이 찰까
> 떠가는 / 조각배 타고 / 별을 따는 작은 손.
>
> —「詩作」

시인은 빗질을 하듯이 추억과 세상을 인식한다. 흐트러진 것을 정갈하게 정리한다는 의미이다. 최점순 시인은 동시조를 시험하고 있는 의미 있는 작업을 수행하고 있다. 그래서 '하늘을 빗질 하면 별이 쏟아질까'와 같은 순수한 상상력이 돋보인다. 손으로 별을 쓸고 가슴에는 별을 채우고 조각배를 타고 별을 따는 '작은 손'이다. 어렵지 않게 읽히는 그러나 멋들어진 시조이다. 작은 손은 어린아이의 손일까. 아이와 같은 마음이어야 별을 딸 수 있다. 시인의 가슴에는 작은 손이 있다. 하늘에 조각배를 타고 별을 딴다면 그보다 더 즐거운 일이 있을까. 땅을 밟지 않는다는 것은 꿈 같은 일이다.

위에서 시인의 동시조에 대해서 잠간 언급한 바와 같이 시인은 시조에 있어서 '동시조'를 실험하고 이를 두 권의 동시조집으로 출간하였다. 아이들도 쉽게 시조가 가진 운율적인 아름다움을 체득할 수 있는 기회라고 생각한다. 시의 제목에서도 「나무의 엄마는 햇님인가봐」와 같은 동요적 상상력을 엿볼 수 있고 '내 가슴은 꽃밭이에요 / 꽃이라면 다 좋아하니까'(「나는 꽃이 좋아」) 와 같은 구절은 꽃밭에서 하얀 원피스를 펄럭이며 빙그르르 도는 아이가 상상되고, '빗물이 발자국 밟고 / 철벅철벅 따라옵니다'(「소낙비 1」)와 같은 구절에서는 우산을 쓰고 장화를 신고 철벅거리며 물장난을 치며 걸어가는 어린 남자아이의 모습이 연상된다.

> 바람이 가만가만 / 밟아도 소리가 난다
> 기뻐도 바스락 / 슬퍼도 바스락
> 낙엽은 공부할 때도 / 바스락만 배우나봐
>
> ―「낙엽」

바람은 가만가만 낙엽을 밟아본다. 그래도 낙엽은 소리가 난다. 기뻐도 바스락 거리고 슬퍼도 바스락거린다. 그래서 '낙엽은 공부할 때도 바스락만 배우나봐'라고 생각한다. 한 번은 아이가 쓴 시를 본적이 있었다. 제목은 '벼'였다. '벼가 고개를 숙인다. 학교에서 선생님께 혼이 났을까' 아이들은 자신의 경험의 테두리 안에서 현상을 해석한다. 그날따라 선생님께 혼이 났을까. 아이는 자신의 모습을 벼에게서 본다. 시인은 역시 아이들이 학교와 배움에 대한 테두리 안에서 사물을 인식하는 방식으로 사물을 보고 있다.

> 별들이 구름하고 / 숨바꼭질을 하고 놉니다
>
> 우리들은 평상 위에 둘러앉아서 / 가위, 바위, 보, 하고 놉니다
>
> 달님은 옥토끼 끌고 / 뒷산 향해 갑니다.
>
> ―「여름 밤」

위와 같은 동시조에서는 아이들의 놀이와 자연현상을 같은 것으로 해석한다. 숨바꼭질이나 가위 바위 보와 같은 놀이는 아이들의 공간에서 행해진다. 별들은 구름하고 숨바꼭질을 한다. 아무래도 술래는 아이인 것 같다. 우리들은 평상위에 둘러앉아서 가위 바위 보 놀이를 하고 논다. 별도 놀고 아이들도 놀고 달님은 전쟁놀이를 했을까. 포로로 잡은 옥토끼를 끌고 뒷산을 향해 간다. 산을 배경으로 초가집이 있고 마당에는 평상이 있다. 밤은 즐거움, 놀이, 환상, 동화의 시간성을 가진다. 달이 앞에서 떠서 뒷산으로 넘어가면 은은한 달빛만 남고 이제 잠자리에 들 시간이 된다. 여름의 밤은 그렇게 깊어간다.

4. 나오며

최점순 시인은 시조의 정상을 '산'이라고 한다. 올라야할 높은 산이다. 목표가 있는 사람은 산 아래서 머뭇거리지 않는다.

> 시의 정상은 높고도 넓으며 아름답고 교묘하다…… 아직도 설익은 언어들이 나를 앞질러가기 때문일 것이다…… 시는 거울과 같아서 시인도 시

와 함께 거울이 되는 것이 아닐까

—「시의 산을 향해」(제 2시집 『밀서 한 장의 강』, 책머리에)

현대시이든 시조이든 동시이든 동시조이든 높은 정신과 넓은 아우름이 있다. 마치 보석처럼 아름답고 교묘하다. 언어와의 불화 가운데 고민하고 언어가 속에서 까만 씨로 익을 날을 기다리고, 시와 시인이 거울을 마주하고 선 것처럼 하나가 되는 순간을 기다리는 것이 시인이다.

시인의 정신은 시의 정상을 향해 있지만, 때론 시의 우물에서 시를 긷는다. 여느 두레박질과 다른 것은 그가 밧줄을 타고 내려간다는 것이다.

시간을 벗는 저물녘 / 안개 깔린 우물 속에
밧줄타고 내려가는 / 하늘 깊은 두레박
별들과 한 밤을 새고 / 날이 뜨면 또 세상 밖……

—「두레박」

그런데 이 우물은 땅 속으로 내려가는 두레박이 아니다. 하늘에서 세상을 향하여 내린 두레박이다. 시간을 벗어나 선녀가 목욕하기 위해 땅으로 내려왔듯이, 내려와야 이야기가 시작된다. 내려오지 않으면 날개옷을 잃은 당황함도, 언니와 어머니를 떠나 초가집에 살아야 하는 누추함과 아이에 대한 사랑도, 다시 하늘로 올라가는 귀가의 기쁨도 알 수 없는 삶이다. 두레박을 타고 내려온 최점순 시인의 시조에는 이러한 이야기들이 가득하다. 시인의 정신은 산의 정상을 향하여 가고, 시인의 두레박에 꿈과 전설과 신화 같은 시조가 가득히 길어 올려지길 기대하며 이만 글을 맺는다.

(〈시조문학〉, 2009 가을호)

하늘과 땅 사이의 시인

-홍병선론

홍병선 시인은 세 번째 시집인 『구름 속에 묻고 온 연가』의 '저자의 말'에서 '꾸준한 연습, 그리고 경험을 반복하여 훌륭한 도자기를 만들어내는 도공처럼 그런 꿈이라도 가져봐야 되지 않을까요…… 끼니를 굶으면 평생에 다시 찾아먹을 수 없듯이 한 순간, 한 생각을 그대로 버릴 수 없는 게 시인의 마음입니다'라고 하였는데, 그는 한 순간 한 순간의 생각과 사건들을 소중하게 시로 엮어내는 도공과 같은 시인이다. 그는 한 순간의 현란한 상상력과 기법보다 연습과 경험을 중시한다. 꿈을 꾸는 이 도공은 '하늘'과 '땅'과 '인간'에 대한 많은 생각들을 장작불꽃으로 하여 시조라는 아름다운 도자기를 만들어낸다.

1. 하늘, 존재 확인의 공간

홍병선 시인의 시집을 관통하는 정서는 '하늘'과 '땅', 그리고 그 사이에 있는 '인간'에 대한 사유들이다. 그는 하늘을 바라보며 '平常心'의 본질적인 모습을 보여준다. 외부의 충격에도 미동치 않는 평온한 상태를 유지하는 평상심이야말로 자신을 버릴 수 있는 無我의 위치에 서 있고자 하는 시인의 이데아가 된다. 시인은 이를 '하늘'에 비추어본다.

믿고 믿었던 하늘이 / 돌아서 버린 날 / 변한 것은 하늘이 아닌 것을 / 알게 되었습니다 // 한없이 넓은 세상이 보이던 날은 / 작은 날개짓으로 그 먼 길을 / 방황했는지 모르겠습니다

—「착각」 중에서

날마다 날마다 깨어져 가건만 / 그러나 하늘은 무너지지 않았다. / 실망이 변하여 구름이 되고 / 그리움이 흔들려 바람이 되어도 / 언제나 무심한 하늘이여

—「아아, 세월이여」 중에서

이 찬란한 세상이 / 어둠으로 / 채워지고 / 밤 새워 쏟아지는 비 / 불안했던 저 하늘은 / 천둥 벼락 쳤는데도 / 날이 밝아오자 / 아무렇지도 않았다

—「무너지지 않는 하늘」 중에서

위의 세 시편은 하늘을 소재로 하여 묶어진다. 믿고 믿었던 하늘이 돌아서 버렸다고 화자는 '착각'했지만. 기실 변한 것은 하늘이 아니라 하늘을 믿었던 인간이다. 하늘은 한 번도 자신을 믿으라고 강요한 적이 없다. 그러나 인간은 자의식적으로 강요당한다. 그래서 작을 수밖에 없다. 한 없이 '넓은' 세상과 '먼'길과 '방황'의 광대한 이미지들은 인간의 '작은' 날개 짓에 대비된다. 하늘은 넓고, 세상은 먼 길을 가지고 있기에 그 아래 작은 존재는 방황할 수 있는 '자유'가 있다. 작은 것이 작은 것이 아님을, 큰 것이 큰 것이 아니라 큰 것과 작은 것이 서로에게 기대어 있음을 알게 한다.

하늘은 언제나 '무심한' 하늘이다. 그러나 무심한 것은 하늘이 아니라 하늘을 바라보고 있는 인간이 스스로 무심하다고 생각하는 것이다. 하늘은 조각나지 않지만 시적 화자의 의식공간에서는 깨어지는 하늘이 된다. 많은 사유 속에서 날마다 깨어지고 있는 하늘은, 물리적 공

간 속에서는 무너지지 않는다. 실망을 구름으로 승화시키는 시인의 마음 한 구석에는 하늘에 대한 그리움이 흔들리고 있다. 그리움이 '바람'이 되어도 하늘은 '무심'하다. 인간은 혼자 신뢰하고 혼자 고민하여도 자연은 평상심을 보여준다. 깨어져도 실망해도 그리움에 흔들려도 하늘은 그대로이다. 사람의 마음이 변할 뿐이며, 하늘이 무너지기를 바라고 마음이 구름과 바람이 되어도 하늘은 그저 하늘일 뿐이다.

하늘이 무너질 듯이 비가 내려도 하늘은 무너지지 않는다. 보이는 현상과 보이지 않는 현상은 인간의 생각으로부터 나오는 근심이며 걱정이다. 여기에서 기(杞)나라 사람의 근심이라는 '杞憂'를 생각한다. 그는 "하늘이 무너지고 땅이 꺼져버리면 몸을 의지할 데가 없어질 텐데 어떡하지" 하는 걱정에 밥도 못 넘기고 잠도 못 자던 사람이었다. 이 예화의 주인공인 기나라 사람은 쓸데없는 근심과 괜한 걱정을 하는 사람의 상징이 되어버렸지만, 다르게도 생각해보면, 이는 모든 평범한 인생의 근본적인 불안을 실질적으로 표현한 이야기라 생각한다. 가장 인간적인 것이 바로 이러한 사소한 근심이기에, 다른 인간들에게 이 세상에서 나 혼자만 고독하며 나 혼자만 근심하며 사는 것이 아니구나 하는 안도감을 주는 것이리라. 인간은 다음 날 아침이면 아무렇지도 않을 근심과 걱정이 삶을 이끌어가는 원동력이라는 것을, 맑은 하늘 가운데 깨닫는 긍정적 존재이다. 이 깨달음이 하늘에서 연유된다는 것이 역설적이다.

이처럼 변하지 않는 하늘의 모습을 그려낸 시인에게 하늘은 인생의 연습장이며, 시의 연습장이 된다.

> 아무것도 보이지 않는 / 저 하늘이 시인의 영토다 / 구름 떼들이 그려주는 꿈과 / 바람이 불러주는 노래를 들으며 / 시인은 / 그 허공을 방황하며 살았다 // 빛과 어둠의 사이를 / 기약없이 떠돌아 다니면서 / 출렁이는 파도와 / 지나가는 세월 속에서 / 시인은 / 별들의 이야기를 줍는다 // 무상

속을 떠돌아 다니며 / 꿈을 뿌리고 찾아다니는 / 시인의 낙원은 / 저 하늘 어디에 있는가

—「시인의 하늘」

보고자 하지만 아무 것도 보여주지 않는 하늘, 그러나 시인에게는 시적 상상력의 영토이다. 시인의 '꿈'과 '노래'가 그곳에 있기 때문이다. 구름 떼는 '꿈'을 보여주고, 바람은 '노래'를 들려준다. 하늘이 넓기에 시인은 방황할 수 있다. 시인에게는 하늘이 베푸는 '빛'과 '어둠' 사이를 떠돌아다니는 자유가 있다. 하늘과 닮은 바다가 출렁이며 만들어내는 파도와, 물결마냥 지나치는 세월 속에서 시인은 별들의 이야기를 노래한다. 이 시의 화자는 시인의 '낙원'을 무상 속을 떠돌아다니며 꿈을 뿌리고 찾아내는 공간으로 설정한다. 하늘은 이상과 낙원의 공간이며 이에서 많은 시적 상상력의 결과물들이 비처럼 쏟아진다.

시인은 이 같은 하늘의 낙원을 꿈꾼다. 그러나 시인은 현실계에서는 말을 하지 못하게 입을 막히는 존재, 세계에 저항할 힘은 없지만 세계를 고민하면 날을 새우는 존재이다. 그러나 강한 태풍을 피하지 않고 맞서는 저항자이다.

자네 어디 숨었었나 / 알아주지 않는 세상 / 어쩌다 나설라치면 / 입을 막는 게 있었어 / 피해 다니다 보니 / 그렇게 되었다네 // 어떻게 살아왔나 / 모두를 버리고 살았지—「어떤 대화」 중에서

시인이 / 무슨 힘 있어 / 걱정하고 날 새우나—「무슨 힘 있어」 중에서

태풍을 피하지 말고 / 열심히 흔들어 주라 / 일어설 수 있다면 쓰러져도 좋다 / 너를 지켜내지 못하면 / 그 파도에 묻히고 말리라—「파도 위에서」 중에서

시 「어떤 대화」는 두 사람 사이의 대화를 그대로 시로 적어 넣었다. 시의 화자는 오랜 동안 소식을 끊고 지낸 어떤 시인을 만났는 듯싶다. 어디에 '숨었는가'라고 묻는 시인에게 친구는 '입을 막는 힘'이 있어서 피해 다녔다고 한다. '어떻게 살아왔냐'고 근황을 묻는 시인에게 친구는 다시 '모두를 버리고' 살아왔다고 한다. 모두를 버려야만 살 수 있는 시인, 그렇다 시인은 힘이 없다. 그럼에도 시인은 모든 것을 사랑하는 마음이 있어 날밤을 새우고 이를 시로 승화해 낸다. 시인은 잠수함에 무슨 문제가 생기면 가장 먼저 이를 감지해내는 능력을 가진 '잠수함의 토끼'이기 때문이다. 이러한 시인이 있었기에 우리는 근대 이후로 오랜 독재의 기간을 지나 민주의 길을 걸을 수 있었다. 태풍이 몰아치면 태풍을 피하지 않고 흔들어주라고 시의 화자는 명령한다. 또, 일어설 수 있다면 쓰러져도 좋다고 권면한다. 쓰러지는 것을 두려워하지 않는 것은 일어설 수 있다는 믿음이 있기 때문이다. '너를 지켜내지 못하면 파도에 묻히고 말리라'. '너'를 키고자 하는 자는 '나'도 지킬 수 있다. 이 같은 강한 정신은 날밤을 새우는 시인의 정신에서 연유된다. 그래서 '상상은 날개보다 / 더 멀리 갈 수도 있겠지만 / 내 곁으로 / 다시 돌아오지 않았다'(「채워질 수 없는 자리」)에서 말하고 있듯이 시인의 상상력은 날개보다 더 멀리 간다.

> 꿈은 부질없는 허상 같고 / 하늘은 무상한 공간으로 보이지만 / 그곳은 내 인생을 / 생각하고 계획하는 삶의 연습장 / 단 한번 뿐인 내 인생을 / 상상하고 그려보고 낙서할 수 있는 곳 …(중략)… 유혹으로 흔들리고 있는 삶에 / 하늘은 / 그리고 꿈은 / 내 삶의 모습을 / 미리 그려보는 연습장이었다
>
> —「하늘은 삶의 연습장」 중에서

시의 화자는 먼저 '꿈'과 '하늘'에 대한 오해부터 시작한다. 남이 보기에 '꿈'은 부질없는 허상 같고, '하늘'은 무상한 공간에 불과하지만,

시의 화자에게는 꿈은 미래 삶의 연습장이며, 하늘은 인생을 계획하는 삶의 연습장이다. 인생은 단 한번 뿐이어서 연습할 수 없지만, 하늘에 대고 상상하고 그려보고 낙서하고 다시 지울 수도 있기에, 시의 화자에게 있어 하늘이란 '책'이요 '철학'이요 '종교'요 '인생'이다. 많은 유혹으로 흔들리고 있는 삶에 하늘은 흔들리지 않는 연습장이 된다. '연습하는 정신'은 홍병선 시인의 특징 가운데 하나이다.

하늘 아래는 '바람'이 흐른다.

> 언제 지나쳤습니까. / 기다리다 지친 / 긴긴 시간이었습니다. / 그렇게 가실 양이면 / 무엇 때문에 / 당신을 기다리겠습니까 // …(중략)… 나 자신의 존재를 / 당신으로 하여금 / 확인하여 보고 싶었기 때문입니다 / 아아 그런데……. / 당신은 언제 지나쳤습니까
>
> ―「바람에게」 중에서

> 좌절하여 쓰러졌을 때 / 힘과 용기를 주셨고 / 자만과 실의에 빠졌을 때 / 분수와 처지를 일깨워 준
>
> ―「나를 지켜준 바람」 중에서

시의 화자는 조용하게 바람과 대화를 하고 있다. 이미 지나쳐 버린 바람, 시의 화자는 바람에게 기다리다 지쳤다고 말한다. 그렇게 가버릴 것이면 무엇 때문에 기다리겠는가. 바람을 기다리는 이유는 자신의 '존재'를 확인해보고 싶었기 때문이다. 그러데 바람은 언제 지나쳤다는 듯 가버렸다. 존재의 '확인'이 바람에 대한 기다림의 실체이며 바람의 존재에 대한 이유가 된다. 바람은 '신앙'이 되기도 한다. 바람 스스로가 겨울의 눈을 녹이고 비를 가져와 꽃을 피게 하며 모든 작물을 키우고 때론 강한 폭풍을 일으키기도 하기 때문이다. 도시보다 자연에 더 가까운 시인에게 바람은 생명과 존재에 대한 상상력에 있어서

중요한 역할을 한다. 그리하여 바람은 시의 화자가 말하는 것처럼 '좌절' 가운데 '힘'과 '용기'를 주고, '자만'과 '실의' 가운데 '분수'와 '처지'를 알게 해준다. '좌절'과 '실의'는 가장 밑의 심리적 상태이며, '자만'은 가장 위의 심리적 상태이다. 그리고 '힘'과 '용기'는 심리적인 솟아오름이며 '분수'와 '처지'는 심리적인 가라앉음이다. 바람이 솟아오름과 내려옴에 있어 자유하기 때문에, 바람은 심리적인 보상으로 시인을 '치유'하는 능력을 가진 존재가 될 수 있다.

하늘 아래는 '구름'이 떠다닌다. 구름은 자유에 대한 기표와 기의의 관계이다.

> 구름이 흘러가는 것도 / 무심하게 보고 살았는데 / 뜰 앞에 단풍 드는 걸 보니 / 초초하기만 하다
>
> —「세월」 중에서

> 구름 위에 그려온 저 자화상은 / 무엇을 위하여 있는 것이냐 / 누구를 기다렸던 그리움이냐
>
> —「구름 위에 그린 자화상」 중에서

> 무슨 한을 지녔기에 / 창공 깊이 숨어들어 // 세상에 정을 못주고 / 이곳 저 곳 방황하며 // 바람에 / 마음을 내주고 / 정처 없이 떠도는가
>
> —「구름을 보며」

시의 화자는 거시적 시간의 표상인 '구름'이 흘러가는 것을 무심하게 보고 '살았'다. 살았다는 그런 시인이었는데도 매해 반복되는 미시적 시간흐름의 표상인 '단풍'에 '초초'해진다. 구름이 흐르는 광대한 '하늘'과 자연이 작게 축소된 '뜰'의 대비, 무연한 '무심'과 초급한 '초조'의 대비에서 사유의 정교함을 느낀다. 시간 시간을 소중히 하여 이

를 시로 승화해내는 홍병선 시인의 평소의 시적 습관이 이 같은 대비적인 이미지들에서 드러난다. 시의 화자는 하늘을 보면서 삶을 연습하였었다. 시의 화자는 구름 위에 '자화상'을 그린다. '자화상'은 예술가의 '자아의식'의 발현이다. 개인의 자각 및 심리적인 자기성찰과 관계가 있기 때문이다. 어느 정도의 자기성찰은 자기와 대면하게 한다고 생각할 수 있다. 그래서 자화상을 그린다. 시의 화자에게 자화상은 무엇을 위하여 있는 것이고 누구를 기다리는 '그리움'이 된다. 이 존재와 그리움은 자기 성찰의 정수가 된다. 그렇기에 구름은 시인들의 감각이 투사된 '한'을 지닌 존재이다. 시인은 '뜻대로는 못살아도 / 한은 심지 말을 것이'(「나를 떠나서야」)라고, 모든 사람이 이렇게만 산다면 우리가 '한'의 민족이라는 평가는 없었을 것이 아닌가 라고 말한다. 그러나 현실세계는 이상과는 거리가 멀고 구름은 '한'을 지닌 채, 창공 깊이 숨어들어 세상에 정을 주지 않고 이곳저곳을 방황하며 바람에만 마음을 내주고 정처 없이 떠도는 존재이다. 시의 화자는 구름을 한을 지닌 인간이며 나그네로 인식한다.

홍병선 시인에게 있어 하늘은 시적 삶의 연습장이며 이 광대한 공간을 넘나드는 구름과 바람은 시인의 의식이 향하는 자유에 맞닿아 있다.

2. 땅

하늘은 땅을 마주하고 있다. 하늘 밑으로는 하늘만한 분량의 땅이 펼쳐져 있다. 그리고 땅의 가장 넓은 '지평선'은 하늘과 이마를 대고 있다.

> 지평선만 보고 / 가던 길을 뒤돌아보면 / 앞에만 있던 지평선이 / 뒤에도 있고 / 이제는 사방에서 보인다

—「삶의 길목에서 1」 중에서

‘지평선’ 같은 마음이란 부드러움, 넓음, 넉넉함, 쉼, 들판, 평안함 등일 것이다. 시인은 산을 오르는 것이 아니라 지평선을 바라보며 걷는다. 지평선만 보고 가다가 가던 길을 뒤돌아보면 앞에만 있던 지평선이 뒤에도 있고 ‘이제는’ 사방에서 보인다. ‘이제는’이라는 시간부사는 지금까지 해오던 생각과 행동들에 대한 결론적인 의미를 내포한다. 삶의 길목에 서있는 화자의 긴 사고의 끝은 ‘지평선’이다. 잔잔한 사유의 끝은 ‘앞’을 보고 가다가 문득 ‘뒤’를 돌아다보는 마음이며, 이 마음은 넓게 퍼져가 ‘사방’에서 보이게 된다. 그래서 시인은 ‘삶이란 / 내일을 믿고 / 무상을 걷는 여정’(「삶의 무늬 4, 무상」)이라고 ‘삶’을 ‘내일을 믿고 무상을 걷는 여정’으로 정의한다. 내일에 대한 낙관적인 인식과 무상 즉, 모든 존재는 일시적 존재이므로 영원히 불변하지 못하기에 사람이든 물질이든 집착하더라도 그것은 ‘변화하고 다시 소멸되므로 실망할 따름’이라는 무상적 인식을 가지고 여행하는 마음으로 생을 사는 것이다. 홍변선 시인은 네 번 째 시집 『무너지지 않는 하늘』의 ‘자서’에서 ‘내 인생의 여백으로 정리하여 보고 깊은 마음’을 말한다. ‘여백’은 삶에 대한 여행의식에서 흘러나오는 공백이다.

홍병선 시인은 거대한 공간과 작은 공간, 긴 시간과 짧은 시간에 걸쳐져있는 생각들을 보여주었다. 다음 시에서도 많은 사람들이 그저 밟고 지나가거나 뽑아버리는 잡초를 보고 ‘작은 것’들을 생각한다.

> 모든 생명이 / 평등하다는 말은 / 힘 있는 자와 / 살아 있는 자들만이 / 누릴 수 있는 자유 …(중략)… 태어날 곳에 / 태어나지 못한 것은 / 잡초들의 비운일까?

—「잡초를 뽑으며」 중에서

시인은 잡초를 뽑으면서 인간의 일을 생각한다. 평등의 개념이 상대적이며 이미 가지고 있는 자들이 누리는 자유가 아닐까 하는 생각을 해본다. 잡초가 들에 피어났더라면 이렇게 뽑히지는 않을 것이다. 태어나야할 곳이 아닌 밭에 자라기 때문에 뽑히는 것이다. 이것은 평등의 개념에 위배되는 것이 아닐까 하는 생각을 해본다. 잡초가 존재하는 이유는 그 뿌리가 억세고 잔뿌리가 많아 비로부터 땅이 유실되는 것을 막아준다는 데 있다. 모든 것이 이처럼 존재가치를 가지고 태어났는데 하필이면 이 잡초는 밭에 피어나서 뽑혀야 하는 것일까. 시인은 여기에서 인간의 삶에로 생각을 확장시켜나간다. 결국 평등의 사전적 개념이 '인간의 개인차를 인정하는 비례적 평등'이기에 인간능력에 차이가 있다는 것을 부정하는 것은 아니다. 평등자체도 누리는 자의 개념이 되는 것이다. 모든 이에게 적용되는 듯한 사전적 의미를 지닌 '평등'이라는 단어도 실제는 힘 있는 자와 살아있는 자들이 누리는 특권이 되는 것이 아닌가. 그렇다면 반대로 힘없는 자와 죽은 자들에게는 힘이 미치지 못하는 것이 아이러니 하게도 '평등'일지도 모른다는 것을 뽑히는 잡초를 보며 생각한다.

그래서 또 홍병선 시인에게 땅은 평등하게 살아보지 못했던 '아버지'이다.

> 땀과 한이 흠뻑 배고 / 혼이 사는 추억의 땅 / 꿈과 청춘 모두 바쳐 / 아픔으로 얼룩진 곳 / 자란 곳 밟을 때마다 / 저려오는 아픔이여
>
> ―「아버지의 땅 1」 중에서

시인은 '아버지의 땅'으로 부른다. 땅은 아버지가 평생을 허리 펴지 못하고 일했던 노동의 공간이다. 땅의 입장이라면 그 소산물로 하여 '풍족'과 '넉넉함'의 이미지로 드러났을 것이다. 그러나 아버지의 땅은 '땀'과 '한'이 '흠뻑' 배인 곳이다. 땀과 한이 흥건히 고일 정도로 고되

게 일해야 했던 아버지의 땅은 '혼'이 사는 추억의 땅이다. 아버지의 혼과 꿈과 청춘을 다 바쳐 아픔으로 얼룩진 곳이다. 그 흘린 만큼의 결실이 없었던 탓이리라. 보상받지 못했던 아버지의 노동과 아버지의 땅은 자신이 자란 곳이다. 시의 화자는 자신이 자란 곳을 밟을 때마다 아버지에 대한 기억으로 가슴이 저려온다.

땅에는 나무가 자라고 나무는 '꿈'을 가진다.

> 천년을 사는 나무는 / 꿈과 기다림으로 / 잎을 피우고 잎을 버린다—「천년을 사는 나무」 중에서
>
> 낙엽은 / 나목에 / 붙어살던 꿈이었고 // 낙엽은 배신하고 떠난 아픔이었고—「낙엽은」 중에서

나무는 천년을 산다. 천년의 시간은 긴 기다림의 시간이다. 무엇에 대한 꿈이며 무엇에 대한 기다림일까. 시인은 나무가 잎을 피우고 또 '버린다'라는 표현을 한다. 나뭇잎이 스스로 떨어진다는 표현에 대한 대조의 표현이다. 다음 시에서 천년을 사는 나무는 스스로 잎을 버렸지만 시의 화자가 보기에 낙엽은 벌거벗은 '나목'에 붙어살던 나무의 '꿈'이었다. 그리고 낙엽은 '배신'하고 떠난 '아픔'이 된다. 여기에서 홍병선 시인의 스테레오 타잎 사유를 엿볼 수 있다. 시인은 나무의 가운데로 들어가 나무가 되고 낙엽의 가운데로 들어가 낙엽이 되기도 한다. 시인이 되지 못할 것은 없고 아픔을 이해하지 못할 대상은 없다.

> 철새가 날아왔다 / 빈 가지 위에서 눈치를 본다 / 누가 누구를 / 위로할 수 있으랴—「꽃이 피지 않는 매화」 중에서

> 산을 덮은 아지랑이 / 봄바람은 오락가락 / 사무치는 그리움에 / 꽃을 먼저 피워놓고 / 온 산을 / 붉게 적시며 / 설레이는 진달래 꽃—「진달래」 중

에서

위 시조의 제목은 '꽃이 피지 않는' 매화이다. 철새가 날아온다는 것은 봄이 왔다는 것이고 봄은 매화꽃이 피어야 하는 시간이다. 그러나 꽃이 피지 않는다. 빈 가지 위에서 새는 눈치만 본다. '누가 누구를 위로'하겠는가 라는 질문은 마치 '法問'과 같다. 누가 누구를 위로할 수 있겠는가. 우리 모두는 감당할 만한 분량의 슬픔을 지니고 살 뿐이다. 진달래는 사무치는 그리움에 꽃을 먼저 피워 온 산을 붉게 적신다.

물은 작은 시작에서 넓은 바다까지 한없이 흐르기 때문에 시간을 은유하기에는 가장 적당하다.

강물처럼 흐르는 게 / 세월인데 / 아무 때고 떠나는 시간이 / 새 출발이 되는 게 아닙니까―「새 출발」 중에서

괴롭다 / 생각한 일 / 세월 가니 잊게 되고 // 잊은 일 / 생각하면 / 어디 있다 찾아오네 // 잊은 건 / 오고 가는데 / 돌아오지 않는 세월―「돌아오지 않는 세월」

무서워하고 괴로워하여도 세월이 가면 잊게 되고 잊혔다 생각하면 다시 찾아오는 게 세월이다. 그러나 '잊은 건' 오거나 가거나 하는데 한번 가버린 '세월'은 다시 오지 않는다. 이 강은 지류가 많아 거기가 시원이 아닐까 하고 추측해 볼 뿐, 강의 처음이 어디인지는 모른다. 수많은 지류들이 넓은 강을 향하여 나있기 때문에 처음과 끝을 점친다는 것은 무의미한 일이다. 시의 화자는 공간보다는 '시간'의 의미에 더 비중을 두어 '아무 때'고 떠나는 시간이 '새 출발'이 되는 게 아니냐고 단정적으로 묻는다. 이 단정은 사유들에 대한 '자신감'이다. 많은 생각의 지류들을 거느리고 지혜의 바다를 향해 나아가는 탄탄함이다.

홍병선 시인의 땅은 지평선과 수평선을 향하여 나 있고, 나무가 고민하며 서 있고, 새가 날며, 고단한 아버지와 불평등한 잡초가 산다. 하늘과 땅을 노래한 시인은 하늘과 땅이 존재하는 이유인 '인간'에 대해 또 노래한다.

3. 인간, 깨달음

홍병선 시인은 두 번째 시집인 『채워지지 않는 자리의』 '저자의 말'에서 시를 '채워질 수 없는 세월에 채워지지 않는 자리를 지키고 사는 나에게 할 일을 만들어 주는' 것이라고 말하고 있다. 홍병선 시인의 시조의 나무에는 채워지지 않는 자리를 넉넉하게 채우고도 남는 '존재'에 대한 깨달음의 열매들이 열린다.

> 나는 또 하나의 나와 / 하나로 될 수가 없는가 보다. // 하나가 되어보기 위하여 / 태양 앞에 외롭게 섰는데 // 태양은 그림자를 만들고 / 그림자는 나의 뒤에 매달린다. // 내가 될 수 없는 그림자는 / 또 다른 나를 만들었다. // 나는 나의 허상을 만들었고 / 어쩔 수 없이 나의 허상은 // 또 다른 나와 나를 / 하나가 될 수 없게 하고 있다
>
> ─「나의 허상」

위의 시는 '거울' 속의 나와 거울 밖의 나, 혹은 그림자와 나가 서로에게 '허상'이 됨을 이야기한다. '나'와 '또 다른 나'는 하나가 되기를 원한다. 그러나 그는 마음일 뿐, 하나가 될 수 없다. 시의 화자는 또 하나의 나와 하나가 되어 보기 위해 태양 앞에 '외롭게' 선다. 자아를 찾는 자아는 외로울 수 밖에 없다. 하나가 되어보기 위해 태양 앞에 섰는데 모순적이게도 태양은 그림자를 만들어내고 그림자는 나의 뒤에 매달린다. 그림자는 '나'가 될 수 없어 '또 다른 나'를 만들어낸다.

시의 화자는 찬찬히 정리해본다. 나는 나의 '허상'을 만들었다, 나의 허상은 '어쩔 수 없이' '또 다른 나'와 '나'를 하나가 될 수 없게 '하고 있다'. '어쩔 수 없이'라는 표현은 의지와는 상관없다는 의미이다. 그리고 시의 화자는 '하고 있다'라는 현재형을 구사한다. 결국 나의 의지와는 상관이 없이 내가 만든 허상이 나의 자아에 대한 추구를 계속해서 방해하고 있다. 그럼에도 시인은 하나가 되기를 원한다.

> 만난다는 것은 / 만들어지고 있다는 것이고 / 만들어진 것은 / 없어지고 있다는 것이라면 // 새로운 것은 / 새로운 만남과 이별 / 없어진다는 것은 / 또 다시 / 새로운 것이 만들어지고 있다는 것. // 형상이 있는 것은 모두 사라진다고 하지만 / 형상이 없는 것은 / 어떻게 변하고 있는가
>
> ─「법문(法門)」 중에서

시의 화자는 '만난다 - 만들어지고 있다 - 없어지고 있다'의 가설을 세우고 하나하나 정의해 간다. 이 공식에 의하면 '없어진다는 것 = 새로운 것이 만들어지고 있다는 것'이다. 시의 화자는 그러면 형상이 있는 것은 모두 사라지고 있다는 결론에 이른다. 없어진다는 것과 새로운 것이 머리가 꼬리를 물고 있듯 '결론'도 또 다른 형상이 없는 것은 어찌될까 하는 '의문'을 낳는다. 이는 흡사 Ouroboros의 상징을 보는 듯하다. 뱀이 자신의 꼬리를 물고 있는 Ouroboros는 인간 문명의 역사만큼이나 오래되었으며 전형적인 상징물 중의 하나인데 이것은 시간, 삶의 연속, 무한, 존재, 완벽, 완전, 순환적인 우주의 본질, 본질에 대한 자기 충복을 상징한다. 하나의 결론은 다른 의문을 낳고, 이 의문은 하나의 결론에 이르는 시작이 되고, 다시 의문을 낳는다. 이는 결코 퇴보하지 않는 변증적 사유가 된다.

> 잠들면 죽은 것 같고 / 눈을 뜨면 살았다 싶어 / 나는 / 사는 연습 / 죽는

연습을 반복하면서 / 꿈같은 세상을 / 살아가고 있지 않느냐?

—「사는 연습」 중에서

하루가 / 꿈 같은 그 하루가 / 세월이 되고 추억이 되고 / 그리움이 되고 그리움이 만들어지고 / 눈같이 쌓여 연륜이 되고 / 흘러만 가고 돌아오지 않는 / 그 많은 낮과 밤이 / 꿈같이 살고 꿈같이 살게 하며 / 까닭도 없이 늙어야 하고 / 흔적도 없고 자취도 없이 / 사라져간 허망한 하루들이 / 비켜가지도 못하는 / 꿈 같은 그 하루가 / 나의 모든 것을 / 가져가고 있었다

—「꿈 같은 하루」

죽음과 삶의 경계가 확연하지 않는 세계가 꿈이다. 잠은 죽음과, 눈을 뜸은 삶과 연장선에 있다. 꿈은 잠든 것도 아니요 깨어있는 것도 아닌, 의식과 무의식의 경계의 상태이다. 잠듦과 눈뜸은 사는 연습과 죽는 연습, 이는 날마다 반복되는 연습이다. 시의 화자는 '꿈'같은 세상을 살아가고 있는 것이 아닌가 생각한다. 꿈 같은 하루가 세월이 되고 추억이 되고 그리움이 되고 연륜이 된다. 꿈같은 하루는 꿈 같이 살게 하고, 늙어야하고 허망하게 사라지고, 비켜가지도 못한다. 그리고 '나'의 모든 것을 가져간다. 하루하루는 '흔적'도 없고 '자취'도 없고 '사라져'가고 '허망'한 것이라는 '없어짐' 혹은 '없음'에 대한 생각들을 적어 내려간다. 없음은 있음의 상대개념이다. 어떻게 보면 근원적이고 절대적인 것일지도 모르고, 또 어찌 보면 인간의 감각을 초월한 실재이고 그리고 가장 자연적인 것일지도 모르는 것이 '없음'이라는 깨달음을 아는 사람은 시인이다. '만나고 헤어지면서 생긴 사연과 버릴 수 없는 인연들을 소중하게 간직'(5시집, 『멀리서 가까이서』의 '책머리에') 해온 시인이 이른 사유의 너른 지평이다.

시인은 부화장의 병아리를 보고 '근원'을 생각한다.

애비도 모르고 / 에미도 모르고 / 문명으로 태어난 / 부화장의 병아리

—「병아리」 중에서

그렇다 부화장의 병아리는 에미도 애비도 모를 것이다. 기계가 키우고 기계가 낳은 병아리는 자기의 부모가 기계라고 여길 것이다. 아마 부모라는 개념자체도 없지 않을 듯 싶다. 문명이은 자연과 대립의 관계라면 자연에는 있는 근원 혹은 시원이 문명에는 존재하지 않는다. 근본이 없고 근원이 없어 존재의 이유조차 상실한 세계를 보여주는 것이 부화장에서 태어난 병아리이다.

들러리만 서주고 있던 / 그 원칙이 / 항상 당당한 척 / 웃기는 세상이다 // 궁하면 / 그 원칙을 찾지만 / 그 원칙을 정직하게 지킨 일은 / 별로 없었다 // 변칙을 만들어 낸 / 그 원칙은 침묵하고 / 하냥 뒷 켠에 숨어있었다 // 그 변칙이 / 잊혀질 때 쯤 되면 / 다시 고개를 들고 / 활보하지 않았던가. // 나에겐 괜찮고 / 너에겐 용서할 수 없는 / 만화 같은 세상 / 웃기는 얘기가 너무도 많다

—「웃기는 세상」

시인은 시인이 무슨 힘이 있어 잠을 새우나 라고 반어적으로 말하였다. 결국 힘없이 밤을 새우는 듯하나 이는 시인의 시는 칼보다 힘이 있다는 해묵은, 하지만 가장 명확한 정의를 다시 한 번 확인 시킨다. 위의 시조에서 시인은 '원칙'과 '변칙'에 대해 이야기한다. 원칙은 들러리만 서주고, 궁할 때만 찾고 수시로 변칙을 만들어낸다. 들러리만 설 때는 언제고 '항상' 당당한 척한다. 그리고 변칙 뒤에 숨어 침묵한다. 변칙이 잊혀지면 다시 활보한다. 이것이 원칙이다. 아이러니 하게도 '원칙의 원칙'은 '나에겐 괜찮고 너에겐 용서할 수 없다' 이다. 시의 화자는 이 같은 세상을 웃기는 '만화'같은 세상이라 한다.

홍병선 시인은 발은 땅을 딛고 이상은 하늘을 향해 서있다. 이 같은 것들은 광대함과 자유라는 큰 것들과 미소하고 억매임이라는 작은 것들 사이에 선, 그 사이에서 많은 것들을 생각하는 시인으로 나타난다.

5. 첫사랑, 시

홍병선 시인의 시조를 읽고 있으면 그에게 시는 '첫사랑'같은 것이라는 생각이 든다. 시인은 첫 사랑과 같은 '근본'을 잊지 않는다.

> 처음 느낀 시선 / 화살처럼 / 이렇게 깊이 / 박힐 줄이야. // 바람처럼 비켜간 / 한 번의 눈길 / 가슴 깊이 / 뿌리를 내릴 줄이야. // 울타리 밖에서 / 키만 재보는 / 그림자여 / 아무도 모르는 / 괴로운 사랑이여.
>
> ―「짝사랑」

시의 화자는 첫사랑을 '눈'으로 이야기한다. 시선은 화살처럼 박히고, 바람처럼 비켜간다. 그럼에도 깊이 뿌리를 내릴 줄을 자신도 모른다. 선 듯 다가서지 못하고 서로 키만 재보는 '그림자'같은 것이 첫사랑이다. '아무도' 모른다. 그러면서도 모두 아는 것, 그것이 괴로운 첫사랑일 것이다. 그러나 이 괴로움은 삶을 활기 있게 하고 삶의 전부가 된다. 그에게 있어서 시란 이 같은 첫사랑의 괴로움과 설레임과 기쁨을 주는, 또 사랑하고 있는 시인의 전부가 된다. 홍병선 시인은 '작품들은 나를 키운 낙엽이고 또 새싹을 돋게 하는 거름'(1시집 『같이 있어도 짧은 세월』의 '후기')이라고 시가 '전부'임을 말하였는데 홍병선 시인이 끝까지 시에 대한 첫사랑을 잃지 않을 것을 믿으며 이만 글을 마친다.

시드는 풀밭에서도 신록임을 잊지 말자

-황다연론[26)]

시란 많은 부분에서 정적이고 내면적이고 성찰적이라는 보편적인 특성을 가지고 있지만 황다연이 『빛이 일어서는 바다』의 책머리에 말한 '시는 여전히 나의 삶이며 나의 신앙이다, 살아있는 시를 쓰리라는 집념, 적당한 철학과 적당한 서정이 뿌리내려진 시를 쓰자, 시를 사랑하는 독자들의 가슴에 잔잔한 고향으로 안주하고 싶은 마지막 욕심'이라는 그물에서 몇 개의 단어를 걸러낸다면 황다연 시인에게 시란 '집념'이나 '신앙' 혹은 '다이나믹한 禪'이며 '에너지'이다. 궁극적으로 황다연 시인에게 시란 '역동' 그 자체이다.

1. 스무고개의 시

시인은 시집 『푸른 자존의 바다에서』의 '책을 내면서'에서 '주어진 소명을 받들기 위하여, 진실로 나를 사랑하는 길은, 어떻든 주어진 세계를 탐구하는 과정 속에 있었다'고 한다. 주어진 세계를 탐구하는 시

26) 경남 창녕 출생, 〈시조문학〉 천료(1975), 시조집 『그의 나이테』(1991), 『끝없는 밀물』(1992), 『빛이 일어서는 바다』(1993), 『바라밀의 강』(1994), 『생명의 파도』(2004), 『물의 노래』(2008) 등.

인의 철학은 알 수 없는 나, 알 수 없는 세상, 알 수 없는 존재에 대한 의문으로 시작되어 해답을 향하여 나아간다.

황다연 시인은 의문을 던져놓고 답을 기다리고 답을 찾는다. 그러나 때로 의문만을 던져 놓기 때문에 철학 같다. 어떤 부분 그녀의 시조가 어려워지는 지점이다.

> 수심을 알 수 없는 / 내 안의 강물 소리-「流民의 강」 중에서
>
> 꽃이 하늘거려도 꽃인 줄 모르는 마음-「단편 적막」 중에서
>
> 서로의 날개를 쳐서 바람을 일으키며 / 꽃다운 생각을 갖게 하는 영원이란 무엇인지-「생명의 파도 1」 중에서
>
> 끝없는 / 의문을 물고 / 또다시 침묵한다-「윤회설」 중에서
>
> 얼마씩 태양이 되어 살아도 모를 세상-「가랑잎 속에도 등불 같은 얘기 있다」 중에서

떠도는 유랑민 같은 마음, 존재 안의 강물 소리도 수심을 '알 수' 없다. 혼탁해서 알 수 없는지 깊어서 알 수 없는지 알 수 없다. 꽃이 하늘거려도 꽃인 줄 '모르는' 짧은 적막함, 파도는 서로의 날개를 쳐서 바람을 만든다. 꽃다운 생각을 갖게 하는 영원이란 무엇일까. 황다연의 시는 이처럼 시를 읽는 이로 하여금 의문 앞에 서있게 한다. 윤회는 뱀이 꼬리를 물듯 계속되고 그것도 언젠가는 끝이 나겠지만 의문도 끝이 없고 '또다시' 침묵한다. 태양이 되어도 모르는 세상, 태양이 비추어도 보이지 않는 세상이지만 가랑잎 속에도 등불 같은 이야기가 있다. '목숨의 기인 뿌리 / 별나라에 / 닿고 싶'(연(鳶))듯이 별나라에 닿고 싶어 하는 그녀의 의문은 끝이 없다.

> 붉은 수수꽃이 피던 / 별양동 호젓한 길목 / 시립도서관 불빛 같은 가슴 안에 / 달무리 홀로 지우며 / 파도를 몰고 온 그는,

—「의문」

위의 시는 무엇에 대한 의문인지 의문을 갖게 한다. 사람이 드나들지 않는 호젓한 길목에 붉은 수수꽃이 피어있다. 그는 '시립 도서관 불빛' 같은 가슴을 가지고 있다. 진리의 불빛인지도 모르겠다. 도서관의 불빛, 저녁 늦도록 공부했던지 아니면 그것을 바라본 시선인지, 그는 달무리를 홀로 지우며 파도를 몰고 온다. 내일쯤이면 비가 올 것이라 생각했지만 그는 달무리를 지우고 청명함을 몰고 온다.

> 혼돈의 계절에 초대된 착각처럼 / 방향감각 놓쳐버려 알 수 없는 세상에서 / 귀가 큰 바람을 향해 / 해돋는 쪽을 묻는 너는.
>
> —「이방인」 중에서

'혼돈' '착각' '방향감각의 상실'은 '이방인'이라는 이미지를 부각시킨다. 착각은 일부러 초대된다. 바람은 귀가 커 듣기는 많이 하고 입은 침묵한다. 그에게 해돋는 쪽 즉 동쪽을 묻는다. 바람이 대답을 할 것인가. 의문으로 끝이 날 것인가. '바람에게 한 말이 / 물끼어린 꽃잎되어 // 촛불 기도 하나씩 새겨 / 햇살에 말렸습니다'(「꽃잎 은 목걸이」) 귀가 큰 바람에게 한 말은 물기어린 꽃잎이 되고, 꽃잎을 기도처럼 햇살에 말리니 목걸이가 된다. 결국 바람에게 한 말은 무엇인가로 남는다. 해답이 있을 수도 있다. 그래서 그의 시는 일종의 '스무고개의 시'이다.

> 쉽게 찾은 집인데 길은 막혀있다 / 돌아 설 수 없는데 진눈깨비 내린다 / 몸 덥힐 그리움 멀고 어둠 처연히 깊다 / 하얀건 현기이고 벼랑이고 부활인 점 / 호된 생명의 현장 자욱만큼 무겁고 / 마침내 충전되는 광명 / 그대는 누구냐 한다.

—「스무고개」

쉽게 찾았으나 들어가는 길이 보이지 않는, 돌아서서 갈 수도 없는데 비도 눈도 아닌 진눈깨비가 불길하게 내린다. 구슬프고 처량한 어둠은 무엇일까, 현기와 벼랑과 부활이라니, 충전되는 광명, 어렵다, 이처럼 스무고개는 몇 가지의 힌트만으로 풀어야 하는 수수께끼이다. 넘어야 하는 고개, 그러나 점차 중심을 향하여 들어가 빛이 보이고 문제가 해결된다. 위에서 스무고개는 '누구'를 묻는다. 황다연의 시조는 '무엇' 보다는 '그' '누구'라는 존재에 의문을 갖는다. 그러나 '누구'는 '집' '길' '진눈깨비' 같은 '무엇'이라는 현실 삶으로부터 실마리를 찾아간다. 그래서 세상은 풀릴 듯 풀리지 않는 '따스한 불빛을 보면 괜히 눈물이'(미궁의 삶)나는, 시작은 있으나 끝을 알 수 없는 나올 수 없는 미궁의 삶이다. 황다연 시인은 시조집『생명의 파도』'시인의 말'에서 '다이나믹한 禪의 의미, 빛나는 에너지를 전달하려는 시집이 되려, 이 세상 미완의 괴로움을 앓는 모든 독자에게 치료제 기능을 할 수 있기를'이라고 말하고 있다. 이 세상은 미완의 괴로움을 앓는 이들로 가득 차 있다. 이러한 세계의 역동적인 에너지가 시이다.

2. 냉정함과 거리

의문에 대한 해답을 얻기 위해서는 거리를 가져야 한다. 시인은 냉정하게 세상과의 거리 혹은 감정과의 거리를 유지한다.

> 혈연도 / 우연도 닿지 않는 / 냉정한 초점 안에—「관중석에서」 중에서
>
> 영하로 치다르는 / 무수한 애증의 / 파편—「숲」 중에서

관객이 관중석에 앉아 경기를 보듯, 세상과 자연을 바라보는 '냉정

한' 돌처럼 차가운 마음의 거리를 가진다. 수행자는 세상과 자신을 객관화해야만 된다. '애증' 그 끈적한 감정이 '영하'로 치다르는 냉정함처럼 정확하게 '초점'을 가지고 대상을 보고는 있으나 '거리'가 있다.

> 문이 없는 / 그의 방 / 적막강산 눈밭이다
> 눈 속에 숨은 봄 / 불가마에 세워놓고
> 세상은 / 눈감은 불상 / 미동도 하지 않는다
>
> —「禪」 전문

문이 없는 방은 눈밭처럼 경계가 없다. 눈밭과 禪의 차이가 없다. 경계도 없고 눈 밑에 봄을 숨기고 있지만 미동도 하지 않는다. 세상을 향해 눈감은 불상은 움직이지 않는다. 세상 역시 불상처럼 미동도 하지 않는다. 수행의 방법이나 경지 혹은 수행하고 있는 상태나 사람처럼 말이다. 그리고 황다연은 '돌'에 대해 이야기한다.

> 아사녀 긴 그림자 / 흐린 못에 얼어붙어 / 차디찬 돌이 되어 / 말 못하는 일천년 꿈
>
> —「밀물 7—서라벌의 정적」

아사녀와 아사달의 무영탑 전설을 소재로 위의 시조는 쓰여졌다. 이는 신라 불국사와 석가탑의 전설이다. '차디찬' 돌은 말을 안 하거나 못하는 상태이다. 사랑의 여인은 그리움이나 한으로 차가운 돌이 되어 일천년을 꿈꾼다. 석가탑은 아사녀의 분신이 되고 돌처럼 되고자 하는 시인의 마음을 투사한다.

시인은 흔들림이 없고 미동하지 않는 돌과 같은 것을 소망한다.

> 곧은 후회의 흔적을 거둬들인다 해도 / 생각 없던 생활의 / 죄를 묻지

말기를

미완을 풀어헤치며 / 다시는 / 앓지 말기를

—「돌에게」 전문

세상의 번잡함에 흔들리지 않기 위해서는 돌처럼 되어야 한다. 후회나 생각이 없이 살았던 삶들에 대해 후회 혹은 죄도 묻지를 말아야 한다. 후회나 죄에 대해 다시는 앓지 않기를 바라는 것은 자신의 마음이 돌이 되기를 바라는 시인의 소망을 반영한다. 모든 것은 미완의 존재이기 때문에 절대적인 것들은 없다. 냉정하게 돌이 되기를 바라는 것은 빈 것, 야윈 것, 마른 것, 야윈 것들의 이미지로 이어진다.

메마른 풀잎 소리 마른 개울 건너가듯

—「반야의 숲 1」 중에서

바람에 말라버린 억새는 흔들리지 않고

고독의 거울 앞에 무심히 홀로 설 때

다 낡은 수레 몰고 가는 그믐달이 지나간다

—「땀으로 사는 아름다운 화장법」 중에서

사물의 지혜를 꿰뚫은 숲에선 마른 풀잎소리가 마른 개울을 건너간다. 가을을 지나 수량이 줄어든 개울 마냥 지혜는 비워야 온다. 바람에 말라버린 억새는 흔들리지 않는다. 낡아버린 수레 같은 그믐달은 영어로 The old moon이다. 음력 마지막 달에 뜨는 그믐달은 사람들이 주의하여 시간을 맞추지 않으면 한 밤 중에는 볼 수 없다. 시인은 보름달이 아니라 남들이 볼 수 없는 그믐달을 본다. 고독한 거울 앞에 무심히 '홀로' 설 때 그믐달을 '답'을 볼 수 있다.

3. 의문의 끝에 온 해답

시인은 수많은 의문의 끝에 많은 결론 중의 하나로 움직인다. 결코 흔들리지 않는 절대적인 진리가 있지만, 세계의 많은 부분은 마음의 상태에 따라 움직이는 상대적인 것들로 이루어져있고 달라진다.

> 살면서 낯선 일은 비오는 창밖 풍경이었고
> 가깝다거나 멀다는 생각은 창문하나 사이
> 가랑비 그냥 내리는데 마음은 온갖 모습 짓는다
>
> ―「가랑비 오면」 중에서

> 아무리 상처 많아도 찢어진 일 없었던 하늘―「절대와 상대」 중에서

비를 사랑하는 시인에게 비오는 창밖의 풍경이 낯설다. 가깝다는 것과 멀다는 것의 차이는 창문하나 밖에 되지 않는다. 모든 것은 상대적인 것이다. 비는 섭리처럼 내리는데 마음이 많은 모양으로 나타나기 때문이다. 하늘은 절대적이다. 범할 수도 없다. 수많은 인간들의 바람과 고통과 슬픔에도 한 번도 찢어진 일이 없다. 인간의 마음은 찢어지나 하늘은 찢어지지 않는다. 이것이 절대적인 것이고 상대적인 것들의 기준이 된다. 그러나 사물의 관점은 사람의 마음으로부터 연유되는 상대적인 것이다. 즐거운 시간은 빨리 가고 지루한 시간은 늦게 가듯이, 그래서 진리는 하나가 아니다. 모든 것들은 수천가지의 진리와 길이 있다. 황다연 시인의 시조는 '수천'의 수식을 받는 단어들이 많다. '수천'이란 셀 수 없는 것을 은유한다. 수많은 의문이 있으나 답은 하나가 아니다.

> 어딘가로 움직이는 천의 물빛 유연한 흐름과―「수련향」 중에서

> 천의 진실 날개 달아 대지의 사랑 울려 퍼질 때－「봄의 마음 들여다본다」 중에서
>
> 천 마디 고독의 광맥 사이 / 강물 소리 지나간다－「철학하는 가을 2」 중에서
>
> 수천의 침묵 앞세운 아름만큼 깊어질 때－「겨울 같은 가을」 중에서

연못 위의 수련과 햇살에 반짝이는 수천 갈래의 물빛이 있다. 봄의 마음을 들여다보면 수많은 진실들이 날개를 달고 날아간다. 수천의 싹을 틔우는 어머니 같은 대지는 하나이다. 고독은 말이 없으나 천 마디의 고독은 말 없음의 천 마디이다. 천 마디의 말 보다 더 무거운 무게를 가지고 짓누르는 고독의 광맥, 저 깊은 바위 속에 금처럼 박혀있는 광맥 사이로 강물 소리가 지나간다. 고독은 견고하나 소리는 유연하다. 견고한 것과 자유로움의 조화가 철학하는 가을의 한 해답이다. 겨울의 이름을 앞세운 겨울 같은 추운 가을, 수다와는 거리가 먼 수천의 침묵, 천 마디의 고독과 같은 이유로 가을은 무게를 가지고 깊어진다.

존재 밖과 존재의 안으로 엄정한 시선을 보내었던 시인은 혼탁한 연못에서 피어나는 정갈한 연꽃을 만난다.

> 햇살이 눈부셔 너무 눈부셔 강물이 운다 / 세찬 바람 많이 맞아 일생이 푸른 대밭 / 눈 뜨고 있어도 볼 수 없는 그 맑은 생명 여기 온 길 / 혼곤히 잠이 들면 아픔 함께 잠든 자리 / 울긋불긋한 세상에서 제 마음 지키는 영혼은 / 고통의 밑바닥에서 솟은 연꽃 만나러 간다
>
> －「연꽃 만나러 간다」

햇살이 눈부셔서 강물이 운다. 대나무는 세찬 바람을 맞았기 때문에 일생 푸르름을 간직한다. 그래서 '잔인한 슬픔의 가시 삶의 꽃거름'(「땀」)이 되고 번뇌는 연꽃을 피운다. 그 푸르름은 눈뜨고도 볼 수

없는 '맑은 생명'이다. 맑은 생명과 울긋불긋한 세상의 질펵함은 서로에 의해 더욱 대비된다. 혼곤히 잠들면 아픔도 함께 잠드는 세상, 고통의 밑바닥에서 눈부시게 맑은 생명의 영혼이 꽃을 피운다. 연꽃은 진흙에서 피어오르기에 의미가 있다. '번뇌로 휘도는 그리움 제 그림자에 절을 하면'(「마음의 바다와 연꽃 2」) 그리움은 번뇌가 되고 얼마나 그리운지 자신의 그림자에도 반가워 절을 한다. 지혜의 널다란 마음 바다에 핀 연꽃은 지혜의 꽃이다. '하늘로 날아오르고 싶은 야윈 길'(「봄절」)은 '안개' 속에 있다. 결국 수많은 의문의 끝에 시인은 이제 '묻지 않을란다'고 한다.

> 밀전병처럼 구수한 건초더미 드러누운 길 / 악보도 없이 열광하는 초록의 향연이 좋아 / 핏방울 얼룩 하나 없는 / 무욕의 평화 진을 친다
>
> 이젠 상처의 떨림도 없는 더벅머리 물 무덤 곁에 / 때 아닌 구절초가 꿈꾸다 놀라 깨어나고 / 8월은 누각에 앉아 / 아무것도 묻지 않는다.
>
> 생명의 이 눈부심 더없는 사랑 여기서 자라 / 섭리의 파도타며 많은 말 아끼고 살면 / 기다림 멈출 수 없는 / 그리움마다 등을 단다.
>
> —「여름을 말하는 산길」

피 흘리지 않는 무욕의 평화, 욕망이 없으면 피흘림도 없다. 악보도 없이 열광하는 초록의 향연에 무욕의 평화가 진을 친다. 초록의 자연 앞에서 고요한 평화가 적극적이고 능동적인 힘을 얻는다. 상처의 떨림도 없는 더벅머리 물 무덤 가을에 피는 구절초가 8월에 놀라 깨고 계절은 '아무것도 묻지 않는다'. 녹음과 모든 것들이 왕성한 여름 단지 살아있다는 것이 눈부실 뿐이다. 섭리의 파도 자연스러움 섭리는 말이 없다 순응이기 때문에 억울하지도 않다. 등을 켜고 대상을 기다린다.

4. 부드러움과 그리움

황다연은 음악에 조예가 깊고 음악을 사랑하는 시인이다. 그는 주위의 사물이나 상황 그리고 상태를 음악으로 인식한다.

> 나는 다섯줄 거문고-「터널 1」
> 그것은 마음여린 목관악기의 하얀 아픔-「산울림」 중에서
> 투명한 악보에 올려 대물림할 음악 된다-「늦가을 그늘」 중에서
> 뜨거운 목숨을 위해 / 열망을 차려입고-「또 한 송이의 열창」 중에서
> 공기될 삶의 뼈마디 바람에게 내어주고-「지는 꽃잎의 변주」 중에서
> 비발디 눈부신 음악이 / 봄 밀물되어 밀려온다-「3월 모습」 중에서
> 숲에서 풍금을 타는 평화가 지은 순간의 궁전-「목백일홍」 중에서
> 맑은 수액 채우는 평화의 선율-「산마을 편지 1」 중에서
> 불연속선 그리움을 / 끝없이 연주하던-「바다」 중에서

완전한 6줄 거문고에서 하나 부족한 5줄 거문고는 한가지의 소리는 내지 못한다. 부족한 곳에는 채워질 것들이 있다. 산에서 들리는 이곳 저곳의 산울림은 자연의 소리에 가까운 목관악기의 울림을 닮아있다. 시인은 낮은 저음 혹은 웅장하거나 맑은 관악기의 소리를 자연에서 추려낸다. 늦가을의 선선한 그늘 밑은 투명해보이고 시인은 투명한 악보에 음표를 적어간다. 마음을 울리고 대물림할 사상이나 음악은 이 지점에서 같아진다. 삶은 다이나믹하고 에너지가 넘치는 뜨거운 목숨과 열망 그리고 열창이 흘러넘친다. 한 송이의 꽃을 그 꽃이 부르는 열창으로 듣는 시인은, 지는 꽃잎의 '변주'로 열창을 마무리한다. 꽃은 바람에게 삶과 육신을 내어주고 공기가 된다.

> 8월은 목신이 만든 열두줄짜리 현악기

늦여름 오후의 파도 / 적멸의 집 한 채 짓더니
빈 가슴 은은히 흔드는 / 풀벌레소리 실어낸다.

―「입추감성」

말복 직전의 입추는 더위에 지친 선조들의 마음의 여유를 보여준다. 찌는 더위와 우렁차게 울어대는 매미소리에서 곧 지게 되는 마지막의 강한 힘을 느낀다. 그리고 일시에 소멸해 가는 것들의 앞에 가을이 서 있다. 입추 앞에선 시인은 8월을 목신이 만든 열 두 줄짜리 현악기로 해석한다. 입추는 늦여름 오후 파도 같은 여름과 가을의 풀벌레 소리가 공존하는 마당이다. 두 계절의 소리를 같이 내는 현악기는 6줄 거문고 보다 6줄 더 많은 12줄의 현악기가 된다. 여름 오후의 파도는 적멸, 니르바나, 열반의 집 한 채를 짓고, 그 마당에 서면 세상 일체의 모든 것이 소멸된 빈 가슴을 은은히 흔드는 풀벌레 소리를 들을 수 있다. 그가 이렇게 음악적인 이미지로 세계를 바라보는 것은 '자연의 숨결 가진 신라 성덕대왕 신종소리 같은 그런 깊은 울림을 가진 글을 쓰겠다고'(물의 노래, 시인의 말) 결심하는 시인에게는 자연스러운 인식의 발현이다.

이러한 심성은 그리움과 순결의 시를 잣는다.

너만큼 깨끗한 말은 국경을 넘어오나보다
하박하박 걸으면 설국의 사랑이 따라오고
전나무 숲도 따라와 안온한 고독을 꾸민다

두 손으로 펴 올리면 모습 감추는 꿈처럼
서러운 삶의 이야기 사슴이 끄는 수레되어
아무도 만날 수없는 곳으로 빙하의 아픔 싣고 간다

살아온 날 땅에 묻은 대숲도 고개 숙이고
이 순백의 시간으로 안부 묻고 싶은 이름을
눈길을 바람에게 말해 생의 둘레에 앉힌다

—「눈1」

시인은 제목을 '눈'으로 하고 있지만 눈에 대해서 쓰지 않는다. 대신 눈이 있는 풍경을 그린다. 눈만큼 깨끗한 말은 국경을 넘은 설국의 사랑이다. 안온한 고독의 가정을 꾸리고 꿈에도 손에 잡히지 않은 서러운 삶의 이야기를 싣고 간다. 아무도 만날 수 없는 곳에도 눈은 내린다. 순백의 순결한 눈의 무게에 대숲은 고개를 숙이고 그리운 이름의 안부를 묻는다. 그리움은 하도 깊어서 '이승'의 끝을 잠시 잊기도 하고, 가을 산으로 불타오르기도 한다.

그리움 / 하도 깊어서 // 이승 끝을 잊었네—「수선화」 중에서
더 못 견뎌 / 호루룩 타는 너—「가을」 중에서

후둑이는 너 마음 / 비가 되어 내리더라 / 뜨거운 모래 / 흰 물거품 / 종이 울면 따라와서
천마리 / 학을 날리며 / 달이 뜨게 하더라.

—「여름비」

시인의 그 무엇인가에 대한 그리움을 형이상학적인 것으로 해석하지 않아도 좋을 것 같다. 위의 구절들은 가을 하늘 같은 그리움을 보여주고 있기 때문에 무엇이라 말하지 않아도 읽는 이의 마음을 맑게 이끌어간다.

5. 나오며

지금까지 황다연의 시조들을 하나씩 읽어왔다. '두드리고 혼절하고 / 또 깨어나 / 빚는 일상'(「밀물 8－구도의 길」)이라고 하는 시인에게 일상은 '구도'가 된다. 그래서 '때때로 삶의 벼랑 끝에' '나'를 세우는 절실한 용기 없이는 눈부시게 새로워질 수 없어'(「나의 시 나의 삶, 화중련」)라고 단호하게 말할 수 있는 것이다. 이러한 사유와 정신이기에 의문과 해답과 일상이라는 소재들을 하나로 이끌어갈 수 있는 것이리라. 시드는 풀밭에서도 신록임을 잊지 않고자 하는 그녀가 앞으로도 역동적인 시를 써나갈 것을 기대하며 이만 글을 마친다.

(〈시조문학〉, 2008 가을호)

정경은

1967년생

서울여자대학교에서 국문학 박사를, 고려대학교에서 비교문학 박사를 취득하였다.

고려대학교 한국학연구소 연구교수(2006~2012)

UCLA Center for Korean Studies Visiting Scholar(2010~2011)

현재 서울여자대학교 초빙교수로 있다.

저서 『시조평론집 - 많은 물소리』(2005), 『한국 기독교시 연구』(2008), 『한국 현대 민중가요사』(2008), 『근대 학생들의 교지만들기』(2012) 등이 있다.

한국 현대 시조시인론

초판 1쇄 인쇄 • 2013년 3월 25일
초판 1쇄 발행 • 2013년 3월 29일

저　자 • 정경은
발행인 • 박성복
발행처 • 도서출판 월인
서울시 강북구 노해로25길 61(수유2동 252-9)
등　록 • 제6-0364호
등록일 • 1998년 5월 4일
전　화 • (02) 912-5000
팩　스 • (02) 900-5036
www.worin.net

ISBN 978-89-8477-537-4　93810

값 21,000원